MYRETTE TIANO

800 Recettes de Poissons

Coquillages et Crustacés

SOLAR

Couverture : assiette « La Desserte », 75015 Paris.

ISBN 2-263-02193-0
N° Éditeur : 2351
Impression et reliure : Pollina s.a., 85400 Luçon - n° 65218
Dépôt légal : juin 1994

INTRODUCTION

Poissons de mer et d'eau douce, coquillages et crustacés s'offrent à vous dans leur infinie variété, et leur gamme de prix les rend accessibles à tous. Vous trouverez dans ce livre plus de 800 façons de les préparer : classées par ordre alphabétique, des recettes simples pour la cuisine au quotidien, et des recettes plus élaborées pour recevoir vos amis ou célébrer fêtes familiales et carillonnées. Retrouvez au fil des pages les valeurs sûres des mets traditionnels et découvrez les nouvelles manières d'accommoder les produits de la mer en exaltant leur saveur par d'harmonieux mariages : ainsi les langoustines en fricassée enrichies de pointes d'asperges, les huîtres au parfum de cerfeuil, les harengs mêlés aux pissenlits, les sardines relevées de paprika...

Hors-d'œuvre, entrées, plats principaux, grands plats uniques participeront à vos menus pour le plus grand plaisir de tous. Et puisque, aujourd'hui, chacun se préoccupe – à juste raison – de la qualité nutritionnelle des aliments, n'oubliez pas que poissons, coquillages et crustacés apportent à notre organisme, et cela à tous les âges, des éléments essentiels à son bon équilibre – des substances minérales telles que calcium, phosphore et magnésium – tout en étant pauvres en graisse et peu caloriques : le poisson le plus gras est moins gras que la plus maigre des viandes !

Invitez donc souvent à votre table les produits marins. Cuisinez-les d'après les recettes rassemblées dans ce guide. Chacune est expliquée avec précision, de façon simple : une mine de bonnes idées pour vos repas tout au long de l'année.

Beurres et sauces

Beurre d'anchois

Préparation : 5 mn

Pour 6 toasts
100 g de beurre
100 g d'anchois dessalés

1. Retirez les têtes et les arêtes des anchois et écrasez-les avec une fourchette solide pour les réduire en fine purée (ou utilisez un mortier).

2. Écrasez également le beurre à la fourchette.

3. Mêlez les deux préparations pour former un mélange homogène.

4. Tenez au frais et tartinez au dernier moment.

Beurre de crevettes chaud

Préparation : 25 mn
Cuisson : 15 mn

Pour 4 personnes
250 g de crevettes
25 cl de cidre
125 g de beurre
1 bouquet garni
1 oignon
Sel, poivre

1. Préparez un court-bouillon avec le cidre et une quantité égale d'eau dans laquelle vous mettez le bouquet garni, l'oignon, du sel et du poivre. Faites cuire les crevettes dans ce court-bouillon frissonnant pendant 10 minutes. Égouttez-les.

2. Décortiquez les crevettes, mettez les queues de côté, et gardez les têtes et les épluchures, que vous pilerez avec le beurre.

3. Mettez ce mélange à fondre sur feu doux dans une petite casserole pendant 5 minutes en tournant sans arrêt.

4. Filtrez dans une étamine : vous obtenez une sauce très parfumée aux crevettes. Les queues décortiquées servent de garniture.

Beurre de crevettes froid

Préparation : 20 mn
Cuisson : 10 mn

Pour 4 personnes
250 g de crevettes
150 g de beurre
Sel

1. Faites cuire les crevettes à l'eau salée pendant 10 minutes. Égouttez-les, épluchez-les.

2. Hachez les chairs et pilez-les. Pilez également tous les débris pour obtenir un jus.

3. Filtrez au tamis ou à travers une étamine et mélangez avec le beurre coupé en petits morceaux. Écrasez le tout avec une fourchette.

Beurre blanc

Préparation : 5 mn
Cuisson : 15 mn

Pour 4 personnes
1 verre de vin blanc sec
1 échalote
150 g de beurre
Sel, poivre

1. Pelez l'échalote. Pilez-la pour la réduire en purée.

2. Mettez-la dans une petite casserole avec le vin blanc, sur feu doux, jusqu'à évaporation presque complète du vin. Il doit en rester une petite cuillerée.

3. Dans un bol, écrasez le beurre avec une fourchette pour en faire une pommade.

4. Ajoutez vin et échalote froids, petit à petit, en battant sans arrêt. Tenez au chaud au bain-marie.

Beurre maître d'hôtel

Préparation : 5 mn

Pour 6 personnes
100 g de beurre
Le jus de 1 citron
Quelques brins de persil
Sel, poivre

1. Hachez le persil finement.

2. Malaxez le beurre avec une fourchette dans un bol pour le faire ramollir.

3. Ajoutez le persil, salez et poivrez ; ajoutez enfin le jus de citron.

4. Mélangez la préparation quelques instants. Elle doit être homogène et crémeuse, prête à fondre dès que vous en mettrez sur un mets chaud.

Beurre de sardines

Préparation : 10 mn

Pour 6 toasts

100 g de beurre frais
100 g de sardines à l'huile
1 cuillerée à soupe de sauce anglaise (Picadilly) toute prête

1. Retirez la tête et la peau des sardines, partagez-les dans le sens de la longueur pour retirer l'arête.

2. Pilez au mortier ou écrasez avec une fourchette solide sardines épluchées et beurre ramolli.

3. Lorsque le mélange est parfait, ajoutez la cuillerée de sauce anglaise.

4. Tenez au frais et tartinez au dernier moment.

Court-bouillon

Préparation : 10 mn
Cuisson : 30 mn

Pour 1 poisson de 1 kg environ

2 l d'eau
3 cuillerées à soupe de vinaigre
2 échalotes
2 cuillerées à soupe de sel
1 oignon
1 clou de girofle
1 bouquet garni
1 morceau de zeste d'orange
10 tours de moulin à poivre

Mettez le tout ensemble sur le feu. Laissez bouillonner doucement à couvert pendant 30 minutes et laissez refroidir. En effet, pour la cuisson, le poisson doit être plongé dans le court-bouillon froid, lequel sera chauffé jusqu'à frémissement. Le poisson cuira dans ce court-bouillon à peine frémissant un temps variable suivant son poids et la densité de sa chair. Comptez 10 minutes en moyenne pour un poisson de 1 kilo à chair ferme.

VARIANTES

1. Remplacez 1 litre d'eau par 1 litre de vin blanc. Supprimez le vinaigre et ajoutez les mêmes aromates que dans la recette précédente.

2. Ajoutez à l'une des deux formules de court-bouillon les têtes et les parures des poissons.

Farce aux champignons

Préparation : 15 mn
Cuisson : 10 mn

Pour 6 personnes
500 g de restes de poissons blancs cuits au court-bouillon
200 g de champignons de Paris
2 œufs
1 cuillerée à soupe de farine
30 g de beurre
25 cl de lait
Sel, poivre

1. Hachez le poisson.

2. Nettoyez les champignons. Hachez-les très finement.

3. Faites fondre le beurre sur feu doux. Ajoutez la cuillerée à soupe de farine. Tournez vivement. Versez en une seule fois le lait froid. Mélangez jusqu'à épaississement, toujours sur feu doux. Salez et poivrez. Laissez cuire 10 minutes.

4. Ajoutez à cette sauce le hachis de champignons, le poisson haché et les deux œufs. Salez très peu. Poivrez. Mélangez bien le tout et laissez complètement refroidir.

Sauce aïoli

Préparation : 15 mn

Pour 4 personnes
8 gousses d'ail
2 ou 3 jaunes d'œufs
1 grand verre d'huile d'olive (25 cl)
1 pincée de sel
1 cuillerée à soupe de jus de citron

1. Pilez l'ail dans un mortier. (Si vous n'avez pas de mortier, vous pouvez l'écrasez avec le dos d'une fourchette résistante, mais persistez jusqu'à ce qu'il soit bien écrasé.)

2. Mettez dans un petit saladier l'ail, les jaunes et le sel et amalgamez bien le tout à l'aide d'une cuiller en bois.

3. Mesurez votre quantité d'huile et mettez-la dans un récipient qui verse bien. Sans cesser de tourner d'une main le mélange ail-œufs, versez de l'autre l'huile goutte à goutte, en remuant toujours énergiquement et régulièrement, jusqu'à ce que la préparation prenne un peu consistance.

4. Lorsque vous aurez incorporé la moitié environ de l'huile, votre sauce devra être plus épaisse. Vous pourrez alors verser l'huile plus rapidement, mais sans cesser de remuer. Votre sauce doit devenir de plus en plus épaisse (dans un bon aïoli, une petite cuiller doit tenir debout).

5. Si par malheur votre sauce tournait, c'est-à-dire se décomposait en se liquéfiant, vous la rattraperiez facilement en mettant dans une autre jatte un jaune d'œuf et, en procédant avec la sauce tournée comme vous venez de le faire avec l'huile, en remuant toujours énergiquement, votre sauce « reviendra ».

6. Sans cesser de remuer, ajoutez pour finir un très mince filet de citron.

Sauce américaine

Préparation : 10 mn

Pour 4 personnes

1 tranche de pain de mie rassis
1 jaune d'œuf
3 cuillerées à soupe de ketchup
1 verre d'huile d'olive
Piment de Cayenne
Sel, poivre

1. Écrasez la tranche de pain rassis.

2. Mélangez-la avec le jaune d'œuf, le sel, le poivre, le ketchup. Ajoutez 1 pointe de couteau de piment de Cayenne.

3. Quand le tout est bien mélangé, versez doucement l'huile d'olive et montez au batteur comme une mayonnaise.

Sauce au beurre d'anchois

Préparation : 15 mn
Cuisson : 5 mn

Pour 6 personnes

Pour le beurre d'anchois
6 anchois au sel
125 g de beurre

Pour la sauce
25 g de beurre
1 pincée de farine

1. Lavez les anchois à l'eau courante. Nettoyez les filets et débarrassez-les bien de toutes les arêtes. Égouttez-les.

2. Pilez-les au mortier avec 125 grammes de beurre.

3. Dans une petite casserole, faites blondir les 25 grammes de beurre, saupoudrez de la pincée de farine, laissez prendre couleur tout en tournant, puis, à feu doux, incorporez doucement le beurre d'anchois.

Employez la sauce aussitôt.

Sauce à la crème

Préparation : 5 mn
Cuisson : 8 mn

Pour 4 personnes
150 g de beurre
150 g de crème fraîche
2 pincées de noix muscade râpée
Sel, poivre

1. Placez un bol ou une saucière dans un bain-marie pas trop chaud et mettez-y la crème et le beurre coupé en petits morceaux. Fouettez vivement ce mélange pour qu'il soit bien homogène.

2. Salez, poivrez. Ajoutez la muscade râpée et tenez au chaud, au bain-marie, jusqu'au moment de servir.

Sauce crevette

Préparation : 10 mn

Pour 4 personnes
150 g de crevettes roses décortiquées
1 petit pot de crème fraîche
2 cuillerées à soupe de cognac
Poivre du moulin

1. Pilez soigneusement les crevettes.

2. Mélangez-les avec la crème fraîche. Ajoutez une bonne pincée de poivre fraîchement moulu.

3. Ajoutez le cognac et mélangez.

Sauce à l'estragon

Préparation : 5 mn
Cuisson : 35 mn

Pour 4 personnes
1 petite branche d'estragon frais
1 grand verre de bouillon de volaille
1 bouquet garni
1 grosse noix de beurre
1 pincée de noix muscade râpée
1 cuillerée à soupe de farine
Le jus de 1 citron
Sel, poivre

1. Dans une casserole, faites chauffer doucement le beurre et la farine, mais ne laissez pas blondir.

2. Quand le mélange est bien homogène, mouillez avec le bouillon de volaille, ajoutez le bouquet garni, la muscade, 1 pincée de sel et 2 bonnes pincées de poivre. Laissez cuire à feu moyen pendant 30 minutes, jusqu'à ce que le bouillon ait réduit de moitié.

3. Passez la sauce au chinois et replacez-la sur feu vif. Ajoutez le jus de citron et l'estragon haché. Remuez au fouet jusqu'à ébullition. Servez aussitôt.

Sauce hollandaise

Préparation : 5 mn
Cuisson : 10 mn

Pour 4 personnes
2 jaunes d'œufs
150 g de beurre
1 cuillerée à café d'eau froide
1/2 cuillerée à café de sel

1. Malaxez le beurre dans une assiette avec une fourchette pour le ramollir.

2. Mettez une casserole (juste assez grande pour pouvoir adapter un bol dessus) remplie d'eau sur le feu.

3. Mettez dans un bol les jaunes, l'eau froide et le sel fin. Posez le bol sur la casserole d'eau bouillante et remuez vivement à la cuiller en bois ou au fouet pour faire prendre les œufs.

4. Dès que le mélange commence à épaissir, ajoutez par petits morceaux le beurre ramolli, hors du feu, et en tournant toujours.

5. Lorsque le beurre est incorporé, vous obtenez une sauce jaune pâle. Tenez-la dans un bain-marie pas trop chaud jusqu'au moment de servir.

Sauce honfleuraise

Préparation : 5 mn
Cuisson : 15 mn

Pour 4 personnes
50 g de beurre
1 verre de bouillon
10 cl de vin blanc
1 bouquet garni
1/2 citron
1 branche d'estragon
1 gousse d'ail
1 clou de girofle
1 cuillerée à soupe de chapelure
Sel, poivre

1. Pelez la gousse d'ail, écrasez-la sous une lame de couteau.

2. Coupez le demi-citron en lamelles minces.

3. Mettez tous les ingrédients dans une casserole sur feu doux. Couvrez et laissez cuire 15 minutes.

4. Filtrez cette sauce avant de l'utiliser pour napper des poissons poêlés ou pochés.

Sauce mirador

Préparation : 5 mn
Cuisson : 2 mn

Pour 4 personnes
1/2 cuillerée à soupe de fécule de pomme de terre
1 oignon cru émincé
1 pincée de noix muscade râpée
1 cuillerée à soupe de câpres grossièrement hachées
Le jus de 1/2 citron
Sel

1. Dans 1/2 verre d'eau froide, délayez la fécule de pomme de terre. Versez dans une petite casserole, puis mettez à cuire à feu doux pendant 2 minutes environ, en fouettant continuellement après ébullition.

2. Hors du feu, salez, ajoutez l'oignon émincé, la muscade et les câpres. Arrosez du jus de citron et mélangez bien le tout.

Sauce moutarde

Préparation : 5 mn

Pour 6 personnes
1 petit bouquet de fines herbes
2 jaunes d'œufs durs
1/2 verre d'huile de tournesol
3 cuillerées à café de moutarde
Le jus de 1 citron
Sel, poivre

1. Coupez finement les fines herbes.
2. Pilez les jaunes d'œufs dans un mortier. Ajoutez les herbes, puis, peu à peu, au batteur, l'huile, la moutarde et le citron. Salez et poivrez.
3. Lorsque la sauce est bien homogène et de bonne consistance, servez en accompagnement de beignets, de rissoles, de croquettes ou de pains de poisson, ou encore, et plus simplement, de filets cuits au court-bouillon ou frits.

Sauce normande pour poissons

Préparation : 1 h
Cuisson : 1 h

Pour 6 personnes
Têtes et arêtes des poissons
1 oignon
1 branche de thym
1 feuille de laurier

1. Mettez dans une casserole les déchets de poissons, l'oignon, le thym, le laurier, du sel, du poivre et le cidre. Chauffez et faites cuire 30 minutes à petits bouillons. Filtrez.

2. Nettoyez les champignons, coupez-les en lamelles. Mettez-les dans une casserole. Couvrez-les tout juste d'eau et faites cuire 15 minutes. Recueillez l'eau de cuisson.

50 cl de cidre
200 g de champignons
12 huîtres
Le jus de 1/2 citron
3 jaunes d'œufs
1/2 tasse de crème
50 g de farine
175 g de beurre
Sel, poivre

3. Faites ouvrir les huîtres dans une casserole sur feu vif pendant 10 minutes. Recueillez l'eau rendue par les huîtres et filtrez-la.

4. Chauffez 50 grammes de beurre. Quand il est fondu, ajoutez la farine. Lorque le beurre a absorbé la farine, versez le bouillon de déchets de poissons et faites cuire en tournant pendant 7 à 8 minutes pour obtenir une sauce onctueuse. Ajoutez-lui l'eau des champignons, celle des huîtres et le jus de citron. Battez bien la préparation avec un fouet.

5. Délayez les jaunes d'œufs dans cette sauce ; mêlez-y le restant du beurre coupé en petits dés. Battez de nouveau. Retirez du feu et passez au tamis fin ou à l'étamine. Ajoutez enfin la crème fraîche et mélangez-la bien à la sauce, qui doit être très onctueuse.

Sauce au raifort

Préparation : 10 mn

Pour 6 personnes

1 jaune d'œuf
1 cuillerée à soupe de moutarde
2 petits verres d'huile
Le jus de 1 citron
1 cuillerée à soupe de raifort
2 cornichons émincés en fines rondelles
Sel, poivre

1. Dans un bol, mettez le jaune d'œuf, la moutarde, le jus de citron, 1 pincée de sel et 1 pincée de poivre.

2. Versez l'huile en filet sur ces ingrédients très régulièrement, de préférence avec un fouet, sans cesser de tourner.

3. Lorsque la mayonnaise est bien ferme, ajoutez le raifort et les cornichons émincés. Mélangez soigneusement.

Sauce aux raisins

Préparation : 5 mn

Pour 4 personnes

1 petit pot de fromage blanc à la louche
50 g de raisins de Malaga
Le jus de 1 orange (sanguine si possible)
Le jus de 1/2 citron
Sel, poivre

1. Égouttez soigneusement le fromage blanc. Placez-le dans un bol.

2. Passez au mixer les raisins de Malaga. Ils doivent former une pâte onctueuse.

3. Versez-les sur le fromage blanc. Mélangez. Ajoutez les jus d'orange et de citron. Salez, poivrez et mélangez de nouveau.

Sauce rouille

Préparation : 15 mn

Pour 6 personnes

3 gousses d'ail
1 jaune d'œuf
1 petit piment rouge sec
1 boule de mie de pain
3 cuillerées à soupe d'huile d'olive
1/2 louche de fumet de poisson (ou de bouillon de bouillabaisse, si vous en avez préparé une)

1. Épluchez les gousses d'ail et pilez-les dans un mortier avec le jaune d'œuf et le piment rouge.

2. Dans une assiette, écrasez la mie de pain trempée (dans de l'eau ou dans du lait) et pressée. Ajoutez-la aux ingrédients pilés, versez dessus 1 cuillerée d'huile en filet et 1 cuillerée de fumet (ou de bouillon).

3. Mélangez soigneusement le tout, ajoutez le restant d'huile en filet et sans cesser de tourner. Versez le reste de fumet (ou de bouillon). Mélangez de nouveau. Vous devez obtenir une préparation en pommade.

Sauce verte

Préparation : 10 mn

Pour 6 personnes

2 échalotes
1 gousse d'ail
1 petit poivron vert
1 petite botte d'estragon
1 branche de menthe
100 g de fromage frais demi-sel
20 cl de crème fraîche liquide
Poivre

1. Épluchez et hachez finement les échalotes et l'ail. Hachez aussi le poivron. Ciselez l'estragon et la menthe.

2. Dans un grand bol, mélangez à la fourchette tous ces ingrédients avec le fromage demi-sel. Poivrez. (Ne salez surtout pas, le fromage l'est déjà.) Diluez avec la crème fraîche liquide. Remuez jusqu'à obtention d'une préparation onctueuse et bien homogène.

Poissons Coquillages et Crustacés

Acras de morue

Préparation : 15 mn + 4 h de trempage pour la morue + 1 h de repos pour la pâte
Cuisson : 10 mn

Pour 4 personnes
125 g de morue salée
250 g de farine
1/2 verre de lait
2 jaunes d'œufs
2 gousses d'ail
1 oignon
1 cuillerée à café de bicarbonate
6 brins de ciboulette
1 pointe de piment
huile de friture
Sel

1. Faites dessaler la morue 3 à 4 heures dans de l'eau froide renouvelée. Cuisez-la 15 minutes à l'eau bouillante non salée. Retirez la peau, les arêtes et effeuillez la chair.

2. Hachez finement l'ail, l'oignon, les brins de ciboulette. Mélangez à la morue.

3. Préparez une pâte avec la farine, les jaunes d'œufs, le lait et 1/2 verre d'eau. Ajoutez la morue, le bicarbonate, un peu de sel et le piment. Mélangez. Laissez reposer 1 heure.

4. Déposez des cuillerées à soupe de pâte dans l'huile de friture très chaud et laissez cuire 2 à 3 minutes pour bien dorer. Égouttez sur du papier absorbant. Servez chaud ou tiède.

Ailes de raie au coulis de betterave

Préparation : 20 mn
Cuisson : 15 mn

Pour 4 personnes
4 ailes de raie de 150 g environ chacune
1/2 verre de vinaigre

Pour le coulis
400 g de betteraves cuites
1 oignon finement émincé
60 g de beurre
60 g de crème fraîche
1 cuillerée à dessert de concentré de tomate
Sel, poivre

1. Brossez et lavez les ailes de raie pour éliminer les parties visqueuses. Faites cuire les ailes 10 minutes à l'eau bouillante salée, additionnée du vinaigre.

2. Pendant ce temps, préparez le coulis : épluchez les betteraves. Réservez-en une pour la garniture et passez les autres au mixer. Ajoutez l'oignon émincé, du sel, du poivre, le beurre ramolli, la crème fraîche et le concentré de tomate à la purée obtenue. Chauffez à tout petit feu, sans laisser bouillir.

3. Égouttez les ailes de raie, épluchez-les.

4. Versez le coulis de betterave dans un plat. Posez les ailes de raie dessus. Décorez avec la betterave réservée. Servez bien chaud.

Ailes de raie à la fondue d'endives

Préparation : 15 mn
Cuisson : 30 mn

Pour 4 personnes
4 ailes de raie de 150 g chacune
10 endives
3 tomates
100 g de beurre
1 cuillerée à soupe d'huile
2 échalotes
Ciboulette
Sel, poivre

1. Lavez les endives et coupez-les en fines rondelles. Dans une sauteuse, faites-les cuire avec l'huile, 30 grammes de beurre, du sel et du poivre, pendant 20 minutes, à découvert, et en remuant souvent.

2. Pendant ce temps, ébouillantez et pelez les tomates. Écrasez-les avec une fourchette.

3. Épluchez et hachez finement les échalotes. Mélangez-les aux tomates. Faites cuire 5 minutes, à petit feu, avec 20 grammes de beurre, 1 cuillerée d'eau, du sel et du poivre.

4. Chauffez le reste du beurre dans une poêle, à feu vif. Faites dorer les ailes de raie 10 minutes environ, en les retournant une fois. Salez à mi-cuisson.

5. Mettez la fondue d'endives dans un plat. Posez les ailes de raie dessus. Nappez de tomates et décorez de brins de ciboulette.

Ailes de raie à la fondue de tomates

Préparation : 15 mn
Cuisson : 35 mn

Pour 4 personnes
4 ailes de raie de 200 g chacune
400 g de tomates
3 gousses d'ail
2 oignons
6 filets d'anchois
2 cuillerées à soupe d'huile d'olive
1 branchette de thym
1 feuille de laurier
2 cuillerées à soupe de vinaigre
6 grains de poivre
Sel, poivre

1. Préparez un court-bouillon en faisant bouillir 15 minutes 1 litre 1/2 d'eau avec le vinaigre, le thym, le laurier, les grains de poivre et du sel.

2. Ébouillantez et pelez les tomates. Coupez-les en morceaux. Pelez les gousses d'ail en les laissant entières. Épluchez et émincez les oignons.

3. Chauffez l'huile dans une sauteuse. Faites revenir les oignons, ajoutez les tomates, l'ail, sel et poivre. Laissez cuire à feu moyen pendant 25 minutes. En fin de cuisson, ajoutez les filets d'anchois pilés.

4. Plongez les ailes de raie dans le court-bouillon frémissant pendant 5 minutes. Égouttez et mettez sur un plat avec la fondue de tomates.

Ailes de raie sauce aux câpres

Préparation : 15 mn
Cuisson : 15 mn

Pour 4 personnes
1,2 kg d'ailes de raie, en 4 morceaux
1/2 verre de vinaigre
2 jaunes d'œufs
100 g de beurre
Le jus de 1/2 citron
2 cuillerées à soupe de câpres
1 cuillerée à soupe de moutarde
1 cuillerée à soupe de persil haché
1 pincée de poivre mignonnette
Sel

1. Brossez et lavez les morceaux de raie. Faites-les cuire 10 minutes dans de l'eau bouillante salée, additionnée du vinaigre. Laissez-les dans l'eau de cuisson pendant que vous préparez la sauce.

2. Dans une petite casserole, mettez 1 cuillerée à soupe d'eau et le poivre mignonnette. Chauffez 1 minute, puis placez la casserole au bain-marie. Ajoutez les jaunes d'œufs, puis, en remuant, le beurre, par petits morceaux. Incorporez le jus de citron et la moutarde à la sauce, en mélangeant.

3. Égouttez les morceaux de raie. Mettez-les sur un plat. Nappez de sauce, puis parsemez de câpres et de persil. Servez très chaud.

Allumettes aux anchois

Préparation : 30 mn
Cuisson : 7 mn

Pour 30 allumettes

6 petits-suisses
Leur poids en farine
La moitié de leur poids en beurre
2 petites boîtes d'anchois à l'huile (30 filets environ)
1/2 cuillerée à café de sel fin
1 jaune d'œuf

1. Allumez le four (th. 8).

2. Mettez la farine sur une planche. Creusez-y un trou dans lequel vous placez les petits suisses, le beurre et le sel. Mélangez le tout avec une cuiller en bois.

3. Continuez à pétrir avec les doigts de façon à obtenir une pâte lisse. Roulez-la en boule dans un peu de farine et laissez reposer 10 à 15 minutes.

4. Divisez la pâte en deux parties égales. Étendez chacune d'elles au rouleau, sur environ 2 millimètres d'épaisseur, en lui donnant une forme rectangulaire.

5. Sur l'un des rectangles, rangez les filets d'anchois en les espaçant.

6. Barbouillez de jaune d'œuf battu toutes les parties libres entre les filets.

7. Recouvrez délicatement avec le deuxième rectangle de pâte. Appuyez avec le tranchant de la main entre les filets d'anchois pour faire adhérer les deux épaisseurs.

8. Découpez les allumettes avec une roulette à pâtisserie. Rangez-les sur la tôle et faites cuire à four très chaud pendant 6 à 7 minutes.

Alose au cidre

Préparation : 15 mn
Cuisson : 1 h

Pour 4 personnes

1 alose de 1,2 kg
50 cl de cidre
60 g de beurre
1 bouquet de persil
6 branches de cerfeuil
6 brins de ciboulette
Sel, poivre

1. Nettoyez le poisson.

2. Hachez toutes les herbes.

3. Beurrez un plat allant au four. Mettez dans le fond une couche d'herbes hachées.

4. Posez le poisson dessus. Salez-le et poivrez-le. Parsemez-le de noisettes de beurre. Mouillez avec le cidre. Cuisez à four chaud (th. 7) pendant 1 heure en arrosant fréquemment.

Alose farcie

Préparation : 25 mn
Cuisson : 30 mn

Pour 4 personnes
1 alose de 1 kg
60 g de beurre
1 petit verre de cidre
200 g de mie de pain rassis
1 tasse de lait
2 œufs
1 cuillerée à soupe de fines herbes hachées
1 cuillerée à soupe de persil haché
1 citron
Sel, poivre

1. Nettoyez le poisson.

2. Faites tremper le pain dans du lait, essorez-le, écrasez-le avec une fourchette, ajoutez-lui les fines herbes hachées, les œufs, le persil haché. Mélangez bien le tout.

3. Remplissez le poisson avec cette préparation aux herbes.

4. Beurrez un plat allant au four. Mettez-y le poisson, salez, poivrez, parsemez de noisettes de beurre, arrosez avec le cidre et faites cuire au four pendant 30 minutes à chaleur moyenne (th. 6) en arrosant très souvent en cours de cuisson.

5. Servez dans le plat de cuisson après avoir décoré de quelques minces rondelles de citron et de persil haché.

Alose grillée

Préparation : 15 mn
Cuisson : 15 mn

Pour 4 personnes
1 alose de 1,5 kg
4 cuillerées à soupe d'huile d'olive
2 citrons
3 ou 4 branches de persil
Thym, laurier
Sel, poivre

1. Videz, écaillez et lavez l'alose ; essuyez-la. Détaillez-la en tranches de 2 centimètres d'épaisseur.

2. Dans un grand plat creux, mettez les tranches de poisson à mariner avec l'huile d'olive, le jus de 1 citron, le persil, le thym et le laurier. Salez et poivrez et laissez mariner pendant 15 à 20 minutes.

3. Faites griller 5 à 7 minutes de chaque côté. Dressez les tranches de poisson sur un plat de service long ; garnissez avec des tranches de citron et servez accompagné d'une saucière de beurre fondu et persillé.

Alose à l'oseille

Préparation : 30 mn
Cuisson : 20 à 35 mn

Pour 4 personnes

1 alose de 1,5 kg
800 g de feuilles d'oseille bien tendre
1 tranche épaisse de jambon de Bayonne
3 cuillerées à soupe d'huile d'olive
Sel, poivre
1 saucière de beurre fondu

Pour l'oseille

50 g de beurre
2 cuillerées à soupe de crème fraîche
1 pincée de sucre

1. Videz, écaillez et lavez l'alose ; essuyez-la. Farcissez l'intérieur de quelques feuilles d'oseille hachées grossièrement au couteau. Cousez l'ouverture.

2. Incisez peu profondément et régulièrement les deux côtés du poisson. Assaisonnez-le de sel et de poivre. Enduisez-le d'huile. Faites-le saisir 5 minutes de chaque côté au gril du four très chaud ou, mieux, sur un feu de bois.

3. Huilez un plat en terre, déposez dans le fond le jambon émincé puis installez l'alose par-dessus. Mettez à cuire à four moyen pendant 15 minutes.

4. Lavez l'oseille dans plusieurs eaux. Faites-la cuire 5 minutes dans 50 centilitres d'eau bouillante salée. Égouttez. Mettez dans une cocotte avec 50 grammes de beurre pendant 20 minutes environ. Assaisonnez de sel, de poivre et d'une pincée de sucre. Au dernier moment, liez avec la crème fraîche.

5. Disposez l'alose sur un plat de service, entourez avec l'oseille et servez accompagné d'une saucière de beurre fondu.

Anchoïade

Préparation : 10 mn

Pour 6 personnes

6 gros anchois salés
1 ou 2 gousses d'ail
1 cuillerée à soupe de vinaigre
4 ou 5 cuillerées à soupe d'huile d'olive
Poivre
1/2 pain rassis (baguette)

1. Faites dessaler les anchois sous le robinet en les laissant quelques instants sous un filet d'eau.

2. Ouvrez-les à l'aide d'un couteau tranchant, retirez l'arête et coupez la queue. Mettez les anchois sur une planche et écrasez-les vigoureusement avec le dos d'une fourchette solide, jusqu'à ce qu'ils soient réduits en purée, ou passez-les au mixer.

3. Pelez les gousses d'ail. Pilez-les.

4. Préparez une vinaigrette sans sel avec l'huile, le vinaigre et le poivre, ajoutez-y l'ail pilé et la purée d'anchois. Amalgamez bien le tout pour obtenir une pâte lisse.

5. Coupez alors le pain en tranches régulières et faites-le griller.

6. Étalez la pâte sur le pain grillé en appuyant bien pour la faire pénétrer.

Anchois marinés à l'huile ou au vinaigre

A l'huile
Préparation : 15 mn
+ 14 h de marinade

Pour 4 personnes
20 anchois frais
30 cl d'huile d'olive
1 poivron rouge
1 cuillerée à soupe de poivre en grains
500 g de gros sel marin
1 branchette de thym
2 feuilles de laurier

1. Étêtez, videz et lavez les anchois. Épongez-les. Mettez-les dans un plat creux. Ajoutez le thym, le laurier et le poivre. Couvrez de sel. Laissez reposer 2 heures au frais.

2. Rincez les anchois. Épongez-les. Remettez-les dans le plat. Posez dessus des lamelles de poivron. Arrosez d'huile. Laissez mariner 12 heures avant de consommer.

Au vinaigre
Préparation : 20 mn
+ 12 h de marinade

Pour 4 personnes
20 anchois frais
1 branchette de thym
2 feuilles de laurier
3 carottes
30 cl de vinaigre
1 cuillerée à soupe de poivre en grains
2 gousses d'ail
5 échalotes

1. Étêtez, videz, lavez et épongez les anchois.

2. Disposez les anchois en couches dans une terrine en alternant avec les carottes coupées en rondelles, les échalotes et l'ail émincés. Ajoutez le thym, le laurier et le poivre. Couvrez de vinaigre. Laissez mariner au moins 12 heures.

Anguille farcie à la mousse de merlan

Préparation : 40 mn
Cuisson : 30 mn

Pour 4 personnes
1 anguille de 1 kg
250 g de filets de merlan
6 échalotes
2 jaunes d'œufs
1 cuillerée à soupe de persil haché
80 g de beurre
50 cl de vin rouge
50 g de crème fraîche
12 petits oignons blancs
Sel, poivre

1. Demandez à votre poissonnier de dépouiller, vider et enlever l'arête centrale de l'anguille.

2. Pelez les échalotes. Passez-les au mixer avec le merlan et les jaunes d'œufs. Ajoutez le persil.

3. Étalez cette farce sur l'anguille posée bien à plat. Refermez-la et ficelez-la. Faites dorer dans une sauteuse avec 50 grammes de beurre, puis salez, poivrez et mouillez avec le vin. Couvrez. Laissez cuire 20 minutes.

4. Pendant ce temps, cuisez les petits oignons dans le reste du beurre, à feu doux.

5. L'anguille étant cuite, mettez-la sur un plat chaud et faites réduire la sauce de moitié à feu vif. Mélangez avec la crème fraîche. Pour servir, enlevez la ficelle et coupez l'anguille en rondelles. Nappez de sauce. Garnissez de petits oignons.

Anguille à la flamande

Préparation : 20 mn
Cuisson : 25 mn

Pour 4 personnes
800 g d'anguille dépouillée
100 g de farine
50 g de beurre
1/4 de verre d'huile
50 cl de bière
1 gros oignon
1 gousse d'ail
4 grains de genièvre
1 bouquet garni
2 jaunes d'œufs
Sel, poivre

1. Pelez et hachez l'ail et l'oignon.

2. Coupez l'anguille en 8 tronçons. Roulez-les dans la moitié de la farine. Faites-les dorer dans l'huile bien chaude. Ajoutez le hachis d'ail et d'oignon, le bouquet garni, sel, poivre et genièvre. Remuez. Versez la bière. Laissez cuire 20 minutes à feu doux.

3. Pendant ce temps, préparez un roux : chauffez le beurre jusqu'à coloration brune. Ajoutez la farine, remuez et versez 50 centilitres d'eau. Salez, poivrez, laissez cuire 15 minutes en tournant souvent.

4. Filtrez la sauce de cuisson de l'anguille. Ajoutez-lui le roux. Mélangez. Terminez en mêlant à la sauce, hors du feu, les jaunes d'œufs battus avec une cuillerée d'eau. Servez très chaud avec une garniture de champignons et de petits oignons cuits à part.

Anguille grillée aux lardons

Préparation : 20 mn
Cuisson : 40 mn

Pour 4 personnes
800 g d'anguille dépouillée
12 g de petits lardons
8 petites carottes
1 petit chou
2 oignons
4 cuillerées à soupe d'huile
Sel, poivre

1. Nettoyez les carottes. Pelez et émincez les oignons. Lavez le chou.

2. Faites cuire le chou 10 minutes à l'eau bouillante salée. Égouttez-le. Prélevez 4 grandes feuilles ; coupez le reste en lanières.

3. Plongez les lardons 3 minutes dans de l'eau en ébullition. Égouttez-les.

4. Chauffez 2 cuillerées à soupe d'huile dans une sauteuse. Faites revenir les lardons avec les oignons. Ajoutez les carottes et les lanières de chou. Laissez cuire 15 minutes. Salez et poivrez.

5. D'autre part, huilez les morceaux d'anguille. Faites-les griller une dizaine de minutes à feu vif en les retournant.

6. Étalez les feuilles de chou sur un plat. Posez dessus les morceaux d'anguille et les carottes. Avec une grande cuiller, formez des sortes de croquettes allongées avec le mélange chou, oignons et lardons. Servez très chaud.

Anguille en matelote

Préparation : 25 mn
Cuisson : 50 mn

Pour 4 personnes
800 g d'anguille dépouillée
5 échalotes
2 gousses d'ail
60 g de beurre
2 cuillerées à soupe d'huile
1 bouquet garni
75 cl de vin rouge
30 g de farine
250 g de champignons de Paris
12 petits oignons
Sel, poivre
Persil

1. Coupez l'anguille en 8 tronçons.

2. Pelez l'ail et les échalotes. Hachez-les.

3. Chauffez l'huile dans une sauteuse. Faites dorer les tronçons d'anguille. Ajoutez l'ail et les échalotes. Mouillez avec le vin. Mettez le bouquet garni, sel et poivre. Laissez cuire à feu doux 15 minutes.

4. Pelez les oignons et nettoyez les champignons. Faites-les revenir dans 40 grammes de beurre puis ajoutez-les dans la sauteuse. Poursuivez la cuisson 15 minutes.

5. Retirez les morceaux d'anguille. Faites réduire la sauce d'un tiers sur feu vif. Remettez l'anguille dans la sauteuse.

6. Écrasez le reste du beurre avec la farine. Mélangez à la sauce. Faites cuire 5 minutes et servez chaud, parsemé de persil haché.

Anguille aux oignons

Préparation : 20 mn
Cuisson : 1 h 30

Pour 6 personnes

1 grosse anguille
1 kg d'oignons
3 gousses d'ail
1 verre de vin blanc sec
1 petit verre d'huile d'olive
1 bouquet de persil
Sel, poivre

1. Dépouillez l'anguille. Videz-la.

2. Épluchez, lavez les oignons, émincez-les.

3. Épluchez les gousses d'ail. Hachez-les avec le persil.

4. Disposez un lit épais d'oignons émincés au fond d'un plat à gratin. Recouvrez du hachis d'ail et de persil. Assaisonnez. Mouillez avec le vin blanc. Déposez l'anguille dépouillée sur ce lit et arrosez d'huile.

5. Cuisez au four pendant 1 h 30.

Araignées de mer farcies

Préparation : 30 mn
Cuisson : 1 h

Pour 4 personnes

2 araignées de mer
1 l de moules
75 cl de vin blanc sec
1 oignon
Le jus de 1 citron
Thym, laurier
Sel, poivre
2 cuillerées à soupe de farine
25 g de beurre
2 jaunes d'œufs
2 cuillerées à soupe de crème

1. Mettez les araignées à cuire dans un court-bouillon fait de 3 litres d'eau, du jus de citron, de 50 centilitres de vin blanc, sel, poivre, de thym et de laurier. Laissez cuire 15 à 20 minutes.

2. Pendant ce temps, faites ouvrir les moules dans une casserole avec le reste du vin et l'oignon haché.

3. Une fois cuites, retirez les moules de leurs coquilles et filtrez le jus de cuisson.

4. Avec la farine et le beurre, préparez un roux blanc auquel vous ajoutez le jus des moules en quantité nécessaire pour faire une sauce épaisse.

5. Cuisez cette sauce 10 minutes et, hors du feu, ajoutez-lui les jaunes d'œufs et la crème.

6. Décortiquez les araignées en retirant les chairs des pattes et de la carapace. Ajoutez ces chairs et les moules à la sauce et farcissez-en les carapaces. Faites cuire au four environ 20 minutes.

Araignées de mer farcies aux crevettes

Préparation : 30 mn
Cuisson : 50 mn

Pour 4 personnes
2 araignées de mer
1 sachet de court-bouillon
50 cl de vin blanc sec
2 tomates
30 g de beurre
25 g de farine
25 cl de lait
40 g de crème fraîche
1 jaune d'œuf
125 g de crevettes roses décortiquées
Le jus de 1 citron
Sel, poivre

1. Préparez le court-bouillon selon le mode d'emploi, puis ajoutez le vin blanc. A ébullition, plongez-y les araignées de mer et laissez-les cuire 20 minutes. Égouttez-les, et réservez un bol de court-bouillon.

2. Ébouillantez et pelez les tomates. Coupez-les en petits dés.

3. Décortiquez les araignées, puis coupez la chair en morceaux.

4. Chauffez le beurre. Quand il est fondu, ajoutez la farine ; remuez vivement, puis versez le lait et le court-bouillon, sans cesser de remuer. Laissez épaissir à feu doux, 7 à 8 minutes, en tournant constamment. Salez et poivrez.

5. Hors du feu, incorporez la crème, le jaune d'œuf et le jus de citron à la sauce, en battant avec un fouet.

6. Ajoutez la chair des araignées, les crevettes et les dés de tomates.

7. Garnissez les carapaces des araignées de cette préparation. Faites cuire au four (th. 7) pendant 20 minutes environ.

Artichauts belvédère

Préparation : 20 mn
Cuisson : 1 h

Pour 6 personnes
6 artichauts
250 g de miettes de thon à l'huile
1 boîte de filets d'anchois (10 anchois environ)
2 cuillerées à soupe de câpres

1. Lavez les artichauts. Faites-les cuire pendant 10 minutes à l'eau bouillante salée. Égouttez-les. Enlevez les feuilles et le foin.

2. Lavez le persil. Pelez l'ail et coupez-le en tranches.

3. Dans un mixer, mettez le thon égoutté, les anchois, les câpres, le persil, l'ail et réduisez le tout en purée. Si vous n'avez pas de mixer, faites la même chose en écrasant avec une fourchette. Ajoutez au mélange 6 tours de moulin à poivre.

12 branches de persil
1 gousse d'ail
1/4 de tasse de chapelure
1 tasse d'huile d'olive
Sel, poivre noir

4. Répartissez ce mélange sur les cœurs d'artichauts.

5. Mettez les cœurs d'artichauts ainsi farcis dans une cocotte ; saupoudrez-les de chapelure, versez 1 cuillerée à soupe d'huile sur chaque artichaut, ajoutez 1 centimètre d'eau, couvrez la cocotte et faites cuire sur feu doux pendant 40 minutes. En cours de cuisson, ajoutez un peu d'eau si celle que vous avez déjà mise s'est évaporée. Les artichauts farcis au thon se servent chauds ou froids.

Artichauts aux crevettes

Préparation : 15 mn

Pour 4 personnes
4 fonds d'artichauts cuits (frais ou en boîte)
150 g de crevettes décortiquées
1 cuillerée à soupe de moutarde
2 cuillerées à soupe de ketchup
1 cuillerée à café de sauce Worcester
1 cuillerée à soupe de câpres

1. Mélangez la moutarde, le ketchup, la sauce Worcester et les câpres.

2. Mêlez les crevettes à cette préparation.

3. Garnissez-en les fonds d'artichauts. Servez frais.

Artichauts à la dieppoise

Préparation : 30 mn
Cuisson : 30 mn

Pour 4 personnes
4 artichauts
24 moules nettoyées
28 crevettes décortiquées
1/2 tasse de mayonnaise
Sel

1. Lavez les artichauts, faites-les cuire pendant 30 minutes à grande eau bouillante salée, égouttez-les, enlevez toutes les feuilles et le foin, conservez les fonds.

2. Dans une grande casserole, sur feu vif, faites ouvrir les moules pendant une dizaine de minutes ; décoquillez-les.

3. Garnissez chaque fond d'artichaut avec les moules et les crevettes décortiquées liées de mayonnaise.

Artichauts à la niçoise

Préparation : 15 mn
Cuisson : 1 h 15

Pour 4 personnes
4 gros artichauts
4 tomates
2 gousses d'ail
4 filets d'anchois
4 olives noires
1 branchette de thym
1 feuille de laurier
Sel, poivre

1. Faites cuire les artichauts 45 minutes à grande eau bouillante salée. Égouttez-les ; enlevez les feuilles et le foin pour ne garder que les cœurs.

2. Pendant la cuisson des artichauts, plongez les tomates 2 minutes dans l'eau bouillante. Pelez-les ; coupez-les en huit. Mettez-les dans une casserole sur feu doux, avec les gousses d'ail, le thym, le laurier, du sel et du poivre. Couvrez et laissez cuire 30 minutes.

3. Disposez les fonds d'artichauts sur un plat de service. Garnissez-les avec les tomates cuites. Décorez avec les filets d'anchois et les olives. Servez froid.

Artichauts à la tahitienne

Préparation : 15 mn
Marinade : 4 h
Cuisson : 1 h 10

Pour 6 personnes
6 artichauts
4 filets de dorade (400 g)
6 citrons
1 cuillerée à soupe d'huile d'olive
3 tomates
4 oignons
1 jaune d'œuf
1 cuillerée à soupe de moutarde
6 olives noires
1 cuillerée à café de Tabasco
Thym
Sel, poivre

1. Coupez les filets de poisson en dés. Mettez-les dans une terrine. Arrosez-les avec le jus des citrons. Salez, poivrez. Laissez mariner 4 heures.

2. Faites cuire les artichauts dans de l'eau bouillante salée. Égouttez-les. Retirez les feuilles et le foin. Réservez les fonds (vous pouvez utiliser des fonds d'artichauts en boîte).

3. Faites fondre à la poêle, dans l'huile d'olive, les tomates et les oignons. Salez, poivrez. Ajoutez du thym effeuillé. Passez au moulin à légumes.

4. Dans un bol, mettez le jaune d'œuf, la moutarde et versez peu à peu le coulis de tomate, en montant au batteur, comme une mayonnaise. Ajoutez le Tabasco.

5. Égouttez le poisson. Versez-le dans la sauce. Mélangez bien. Garnissez-en les fonds d'artichauts. Décorez avec une olive noire sur chaque fond.

Aspic de crevettes

Préparation : 30 mn
+ 7 h de réfrigération
Cuisson : 40 mn

Pour 6 personnes
350 g de crevettes roses décortiquées
500 g de parures de poissons blancs
2 verres de vin blanc sec
1 oignon piqué de 1 clou de girofle
1 bouquet d'estragon
6 feuilles de gélatine
2 œufs
3 blancs d'œufs
1 tomate
1 citron
1 boîte de macédoine
6 grains de poivre
Sel

1. Faites chauffer 1 litre d'eau. A ébullition, mettez les parures de poissons, le vin, l'oignon, les grains de poivre et du sel. Couvrez. Laissez cuire 30 minutes à petit feu. Filtrez et laissez tiédir ce bouillon.

2. Faites durcir les œufs 10 minutes à l'eau bouillante salée.

3. Faites tremper les feuilles de gélatine dans un peu d'eau froide. Délayez-les dans le bouillon.

4. Montez les blancs en neige et versez le bouillon dessus petit à petit, tout en battant vivement au fouet. Chauffez jusqu'à ébullition sans cesser de fouetter, puis retirez du feu et laissez reposer 15 minutes. Filtrez à travers un linge fin et mettez à refroidir.

5. Épluchez les œufs durs ; coupez-les en rondelles. Ébouillantez et pelez la tomate ; coupez-la en tranches fines. Pelez le citron à vif ; coupez-le également en rondelles minces et enlevez les pépins.

6. Avec la gelée refroidie, badigeonnez au pinceau un moule à charlotte. Appliquez sur les bords et dans le fond les rondelles d'œufs durs, de tomate et de citron. Décorez avec des feuilles d'estragon. Couvrez d'une couche de gelée et faites prendre dans le réfrigérateur.

7. Disposez alternativement dans le moule des couches de macédoine bien égouttée et de crevettes décortiquées. Versez le reste de la gelée et mettez 6 heures au réfrigérateur. Pour servir, démoulez sur un plat garni de feuilles de laitue émincées en lanières.

Aspic de crevettes créole

Préparation : 30 mn
+ 3 ou 4 h
de réfrigération
Cuisson : 5 mn

Pour 6 personnes
6 œufs
30 grosses crevettes roses
1 sachet de gelée instantanée
Le jus de 1 citron
2 cuillerées à soupe de rhum blanc
1 cuillerée à soupe de vinaigre
Sel, poivre

Pour la sauce
1 œuf
1 cuillerée à soupe de moutarde au poivre vert
1 cuillerée à soupe de rhum blanc
1/2 verre d'huile d'arachide
Le jus de 1/2 citron
Quelques brins de ciboulette
Sel

1. Épluchez les crevettes ; mettez-les dans une terrine ; arrosez-les avec le rhum, le jus de citron et poivrez légèrement. Laissez macérer pendant 30 minutes.

2. Pochez un à un les œufs dans une petite casserole, pendant 3 minutes, dans l'eau bouillante vinaigrée. Pour les pocher, cassez les œufs dans une tasse ; versez-les dans l'eau frémissante. Lorsque les œufs sont cuits (blanc pris, jaune liquide), égouttez-les à l'aide d'une écumoire, posez-les sur un torchon et laissez-les refroidir.

3. Préparez la gelée : versez 45 centilitres d'eau dans une casserole ; ajoutez la gelée ; chauffez jusqu'à ébullition sans cesser de remuer ; dès que la gelée bout, retirez-la du feu, ajoutez-lui le jus de macération des queues de crevettes, puis laissez-la refroidir.

4. Prenez des moules ou ramequins individuels ; versez dans chaque fond de moule une fine couche de gelée et faites prendre au réfrigérateur pendant 1 heure environ.

5. Quand la gelée est prise, disposez 2 queues de crevettes à chaque extrémité du moule ; posez délicatement l'œuf poché au milieu du moule ; remettez 2 queues de crevettes ; recouvrez de gelée et remettez dans le réfrigérateur pour que la gelée prenne (2 heures environ).

6. Préparez la sauce : séparez le jaune du blanc d'œuf (mettez-le de côté). Mélangez le jaune avec la moutarde dans un bol ; versez l'huile en mince filet, petit à petit, sans cesser de tourner ; ajoutez le rhum, le jus de citron, la ciboulette hachée et le sel. Battez le blanc d'œuf en neige : incorporez-en la moitié à la sauce très délicatement.

7. Démoulez les petits aspics ; posez-les sur un lit de laitue ; garnissez de quartiers de tomate. Servez très frais accompagné de la sauce en saucière.

Aspic à la marseillaise

Préparation : 20 mn
Cuisson : 40 mn
Réfrigération : 4 h 30

Pour 4 personnes
500 g de filets de rouget
300 g de filets de dorade
1 gros oignon
2 tomates
2 gousses d'ail
6 feuilles de gélatine
2 blancs d'œufs
1 dosette de safran
3 cuillerées à soupe d'huile d'olive
Sel, poivre

Pour la sauce
1 verre d'huile d'olive
6 gousses d'ail
1 jaune d'œuf
2 cuillerées à soupe de bouillon de cuisson des poissons
Poivre

1. Pelez et émincez l'oignon. Épluchez les gousses d'ail ; écrasez-les. Ébouillantez les tomates ; pelez-les ; coupez-les en quartiers.

2. Faites tremper les feuilles de gélatine dans un bol d'eau froide.

3. Chauffez l'huile dans une cocotte. Ajoutez l'oignon ; laissez revenir en remuant, puis mettez l'ail et les tomates. Laissez 3 minutes à feu vif, puis mouillez avec 1 litre d'eau. Salez et poivrez. Faites bouillonner 15 minutes.

4. Baissez alors le feu et plongez les filets de poisson dans le bouillon. Ajoutez le safran. Laissez cuire à petits frémissements 7 à 8 minutes. Retirez le poisson avec une écumoire. Déposez sur du papier absorbant.

5. Mélangez au bouillon les 2 blancs d'œufs à peine battus. Laissez bouillir doucement pendant 20 minutes. Filtrez à travers une mousseline et ajoutez la gélatine. Mélangez bien.

6. Versez un peu de ce bouillon dans un saladier. Mettez à prendre en gelée dans le réfrigérateur pendant 30 minutes. Disposez alors les filets de poisson le long des parois et dans le saladier. Versez le reste de bouillon. Faites prendre 4 heures au réfrigérateur.

7. Un peu avant de servir, préparez la sauce : pelez et pilez les gousses d'ail. Ajoutez le jaune d'œuf, mélangez et versez l'huile petit à petit en tournant comme une mayonnaise. Poivrez au moulin. Quand la sauce est faite, mélangez-lui 2 cuillerées du bouillon de poisson.

8. Pour servir, démoulez l'aspic sur un lit de salade et accompagnez de la sauce à l'ail.

Avocats au crabe

Préparation : 20 mn

Pour 4 personnes
2 avocats
1 cuillerée à soupe de rhum
1 boîte de crabe
6 cuillerées à soupe de crème fraîche
Le jus de 1 citron
Sel, poivre

1. Coupez les avocats en deux dans le sens de la longueur.

2. Enlevez les noyaux et évidez très délicatement la chair des avocats. Coupez-la en petits dés. Arrosez-les de citron pour les empêcher de noircir.

3. Préparez une farce en mélangeant la chair des avocats, le crabe débarrassé de ses cartilages, le rhum et la crème fraîche. Salez et poivrez.

4. Emplissez les avocats de cette préparation et mettez au frais.

Avocats farcis aux anchois

Préparation : 15 mn
Cuisson : 15 mn

Pour 4 personnes
2 avocats
2 œufs
1 gros poivron jaune ou rouge
8 filets d'anchois à l'huile
4 grosses olives noires dénoyautées
1 cuillerée à soupe d'huile d'olive
3 cuillerées à soupe de mayonnaise
Sel, poivre

1. Faites griller le poivron directement sur la flamme du gaz en le retournant pour que toute la peau noircisse. Passez-le sous le jet du robinet pour enlever cette peau. Ouvrez-le en deux et retirez les graines.

2. Faites cuire les œufs 10 minutes à l'eau bouillante salée. Épluchez-les ; coupez-les en deux ; retirez les jaunes.

3. Ouvrez les avocats en deux. Évidez-les avec une petite cuiller.

4. Passez ensemble au mixer la chair du poivron, celle des avocats, les jaunes d'œufs, l'huile, un peu de sel et de poivre. Mélangez la mousse obtenue à la mayonnaise. Mettez cette préparation dans une poche à douille.

5. Garnissez le fond de chaque demi-avocat d'un peu de cette préparation. Posez dessus les blancs d'œufs durs et les filets d'anchois. Entourez d'un cordon de mousse et décorez avec les olives noires. Servez bien frais.

Bar au champagne

Préparation : 15 mn
Cuisson : 1 h 40

Pour 6 personnes
1 bar de 2 kg
3 verres de champagne
4 échalotes
100 g de crème fraîche
60 g de beurre
3 jaunes d'œufs
1 bouquet de persil
Sel
Poivre

Pour le court-bouillon
2 l d'eau
1 oignon piqué de 2 clous de girofle
1 bouquet garni
2 carottes
1 morceau d'écorce d'orange
8 grains de poivre
Sel

1. Préparez le court-bouillon : nettoyer les carottes ; coupez-les en rondelles. Chauffez 2 litres d'eau. A ébullition, mettez l'oignon, les carottes, le bouquet garni, l'écorce d'orange, le poivre et le sel. Couvrez. Faites bouillir 1 heure. Laissez refroidir. Versez dans une poissonnière.

2. Pelez et émincez finement les échalotes. Faites-les blondir dans une petite casserole avec le beurre. Mouillez avec le champagne. Couvrez et cuisez à feu très doux 10 minutes.

3. Plongez le bar dans le court-bouillon froid. Chauffez. A ébullition, baissez le feu et laissez cuire à petits frémissements 20 minutes.

4. Égouttez le bar. Enlevez la peau. Mettez-le dans un plat. Couvrez de papier aluminium et tenez au chaud dans le four (th. 5), porte entrouverte.

5. Préparez la sauce : battez ensemble au fouet la crème fraîche et les jaunes d'œufs avec le sel et le poivre. Versez dans la casserole où se trouvent les échalotes au champagne. Faites cuire au bain-marie en remuant jusqu'à ce que la sauce épaississe. Servez le bar décoré de persil, accompagné de cette sauce.

Bar au concombre et au cresson

Préparation : 20 mn
Cuisson : 20 mn

Pour 6 personnes
1 bar de 2 kg (vidé et écaillé)
1 sachet de court-bouillon instantané
2 cuillerées à café d'estragon haché

1. Pelez les concombres, émincez-les en fines tranches, saupoudrez-les de sel.

2. Préparez le court-bouillon selon le mode d'emploi indiqué sur le sachet. Plongez le poisson dans ce court-bouillon froid. Mettez sur feu moyen ; dès que le liquide commence à frissonner, arrêtez la cuisson. Laissez le poisson 15 minutes dans le court-bouillon, puis égouttez-le et pelez-le.

2 cuillerées à café de ciboulette hachée
2 cuillerées à café de persil haché
2 cuillerées à café d'oignon haché
2 cuillerées à café de bulbe de fenouil haché
5 cuillerées à soupe d'huile d'olive
2 cuillerées à soupe de vinaigre de vin
1 cuillerée à soupe de câpres
3 œufs durs hachés
2 concombres
1 botte de cresson
Sel

3. Mélangez l'huile, le vinaigre, les câpres, l'estragon, la ciboulette, l'oignon, le persil, le fenouil et les œufs durs. Versez le tout sur le poisson encore chaud. Mettez-le pendant 2 ou 3 heures dans le réfrigérateur.

4. Lavez le cresson.

5. Épongez les tranches de concombre.

6. Au moment de servir, entourez le poisson de rondelles de concombre et de bouquets de cresson.

Bar aux endives

Préparation : 20 mn
Cuisson : 35 à 40 mn

Pour 4 personnes
1 bar de 1 kg environ vidé mais non écaillé
800 g d'endives
1 citron
30 g de farine
40 g de beurre
80 g de crème fraîche
1 cuillerée à soupe de ciboulette ciselée
Sel, poivre

1. Nettoyez les endives. Coupez-les en quatre dans le sens de la longueur, puis en deux dans la largeur.

2. Faites-les cuire à petit feu dans une cocotte avec le beurre et le citron émincé en rondelles, sel et poivre. Couvrez et comptez 20 minutes de cuisson.

3. Enlevez la tête et la queue du bar. Coupez le corps en 4 morceaux.

4. Chauffez le reste du beurre. Ajoutez la farine, remuez vivement. Quand le beurre a absorbé la farine, ajoutez la crème fraîche, la ciboulette, le sel et le poivre.

5. Mettez les endives dans un plat à four. Ajoutez-leur cette sauce. Posez dessus les tronçons de bar. Salez et poivrez. Faites cuire au four (th. 8) 10 à 15 minutes. Servez dans le plat de cuisson.

Bar flambé

Préparation : 10 mn
Cuisson : 20 mn

Pour 4 personnes

1 bar de 1 kg
2 cuillerées à soupe d'huile
1 petit verre de cognac
2 citrons
Sel

1. Nettoyez le bar et videz-le par les ouïes ; pratiquez deux incisions peu profondes de chaque côté. Essuyez-le et enduisez-le d'huile.

2. Posez-le sur le gril bien chauffé au rouge pour qu'il n'attache pas. Faites-le cuire 10 minutes sur chaque côté. Salez-le. Arrosez-le avec le cognac et flambez. Servez aussitôt avec des quartiers de citron.

Bar en gelée

Préparation : 20 mn
Cuisson : 15 mn

Pour 8 personnes

2 bars de 1,8 kg chacun
2 sachets de court-bouillon instantané
6 œufs
12 tomates rondes
2 cuillerées à soupe d'huile
2 cuillerées à soupe de câpres
6 citrons
Sel, poivre
Persil

1. Préparez le court-bouillon suivant le mode d'emploi indiqué sur le sachet. Laissez-le tiédir, puis plongez-y les poissons écaillés et vidés. Remettez sur le feu et faites cuire dans le court-bouillon à peine frissonnant pendant 15 minutes. Égouttez ensuite les poissons sans les briser et enlevez leur peau qui se détache très facilement.

2. Préparez la garniture : elle se compose d'œufs durs, persil, tomates et citrons. Coupez les œufs durs en deux, enlevez les jaunes, passez-les à la moulinette pour les réduire en purée, ajoutez à cette purée les câpres et l'huile, puis salez et poivrez. Garnissez les blancs d'œufs avec cette préparation. Placez les œufs farcis autour des poissons en alternant avec des petites tomates rondes entières et des quartiers de citron.

Bar à la monégasque

Préparation : 30 mn
Cuisson : 1 h 30

Pour 6 personnes
1 bar de 1,5 kg
250 g d'oignons
1,25 kg de pommes de terre
3 tomates
2 gousses d'ail
3 cuillerées à soupe de chapelure
2 cuillerées à soupe de persil haché
2 branchettes de thym
1/2 verre d'huile d'olive
Sel, poivre

1. Écaillez le bar et videz-le. Lavez-le. Essuyez-le et saupoudrez-le de sel.

2. Pelez les pommes de terre. Coupez-les en rondelles minces (3 millimètres environ d'épaisseur).

3. Pelez les oignons. Hachez-les.

4. Froissez les branchettes de thym entre vos mains pour en faire tomber les feuilles.

5. Mélangez les oignons, le thym, les pommes de terre, le sel et le poivre.

6. Dans un plat allant au four, mettez les pommes de terre et leur assaisonnement. Arrosez-les avec l'huile et ajoutez de l'eau, juste en quantité suffisante pour couvrir les pommes de terre. Mettez à four chaud (th. 7). Laissez cuire 1 heure.

7. Pendant ce temps, lavez les tomates. Coupez-les en deux. Enlevez les graines.

8. Hachez les gousses d'ail. Mélangez-les au persil haché. Garnissez les tomates avec cette préparation. Saupoudrez de sel, puis de chapelure.

9. Sortez le plat du four. Posez le bar sur les pommes de terre. Entourez avec les tomates. Arrosez d'un peu d'huile. Remettez 30 minutes au four. Servez dans le plat de cuisson.

Bar à la provençale

Préparation : 20 mn
Cuisson : 1 h 10

Pour 4 personnes
2 bars de 600 g environ chacun
4 cuillerées à soupe d'huile d'olive

1. Préparez la sauce : pelez et hachez les oignons et les gousses d'ail. Ébouillantez, pelez et épépinez les tomates ; coupez-les en petits morceaux. Chauffez l'huile dans une casserole sur feu moyen. Faites tout juste blondir les oignons et l'ail hachés, puis ajoutez les tomates. Laissez cuire 20 minutes à feu doux sans couvrir. Ajoutez alors le vin,

2 cuillerées à soupe de chapelure
Persil haché
Sel, poivre

Pour la sauce
2 cuillerées à soupe d'huile d'olive
2 oignons
6 tomates
2 gousses d'ail
1 bouquet garni
1 verre 1/2 de vin blanc sec
6 feuilles de basilic
Sel, poivre

le bouquet garni, les feuilles de basilic, le sel et le poivre. Couvrez et cuisez doucement encore 20 minutes.

2. Pendant ce temps, préparez les poissons : faites deux fentes en biais dans l'épaisseur du dos. Salez et poivrez. Mettez-les à dorer dans l'huile dans une grande poêle, environ 4 à 5 minutes de chaque côté. Égouttez-les.

3. Versez la moitié de la sauce cuite dans un plat allant au four. Posez les bars dessus et nappez du reste de sauce. Parsemez de chapelure et faites cuire au four (th.7) 25 minutes. Saupoudrez de persil haché et servez avec des pâtes fraîches.

Bar rôti sauce à la crème d'anchois

Préparation : 15 mn
Cuisson : 25 mn

Pour 4 personnes
1 bar de 1,2 kg environ vidé mais non écaillé
1 bouquet de thym
2 cuillerées à soupe d'huile
8 échalotes grises
1 cuillerée à soupe de crème d'anchois
2 cuillerées à soupe de crème fraîche
1 citron
Gros sel
Sel, poivre

1. Glissez des branches de thym dans les ouïes et dans la cavité ventrale du bar. Frottez-le avec un peu de sel gros. Posez-le sur une grille placée sur un plat allant au four. Huilez-le avec un pinceau en utilisant la moitié de l'huile.

2. Faites-le cuire au four (th. 8) pendant 20 à 25 minutes.

3. Pendant ce temps, pelez et hachez finement les échalotes. Faites-les revenir doucement dans le reste de l'huile. Salez légèrement, poivrez au moulin. Ajoutez la crème d'anchois et la crème fraîche. Remuez vivement. Retirez du feu et tenez au chaud au bain-marie.

4. Le bar étant cuit, posez-le sur le plat de service. Décorez de rondelles de citron. Recueillez le jus de cuisson et mélangez-le à la sauce. Servez bien chaud, la sauce à part.

Bar en sauce

Préparation : 20 mn
Cuisson : 40 mn

Pour 4 personnes
1 bar de 1,2 kg écaillé et vidé
1 oignon
4 échalotes
1 gousse d'ail
1 cuillerée à soupe de persil haché
4 tomates
1 branchette de thym
1 feuille de laurier
2 verres de vin blanc sec
100 g de beurre
1 cuillerée à soupe de farine
Sel, poivre

1. Pelez et hachez l'oignon, les échalotes et la gousse d'ail. Ébouillantez puis pelez les tomates. Coupez-les en morceaux et épépinez-les. Écrasez la pulpe à la fourchette et mélangez-la au hachis.

2. Mettez cette préparation dans le fond d'un plat allant au four. Ajoutez le thym et le laurier.

3. Coupez le bar en 4 tronçons. Posez-les dans le plat. Salez, poivrez, mouillez avec le vin blanc, parsemez de 50 grammes de beurre. Placez le plat sur feu moyen jusqu'à ébullition du liquide, puis mettez-le au four (th. 6-7) ; couvrez d'une feuille de papier aluminium et laissez cuire pendant 30 minutes.

4. Incorporez la farine au beurre restant pour obtenir un beurre manié.

5. Retirez les morceaux de bar cuit avec une écumoire et disposez-les dans un plat de service en reconstituant le poisson. Maintenez au chaud.

6. Versez le contenu du plat de cuisson dans une casserole. Ajoutez le beurre manié. Faites cuire à feu doux 5 minutes en remuant. Versez cette sauce sur le poisson. Parsemez de persil haché et servez avec des pommes de terre cuites à la vapeur.

Bar au vin blanc

Préparation : 15 mn
Cuisson : 25 mn

Pour 4 personnes
1 bar de 1 kg ou 1,2 kg
150 g de crevettes grises
125 g de petits champignons de Paris
0,5 l de moules
5 tomates
2 oignons
1 citron
50 g de beurre
1 cuillerée à soupe d'huile d'olive
2 verres de vin blanc sec
Thym, laurier, fenouil séché en branche
Sel, poivre

1. Écaillez et videz le bar, lavez-le à grande eau sous le robinet et épongez-le à l'aide d'un torchon. Coupez en lamelles les oignons et les champignons. Nettoyez les moules.

2. Mettez dans le fond d'un plat l'huile d'olive et la moitié du beurre. Faites un lit avec les oignons et les champignons de Paris.

3. Introduisez dans le ventre du bar le fenouil en branche, 1 feuille de thym, 1 branche de laurier. Salez légèrement.

4. Disposez le bar dans le plat ; entourez-le des tomates coupées en quartiers, des crevettes, des moules. Salez et poivrez.

5. Découpez des rondelles de citron et placez-les sur le bar. Mettez le reste du beurre sur le poisson. Versez le vin blanc.

6. Enfournez et laissez cuire 25 minutes à four chaud.

Barbue en gratin aux champignons

Préparation : 15 mn
Cuisson : 35 mn

Pour 4 personnes
1 barbue de 1,2 kg environ
300 g de champignons
1 verre de vin blanc sec
40 g de crème fraîche
20 g de beurre
Sel, poivre

1. Nettoyez les champignons. Émincez-en 3 en lamelles. Hachez le reste au mixer.

2. Faites revenir doucement, au beurre, ce hachis. Mouillez avec le vin blanc. Ajoutez crème fraîche, sel et poivre. Laissez mijoter doucement 7 à 8 minutes. Retirez du feu.

3. Mettez la barbue dans un plat allant au four. Nappez-la du hachis de champignons à la crème et au vin blanc. Disposez dessus les lamelle de champignons. Arrosez de 2 cuillerées d'eau tiède.

4. Faites cuire au four (th. 8) pendant 25 à 30 minutes. Servez dans le plat de cuisson.

Barbue à la normande

Préparation : 25 mn
Cuisson : 55 mn

Pour 4 personnes
1 barbue de 1 kg
125 g de champignons
100 g de crevettes décortiquées
1 verre 1/2 de vin blanc
2 cuillerées à soupe de fines herbes hachées
4 jaunes d'œufs
75 g de beurre
Le jus de 1 citron
Sel, poivre

1. Nettoyez les champignons, coupez-les en quatre et faites-les cuire dans 1 noix de beurre pendant 15 minutes avec le jus de citron, 1 verre d'eau, du sel et du poivre. Quand les champignons sont cuits, égouttez-les et conservez le jus de cuisson.

2. Beurrez un plat allant au four, saupoudrez le fond de fines herbes hachées, posez dessus le poisson nettoyé. Salez, poivrez et mouillez avec le vin blanc. Couvrez d'une feuille de papier d'aluminium et faites cuire à four moyen (th. 6) pendant 30 minutes.

3. Le poisson étant cuit, égouttez-le et tenez-le au chaud. Filtrez son jus de cuisson. Ajoutez-le au jus de cuisson des champignons. Mettez dans une petite casserole sur feu vif et faites bouillonner jusqu'à réduction de moitié. Retirez du feu, liez avec les jaunes d'œufs, ajoutez 50 grammes de beurre. Mélangez bien.

4. Pour servir, mettez la barbue dans un plat chaud, entourez-la avec les champignons, les crevettes décortiquées que vous aurez réchauffées dans le restant de beurre, et nappez avec la sauce préparée.

Beignets aux maquereaux

Préparation : 15 mn + 1 h de repos pour la pâte
Cuisson : 8 mn

Pour 4 personnes
500 g de filets de maquereaux
200 g de cabillaud
1 cuillerée à soupe de persil haché
2 gousses d'ail
2 œufs
200 g de farine
Huile de friture
Sel, poivre
Persil

1. Préparez la pâte à beignets : mettez la farine dans un saladier ; faites un creux au centre. Mettez une pincée de sel et le jaune de 1 œuf. Délayez avec 10 centilitres d'eau tiède. Terminez en incorporant le blanc battu en neige. Laissez reposer 1 heure.

2. Mixez ensemble les filets de poisson, l'ail pelé, le persil, 1 œuf, le sel et le poivre. Façonnez la préparation en boulettes.

3. Plongez-les dans la pâte à beignets et faites frire dans l'huile bien chaude pendant 6 à 7 minutes. Servez aussitôt avec des bouquets de persil.

Beignets de poisson à la rouille

Préparation : 20 mn + 2 à 3 h de temps de repos
Cuisson : 20 mn

Pour 6 personnes
6 tranches de cabillaud (ou de colin)
1 sachet de court-bouillon instantané
Huile de friture

Pour la pâte à beignets
150 g de farine tamisée
3 verres environ d'eau tiède
2 jaunes d'œufs
1 blanc d'œuf battu en neige

Pour la rouille
2 jaunes d'œufs
25 cl d'huile d'olive
4 gousses d'ail
1 petit piment fort (ou 1 cuillerée à café de purée de piment)
Sel, poivre
Moutarde

1. Préparez la pâte à beignets : versez l'eau sur les jaunes d'œufs, battez vigoureusement. Versez la farine tamisée par petites quantités. Laissez reposer 2 ou 3 heures dans un endroit frais. Ajoutez le blanc d'œuf battu en neige très ferme au dernier moment.

2. Faites pocher les tranches de cabillaud 5 minutes dans le court-bouillon frémissant (très relevé). Égouttez-les et laissez-les refroidir.

3. Préparez la rouille : faites une mayonnaise avec les jaunes d'œufs, la moutarde et l'huile d'olive. Salez, poivrez et ajoutez les gousses d'ail et le piment pilé. Mettez au réfrigérateur en attendant de servir.

4. Faites chauffer votre huile de friture. Épluchez le poisson et séparez chaque tranche en gros dés. Enrobez-les un à un de pâte. Plongez-les dans la friture fumante. Égouttez-les quand ils sont bien dorés. Posez-les sur un papier absorbant et servez très chaud avec la rouille.

Bigorneaux

Préparation : 10 mn
Cuisson : 7 à 8 mn

Pour 4 personnes
1 kg de bigorneaux
Sel

1. Lavez soigneusement les bigorneaux à grande eau.

2. Mettez-les dans une casserole. Couvrez-les d'eau froide. Salez largement. Chauffez jusqu'à ébullition. Retirez du feu. Égouttez. Servez avec des tranches de pain beurrées.

Bisque de crevettes

Préparation : 35 mn
Cuisson : 1 h

Pour 4 personnes
400 g de crevettes décortiquées
3 carottes
2 oignons
1 branchette de thym
1 feuille de laurier
3 branches de persil
½ verre de vin blanc
1 cuillerée à soupe de cognac
1 l de bouillon
150 g de riz
100 g de beurre de crevettes (voir recette p. 5)
50 g de beurre
Sel, poivre

1. Nettoyez les carottes et les oignons, coupez-les en très petits dés.

2. Chauffez le beurre dans une casserole à feu assez vif et mettez-y à revenir les carottes et les oignons avec le thym, le laurier et le persil. Laissez cuire pendant 5 minutes puis ajoutez les crevettes et laissez cuire pendant une dizaine de minutes.

3. Retirez les crevettes de la casserole et mettez-les de côté.

4. Mettez dans la casserole, sur feu moyen, un peu de sel, du poivre, le cognac, le vin blanc, et laissez bouillonner jusqu'à réduction complète du liquide. Ajoutez alors 10 centilitres de bouillon et laissez cuire de nouveau pendant 10 minutes.

5. D'autre part, faites cuire le riz pendant 30 minutes dans 50 centilitres de bouillon ; il faut que ce riz soit très cuit.

6. Décortiquez les plus grosses crevettes et réservez les queues. Pilez finement le reste et les débris dans un mortier avec un pilon.

7. A la purée obtenue, ajoutez le riz très cuit ainsi que la cuisson des crevettes, c'est-à-dire les carottes et les oignons que vous avez fait sauter au début. Passez le tout à la moulinette.

8. Délayez avec le reste du bouillon, chauffez jusqu'à ébullition, filtrez et, au moment de servir, ajoutez 100 grammes de beurre de crevettes et les queues des plus grosses crevettes que vous aviez mises de côté.

Bisque de homard

Préparation : 40 mn
Cuisson : 1 h

Pour 6 personnes

1 homard de 1,5 kg environ
2 oignons
2 carottes
1 gousse d'ail
4 branches de persil
1 bouquet garni
2 verres de vin blanc
2 œufs
8 cuillerées à soupe de crème fraîche
1 cuillerée à soupe de concentré de tomate
3 cuillerées à soupe d'huile
1 verre à liqueur de cognac
Sel, poivre

1. Coupez le homard : la queue en 4 morceaux, le coffre en deux par le milieu.

2. Sur feu vif, chauffez l'huile et faites revenir vivement 5 à 7 minutes les morceaux de homard. Puis versez dessus le cognac et flambez. Prélevez les morceaux de homard avec l'écumoire et mettez-les de côté.

3. Pelez carottes et oignons. Coupez-les en lamelles minces. Hachez grossièrement le persil, y compris les queues. Pelez la gousse d'ail ; écrasez-la sous la lame d'un couteau.

4. Mettez le tout dans la casserole où vous avez fait revenir le homard, à feu vif, pendant 5 minutes. Ajoutez le concentré de tomate, le bouquet garni, le vin blanc, les morceaux de homard et 1 litre d'eau. Laissez cuire 15 minutes assez doucement. Salez et poivrez.

5. Retirez du feu. Prélevez les morceaux de homard et décortiquez-les. Coupez les beaux morceaux en petits dés ; mettez-les de côté. Pilez le restant dans un mortier pour obtenir une purée.

6. Mettez cette purée dans la casserole contenant le bouillon et placez sur le feu. Laissez cuire une vingtaine de minutes.

7. Pendant ce temps, séparez les blancs et les jaunes des œufs. Vous n'utiliserez que les jaunes. Mélangez-les à la crème fraîche.

8. Filtrez le bouillon et versez-le petit à petit sur le mélange œufs et crème sans cesser de le battre avec une fourchette ou un fouet. Ajoutez les dés de homard et servez aussitôt très chaud.

*Bisque de poupards**

Préparation : 15 mn
Cuisson : 20 mn

Pour 6 personnes
24 petits crabes
2 carottes
1 oignon
1 petit bouquet de persil
1 petite poignée de mie de pain
2 cuillerées à soupe de riz
Sel, poivre

1. Faites cuire les crabes 20 minutes dans 2 litres d'eau salée et poivrée, avec les carottes en rondelles, l'oignon, le persil.

2. Pendant ce temps, cuisez le riz dans de l'eau salée.

3. Égouttez les crabes ; pilez sans les éplucher en mettant dans le mortier le riz cuit et la mie de pain. Mouillez avec 1 litre 1/2 d'eau ou de bouillon. Mélangez. Passez au chinois. Chauffez jusqu'à ébullition et servez.

* Petits crabes riches en laitance et en œufs.

Blanquette de lotte

Préparation : 20 mn
Cuisson : 1 h

Pour 4 personnes
4 tranches de lotte de 200 g environ chacune
25 cl de vin blanc
2 oignons
1 gousse d'ail
1 branchette de thym
1 feuille de laurier
50 g de farine
50 g de beurre
400 g de champignons
Le jus de 1 citron
1 jaune d'œuf
Sel, poivre

1. Préparez un court-bouillon avec 1 litre d'eau, le vin blanc, le thym, le laurier, les oignons coupés en gros quartiers, la gousse d'ail, du sel et du poivre. Faites cuire pendant 25 minutes à petits bouillons. Ensuite, filtrez et laissez refroidir.

2. Mettez les tranches de lotte dans le court-bouillon froid. Mettez sur le feu et faites cuire 5 minutes à partir du moment où le court-bouillon commence à frémir. Retirez la lotte du court-bouillon.

3. Chauffez le beurre dans une petite casserole sur feu moyen. Lorsqu'il est fondu, ajoutez la farine. Quand le beurre a absorbé toute la farine, mouillez avec 1 bol du court-bouillon et tournez bien avec la cuiller en bois pour obtenir une sauce assez épaisse et crémeuse. Mettez-la de côté.

4. Nettoyez les champignons, faites-les cuire à la poêle dans 1 noix de beurre en les arrosant de jus de citron et en les salant.

5. Mettez dans la sauce les tranches de lotte et les champignons, et faites mijoter sur feu très doux pendant une dizaine de minutes.

6. Juste au moment de servir, délayez le jaune d'œuf avec 3 cuillerées à soupe de sauce et versez dans la préparation. Mélangez bien.
Pour servir, versez le tout dans un plat creux.

Blinis aux œufs de saumon

Préparation : 10 mn
+ 1 h de temps de repos
Cuisson : 15 mn

Pour 4 personnes
200 g de farine
20 cl de lait
2 œufs
10 g de levure de boulanger
15 g de beurre
Sel
100 g d'œufs de saumon
100 g de crème fraîche

1. Émiettez la levure. Dissolvez-la dans une cuiller à soupe de lait chaud.

2. Mettez la farine et le sel dans une terrine. Faites un puits au centre pour y mettre les jaunes d'œufs et la levure délayée. Mélangez doucement en ajoutant peu à peu le restant de lait.

3. Couvrez et laissez reposer environ 1 heure.

4. Battez les blancs en neige ferme. Ajoutez-les à la pâte.

5. Faites fondre 1 noisette de corps gras dans une crêpière à revêtement antiadhésif. Versez une grosse cuillerée de la préparation. Dès que les bords du blini sont bien secs, retournez et faites cuire l'autre côté de la même façon.

6. Tenez au chaud et continuez la cuisson jusqu'à épuisement de la pâte.

7. Servez les blinis sur une assiette chaude entre deux serviettes pour conserver la chaleur. Accompagnez-les de beurre fondu, de crème fraîche et d'œufs de saumon présentés en ramequins. A l'aide d'une petite cuiller, chaque personne étale sur le blini d'abord le beurre fondu, ensuite la crème fraîche et enfin les œufs de saumon.

Bouillabaisse

Préparation : 30 mn
Cuisson : 30 mn

Pour 8 personnes
2 kg de poissons les plus divers :
1 belle rascasse ;
du poisson à chair ferme tel que baudroie, grondin, vive, anguille, murène ou congre ;
des poissons à chair fine tels que merlan ou poissons plats ;
quelques petites girelles, vieilles ou labres
1 crustacé bon marché (crabe)
1 verre d'huile d'olive
Croûtons
1 oignon haché fin
3 gousses d'ail
1,5 kg de tomates ou 1 petite boîte de concentré
Sel, poivre
Quelques brins de persil haché
1 pointe de safran
Zeste d'orange
1 clou de girofle
Thym, laurier

1. Mettez 3 litres d'eau à bouillir dans une casserole.

2. Videz et écaillez les poissons si vous ne l'avez fait faire par votre poissonnier. Coupez-les en gros tronçons et lavez-les. Frottez les croûtons avec de l'ail entier, puis hachez-le, ainsi que l'oignon, et pelez les tomates (après avoir glissé sur le pourtour la lame d'un couteau afin de décoller la peau).

3. Dans un grand faitout, faites chauffer l'huile, puis mettez-y à dorer l'ail et l'oignon. Ajoutez ensuite les tomates en morceaux ou le concentré, l'eau bouillante et tous les poissons, à l'exception du merlan ou autre poisson plat. Ajoutez sel et poivre, persil haché (et, selon le goût, 1 morceau de zeste d'orange, 1 clou de girofle, 1 branche de thym et 1 feuille de laurier). Versez l'huile sur le tout.

4. Portez à ébullition et laissez cuire à gros bouillons pendant 15 à 20 minutes.

5. Ajoutez le safran puis les merlans ou les poissons plats qui cuiront en 5 minutes. Retirez ensuite les poissons qui sont restés entiers (ceux qui se sont défaits à la cuisson donnant de l'épaisseur au bouillon) et servez-les sur un grand plat chaud.

6. Vous pouvez filtrer le bouillon, mais ce n'est pas obligatoire. Versez-le dans chaque assiette sur les croûtons frottés d'ail et servez. Vous pouvez accompagner la bouillabaisse d'une sauce rouille (voir recette p. 14).

Bouillabaisse portugaise

Préparation : 10 mn
Cuisson : 1 h 15

Pour 4 personnes
1,5 kg de poissons divers : rouget, petite dorade, petit mulet, saint-pierre
5 oignons
3 gousses d'ail
1 citron
1/2 bouteille de porto sec
50 cl d'eau
2 cuillerées à soupe d'huile d'olive
5 tomates
Queues de persil
Laurier
Sel, poivre

1. Demandez au poissonnier d'ôter la tête et les grosses arêtes des poissons. Épluchez les oignons et l'ail. Pressez le citron.

2. Dans une grande casserole, versez 1 cuillerée à soupe d'huile d'olive. Faites chauffer, puis ajoutez 3 oignons coupés en morceaux, les queues de persil, les têtes et les grosses arêtes des poissons, le laurier, le jus de citron, du sel et du poivre. Versez l'eau et le porto et laissez cuire à feu doux pendant 30 minutes en écumant.

3. Coupez en rondelles 2 oignons, écrasez les gousses d'ail en purée.

4. Ébouillantez les tomates. Pelez-les et écrasez-les.

5. Passez le bouillon d'arêtes à travers une passoire fine. Versez-le dans une grande casserole avec l'oignon en rondelles, l'ail écrasé et les tomates concassées. Ajoutez 1 cuillerée d'huile d'olive et faites bouillir. Ajoutez alors les poissons et laissez cuire à petit feu pendant 30 minutes. Servez avec des croûtons frits dans de l'huile d'olive.

Bouillon de tourteau aux légumes croquants

Préparation : 20 mn
Cuisson : 1 h 10

Pour 4 personnes
1 tourteau de 800 g
1 oignon
1 concombre
3 tomates
1 poivron
1 branche de céleri

1. Hachez l'oignon ; pelez et écrasez bien 2 tomates et l'ail.

2. Plongez le tourteau dans de l'eau salée en ébullition pendant 3 minutes. Égouttez-le et décortiquez-le. Coupez la chair en morceaux.

3. Concassez la carapace et les pinces. Faites-les revenir avec l'oignon dans l'huile. Ajoutez l'ail et les tomates, puis sel, poivre

2 gousses d'ail
1 branche de thym
2 cuillerées à soupe d'huile
Sel, poivre
Persil

et thym. Mouillez avec 1 litre 1/2 d'eau bouillante. Couvrez. Laissez bouillir doucement pendant 1 heure.

4. Pendant ce temps, épluchez le concombre, coupez-le en dés. Coupez également le poivron, la troisième tomate et émincez finement le céleri.

5. Filtrez le bouillon de cuisson de la carapace. Ajoutez-lui la chair du tourteau et les légumes crus. Faites bouillir 5 minutes et servez chaud, garni de persil.

Bourride

Préparation : 30 mn
Cuisson : 1 h

Pour 4 personnes
4 beaux filets de baudroie (ou saint-pierre, turbot, barbue)
3 ou 4 têtes et queues de poissons divers
2 poireaux
5 ou 6 brins de persil
1 cuillerée à café de sel
Poivre
1 citron
1 cuillerée à soupe de vinaigre
1 cuillerée à soupe d'huile d'olive
1 gousse d'ail
2 cuillerées à soupe de crème

Pour l'aïoli
2 ou 3 jaunes d'œufs
1 grand verre d'huile d'olive (25 cl)
1 pincée de sel
1 cuillerée à soupe de jus de citron

1. Mettez dans un faitout 1 litre d'eau froide, les têtes et les queues des poissons, 1 poireau coupé en petits tronçons, 3 brins de persil, le zeste du citron et le vinaigre. Amenez lentement à ébullition et laissez frémir doucement 25 à 30 minutes.

2. Pendant ce temps, préparez l'aïoli dans une grande jatte (voir recette p. 8).

3. Mettez sur le feu un autre faitout avec l'huile et l'autre poireau émincé. Dès que le mélange est chaud, ajoutez l'ail pilé et déposez les filets légèrement assaisonnés de sel et poivre.

4. Filtrez le bouillon qui doit être cuit. Versez-le délicatement sur les filets et laissez frémir pendant 10 à 15 minutes.

5. Sortez les filets avec précaution et disposez-les dans le plat de service que vous mettrez à four doux après l'avoir couvert d'une feuille d'aluminium.

6. Faites réduire le bouillon des deux tiers. Versez la crème en remuant bien et laissez bouillonner quelques secondes.

7. Placez une passoire au-dessus de la jatte contenant l'aïoli et versez la sauce chaude en tournant vivement.

8. Versez cette sauce sur les filets de poisson. Saupoudrez du persil restant et servez.

Brandade de morue

Préparation : 20 mn
+ 12 h de trempage
pour la morue
Cuisson : 20 mn

Pour 4 personnes

800 g de morue
1 verre d'huile d'olive
1 verre de lait
2 gousses d'ail
1 bouquet garni

1. Faites tremper la morue pendant 12 heures dans de l'eau froide que vous renouvelez à plusieurs reprises.

2. Égouttez la morue et coupez-la en morceaux.

3. Mettez-les dans une casserole, couvrez avec de l'eau froide, ajoutez le bouquet garni et chauffez jusqu'au début de l'ébullition. Maintenez à petits frémissements 8 minutes. Égouttez et effeuillez la chair en enlevant les arêtes et la peau.

4. Chauffez à petit feu 1 verre d'huile d'olive dans une casserole à fond épais. Ajoutez la morue et mélangez avec une cuiller en bois.

5. Ajoutez petit à petit, alternativement et sans cesser de travailler la préparation, le reste d'huile et le lait tiédis. Mélangez l'ail haché à la purée obtenue. Servez tel quel ou avec des tranches de baguette dorées dans le beurre. Piquez-les dans la brandade au moment de servir.

Brandade de thon

Préparation : 15 mn
Cuisson : 30 mn

Pour 4 personnes

1 kg de pommes de terre
1 boîte de miettes de thon de 250 g
2 gousses d'ail
1 verre d'huile d'olive
1 verre de lait
20 olives noires
Sel, poivre

1. Épluchez les pommes de terre. Placez-les dans une écumoire au-dessus d'une casserole contenant de l'eau en ébullition. Maintenez cette ébullition jusqu'à ce que les pommes de terre soient cuites.

2. Épluchez les gousses d'ail. Écrasez-les pour les réduire en purée.

3. Dans un saladier, mettez l'ail en purée, les miettes de thon. Mélangez soigneusement et travaillez soit au pilon, soit à la fourchette pour obtenir une purée fine.

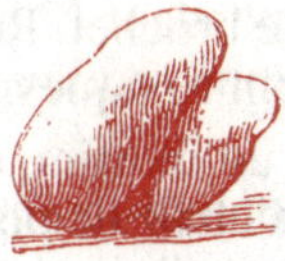

4. Écrasez les pommes de terre au presse-purée ou au mixer. Faites bouillir le lait.

5. Incorporez la purée de pommes de terre à la purée de thon. Ajoutez progressivement, en remuant à la spatule, l'huile d'olive puis le lait bouillant. Salez, poivrez, mélangez bien.

6. Dressez la brandade en dôme sur le plat de service chaud. Décorez avec les olives noires. Servez chaud.

Brandade de truite

Préparation : 15 mn
Cuisson : 5 mn

Pour 6 personnes
1 boîte de 500 g de purée instantanée avec la quantité de lait nécessaire pour la préparer selon le mode d'emploi
900 g environ de truites
1 verre de lait
8 cuillerées à soupe d'huile d'olive
5 gousses d'ail
6 tranches de pain de mie
80 g de beurre
1 sachet de court-bouillon
Croûtons

1. Préparez une purée de pommes de terre plutôt sèche.

2. Préparez le court-bouillon selon le mode d'emploi. Mettez les truites dans ce court-bouillon en ébullition légère pendant 5 minutes. Égouttez.

3. Émiettez les truites en enlevant les arêtes. Mélangez la purée de pommes de terre et les truites émiettées. Malaxez bien le tout à la fourchette puis ajoutez petit à petit le lait chaud, l'huile d'olive, l'ail écrasé.

4. Coupez en triangles les tranches de pain de mie. Faites-les dorer au beurre dans la poêle. Mettez la brandade sur un plat. Garnissez le tout avec des croûtons.

Brochet farci

Préparation : 30 mn
(farce à préparer
1 ou 2 h à l'avance)
Cuisson : 40 mn

Pour 6 personnes
1 beau brochet de 2 kg

Pour la farce
*250 g de chair
de poisson de mer
ou de poisson d'eau
douce à chair ferme*
125 g de foie gras
1 gousse d'ail
*1/2 tasse de mie de pain
trempée dans le lait*
1 ou 2 blancs d'œufs
Sel, poivre

Pour la cuisson
50 g de beurre
1/2 verre d'eau
Le jus de 1/2 citron

1. Videz, écaillez et lavez le brochet. Retirez les œufs et laitances qui sont toxiques.

2. Préparez la farce : dans un mortier, ou au mixer, réduisez en purée la chair de poisson avec le foie gras et la gousse d'ail. Ajoutez la mie de pain essorée, les blancs battus en neige, salez et poivrez. Faites revenir tout doucement cette farce quelques instants, puis laissez refroidir 1 ou 2 heures, pour qu'elle durcisse.

3. Farcissez-en l'intérieur du brochet et cousez l'ouverture. Installez le brochet ainsi farci dans un plat long allant au four ; salez et poivrez. Arrosez-le avec le demi-verre d'eau et le jus de citron. Parsemez de noisettes de beurre et mettez à cuire à four chaud, en arrosant très souvent pendant la cuisson.

Brochet farci en crépine

Préparation : 25 mn
Cuisson : 35 mn

Pour 4 personnes
1 brochet de 1,5 kg
200 g de filet de saumon
*150 g de champignons
de Paris*
*1 cuillerée à soupe
de persil haché*
1 crépine
6 feuilles de laurier
75 cl de vin blanc sec

1. Écaillez et lavez le brochet. Ouvrez-le de la tête à la queue sur le ventre. Retirez très délicatement l'arête centrale.

2. Préparez la farce : nettoyez les champignons. Passez-les au mixer avec le saumon. Ajoutez les œufs, le persil, le sel et le poivre.

3. Remplissez le brochet avec cette farce. Enveloppez-le dans la crépine et mettez-le dans un plat allant au four. Mettez autour les feuilles de laurier. Arrosez avec le vin blanc. Faites cuire au four (th. 6) pendant 25 minutes.

Brochet farci en crépine *(suite)*

2 œufs
1 cuillerée à dessert de Maïzena
200 g de crème fraîche
Sel, poivre

4. Retirez alors la crépine. Tenez le poisson au chaud et filtrez son jus de cuisson. Ajoutez-lui la crème et fouettez. Ajoutez ensuite la Maïzena délayée dans un peu d'eau. Chauffez et laissez bouillir cette sauce à feu doux pendant 6 à 7 minutes.

5. Servez le brochet coupé en tranches et arrosé de sauce.

Brochet grand-mère

Préparation : 30 mn
Cuisson : 1 h 45

Pour 8 personnes
1 brochet de 2,5 kg
400 g de filets de merlan
6 échalotes
100 g de farine
150 g de beurre
50 cl de lait
3 verres de vin blanc sec
1 tasse de crème
1 sachet de court-bouillon instantané
Sel, poivre

1. Préparez le court-bouillon selon le mode d'emploi. Plongez-y les filets de merlan et laissez-les cuire 5 minutes dans le bouillon à peine frémissant. Égouttez-les. Réduisez-les en purée fine (mixer ou fourchette).

2. Faites chauffer 80 grammes de beurre dans une casserole sur feu doux. Quand il est fondu, versez la farine. Tournez. La farine absorbe le beurre. Ajoutez alors le lait froid d'un seul coup. Tournez le mélange sans arrêt jusqu'à ce qu'il se forme une bouillie épaisse. Salez, poivrez. Mélangez à cette préparation la purée de merlan.

3. Écaillez et videz le brochet. Remplissez-le avec cette farce. Parsemez-le de noisettes de beurre. Salez, poivrez et enveloppez-le dans du papier d'aluminium. Placez-le dans un plat allant au four et laissez cuire à four chaud (th. 6) pendant 1 h 45.

4. Pendant ce temps, pelez les échalotes et hachez-les finement. Mettez-les dans une petite casserole avec le vin blanc, le sel et le poivre. Faites bouillonner doucement pendant 30 minutes. (Le liquide réduit considérablement.) 5 minutes avant de servir, ajoutez la crème.

5. Le poisson étant cuit, enlevez-lui le papier d'aluminium, disposez-le sur un plat et servez-le accompagné de la sauce à la crème et au vin blanc.

Bulots sauce aux herbes

Préparation : 30 mn
Cuisson : 40 mn

Pour 4 personnes
2 l de bulots vivants
1 sachet de court-bouillon
1 petite salade (frisée ou scarole)
2 citrons
1/2 verre d'huile
5 brins de persil
3 branches d'estragon
2 gousses d'ail
1 pointe de piment
Sel, poivre

1. Lavez les bulots à grande eau fraîche.

2. Préparez le court-bouillon selon le mode d'emploi. A ébullition, plongez-y les bulots. Laissez-les cuire à petits frémissements pendant 20 minutes. Laissez-les refroidir dans le court-bouillon. Égouttez-les et décoquillez-les.

3. Préparez la sauce : pelez 1 citron à vif ; émincez-le en tranches très fines. Pressez le jus du deuxième citron. Pelez et hachez les gousses d'ail. Hachez les herbes. Mélangez le tout avec l'huile, le piment, le sel et le poivre.

4. Pour servir, disposez les bulots sur un lit de feuilles de salade et arrosez avec la sauce.

Brochettes de coquilles Saint-Jacques aux champignons

Préparation : 30 mn
Cuisson : 8 mn

Pour 4 personnes
20 coquilles Saint-Jacques
200 g de poitrine fumée
20 champignons de Paris d'égale grosseur
100 g de beurre
Sel, poivre

1. Prélevez dans chaque coquille la noix et le corail. Lavez-les et épongez-les.

2. Nettoyez les champignons sans les peler. Ne gardez que les têtes (vous utiliserez les queues dans une jardinière de légumes ou dans un potage).

3. Coupez la poitrine fumée en 20 morceaux égaux.

4. Préparez 4 brochettes et enfilez sur chacune, en les alternant, 5 noix de coquilles Saint-Jacques et leur corail, 5 morceaux de poitrine, 5 champignons.

5. Faites fondre le beurre sur feu doux sans le laisser cuire. Arrosez-en les brochettes placées dans un plat creux.

6. Faites cuire sur le gril du barbecue les brochettes pendant 8 minutes en les retournant en cours de cuisson. Salez et poivrez au moment de servir.

Brochettes de coquilles Saint-Jacques au lard

Préparation : 10 mn
Cuisson : 10 mn

Pour 6 personnes
30 noix de coquilles Saint-Jacques
30 très minces tranches de lard fumé
1 cuillerée à soupe d'huile
Poivre

1. Enveloppez chaque noix de coquille Saint-Jacques dans 1 mince tranche de lard fumé.

2. Enfilez sur les brochettes.

3. Poivrez assez fortement et arrosez d'huile. Faites cuire sur le gril du barbecue pendant 10 minutes en retournant en cours de cuisson.

Brochettes de fruits de mer

Préparation : 15 mn + 1 h de marinade
Cuisson : 10 mn

Pour 4 personnes
12 coquilles Saint-Jacques
12 grosses crevettes bouquets
12 pruneaux dénoyautés
12 morceaux de lard
Le jus de 2 citrons
3 cuillerées à soupe d'huile
4 feuilles de laurier
1 branchette de thym
Sel, poivre

1. Demandez à votre poissonnier de détacher les saint-jacques de leurs coquilles et de les ébarder. Vous les laverez ensuite soigneusement avant de les éponger avec du papier absorbant.

2. Enfilez sur chaque brochette 1 pruneau, 1 lardon, 1 saint-jacques, 1 bouquet puis de nouveau 1 pruneau, etc., jusqu'à ce que la brochette soit composée de 3 saint-jacques, 3 crevettes, 3 lardons, 3 pruneaux.

3. Mettez l'huile dans une assiette creuse ; ajoutez le laurier et le thym émietté, le jus de citron, le sel et le poivre. Placez les brochettes dans cette préparation et laissez-les mariner 1 bonne heure en les retournant à plusieurs reprises.

4. Cuisez les brochettes au gril 5 à 7 minutes sur chaque côté.

Brochettes d'huîtres

Préparation : 10 mn
Cuisson : 5 à 10 mn

Pour 6 personnes
3 douzaines d'huîtres
36 tranches de bacon très minces
1 cuillerée à soupe d'huile
Poivre de Cayenne

1. Ouvrez les huîtres. Sortez-les de leur coquille.

2. Roulez chacune d'elles dans 1 tranche de bacon.

3. Embrochez à raison de 6 par brochette. Badigeonnez d'huile.

4. Faites griller 5 à 10 minutes et servez bien chaud après avoir saupoudré de poivre de Cayenne.

Brochettes de langoustines

Préparation : 30 mn
Cuisson : 15 mn

Pour 6 personnes
3 douzaines de langoustines
3 douzaines de têtes de petits champignons de Paris
24 feuilles de laurier
1 cuillerée à soupe de thym et romarin en poudre, mélangés
2 cuillerées à soupe d'huile
Sel, poivre

1. Décortiquez les langoustines. Salez-les, poivrez-les, badigeonnez-les d'huile et roulez-les dans le mélange d'herbes en poudre.

2. Nettoyez les champignons sans les peler.

3. Enfilez sur les brochettes en alternant les langoustines, les champignons et les feuilles de laurier. Salez, poivrez et mettez sur le gril du barbecue pour faire cuire pendant une quinzaine de minutes environ, en retournant en cours de cuisson.

Brochettes de lotte

Préparation : 25 mn + 1 h de macération
Cuisson : 15 mn

Pour 4 personnes
600 g de lotte
32 pruneaux

1. Nettoyez la lotte, coupez-la en cubes et faites-la macérer dans le jus des citrons pendant 1 heure environ.

2. Faites ouvrir les moules à sec dans une casserole sur feu assez vif pendant 7 à 8 minutes en secouant la casserole. Décoquillez-les.

Brochettes de lotte *(suite)*

1 l de moules nettoyées
250 g de grosses crevettes roses
100 g de lard frais demi-sel
2 citrons
Huile d'olive
1 branchette de thym
Sel, poivre

3. Coupez le lard en lamelles.

4. Enfilez sur chaque brochette : 1 pruneau, 1 morceau de lotte, 1 lardon, 1 moule, 1 crevette, etc. Terminez par un pruneau. Chaque brochette est composée de 4 pruneaux, 3 morceaux de lotte, 3 lardons, 3 moules et 3 crevettes. Salez et poivrez. Badigeonnez d'huile d'olive, à l'aide d'une branchette de thym.

5. Mettez à cuire au gril du barbecue une quinzaine de minutes. Servez avec un beurre fondu parfumé à l'origan et des quartiers de citron.

Brochettes de lotte à l'indienne

Préparation : 15 mn
Macération : 2 h
Cuisson : 30 mn

Pour 6 personnes

1 kg de lotte
10 cl d'huile d'olive
Le jus de 1/2 citron
2 pommes (reinette ou canada)
150 g de lard fumé
Thym, laurier, romarin
1 oignon
1 pincée de noix muscade
1 cuillerée à café de curry
1 sachet de bouillon de volaille
Sel, poivre
1 cuillerée 1/2 à soupe de farine

1. Coupez la lotte en gros cubes. Faites-les macérer 2 heures en remuant pour bien imprégner le poisson dans l'huile d'olive avec le jus de citron, thym, laurier, romarin, sel et poivre.

2. Coupez le lard en larges cubes. Pelez les pommes et coupez-les en quartiers.

3. Enfilez sur les brochettes 1 morceau de pomme, 1 morceau de lotte, 1 morceau de lard, etc. Faites cuire les brochettes au four ou au barbecue sur une braise pas trop rouge, 10 minutes environ.

4. Pendant ce temps, préparez la sauce au curry : versez dans une casserole la marinade. Ajoutez l'oignon épluché et haché finement. Couvrez et laissez chauffer 5 minutes. Mettez alors la farine, le curry, 1 petite pincée de noix muscade et faites cuire doucement (5 minutes environ) en tournant. Ajoutez alors le bouillon de volaille. Faites cuire à feu doux 10 minutes. Passez et servez en saucière avec les brochettes et du riz créole.

Brochettes de moules

Préparation : 20 mn
Cuisson : 10 mn

Pour 4 personnes
4 douzaines de grosses moules
300 g de lard
4 pincées de safran en poudre
1/2 cuillerée à soupe d'huile
Sel

1. Faites ouvrir les moules dans une casserole sur feu vif, en agitant la casserole, pendant 5 minutes environ. Les moules étant ouvertes, décoquillez-les.

2. Coupez le lard en dés.

3. Enfilez sur les brochettes les moules et les dés de lard alternés. Saupoudrez de safran. Salez légèrement. Badigeonnez d'huile et faites cuire sur le gril du barbecue pendant 10 minutes environ, en retournant à mi-cuisson.

Brochettes au poivre vert

Préparation : 15 mn
Cuisson : 10 mn

Pour 4 personnes
8 cuisses de grenouilles
8 queues d'écrevisses
200 g de filet de saint-pierre
1 œuf
1 cuillerée à soupe de poivre vert en grains écrasé grossièrement
100 g de beurre
Sel
4 cuillerées à soupe de mie de pain rassis

1. Coupez en 8 morceaux le filet de saint-pierre.

2. Préparez 4 brochettes en alternant grenouilles, écrevisses, poisson.

3. Battez l'œuf. Ajoutez le poivre vert et 1 pincée de sel.

4. Trempez les brochettes dans cette préparation, puis roulez-les dans la mie de pain.

5. Faites-les cuire 10 minutes dans le beurre bien chaud, à la poêle. Servez aussitôt.

Cabillaud braisé

Préparation : 20 mn
Cuisson : 1 h
20 mn en autocuiseur

Pour 6 personnes
1,5 kg de cabillaud en un seul morceau
1 kg de carottes
3 oignons
3 poireaux
25 cl de bouillon de volaille
Thym, laurier
50 g de beurre
Sel, poivre

1. Pelez les carottes et les oignons en rondelles. Lavez les poireaux et émincez-les.

2. Faites fondre le beurre dans une cocotte. Mettez le poisson à dorer. Ajoutez les carottes, les poireaux, les oignons, le thym et le laurier. Mouillez avec le bouillon de volaille. Salez et poivrez. Couvrez et laissez cuire à feu moyen pendant 50 minutes.

Cabillaud à la colombienne

Préparation : 10 mn
Cuisson : 30 mn

Pour 4 personnes
4 tranches de cabillaud de 2 cm d'épaisseur
4 carottes
4 oignons
2 cuillerées à soupe d'huile
2 verres de vin blanc
1 verre de vinaigre
Thym, laurier, persil
Tomates, olives noires, citrons pour la garniture
Sel, poivre

1. Faites tremper les tranches de cabillaud pendant 1 heure dans du vinaigre.

2. Allumez le four.

3. Huilez le fond d'un plat allant au four et garnissez-le d'un lit de carottes et d'oignons finement hachés. Arrosez avec l'huile.

4. Ajoutez le thym et le laurier, et posez les tranches de cabillaud sur le tout. Salez, poivrez et parsemez de persil haché.

5. Arrosez de vin blanc et faites cuire à four chaud (th. 7) 30 minutes. Pour servir, décorez d'olives noires, de rondelles de tomates crues et de quartiers de citron.

Cabillaud à la crème de pois cassés

Préparation : 15 mn
Cuisson : 1 h 35

Pour 4 personnes
4 tranches de cabillaud de 175 g chacune
8 huîtres
300 g de pois cassés
1 bouquet garni
1 oignon
100 g de beurre
Sel, poivre

1. Mettez les pois cassés dans une casserole avec 1 litre 1/2 d'eau froide. Chauffez lentement et laissez bouillir 15 minutes.

2. Pendant ce temps, pelez et émincez l'oignon. Ajoutez-le aux pois cassés ainsi que le bouquet garni, le sel et le poivre. Couvrez et poursuivez la cuisson pendant 1 heure. Égouttez les pois. Passez-les au mixer pour les réduire en fine purée. Ajoutez 40 grammes de beurre. Tenez cette purée au chaud au bain-marie.

3. Ouvrez les huîtres ; décoquillez-les. Filtrez leur eau et faites-y pocher les huîtres 4 minutes.

4. Faites cuire à la poêle, dans le reste du beurre, les tranches de cabillaud, 5 minutes de chaque côté. Salez et poivrez.

5. Versez la purée dans un plat. Posez dessus le cabillaud. Garnissez avec les huîtres.

Cabillaud à la crème de ciboulette

Préparation : 10 mn
Cuisson : 25 mn

Pour 4 personnes
600 g de cabillaud
2 carottes
2 bouquets de ciboulette
2 échalotes
6 cuillerées à soupe de vin blanc
40 g de beurre
60 g de crème fraîche
Sel, poivre

1. Nettoyez les carottes ; coupez-les en rondelles.

2. Pelez et émincez les échalotes. Faites-les blondir dans le beurre, dans une cocotte ou une sauteuse. Ajoutez les carottes, le poisson, le vin blanc, le sel et le poivre. Couvrez et laissez cuire 20 minutes à petit feu.

3. Ciselez la ciboulette.

4. Retirez le poisson de la cocotte et filtrez le jus de cuisson. Mélangez-lui la crème et la ciboulette. Laissez frémir 2 minutes.

5. Remettez le cabillaud dans la cocotte pour le réchauffer. Servez bien chaud avec la sauce à la ciboulette.

Cabillaud au fenouil

Préparation : 20 mn
Cuisson : 40 mn

Pour 6 personnes
6 tranches de cabillaud
6 bulbes de fenouil
150 g de lard fumé
75 g de beurre ou de margarine
Farine
Persil haché
Sel, poivre

1. Faites ficeler les tranches de cabillaud comme des tournedos afin qu'elles ne se défassent pas à la cuisson.

2. Nettoyez les fenouils. Coupez leurs barbes. Faites-les cuire 20 minutes à l'eau bouillante salée. Égouttez-les. Coupez-les en quatre dans le sens de la longueur.

3. Farinez les tranches de poisson.

4. Chauffez le corps gras dans une cocotte ou une grande poêle. Mettez à dorer les tranches de cabillaud ainsi que les fenouils et le lard fumé coupé en dés. Salez et poivrez.

5. Couvrez et laissez braiser à feu assez doux pendant 15 minutes. Au moment de servir, saupoudrez avec du persil haché.

Cabillaud à la florentine

Préparation : 40 mn
Cuisson : 35 mn

Pour 6 personnes
1 kg de cabillaud
1,5 kg d'épinards
1 sachet de court-bouillon
250 g d'oignons
75 g de beurre ou de margarine
1 petit pot de crème fraîche
Sel, poivre

1. Équeutez les épinards, lavez-les et faites-les cuire 15 minutes à l'eau bouillante salée. Égouttez-les.

2. Pendant ce temps, préparez le court-bouillon selon le mode d'emploi. Mettez le poisson et laissez cuire 7 minutes à partir du début de l'ébullition, en maintenant le court-bouillon à peine frémissant.

3. Épluchez les oignons, coupez-les en lamelles fines et faites-les dorer doucement dans le corps gras. Salez et poivrez.

4. Égouttez le poisson.

5. Dans un plat à four, disposez un lit d'épinards, les oignons, le poisson émietté. Terminez par un lit d'épinards. Salez et poivrez légèrement. Nappez avec la crème fraîche. Passez 10 minutes à four assez vif (th. 7).

Cabillaud au four

Préparation : 10 mn
Cuisson : 20 mn

Pour 4 personnes

4 tranches de cabillaud de 200 g chacune
2 cuillerées à soupe d'huile
2 verres de vin blanc sec
3 échalotes
1 cuillerée à soupe de persil haché
Le jus de 1 citron
Sel, poivre

1. Mettez les tranches de poisson dans un plat allant au four. Salez et poivrez. Arrosez-les d'huile.

2. Hachez finement les échalotes. Parsemez-en les tranches de cabillaud. Saupoudrez-les de persil haché. Arrosez avec le vin blanc et le jus de citron.

3. Faites cuire 20 minutes à four très chaud.

Cabillaud grillé à la moutarde

Préparation : 5 mn
Cuisson : 10 mn

Pour 6 personnes

6 tranches de cabillaud de 1,5 cm d'épaisseur
4 cuillerées à soupe de moutarde
1 cuillerée à soupe d'huile
Sel, poivre

1. Huilez les tranches de poisson, salez et poivrez-les. Badigeonnez-les de moutarde.

2. Faites-les griller pendant une dizaine de minutes, le gril étant placé très proche des braises. Retournez en cours de cuisson.

Cabillaud au gruyère

Préparation : 10 mn
Cuisson : 20 mn

Pour 4 personnes

4 tranches de cabillaud de 150 g chacune
4 lamelles de gruyère de 50 g chacune
4 cuillerées à soupe de ketchup
60 g de beurre
Sel, poivre

1. Salez et poivrez les tranches de poisson des deux côtés. Rangez-les dans un plat allant au four.

2. Nappez-les avec le ketchup. Posez sur chaque tranche 1 lamelle de gruyère. Parsemez de noisettes de beurre.

3. Mettez à four chaud 20 minutes.

Cabillaud à la lyonnaise

Préparation : 15 mn
Cuisson : 40 mn

Pour 6 personnes
1,2 kg environ de cabillaud
1,5 kg de pommes de terre fermes
3 oignons
1 verre de vin blanc sec
75 g de beurre
Sel, poivre

1. Faites préparer et ficeler en rôti le cabillaud par votre poissonnier.

2. Mettez-le dans un plat à four.

3. Disposez autour les pommes de terre épluchées, lavées et coupées en rondelles ainsi que les oignons également coupés en rondelles.

4. Ajoutez le vin blanc. Parsemez avec des noisettes de beurre. Salez, poivrez et faites cuire à four moyen (th. 5) pendant 40 minutes.

Cabillaud en papillotes sauce tapenade

Préparation : 20 mn
Cuisson : 15 mn

Pour 4 personnes
4 tranches de cabillaud de 180 g environ
500 g d'épinards
1 boîte de 500 g de tomates pelées
8 grosses huîtres
50 g de beurre
1 petit pot de tapenade
1 verre d'huile d'olive
Sel, poivre

1. Lavez et équeutez les épinards.

2. Ouvrez et décoquillez les huîtres.

3. Égouttez les tomates ; retirez les graines ; écrasez la pulpe avec une fourchette.

4. Préparez 4 rectancles de papier d'aluminium de 20 × 30 centimètres environ. Huilez-les légèrement. Posez au centre les tranches de cabillaud, salez et poivrez. Répartissez dessus les tomates, les huîtres et les épinards. Parsemez de lamelles de beurre. Refermez les papillotes. Faites-les cuire 15 minutes au four (th. 8).

5. Délayez la tapenade dans l'huile d'olive.

6. Servez les papillotes ouvertes, accompagnées de la sauce tapenade.

Cabillaud en pot-au-feu

Préparation : 10 mn
Cuisson : 30 mn

Pour 4 personnes
8 tranches de cabillaud
4 fines tranches de lard salé
8 oignons
800 g de pommes de terre
4 poivrons
6 tomates
100 g de beurre
Sel, poivre

1. Épluchez les oignons, coupez-les en rondelles. Pelez les pommes de terre, lavez-les, coupez-les en rondelles pas trop épaisses. Lavez, essuyez les poivrons, enlevez le pédoncule, fendez-les pour enlever les graines, coupez-les en lamelles.

2. Faites chauffer de l'eau dans une casserole. Amenez à ébullition. Plongez les tomates 1 minute dans l'eau bouillante. Retirez-les à l'écumoire, pelez-les, la peau se détache facilement. Coupez-les en rondelles.

3. Dans une cocotte, mettez le beurre en morceaux, le lard, quelques rondelles d'oignon, quelques lamelles de poivron. Déposer sur ce lit de légumes la moitié du poisson. Salez, poivrez, couvrez avec la moitié des pommes de terre. Recommencez à disposer en couches oignons, poivrons, poisson, pommes de terre. Salez, poivrez. Terminez avec les tomates. Couvrez à ras d'eau froide.

4. Faites cuire à petit feu pendant 30 minutes.

Cabillaud à la provençale

Préparation : 15 mn
Cuisson : 40 mn

Pour 6 personnes
1,5 kg de cabillaud préparé et ficelé (par le poissonnier) comme un rôti
750 g de tomates
6 courgettes
1 botte d'oignons nouveaux
1 verre de vin blanc sec
1/2 verre d'huile d'olive
3 gousses d'ail
Thym, laurier
Sel, poivre

1. Piquez le rôti de cabillaud avec les gousses d'ail, comme un gigot.

2. Mettez à dorer le rôti de poisson dans l'huile d'olive, à la cocotte. Rangez autour les tomates lavées, épépinées et coupées en quartiers, les courgettes non pelées coupées en rondelles, les oignons entiers, le thym et le laurier. Mouillez avec le vin blanc. Salez et poivrez.

3. Couvrez et laissez cuire à feu moyen 35 minutes.

Cabillaud rôti aux petits pois

Préparation : 35 mn
Cuisson : 45 mn

Pour 6 personnes
1 kg de cabillaud
2 kg de petits pois frais
12 à 15 petits oignons
4 tomates
150 g de lard fumé
50 g de beurre ou de margarine
Sel, poivre

1. Faites préparer le cabillaud en rôti par le poissonnier.

2. Écossez les petits pois. Lavez et pelez les tomates. Lavez et épluchez les petits oignons.

3. Dans une cocotte, faites revenir dans le corps gras les oignons et le lard fumé coupé en dés. Ajoutez le cabillaud, les petits pois et les tomates coupées en quartiers. Salez et poivrez. Couvrez.

4. Cuisez 40 minutes à feu moyen.

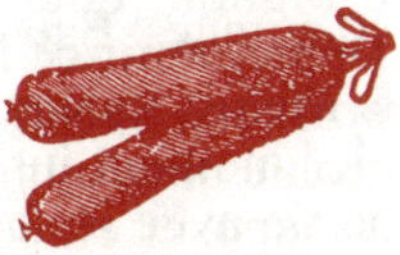

Cabillaud aux saucisses

Préparation : 10 mn
Cuisson : 20 mn

Pour 6 personnes
6 tranches de cabillaud
6 saucisses plates
6 cuillerées à soupe d'huile
60 g de beurre
2 citrons
1 tasse de farine
Sel, poivre
1/2 botte de cresson

1. Nettoyez et lavez le cresson. Épongez-le doucement dans un torchon.

2. Coupez 1 citron en 6 rondelles fines et extrayez le jus du deuxième citron.

3. Passez les tranches de cabillaud dans la farine. Salez et poivrez.

4. Dans une poêle, faites chauffer l'huile. Lorsqu'elle est chaude, déposez-y les tranches de cabillaud et faites-les cuire 5 minutes sur chaque face.

5. Pendant ce temps, sur un gril ou sous la rampe du four, faites griller les saucisses.

6. D'autre part, dans une petite casserole, faites fondre le beurre sur feu très doux ; il ne doit pas roussir. Ajoutez-y le jus de citron.

7. Garnissez le fond du plat de service avec le cresson. Déposez dessus les tranches de cabillaud, recouvrez-les d'une rondelle de citron puis d'une saucisse. Arrosez avec le beurre fondu. Servez bien chaud.

Calamars au citron

Préparation : 25 mn
Cuisson : 50 mn

Pour 4 personnes
4 beaux calamars
500 g de moules
4 tomates
2 oignons
2 gousses d'ail
5 cl d'huile d'olive

Safran
Sel, poivre
5 cl de vin blanc
150 g de riz

1. Nettoyez les calamars, coupez-les en gros morceaux.

2. Faites ouvrir les moules sur feu vif 5 à 10 minutes dans une casserole découverte et conservez leur jus.

3. Faites chauffer l'huile, mettez les tomates pelées et concassées, les oignons hachés, l'ail pilé ; laissez fondre doucement 5 minutes, puis versez l'eau des moules, le vin blanc, le sel, le poivre et le safran.

4. Ajoutez les calamars. Le liquide doit juste les recouvrir. Laissez bouillonner 30 minutes.

5. Faites cuire le riz à l'eau pendant environ 20 minutes. Égouttez-le et tenez-le au chaud.

6. Mettez les moules sur les calamars au dernier moment juste pour les réchauffer, une partie avec les coquilles pour décorer et le reste sans coquille. Servez avec le riz.

Calamars à la farce de poisson

Préparation : 15 mn
Cuisson : 1 h 20

Pour 4 personnes
4 calamars moyens
200 g de thon frais
200 g de filets de dorade
2 oignons
1 bouquet garni
600 g de tomates
3 cuillerées à soupe d'huile
Sel, poivre

1. Pelez et émincez les oignons. Ébouillantez et pelez les tomates. Coupez-les en morceaux.

2. Chauffez l'huile ; faites blondir et ajoutez les tomates et le bouquet garni. Salez et poivrez. Laissez cuire à couvert 20 minutes. Ajoutez alors le thon et la dorade coupés en morceaux. Couvrez. Cuisez 15 minutes.

3. Retirez le bouquet garni. Prélevez les morceaux de poissons et écrasez-les grossièrement. Mélangez-les à la moitié de la sauce de cuisson. Remplissez les calamars de cette farce. Fermez-les avec des piques.

4. Faites-les cuire dans le reste de sauce, à petit feu, pendant 1 heure. Servez chaud.

Calamars à la niçoise

Préparation : 15 mn
+ 2 h de marinade
Cuisson : 1 h 10

Pour 4 personnes
4 calamars moyens
25 cl de vin blanc
3 feuilles de laurier
2 branchettes de thym
1 branche de fenouil
3 belles tomates
4 cuillerées à soupe d'huile
4 gousses d'ail
Sel, poivre

1. Mettez les calamars dans un saladier avec le vin, les herbes, salez et poivrez. Laissez mariner au moins 2 heures. Égouttez-les et filtrez la marinade.

2. Ébouillantez et pelez les tomates ; coupez-les en morceaux en retirant les graines.

3. Chauffez l'huile dans une sauteuse. Faites revenir les calamars, puis ajoutez les tomates, les gousses d'ail non pelées, le vin blanc et la marinade filtrée. Couvrez. Laissez cuire pendant 1 heure à petit feu en remuant de temps en temps. Servez chaud.

Calamars à la romaine

Préparation : 45 mn
(plusieurs heures à l'avance)
Cuisson : 45 mn

Pour 4 personnes
800 g de calamars
1 verre 1/2 de vin blanc sec
2 têtes d'ail entières
1 gros bouquet de persil
30 g de beurre
Le jus de 1/2 citron
Sel, poivre

1. Plusieurs heures à l'avance, enlevez les parties cornées et cartilagineuses des calamars. Retirez sans la crever la poche à encre et coupez à l'aide de ciseaux une mince bordure tout autour des animaux. Laissez-les 1 ou 2 heures dans de l'eau fraîche.

2. Égouttez et battez la chair pour l'amollir, sans l'écraser. Utilisez pour cela une bouteille ou un rouleau à pâtisserie. Passez de nouveau à l'eau fraîche et épongez dans du papier absorbant.

3. Hachez les bras et les tentacules, et coupez les corps en plusieurs morceaux.

4. Mettez les calamars dans une sauteuse. Ajoutez le vin, l'ail épluché, le bouquet de persil (à l'exception de quelques brins). Salez et poivrez. Portez vivement à ébullition, sans couvrir, puis réduisez le feu et laissez mijoter une quarantaine de minutes.

5. Retirez le bouquet de persil en fin de cuisson ; ajoutez hors du feu le beurre cru et le jus de citron.

6. Pêchez les gousses d'ail, écrasez-les et remettez-les dans la sauce.

7. Versez dans le plat de service et servez aussitôt, saupoudré de persil haché.

Calamars à la sauce américaine

Préparation : 15 mn
Cuisson : 40 mn

Pour 4 personnes
700 g de calamars coupés en morceaux
30 g de farine
2 gros oignons
4 tomates
100 g de beurre
1 petit verre de cognac
25 cl de vin blanc
1 bouquet garni
1 pincée de poivre de Cayenne
Sel

1. Pelez et émincez les oignons. Coupez les tomates en petits morceaux.

2. Faites revenir les calamars dans une sauteuse avec la moitié du beurre. Quand ils sont dorés, versez le cognac et flambez. Saupoudrez de farine. Remuez puis ajoutez le vin blanc, les oignons, les tomates, le bouquet garni, le sel et le poivre de Cayenne. Mélangez. Couvrez et laissez cuire à feu doux 30 minutes.

3. Terminez en ajoutant le reste du beurre en morceaux. Mélangez le tout. Servez chaud.

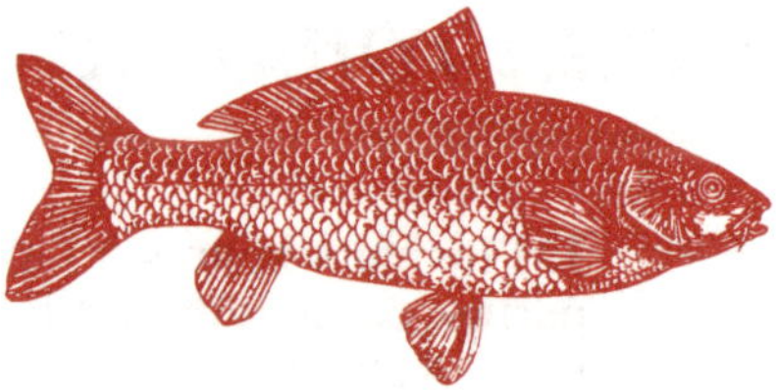

Carpe farcie à l'alsacienne

Préparation : 20 mn
Cuisson : 20 mn

Pour 6 personnes
1 carpe de 1,5 kg à 2 kg
50 cl de vin blanc sec d'Alsace
600 g de choucroute braisée
6 pommes de terre
50 g de beurre
Sel

Pour la farce
1 verre de lait
200 g de mie de pain
3 oignons
2 échalotes
100 g de champignons de Paris crus

1. Hachez oignons, échalotes, champignons et persil. Faites tremper le pain dans le lait.

2. Dans une petite poêle, faites revenir dans 20 grammes de beurre le hachis d'oignons, d'échalotes, de persil et de champignons. Dès que ce hachis est doré, retirez-le du feu et cassez-y un à un les œufs en tournant vivement. Ajoutez la mie de pain que vous aurez pressée dans vos mains pour en extraire l'excédent de lait et assaisonnez de sel, poivre et noix muscade.

3. Si le poissonnier ne l'a déjà fait, écaillez et videz la carpe. Lavez-la et séchez-la dans du papier absorbant. A l'aide d'un couteau bien aiguisé, fendez sur toute la longueur du ventre. Farcissez le poisson avec votre préparation, puis recousez très soigneusement l'ouverture.

2 œufs
6 brins de persil
20 g de beurre
Sel, poivre
1 noix muscade

4. Dans une petite casserole, mettez les pommes de terre à cuire à l'eau salée.

5. Placez le poisson dans une grande poêle contenant le vin et faites-le chauffer doucement, en veillant à ce qu'il ne bouille pas. Laissez-le frémir une vingtaine de minutes et sortez-le.

6. Dressez la carpe sur un lit de choucroute braisée et garnissez avec les pommes de terre. Tenez au chaud.

7. Sur feu vif, faites réduire des deux tiers le jus de cuisson et ajoutez-y par petits morceaux 50 grammes de beurre, en fouettant vivement. Servez en saucière avec le poisson.

Carpe froide à la juive

Préparation : 15 mn
Cuisson : 30 mn

Pour 6 personnes
1 carpe de 1,5 kg à 2 kg
3 oignons moyens
2 gousses d'ail
1 grosse cuillerée à café de farine
2 cuillerées à soupe d'huile d'olive
50 cl de vin blanc sec
50 cl d'eau
Sel, poivre
Persil haché
1 bouquet garni

1. Écaillez, videz et lavez le poisson. Découpez-le en 6 tronçons réguliers.

2. Dans une grande casserole à fond épais (sauteuse), faites revenir les oignons émincés dans l'huile. Lorsqu'ils sont bien dorés, ajoutez l'ail haché et saupoudrez avec la farine. Tout en remuant, laissez prendre couleur. Mettez alors les morceaux de poisson et ajoutez le vin blanc, l'eau, le sel, le bouquet garni et le poivre. Laissez frémir (sans jamais bouillir) environ 30 minutes.

3. Vérifiez la cuisson et égouttez les morceaux de carpe, que vous placerez ensuite sur un plat creux.

4. Faites réduire le jus de cuisson sur feu vif (pour qu'il en reste 1 centimètre environ au fond de la casserole) ; filtrez-le et nappez-en le poisson. Laissez refroidir pour que le jus se transforme en gelée.

5. Servez bien froid et saupoudrez au dernier moment de persil haché.

Carrelets au cidre

Préparation : 20 mn
Cuisson : 30 mn

Pour 4 personnes

1 carrelet de 1 kg environ
350 g de champignons de Paris
1 oignon
4 échalotes
1 bouquet de fines herbes
2 verres de cidre
30 g de beurre
3 cuillerées à soupe de chapelure
Sel, poivre

1. Hachez les fines herbes.

2. Nettoyez les champignons, hachez-les grossièrement.

3. Pelez l'oignon et les échalotes, hachez-les.

4. Nettoyez le poisson, essuyez-le.

5. Beurrez un plat allant au four. Mettez dans le fond la moitié du hachis de fines herbes, champignons, oignon et échalotes, posez le poisson dessus. Salez et poivrez. Mouillez avec le cidre. Mettez par-dessus le restant du hachis. Saupoudrez de chapelure.

6. Faites cuire à four moyennement chaud (th. 7) pendant 30 minutes. Servez dans le plat de cuisson.

Carrelets frits

Préparation : 10 mn
Cuisson : 5 mn

Pour 4 personnes

4 petits carrelets
4 cuillerées à soupe de farine
1 citron
Sel, poivre
Huile de friture

1. Videz et nettoyez les poissons. Épongez-les. Salez et poivrez-les. Passez-les dans la farine.

2. Plongez-les 5 minutes dans l'huile de friture bien chaud. Servez avec des quartiers de citron.

Carrelets au gratin

Préparation : 20 mn
Cuisson : 15 mn

Pour 4 personnes
4 petits carrelets
250 g de champignons
3 échalotes
100 g de beurre
2 cuillerées à soupe de persil haché
1 verre de vin blanc
Le jus de 1 citron
1 poignée de mie de pain émiettée
Sel, poivre

1. Nettoyez les poissons, épongez-les.

2. Beurrez un plat allant au four, mettez-y les poissons, salez et poivrez-les.

3. Pelez les échalotes, hachez-les finement, parsemez-en les poissons.

4. Nettoyez les champignons, coupez-les en lamelles minces, mettez-les également sur les poissons, terminez avec des noisettes de beurre. Saupoudrez avec la mie de pain, mouillez avec le vin blanc et le jus de citron.

5. Mettez à cuire à four moyen (th. 6-7) pendant 15 minutes. Servez, décoré de persil haché, dans le plat de cuisson.

Cebiche

Préparation : 10 mn + 5 h de macération

Pour 6 personnes
1 kg de poisson à chair ferme (bar, dorade, etc.)
1 boîte de grains de maïs
1 cuillerée à café de piment rouge
3 citrons (verts de préférence)
1 cuillerée à soupe d'huile
Sel

1. Videz et nettoyez le poisson. Coupez-le en dés. Enlevez les arêtes.

2. Mélangez le jus des citrons, le piment et le sel.

3. Versez sur le poisson et laissez mariner 5 heures.

4. Servez le poisson tel quel, avec les grains de maïs doucement réchauffés dans l'huile.

Céleri à l'antiboise

Préparation : 10 mn

Pour 4 personnes

1 cœur de céleri en branches
12 filets d'anchois à l'huile
2 cuillerées à soupe d'huile
1/2 cuillerée à soupe de vinaigre
Poivre

1. Nettoyez le céleri. Coupez-le en lamelles dans le sens de la longueur.

2. Enlevez les arêtes des filets d'anchois. Passez les filets à la moulinette. Ajoutez l'huile, le vinaigre et le poivre.

3. Nappez le céleri avec cette sauce.

Céleri à la sauce au thon

Préparation : 20 mn
Cuisson : 10 mn

Pour 4 personnes

1 boîte de céleri en branches (1 kg)
250 g environ de thon au naturel
1 boîte de concentré de tomate
2 cuillerées à café de Maïzena
30 g de beurre
Sel, poivre

1. Ouvrez les boîtes de thon et de céleri. Égouttez le jus des céleris. Divisez le thon en petits morceaux.

2. Délayez la Maïzena avec le jus des céleris. Faites épaissir sur feu doux en tournant. Ajoutez si nécessaire un peu d'eau ou de bouillon pour que la sauce ne soit pas trop épaisse.

3. Salez, poivrez, ajoutez le concentré de tomate. Mélangez bien.

4. Divisez les branches de céleri en portions pas trop épaisses. Mettez-les dans une casserole ou une sauteuse avec le beurre. Laissez chauffer doucement. Ajoutez la sauce et les morceaux de thon, mélangez. Couvrez. Laissez cuire doucement pendant une dizaine de minutes.

Chaudrée

Préparation : 25 mn
Cuisson : 45 mn

Pour 4 personnes
1,6 kg de poissons divers (4 sortes)
1 l de moules
3 oignons
2 poireaux
1/2 pied de céleri
50 cl de vin blanc
60 g de beurre
1 tasse de crème fraîche
Petits croûtons de pain
Sel, poivre

1. Nettoyez les légumes. Épluchez les oignons. Coupez le tout en lamelles.

2. Nettoyez les poissons. Coupez-les en morceaux de 4 à 5 centimètres.

3. Mettez dans une casserole les têtes, les arêtes des poissons, les légumes, le vin blanc, le sel et le poivre. Couvrez et faites cuire à petit feu 30 minutes puis filtrez.

4. Pendant cette cuisson, faitez ouvrir les moules en les faisant sauter 8 à 10 minutes sur feu assez vif. Gardez-les au chaud.

5. Mettez les morceaux de poissons dans une cocotte. Ajoutez le jus filtré, le beurre, la crème. Cuisez à feu doux 15 minutes. Pour servir, versez dans un plat creux, parsemez de moules et garnissez de croûtons frits au beurre.

Chou-fleur aux crevettes

Préparation : 10 mn
Cuisson : 45 mn

Pour 4 personnes
1 chou-fleur
300 g de crevettes
1 petit crabe tourteau
Sel
Thym, laurier
200 g de mayonnaise
Vinaigre

1. Épluchez le chou-fleur et faites-le cuire à l'eau salée et légèrement vinaigrée pendant 25 minutes.

2. Égouttez-le et laissez-le refroidir.

3. Décortiquez les crevettes et le crabe qui auront été cuits 20 minutes dans de l'eau salée avec thym et laurier. Lorsque tous les ingrédients sont froids, mettez-les dans un saladier et assaisonnez-les de mayonnaise.

Clams au beurre

Préparation : 10 mn
Cuisson : 10 mn

Pour 4 personnes

2 douzaines de clams
80 g de beurre
Le jus de 1/2 citron
Sel, poivre

1. Lavez les coquillages à grande eau. Faites-les ouvrir à feu vif, dans un faitout, pendant 10 minutes. Enlevez les coquilles supérieures.

2. Faites fondre le beurre dans une casserole. Ajoutez le jus de citron.

3. Déposez les clams dans un plat. Salez et poivrez légèrement. Arrosez-les de beurre fondu et servez aussitôt avec des toasts.

Clams gratinés

Préparation : 20 mn
Cuisson : 15 mn

Pour 4 personnes

2 douzaines de clams
20 branches de persil
2 gousses d'ail
1/2 tasse à thé de parmesan râpé
1/4 de tasse d'huile d'olive
1/4 de tasse de chapelure
1 pincée de poivre fraîchement moulu

1. Grattez les clams dans leurs coquilles sous l'eau courante froide jusqu'à ce qu'elles soient brillantes. Utilisez pour cela une lame de couteau et une brosse.

2. Égouttez-les et mettez-les dans un grand faitout. Couvrez et mettez sur feu doux pendant une dizaine de minutes pour que les coquilles s'ouvrent.

3. Pendant ce temps, hachez finement le persil. Pelez les gousses d'ail et coupez-les en lamelles fines.

4. Les clams étant ouverts, enlevez les coquilles supérieures et laissez les noix de coquillages dans les demi-coquilles inférieures. Disposez-les dans un plat allant au four.

5. Mélangez ensemble le persil, l'ail, le fromage et le poivre.

6. Répartissez cette préparation au-dessus des clams, arrosez d'huile et saupoudrez de chapelure. Faites cuire 5 minutes à four chaud (th. 7). Servez dès la sortie du four.

Cocktail de crabe

Préparation : 15 mn
Cuisson : 10 mn

Pour 4 personnes

1 boîte de crabe
2 œufs
1 oignon
1 tube de mayonnaise
2 cuillerées à soupe de ketchup
1 pincée de poivre de Cayenne
2 tomates
6 cornichons
Feuilles de laitue
Sel

1. Faites cuire les œufs 10 minutes dans de l'eau bouillante salée. Aussitôt cuits, mettez-les à refroidir sous le jet du robinet. Hachez très finement l'oignon. Égouttez le crabe. Séparez-en la chair en filaments. Retirez soigneusement les cartilages.

2. Dans une terrine, mélangez la mayonnaise, le ketchup, le poivre de Cayenne, l'oignon finement haché, crabe et œufs durs coupés finement.

3. Présentez le crabe sur des feuilles de salade. Décorez avec des quartiers de tomates et de cornichons.

Cocktail d'huîtres

Préparation : 15 mn

Pour 6 personnes

3 douzaines d'huîtres
Le jus de 1 citron
10 cuillerées à soupe de ketchup
1 verre de vin blanc sec
1 cuillerée à soupe de moutarde blanche forte
Persil haché

1. Ouvrez les huîtres. Sortez-les de leur coquille.

2. Mélangez les autres ingrédients d'une manière bien homogène.

3. Ajoutez les huîtres. Mélangez.

4. Disposez dans des coupes et saupoudrez de persil haché. Cette préparation doit se faire au dernier moment.

Colin à la bretonne

Préparation : 20 mn
Cuisson : 30 mn

Pour 4 personnes

800 g de colin
100 g de gruyère râpé (6 cuillerées à soupe bien pleines)
1 tasse de crème fraîche
1 oignon
1 clou de girofle
1 branche de persil
2 carottes
1/2 verre de vinaigre
1 branche de thym
1 feuille de laurier
Sel, poivre

1. Allumez le four.

2. Pelez les carottes, lavez-les, coupez-les en rondelles. Pelez l'oignon, coupez-le en tranches assez épaisses.

3. Dans une grande casserole, mettez 1 litre d'eau froide, ajoutez vinaigre, carottes, oignon, clou de girofle, persil, sel, poivre, thym et laurier. Plongez le colin dans ce bain. Mettez sur le feu et comptez 10 minutes de cuisson à partir du moment où le liquide commence à frémir. Il ne doit pas bouillir, mais frissonner seulement.

4. Égouttez le poisson. Enlevez la peau et les arêtes, et mettez les morceaux de filets dans un plat allant au four. Saupoudrez-les de fromage râpé. Nappez-les de crème fraîche. Poivrez et mettez à gratiner à four bien chaud pendant 10 minutes.

Colin au cognac

Préparation : 10 mn
Cuisson : 30 mn

Pour 4 personnes

1,2 kg de colin en un seul morceau
100 g de beurre
6 échalotes
2 cuillerées à dessert de cognac
2 cuillerées à soupe de concentré de tomate
1 citron
Sel, poivre

1. Frottez de citron le morceau de colin.

2. Pelez les échalotes. Coupez-les en fines lamelles.

3. Dans la cocotte, faites chauffer le beurre. Quand il grésille, mettez le colin et faites-le dorer sur toutes ses faces.

4. Salez, poivrez, ajoutez les échalotes, le cognac, le concentré de tomate et 1/2 verre d'eau bouillante. Couvrez et laissez mijoter 20 minutes. Servez bien chaud.

Colin au court-bouillon

Préparation : 15 mn
Cuisson : 1 h

Pour 6 personnes
1 colin d'environ 1 kg

Pour le court-bouillon
2 l d'eau
2 verres de vin blanc sec
2 carottes
2 oignons
Persil, thym, laurier
Sel, poivre

1. Préparez le court-bouillon en faisant cuire pendant 45 minutes les carottes et les oignons en rondelles avec aromates, sel, poivre, dans le mélange eau-vin blanc. Laissez refroidir.

2. Videz, nettoyez le colin.

3. Placez le poisson dans le court-bouillon froid. Amenez doucement à ébullition. A partir des premiers bouillons, laissez cuire 15 minutes. Sortez délicatement le colin du court-bouillon.

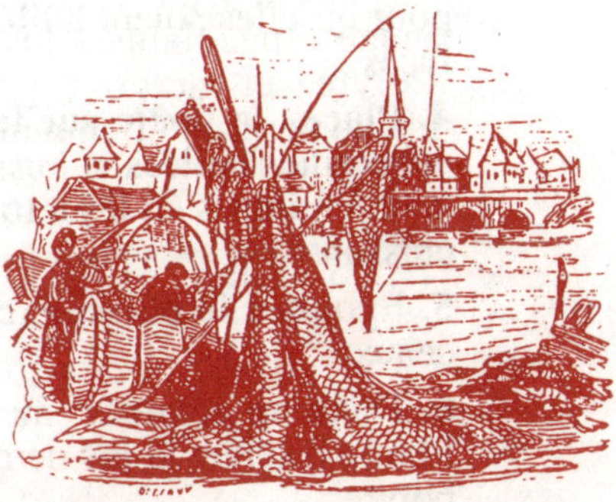

Colin ou grenadier frit

Préparation : 10 mn
Cuisson : 10 mn

Pour 6 personnes

6 tranches de colin de 2 cm d'épaisseur ou 6 filets de grenadier
2 œufs
50 g de farine
Friture
Sel, poivre

1. Essuyez soigneusement les tranches de poisson. Battez les œufs en omelette dans une assiette. Dans une autre, mettez la farine.

2. Passez chaque tranche successivement dans l'œuf battu et la farine.

3. Jetez les tranches dans la friture bien chaude. Retournez à la spatule pour que les tranches soient parfaitement dorées. Déposez le poisson sur un papier absorbant. Salez et poivrez.

4. Servez sur plat chaud, avec du riz cuit à la créole et une sauce tomate en saucière.

Colin froid aux aubergines

Préparation : 10 mn
Cuisson : 20 mn

Pour 4 personnes
600 g de colin
500 g de tomates
2 aubergines
3 cuillerées à soupe d'huile d'olive
Le jus de 1 citron
1 petit verre de vinaigre
Sel, poivre

1. Mettez le poisson dans une casserole, ajoutez le vinaigre, du sel, du poivre et suffisamment d'eau pour couvrir complètement le poisson. Mettez la casserole sur le feu ; dès que le liquide commence à bouillir, vous arrêtez la cuisson et vous laissez le colin plongé dans le liquide bouillant pendant une dizaine de minutes avant de l'égoutter.

2. Pendant ce temps, lavez les aubergines, essuyez-les, ne les pelez pas, puis coupez-les en rondelles de 1 centimètre environ d'épaisseur.

3. Mettez 1 cuillerée d'huile d'olive dans une assiette creuse et mettez-y à tremper les rondelles d'aubergines ; mélangez-les bien pour qu'elles soient huilées sur toutes leurs faces.

4. Placez la poêle sur feu vif, jetez-y les aubergines huilées et laissez-les griller pendant 5 minutes en les retournant en cours de cuisson.

5. Égouttez le poisson, coupez-le en morceaux.

6. Dans un saladier, mettez le restant de l'huile d'olive, le jus de citron, du sel et du poivre.

7. Lavez les tomates et coupez-les en rondelles fines.

8. Mettez dans le saladier le poisson, les aubergines, les tomates et mélangez bien le tout. Servez froid.

Colin à la péruvienne

Préparation : 15 mn
Cuisson : 30 mn

Pour 4 personnes
750 g de colin en 4 tranches
2 verres de riz
4 cuillerées à soupe de farine
1 oignon
2 cuillerées 1/2 à soupe d'huile
2 cuillerées 1/2 à soupe de beurre
3 cuillerées à soupe de câpres
1 pincée de poivre
Persil haché
Le jus de 1 citron
Sel

1. Lavez, séchez, farinez le poisson. Faites-le dorer dans la poêle avec 2 cuillerées à café de beurre et 2 d'huile, pendant 1 ou 2 minutes sur chaque face. Réserver.

2. Dans une cocotte, faites fondre l'oignon dans 1 cuillerée à soupe de beurre et 1 d'huile. Ne le laissez pas roussir. Ajoutez le riz sec. Remuez pendant 2 minutes.

3. Ajoutez sel, poivre, câpres et tranches de poisson ; mouillez avec 3 verres 1/2 d'eau bouillante. Couvrez immédiatement et réduisez fortement le feu.

4. Laissez cuire à feu très doux jusqu'à absorption totale de l'eau par le riz (20 minutes).

5. Pour servir, mettez les tranches de colin sur une assiette, versez le riz sur un plat chauffé. Posez le poisson dessus et saupoudrez de persil haché. Versez le jus de citron sur les tranches de colin.

Colin en ratatouille

Préparation : 15 mn
Cuisson : 35 mn

Pour 4 personnes
1,2 kg de colin
16 petits oignons
8 échalotes
5 poireaux
3 cuillerées à soupe d'huile
1 cuillerée à soupe de moutarde
1 petite boîte de sauce tomate
Sel, poivre

1. Coupez le colin en gros dés.

2. Pelez les oignons et les échalotes. Laissez-les entiers. Ne gardez que les blancs des poireaux, émincez-les finement.

3. Chauffez l'huile dans une grande poêle. Faites revenir les dés de colin. Ajoutez tous les légumes et laissez 3 à 4 minutes sur feu vif en remuant fréquemment.

4. Couvrez d'eau chaude. Salez, poivrez. Versez la sauce tomate, remuez pour bien mélanger. Couvrez la poêle et laissez cuire doucement 30 minutes. Délayez la moutarde avec un peu de la sauce de cuisson et versez le tout dans la poêle. Mélangez, chauffez 3 minutes et servez.

Colin sauce Mornay

Préparation : 25 mn
Cuisson : 30 mn

Pour 6 personnes
1 kg de colin
1 sachet de court-bouillon

Pour la sauce
50 g de beurre
40 g de farine
50 cl de lait
125 g de gruyère
1 petite boîte de champignons

1. Faites cuire le colin au court-bouillon en respectant le mode d'emploi.

2. Égouttez le poisson, dépouillez-le, enlevez les arêtes, déposez les filets dans un plat à four. Saupoudrez avec 50 grammes de gruyère râpé.

3. Hachez très finement les champignons. Faites fondre dans une petite poêle 20 grammes de beurre, sans laisser colorer. Ajoutez le hachis de champignons et laissez chauffer à feu doux.

4. Dans une casserole, faites fondre 30 grammes de beurre. Incorporez 40 grammes de farine en mélangeant bien à la spatule en bois. Ajoutez d'un seul coup le lait froid. Continuez à tourner sur feu moyen pour épaissir la sauce. Ajoutez le restant du gruyère râpé et le hachis de champignons. Continuez à remuer pour bien lier la sauce.

5. Versez cette sauce sur le poisson. Portez le plat à four chaud et faites gratiner pendant 5 minutes.

Colin à la sauce orientale

Préparation : 10 mn
Cuisson : 15 mn

Pour 4 personnes
4 tranches de colin de 180 g environ
4 branches de tilleul
2 branches de menthe
1 verre de vinaigre
1 feuille de laurier
1 pincée de muscade
1 petit bol de mayonnaise
1 cuillerée à dessert de coulis de tomate
1 cuillerée à soupe de cognac
Sel, poivre

1. Préparez la sauce : faites réduire de moitié le vinaigre, additionné de cognac, dans lequel vous aurez mis le laurier, la muscade, le sel et le poivre. Laissez refroidir, puis incorporez à la mayonnaise en ajoutant le coulis et fouettez de nouveau. Mettez dans le réfrigérateur.

2. Mettez de l'eau chaude aux trois quarts de la hauteur de la partie basse d'un cuit-vapeur. Ajoutez le tilleul et la menthe. Disposez les tranches de colin dans le haut du cuit-vapeur. Salez, poivrez, couvrez et laissez cuire 8 minutes à partir de l'ébullition de l'eau. Servez chaud avec la sauce orientale froide.

Colin à la sauce verte

Préparation : 20 mn
Cuisson : 40 mn

Pour 6 personnes
1 colin de 1 kg environ
2 oignons
2 carottes
1 gousse d'ail
1 verre de vinaigre
clous de girofle
Thym, laurier
3 ou 4 branches de persil
Sel, poivre

Pour la sauce
2 œufs durs
10 cl d'huile d'olive
1 cuillerée à soupe de vinaigre de vin
1 bouquet de ciboulette
Sel, poivre

1. Préparez le court-bouillon : pour cela, épluchez les carottes et coupez-les en rondelles. Pelez les oignons, piquez-les avec des clous de girofle. Mettez à cuire ces légumes dans 2 litres d'eau froide avec persil, thym, laurier, vinaigre, ail, sel et poivre. (Vous pouvez, pour gagner du temps, utiliser un court-bouillon instantané.) Faites bouillir 15 minutes environ, puis laissez tiédir.

2. Placez alors le poisson dans le court-bouillon ; portez à ébullition puis laissez frémir, sans bouillir, 15 minutes. Égouttez le colin et laissez-le refroidir. Épluchez-le et placez-le sur le plat de service.

3. Préparez la sauce : enlevez leurs coquilles aux œufs durs, séparez les jaunes des blancs. Écrasez très soigneusement les jaunes à la fourchette. Incorporez ensuite l'huile d'olive peu à peu, en montant au batteur. Ajoutez le vinaigre, les herbes finement hachées, le sel et le poivre. Servez très frais le colin nappé avec la sauce.

Colin au vif

Préparation : 10 mn
Cuisson : 15 mn

Pour 6 personnes
6 tranches de colin de 2 cm d'épaisseur
3 cuillerées à soupe d'huile
50 g de beurre
1 citron
Sel

1. Faites chauffer le gril. Nettoyez les tranches de poisson, essuyez-les, badigeonnez chaque face avec l'huile.

2. Déposez les tranches sur le gril bien chaud. Quand le premier côté a pris une belle couleur, retournez délicatement les tranches. Salez. Laissez griller l'autre face.

3. Faites fondre le beurre dans une petite casserole.

4. Disposez les tranches de colin sur un plat chaud. Arrosez avec le beurre fondu. Décorez chaque tranche d'une rondelle de citron .

Congre ou empereur à la tomate

Préparation : 10 mn
Cuisson : 35 mn

Pour 4 personnes
750 g de congre ou d'empereur coupé en 8 morceaux
2 cuillerées à soupe d'huile d'olive
1 verre de vin blanc
4 cuillerées à soupe de concentré de tomate
2 échalotes
20 olives noires
Persil haché
Sel, poivre

1. Pelez les échalotes, hachez-les. Dénoyautez les olives.

2. Faites chauffer l'huile dans une casserole sur feu vif. Quand elle commence à grésiller, mettez-y les morceaux de congre, laissez-les cuire sur feu vif pendant 4 ou 5 minutes. Ajoutez alors dans la casserole les échalotes. Laissez-les dorer 3 ou 4 minutes, puis mouillez avec le vin blanc et le concentré de tomate délayé dans 4 cuillerées à soupe d'eau. Baissez le feu. Couvrez la casserole et laissez cuire doucement pendant 25 minutes.

3. Environ 5 minutes avant la fin de la cuisson, ajoutez les olives. Servez le poisson avec la sauce de cuisson, le tout saupoudré de persil haché.

Conques de langouste

Préparation : 20 mn

Pour 4 personnes
500 g de langouste (cuite au court-bouillon)
3 œufs durs
1 laitue
1 pincée de paprika
Sel, poivre

Pour la mayonnaise
1 jaune d'œuf
1/2 cuillerée à café de moutarde
1 filet de citron
1 verre d'huile
Sel, poivre

1. Détachez 8 belles feuilles de laitue creuses et fermes. Lavez et essuyez-les. Disposez-en 4 dans un plat, saupoudrez-les de sel et de poivre et emboîtez les 4 autres dans les premières (pour former une coupe résistante).

2. Placez dans le fond de chaque conque des rondelles d'œuf, mêlées à un peu de la substance contenue dans la tête de la langouste.

3. Faites une mayonnaise avec le jaune, la moutarde, l'huile, le jus de citron. Salez et poivrez.

4. Masquez les œufs d'une légère couche de mayonnaise.

5. Disposez sur le dessus des morceaux de langouste taillés en petits cubes. Recouvrez par endroits d'une couche épaisse de mayonnaise sans masquer totalement la langouste. Décorez le plat avec des œufs de langouste saupoudrés de paprika. Tenez au frais jusqu'au moment de servir.

Consommé aux œufs de saumon

Préparation : 5 mn
Cuisson : 10 mn

Pour 4 personnes
1 grande boîte de bouillon de tortue claire
1 petit pot d'œufs de saumon
1 verre à bordeaux de xérès
Poivre

1. Ouvrez la boîte de bouillon, chauffez son contenu auquel vous aurez ajouté le xérès. Poivrez.

2. Répartissez les œufs de saumon dans 4 bols. Versez dessus le bouillon et servez très chaud.

Coques bonne femme

Préparation : 20 mn
Cuisson : 20 mn

Pour 4 personnes
2 l de coques
1 oignon
4 échalotes
1 branche de céleri
1½ verre de vin blanc sec
30 g de beurre
40 g de crème fraîche
Persil
Sel, poivre

1. Lavez les coques à plusieurs eaux pour bien les débarrasser du sable.

2. Pelez puis émincez l'oignon et les échalotes. Effilez la branche de céleri et coupez-la en petits dés.

3. Chauffez 20 grammes de beurre dans une sauteuse et faites-y blondir les légumes. Lorsqu'ils sont colorés, ajoutez le vin blanc. Salez et poivrez. Laissez bouillir, à feu doux, pendant 5 minutes.

4. Mettez les coques dans la sauteuse. Poivrez. Couvrez et faites-les ouvrir, à feu vif, pendant 3 à 4 minutes.

5. Retirez les coques de la sauteuse avec une écumoire. Enlevez l'une des coquilles. Disposez les coques, coquille en dessous, dans un plat creux.

6. Filtrez le jus de cuisson. Sur feu doux, incorporez-lui le restant de beurre coupé en morceaux et la crème fraîche, en mélangeant. Ne laissez pas bouillir. Versez la sauce sur les coques et garnissez de feuilles de persil.

Coques à la crème

Préparation : 30 mn
Cuisson : 25 mn

Pour 4 personnes
3 l de coques
40 g de beurre
40 g de farine
25 cl de lait
1 tasse de crème
Sel, poivre

1. Lavez les coques à plusieurs eaux.

2. Mettez-les dans une casserole sur feu vif pendant 7 à 8 minutes pour les faire ouvrir. Agitez la casserole en cours de cuisson.

3. Décoquillez les coques.

4. Chauffez le beurre dans une casserole. Quand il est fondu, ajoutez la farine et tournez vivement avec une cuiller en bois. Lorsque la farine a absorbé tout le beurre, versez le lait froid et continuez à tourner pendant 6 à 7 minutes pour obtenir une sauce à laquelle vous ajouterez la crème, du sel et du poivre.

5. Mettez les coques à chauffer 5 minutes dans cette sauce et servez.

Coques au naturel

Préparation : 15 mn
Cuisson : 7 à 8 mn

Pour 4 personnes
3 l de coques

1. Lavez les coques à plusieurs eaux.

2. Mettez-les dans une casserole, sur feu vif, pendant 7 à 8 minutes pour les faire ouvrir. Agitez la casserole en cours de cuisson. Servez avec une sauce vinaigrette.

Coquilles de colin

Préparation : 20 mn
Cuisson : 10 mn
par livre

Pour 4 personnes
500 g de colin
1 sachet de court-bouillon instantané
1/2 boîte de petits pois
1 tomate
4 olives noires
1 bol de mayonnaise
1 laitue

1. Faites cuire le poisson au court-bouillon, préparé selon le mode d'emploi.

2. Laissez refroidir le colin et coupez-le en 4 tranches.

3. Mélangez la moitié de la mayonnaise aux petits pois égouttés, garnissez-en des coquilles tapissées d'une feuille de laitue. Disposez dessus 1 tranche de poisson, décorez avec 1 rondelle de tomate et 1 olive. Servez le reste de mayonnaise à part.

Coquilles de crevettes à la tomate

Préparation : 15 mn
Cuisson :
20 mn pour la sauce
15 mn pour les crevettes

Pour 4 personnes
24 bouquets
2 cuillerées à soupe d'huile d'olive
3 oignons
1 cuillerée 1/2 à soupe de moutarde en poudre
1/3 de tasse de vinaigre de vin
1 tasse de bouillon de bœuf pouvant être préparé avec un cube de concentré
1 tasse de sauce tomate
1/2 tasse d'huile d'olive
3/4 de tasse de chapelure
1/2 cuillerée à café de sel
Beurre
Poivre noir fraîchement moulu

1. Pelez les oignons et hachez-les grossièrement.

2. Chauffez l'huile dans une casserole. Mettez-y à revenir les oignons pendant 5 minutes. Ajoutez la moutarde en poudre, le vinaigre et le bouillon. Chauffez jusqu'à ébullition, puis faites cuire à feu doux 5 minutes. Ajoutez, en tournant, la sauce tomate. Laissez cuire à feu doux encore 10 minutes.

3. Pendant la cuisson de cette sauce, préparez les bouquets. Lavez-les, décortiquez-les, séchez-les dans un linge ou un papier absorbant. Trempez-les dans l'huile d'olive, salez et poivrez-les. Roulez-les soigneusement dans la chapelure.

4. Mettez les bouquets sur la plaque du four légèrement huilée et faites griller au four, très près de la flamme, jusqu'à coloration brune sur les deux côtés des crevettes.

5. Mélangez-les à la sauce.

6. Mettez les bouquets dans des coquilles Saint-Jacques vides. Parsemez de noisettes de beurre. Passez 10 minutes au four chaud (th. 8). Servez aussitôt.

Coquilles Saint-Jacques à l'américaine

Préparation : 15 mn
Cuisson : 30 mn

Pour 6 personnes

18 coquilles Saint-Jacques
500 g de tomates
200 g d'oignons
1 verre de vin blanc sec
1 petit pot de crème fraîche
50 g de beurre
2 cuillerées à soupe de whisky
3 cuillerées à soupe d'huile
Thym
Piment de Cayenne
Sel, poivre

1. Faites détacher les noix de saint-jacques des coquilles par le poissonnier. Lavez-les. Épongez-les.

2. Lavez et épluchez oignons et tomates. Coupez les oignons en rondelles. Pelez, épépinez et coupez en quartiers les tomates.

3. Versez l'huile dans une sauteuse. Ajoutez les légumes. Salez et poivrez. Ajoutez quelques branchettes de thym, une pointe de couteau de piment de Cayenne et le vin blanc. Couvrez et laissez mijoter jusqu'à ce que tout soit bien fondu. Passez alors au mixer ou au moulin à légumes.

4. Faites fondre le beurre dans une poêle. Faites-y revenir les coquilles à feu vif. Lorsqu'elles sont bien dorées, versez-les dans le coulis. Ajoutez le whisky. Laissez mijoter encore 10 minutes. Au moment de servir, ajoutez la crème fraîche hors du feu.

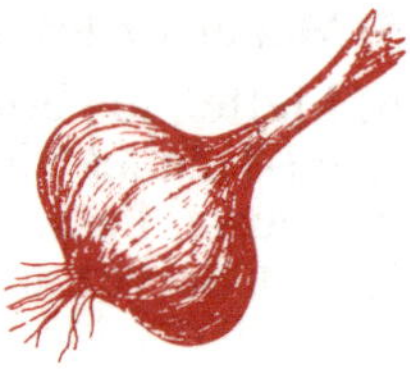

Coquilles Saint-Jacques au beurre blanc

Préparation : 40 mn
Cuisson : 15 mn

Pour 4 personnes

12 noix de saint-jacques
1 cuillerée à soupe d'huile
1 grosse poire
1 truffe
1 verre de vinaigre blanc

1. Pelez la poire ; coupez la chair en bâtonnets. Coupez également la truffe en bâtonnets.

2. Préparez un beurre blanc : pelez et hachez les échalotes. Mettez-les dans une petite casserole avec le vinaigre. Faites bouillir jusqu'à réduction presque complète du vinaigre. Hors du feu, ajoutez le beurre par petits morceaux en remuant sans arrêt. Salez et poivrez. Filtrez pour retirer les échalotes et tenez cette sauce au chaud au bain-marie.

2 échalotes
200 g de beurre
Sel, poivre
Feuilles de persil et de menthe

3. Nettoyez les noix de saint-jacques, épongez-les et faites-les sauter à la poêle, dans l'huile, pendant 4 minutes environ, en les retournant, puis mettez-les dans un plat chaud.

4. Passez les bâtonnets de poire et de truffe 2 minutes dans la même poêle et ajoutez-les dans le plat. Nappez de sauce, décorez de feuilles de persil et de menthe. Servez bien chaud.

Coquilles Saint-Jacques au beurre de crevettes

Préparation : 15 mn
Cuisson : 18 mn

Pour 4 personnes
12 noix de saint-jacques et leur corail
1/2 sachet de court-bouillon pour poisson
50 g de crème fraîche
35 g de beurre de crevettes
2 jaunes d'œufs
Cerfeuil
Sel, poivre

1. Nettoyez les saint-jacques. Séparez le corail.

2. Préparez le court-bouillon avec le sachet, chauffez jusqu'à ébullition.

3. Plongez-y alors les noix de saint-jacques. Laissez cuire 5 minutes à petits frémissements, puis ajoutez le corail et poursuivez la cuisson 3 minutes.

4. Égouttez. Mettez dans un plat tenu au chaud.

5. Filtrez le court-bouillon. Versez-en une tasse dans une petite casserole. Ajoutez la crème fraîche et le beurre de crevettes. Salez et poivrez. Chauffez à feu doux en fouettant. Hors du feu et toujours sans cesser de battre, ajoutez les jaunes d'œufs.

6. Versez sur les saint-jacques. Décorez de cerfeuil.

Coquilles Saint-Jacques à la bordelaise

Préparation : 25 mn
Cuisson : 35 mn

Pour 4 personnes
12 noix de saint-jacques et leur corail
1 carotte
1 courgette
12 petits oignons
4 échalotes
1/2 verre de vin blanc
80 g de beurre
60 g de crème fraîche
1 orange
Sel, poivre
Cerfeuil

1. Pelez et lavez les échalotes. Mettez-les dans une casserole avec le vin blanc et laissez réduire d'un tiers environ à tout petit feu.

2. Nettoyez les saint-jacques. Mettez-les dans la réduction de vin blanc aux échalotes. Ajoutez la moitié du beurre et faites cuire doucement 10 minutes. Salez et poivrez.

3. Pelez les petits oignons. Nettoyez la carotte. Coupez-la en rondelles ainsi que la courgette. Mettez ces légumes dans une sauteuse avec le reste du beurre. Laissez cuire 15 minutes à couvert en remuant. Salez.

4. Avec un couteau économe, prélevez de fines lamelles d'écorce de l'orange. Plongez-les 5 minutes dans de l'eau en ébullition, puis égouttez-les. Pelez l'orange à vif et détachez-en 8 tranches.

5. Versez les légumes dans un plat. Prenez les saint-jacques avec une écumoire et disposez-les sur les légumes. Ajoutez la crème fraîche dans la sauteuse. Mélangez, chauffez et versez dans le plat. Décorez de zestes et de tranches d'orange et de cerfeuil.

Coquilles Saint-Jacques aux cèpes

Préparation : 20 mn
Cuisson : 20 mn

Pour 4 personnes
12 noix de coquilles Saint-Jacques
600 g de cèpes
4 échalotes
1/2 verre à bordeaux de madère
25 cl de crème fraîche
Le jus de 1 citron
75 g de beurre
Sel, poivre

1. Pelez les échalotes. Hachez-les finement.

2. Nettoyez les cèpes. Coupez-les en lamelles épaisses.

3. Chauffez le beurre dans une sauteuse, à feu assez vif. Mettez les noix de coquilles Saint-Jacques à cuire 5 minutes, puis ajoutez les cèpes. Salez, poivrez, laissez cuire 10 minutes, puis parsemez d'échalotes.

4. 5 minutes plus tard, ajoutez le madère et la crème. Mélangez bien. Laissez chauffer 3 minutes. Versez le jus de citron et servez.

Coquilles Saint-Jacques au chou vert

Préparation : 15 mn
Cuisson : 20 mn

Pour 4 personnes
8 noix de saint-jacques et leur corail
8 grandes feuilles de chou vert
4 tomates cerises
1 morceau de zeste d'orange
25 g de beurre
75 g de crème fraîche
1/2 dosette de safran
Sel, poivre

1. Nettoyez les saint-jacques. Mettez-les dans une casserole. Couvrez tout juste d'eau froide. Ajoutez le beurre, le zeste. Salez et poivrez. Cuisez 5 minutes à partir de l'ébullition.

2. Lavez les feuilles de chou. Faites-les cuire 10 minutes à la vapeur. Salez-les légèrement.

3. Étalez-les sur un plat de service tenu au chaud.

4. Versez la moitié du bouillon des saint-jacques dans une petite casserole. Ajoutez la crème fraîche et le safran. Poivrez. Chauffez à feu doux en battant.

5. Disposez les noix de saint-jacques égouttées sur les feuilles de chou. Arrosez avec la sauce au safran. Décorez de tomates.

Coquilles Saint-Jacques au cidre

Préparation : 10 mn
Cuisson : 35 mn

Pour 4 personnes
16 noix de coquilles Saint-Jacques et leur corail
70 g de beurre
4 échalotes
2 verres de cidre
1 cuillerée à café de farine
1 tasse 1/2 de crème fraîche
Le jus de 1 citron
Sel, poivre

1. Pelez les échalotes ; hachez-les.

2. Chauffez le beurre dans une poêle. Faites-y dorer très légèrement le hachis d'échalotes pendant 3 à 4 minutes, puis ajoutez les noix de saint-jacques et le cidre. Salez, poivrez. Laissez cuire à petit feu 10 minutes.

3. Retirez les coquilles Saint-Jacques avec une écumoire ; mettez-les de côté. Laissez la casserole sur le feu pour faire réduire le liquide de moitié.

4. Délayez la farine dans la crème. Versez dans la casserole. Faites cuire doucement 5 à 6 minutes en tournant, puis remettez les coquilles Saint-Jacques. Arrosez avec le jus de citron et laissez chauffer 3 à 4 minutes avant de servir.

Coquilles Saint-Jacques à la crème

Préparation : 5 mn
Cuisson : 20 mn

Pour 6 personnes
18 coquilles Saint-Jacques et leur corail
200 g de crème fraîche
50 g de beurre
1 verre à madère de porto
2 cuillerées à soupe de farine
Chapelure
Sel, poivre

1. Faites préparer les noix et le corail des saint-jacques par le poissonnier ; lavez-les et épongez-les.

2. Faites fondre le beurre. Mettez-y revenir les saint-jacques. Lorsqu'elles sont bien dorées, saupoudrez avec la farine. Laissez cuire 2 minutes. Ajoutez le porto et la crème fraîche. Salez, poivrez, couvrez et laissez mijoter pendant 8 à 10 minutes.

3. Mettez dans des coquilles. Saupoudrez de chapelure. Passez au four pour gratiner.

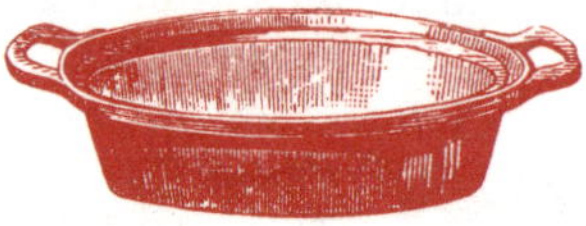

Coquilles Saint-Jacques farcies

Préparation : 20 mn
Cuisson : 20 mn

Pour 6 personnes
1 paquet de coquilles Saint-Jacques surgelées décoquillées
125 g de beurre ou de margarine
1 tranche de pain de mie
3 gousses d'ail
1/2 sachet de court-bouillon instantané
1 bouquet de persil
Sel, poivre

1. Préparez le court-bouillon instantané, selon le mode d'emploi. Quand il commence à frémir, plongez-y les coquilles Saint-Jacques encore gelées. Laissez frémir 5 minutes. Égouttez.

2. Écrasez le beurre avec une fourchette en y incorporant l'ail et le persil finement hachés, du sel et du poivre, pour obtenir une sorte de pâte crémeuse.

3. Mouillez légèrement le pain de mie. Pressez-le pour l'émietter et l'égoutter. Ajoutez-le à la préparation. Mélangez bien.

4. Remplissez les coquilles ou des petits moules individuels avec les coquilles Saint-Jacques. Nappez avec le mélange ci-dessus. Lissez avec une lame de couteau.

5. Faites gratiner à four chaud pendant 10 minutes.

Coquilles Saint-Jacques flambées

Préparation : 5 mn
Cuisson : 15 mn

Pour 4 personnes
12 noix de coquilles Saint-Jacques
60 g de beurre
Le jus de 1 citron
1 cuillerée à soupe de persil haché
1 petit verre de cognac
Sel, poivre

1. Faites fondre le beurre dans une poêle sur feu moyen. Mettez les saint-jacques. Salez, poivrez. Laissez cuire 15 minutes en tournant à plusieurs reprises.

2. Arrosez de jus de citron et de cognac. Laissez chauffer 2 minutes et flambez. Servez aussitôt saupoudré de persil haché.

Coquilles Saint-Jacques au gratin

Préparation : 15 mn
Cuisson : 20 mn

Pour 6 personnes
12 coquilles Saint-Jacques
125 g de crevettes décortiquées
1 sachet de court-bouillon instantané
25 g de beurre
Chapelure
1 pincée de curry
1 tasse de crème fraîche
Sel, poivre

1. Faites préparer et ébarder les mollusques par votre poissonnier, en lui faisant réserver les coquilles.

2. Lavez-les à plusieurs eaux et épongez-les.

3. Mettez la chair des coquilles dans le court-bouillon froid. Portez à ébullition. Laissez cuire 5 minutes à feu réduit. Égouttez.

4. Délayez la poudre de curry dans la crème fraîche. Salez et poivrez.

5. Garnissez les coquilles avec les saint-jacques coupées en morceaux et les crevettes. Nappez avec la crème. Saupoudrez de chapelure. Parsemez de noisettes de beurre et faites gratiner quelques minutes à four très chaud.

Coquilles Saint-Jacques aux herbes

Préparation : 25 mn
Cuisson : 10 mn

Pour 4 personnes

16 coquilles Saint-Jacques
12 branches de persil
15 brins de ciboulette
60 g de beurre
Sel, poivre

1. Hachez finement les herbes.

2. Lavez les saint-jacques, ouvrez-les. Retirez les noix et le corail. Hachez-les.

3. Mélangez ce hachis aux herbes. Salez et poivrez.

4. Répartissez la préparation dans 4 coquilles. Posez dessus 1 noisette de beurre. Passez au four 10 minutes avant de servir.

Coquilles Saint-Jacques honfleuraise

Préparation : 5 mn
Cuisson : 25 mn

Pour 4 personnes

16 noix de coquilles Saint-Jacques et leur corail
1 tasse 1/2 de crème fraîche
70 g de beurre
1 petit verre de calvados
50 g de farine
Sel, poivre

1. Chauffez le beurre dans une poêle. Mettez-y à revenir les coquilles Saint-Jacques pendant 5 minutes.

2. Saupoudrez-les de farine, tournez vivement, ajoutez la crème et le calvados . Salez et poivrez. Laissez cuire 20 minutes à petit feu en remuant fréquemment.

Coquilles Saint-Jacques au jambon

Préparation : 10 mn
Cuisson : 25 mn

Pour 4 personnes
16 noix de coquilles Saint-Jacques
60 g de beurre
1 échalote
150 g de jambon
1 tasse de crème
1 verre de vin blanc
Sel, poivre

1. Dans une sauteuse, mettez le beurre et l'échalote hachée. Faites dorer les coquilles, salez et poivrez.

2. Mouillez alors avec le vin blanc et ajoutez les tranches de jambon hachées grossièrement au couteau. Laissez cuire 15 minutes. Au moment de servir, liez la cuisson avec la crème.

Coquilles Saint-Jacques Mont-Saint-Michel

Préparation : 25 mn
Cuisson : 40 mn

Pour 4 personnes
16 noix de coquilles Saint-Jacques et leur corail
4 coquilles vides
150 g de champignons de Paris
1/2 litre de moules nettoyées
100 g de beurre
1 tasse de crème fraîche
Le jus de 1 citron
1 cuillerée à soupe de persil haché
Sel, poivre

1. Nettoyez les champignons. Coupez-les en lamelles minces. Cuisez-les 15 minutes à feu doux dans 40 grammes de beurre avec sel et poivre.

2. Faites cuire les noix de coquilles Saint-Jacques et leur corail pendant 25 minutes, à très petit feu, dans le restant du beurre. Salez et poivrez.

3. Pendant ce temps, mettez les moules dans une casserole sur feu vif une dizaine de minutes, en agitant fréquemment la casserole. Les moules étant ouvertes, décoquillez-les.

4. Mélangez coquilles Saint-Jacques, moules et champignons. Ajoutez la crème et le jus de citron. Répartissez dans les 4 coquilles et saupoudrez de persil haché.

Coquilles Saint-Jacques aux oignons

Préparation : 25 mn
Cuisson : 15 mn

Pour 4 personnes
16 coquilles Saint-Jacques
4 coquilles vides
4 oignons
1/2 tasse de crème fraîche
1 bouquet de persil
6 cuillerées à soupe de cidre
60 g de beurre
Sel, poivre

1. Nettoyez les coquilles Saint-Jacques. Ouvrez-les. Détachez les noix et le corail. Hachez-les finement.

2. Pelez les oignons, hachez-les.

3. Hachez les feuilles de persil. Mêlez ce hachis à la crème.

4. Prenez 4 coquilles vides. Mettez dans chacune d'elles 1 noisette de beurre, 1 cuillerée d'oignons, le quart du hachis de saint-jacques, du sel, du poivre et 1 cuillerée 1/2 de cidre.

5. Passez 10 minutes à four chaud. Sortez les coquilles du four et mettez dans chacune une bonne cuillerée de crème avec hachis de persil. Repassez 5 minutes au four. Servez.

Coquilles Saint-Jacques à l'orange

Préparation : 15 mn
Cuisson : 15 mn

Pour 4 personnes
12 noix de saint-jacques et leur corail
2 oranges
1 verre de vin blanc
1/2 sachet de court-bouillon pour poisson
70 g de crème fraîche
Sel, poivre
Persil

1. Lavez les noix de saint-jacques.

2. Dans une casserole, diluez le court-bouillon avec 50 centilitres d'eau froide. Ajoutez le vin blanc, un peu de sel et du poivre.

3. Mettez les noix de saint-jacques dans la casserole. Chauffez à feu doux et laissez cuire 5 minutes à partir de l'ébullition.

4. Râpez le zeste d'une orange. Pelez la chair en enlevant toutes les peaux et coupez en dés. Coupez la seconde orange en fines rondelles.

5. Égouttez les noix de saint-jacques. Mettez-les dans un plat creux. Délayez la crème dans une tasse de court-bouillon. Ajoutez le zeste râpé. Versez sur les noix de saint-jacques. Ajoutez les dés d'orange et décorez avec les rondelles et du persil. Servez chaud.

Coquilles Saint-Jacques à la parisienne

Préparation : 10 mn
Cuisson : 20 mn

Pour 4 personnes
12 coquilles Saint-Jacques ou 300 g de coquilles surgelées
150 g de champignons de Paris
50 g de crème fraîche
50 g de beurre
1 échalote
1 verre de vin blanc
1 petit verre de Grand Marnier
Persil
Sel, poivre

1. Beurrez grassement une cocotte, puis ajoutez-y 1 cuillerée de persil, l'échalote et les champignons, le tout haché finement.

2. Complétez avec les coquilles, le vin blanc et le Grand Marnier. Salez et poivrez. Faites revenir à plein feu 15 minutes. Ajoutez la crème. Chauffez 3 minutes et servez.

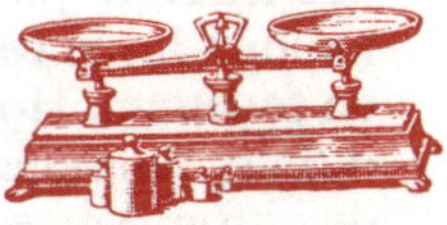

Coquilles Saint-Jacques en paupiettes

Préparation : 15 mn
Cuisson : 20 mn

Pour 4 personnes
12 noix de saint-jacques et leur corail
12 feuilles de blettes
80 g de beurre
1 cuillerée à soupe d'huile
1 bouquet d'estragon
4 tomates cerises
Le jus de 1 citron
Sel, poivre

1. Lavez les saint-jacques.

2. Lavez les feuilles de blettes. Plongez-les 3 minutes dans de l'eau salée en ébullition. Égouttez-les et étalez-les sur du papier absorbant.

3. Faites sauter les noix de saint-jacques 5 minutes à la poêle dans 30 grammes de beurre. Salez et poivrez au moulin.

4. Répartissez les saint-jacques sur les feuilles de blettes, ainsi que les tomates. Repliez les feuilles pour former de petites paupiettes. Disposez-les côte à côte dans un plat allant au four. Arrosez avec l'huile. Mettez au four (th. 6-7) pendant 10 minutes.

5. Hachez les feuilles d'estragon. Incorporez-les au reste de beurre en écrasant avec une fourchette. Ajoutez le jus de citron et du poivre. Chauffez à feu très doux. Servez avec les paupiettes.

Coquilles Saint-Jacques à la poulette

Préparation : 15 mn
Cuisson : 15 mn

Pour 4 personnes

12 noix de saint-jacques et leur corail
100 g de champignons de Paris
2 échalotes
1 verre 1/2 de vin blanc sec
2 jaunes d'œufs
50 g de crème fraîche
25 g de beurre
Le jus de 1 citron
Sel, poivre

1. Lavez les noix de saint-jacques.

2. Nettoyez les champignons. Pelez les échalotes. Passez-les ensemble au mixer.

3. Mettez la purée obtenue dans une casserole avec le vin blanc. Chauffez et laissez bouillir doucement pendant 5 minutes. Ajoutez les noix de saint-jacques, sel et poivre, et faites-les pocher à feu doux 7 à 8 minutes. Égouttez-les. Mettez-les dans un plat tenu au chaud.

4. Filtrez le jus de cuisson. Sur feu doux, ajoutez-lui le beurre et la crème. Mélangez en fouettant. Hors du feu, ajoutez les jaunes d'œufs sans cesser de battre, et enfin le jus de citron. Versez cette sauce sur les noix de saint-jacques et servez bien chaud.

Coquilles Saint-Jacques à la provençale

Préparation : 10 mn
Cuisson : 15 mn

Pour 4 personnes

12 coquilles Saint-Jacques
Sel, poivre
Le jus de 1 citron
1 cuillerée à soupe de farine
1 noix de beurre
2 cuillerées à soupe d'huile d'olive
2 gousses d'ail
1 bouquet de persil

1. Détachez des coquilles les noix et le corail, nettoyez-les sous l'eau et essuyez-les dans du papier absorbant. Partagez les noix en deux dans le sens de l'épaisseur et assaisonnez-les de sel, de poivre et de jus de citron. Saupoudrez-les de farine.

2. Hachez l'ail et le persil.

3. Faites chauffer dans une poêle beurre et huile, et faites-y à peine dorer les noix de chaque côté. Ajoutez le corail, puis l'ail et le persil hachés, en secouant la poêle pour que les herbes recouvrent bien les coquillages. Servez très chaud.

Coquilles Saint-Jacques aux raisins secs et aux noix

Préparation : 10 mn
Cuisson : 15 mn

Pour 6 personnes

12 coquilles Saint-Jacques
1 verre de raisins secs
18 noix fraîches
50 g de beurre
1 verre à liqueur de whisky
3 cuillerées à soupe de crème fraîche
Sel, poivre

1. Faites tremper les raisins secs dans le whisky pendant 1 heure. Égouttez-les et conservez le whisky.

2. Lavez les noix des coquilles Saint-Jacques à l'eau froide et essuyez-les.

3. Faites-les revenir 5 minutes dans le beurre chaud.

4. Versez le whisky dans la poêle et faites flamber. Salez et poivrez. Ajoutez les noix décortiquées, les raisins secs et la crème fraîche.

5. Laissez cuire à feu doux 10 minutes en remuant avec une cuiller en bois. Servez avec du riz créole.

Coquilles Saint-Jacques sauce Mornay

Préparation : 10 mn
Cuisson : 15 mn

Pour 4 personnes

12 noix de saint-jacques et leur corail
70 g de beurre
Le jus de 1 citron
30 g de farine
25 cl de lait
60 g de gruyère râpé
1 clou de girofle
1 pincée de poivre mignonnette
Sel
8 brins de ciboulette

1. Nettoyez les noix de saint-jacques.

2. Mettez-les dans une casserole avec 25 centilitres d'eau, 30 grammes de beurre, le jus de citron et du sel. Chauffez jusqu'à ébullition. Faites cuire 3 minutes à petits frémissements. Retirez du feu. Enlevez les saint-jacques du bouillon et mettez-les dans un plat tenu au chaud.

3. Faites fondre le reste du beurre. Ajoutez la farine. Remuez vivement, puis versez le lait et le bouillon de cuisson des saint-jacques. Remuez jusqu'à épaississement. Ajoutez alors du sel, le poivre mignonnette, le clou de girofle et le fromage râpé.

4. Versez cette sauce sur les saint-jacques. Parsemez de ciboulette ciselée. Servez bien chaud.

Coquilles Saint-Jacques sauce moutarde

Préparation : 15 mn
Cuisson : 15 mn

Pour 6 personnes

1 paquet de coquilles Saint-Jacques surgelées
1/2 paquet de court-bouillon instantané
125 g de crème fraîche
50 g de beurre ou de margarine
2 cuillerées à soupe de moutarde
1 cuillerée à soupe de cognac
Sel, poivre

1. Préparez le court-bouillon instantané. Chauffez-le, plongez-y les coquilles Saint-Jacques encore gelées. Laissez frémir 5 minutes.

2. Égouttez. Faites revenir à la poêle dans le corps gras chaud pendant 3 à 4 minutes. Salez, poivrez.

3. Versez le cognac. Flambez.

4. Ajoutez la moutarde et la crème fraîche. Salez et poivrez. Faites cuire 2 à 3 minutes. Servez dans des coquilles ou dans un plat chaud.

Coquilles Saint-Jacques sautées aux amandes

Préparation : 15 mn
Cuisson : 8 mn

Pour 4 personnes

12 noix de saint-jacques et leur corail
1/2 tasse de lait
1 cuillerée à soupe de farine
70 g de beurre
60 g d'amandes effilées
12 brins de ciboulette
Sel, poivre

1. Nettoyez les noix de saint-jacques. Coupez-les en deux dans le sens de l'épaisseur.

2. Passez-les dans le lait, puis dans la farine. Gardez le reste de lait.

3. Chauffez le beurre dans une sauteuse. Faites revenir les noix de saint-jacques sur chaque côté, puis ajoutez les amandes, salez et poivrez. Poursuivez la cuisson 3 minutes.

4. Retirez les saint-jacques et les amandes de la sauteuse avec une écumoire. Mettez-les dans un plat chaud.

5. Versez le reste du lait dans la sauteuse. Mélangez au beurre de cuisson. Chauffez 4 minutes et arrosez les saint-jacques avec cette sauce. Parsemez de ciboulette finement coupée avec des ciseaux.

Coquilles Saint-Jacques au vin blanc

Préparation : 10 mn
Cuisson : 10 mn

Pour 4 personnes
16 noix de coquilles Saint-Jacques
2 verres de vin blanc
1 feuille de laurier
1 citron
1/2 tasse de crème
Persil haché
Sel, poivre

1. Lavez les noix des coquilles Saint-Jacques. Mettez-les dans une casserole sur feu doux avec le vin blanc, le laurier, du sel et du poivre. Laissez cuire pendant 10 minutes. Ajoutez la crème.

2. Servez les noix de saint-jacques avec leur jus de cuisson, saupoudrées de persil haché et accompagnées de quartiers de citron.

Coquillettes à l'antiboise

Préparation : 10 mn
Cuisson : 10 mn

Pour 4 personnes
300 g de coquillettes
12 filets d'anchois
2 œufs durs
2 tomates
3 cuillerées à soupe d'huile d'olive
Sel, poivre

1. Cuisez les coquillettes à grande eau bouillante salée. Égouttez-les. Laissez-les refroidir.

2. Plongez les tomates 1 minute dans l'eau bouillante. Pelez-les. Épépinez-les. Coupez-les en dés.

3. Coupez également en dés les œufs durs et détaillez chaque anchois en 6 morceaux.

4. Mélangez coquillettes, tomates, œufs durs, anchois. Poivrez. Ajoutez l'huile. Mélangez bien et servez froid.

Coquillettes au thon en gratin

Préparation : 10 mn
Cuisson : 35 mn

Pour 6 personnes
200 g environ de thon au naturel
250 g de coquillettes
80 g de gruyère râpé
1/2 tasse de chapelure
1 cuillerée à soupe de beurre
Sel

1. Cuisez les coquillettes à grande eau bouillante salée pendant 10 minutes. Égouttez-les.

2. Ouvrez la boîte de thon. Égouttez-le et émiettez-le. Ajoutez-lui le gruyère râpé.

3. Mélangez la moitié de cette préparation aux coquillettes. Versez dans un plat à four beurré.

4. Ajoutez la chapelure au restant du mélange thon-gruyère. Saupoudrez-en le plat. Mettez au four chaud 15 minutes.

Cornets de saumon

Préparation : 10 mn
Réfrigération : 15 mn maximum

Pour 4 personnes

1 sachet de saumon fumé (4 tranches)
1 petit-suisse (60 % de matière grasse)
1 cuillerée à soupe de crème fraîche
1 grosse cuillerée à soupe de raifort râpé au vinaigre (vendu en bocal)
1 oignon
1/2 citron
2 cuillerées à soupe d'huile

1. Mettez dans un bol le raifort, le petit-suisse et la crème fraîche. Battez au mixer ou au fouet jusqu'à ce que le mélange devienne léger et mousseux.

2. Nappez les tranches de saumon de cette préparation, puis roulez-les en cornets.

3. Rangez-les sur un plat. Arrosez d'huile.

4. Pelez et émincez l'oignon. Coupez le citron en tranches fines. Disposez les rondelles d'oignon et de citron autour des cornets.

5. Mettez au frais jusqu'au moment de servir.

Cotriade de maquereaux

Préparation : 15 mn
Cuisson : 45 mn

Pour 4 personnes

4 maquereaux
2 oignons
3 poireaux
50 g de beurre
4 pommes de terre
1 tasse de vinaigre
Sel, poivre

1. Nettoyez les poissons et coupez-les en tronçons.

2. Pelez et émincez les oignons. Nettoyez les poireaux. Coupez-les en quatre dans la longueur. Épluchez les pommes de terre. Détaillez-les en quartiers.

3. Faites revenir les oignons dans le beurre. Lorsqu'ils ont blondi, ajoutez 2 litres d'eau chaude, les pommes de terre, du sel et du poivre. Laissez bouillir 15 minutes. Ajoutez alors les poissons et poursuivez la cuisson à feu doux pendant 25 minutes.

4. Pour servir, égouttez les poissons, mettez-les sur un plat. Servez le bouillon et les légumes dans une soupière. Accompagnez de vinaigre destiné à arroser les poissons.

Coupes de crabe

Préparation : 40 mn
Cuisson : 35 mn

Pour 4 personnes
1 gros crabe de 1,5 kg
2 laitues
1 œuf
1 sachet de court-bouillon

Pour la sauce
2 œufs
25 cl d'huile
5 cl de rhum blanc
1 cuillerée à dessert de moutarde au citron
Le jus de 1 citron vert
Sel, poivre

1. Préparez le court-bouillon selon le mode d'emploi. Chauffez jusqu'à ébullition.

2. Plongez le crabe dans le court-bouillon et laissez-le cuire 15 à 20 minutes ; retirez alors la casserole du feu et laissez refroidir.

3. Épluchez et lavez la salade ; égouttez les feuilles dans un torchon ; coupez-les en fines lanières ; disposez-les au fond de 4 verres à pied ou de 4 coupes.

4. Décortiquez et épluchez le crabe.

5. Préparez la sauce : mettez dans un bol 1 jaune d'œuf avec la moutarde et 1 pincée de sel ; mélangez à l'aide d'un fouet ; versez petit à petit l'huile ; ajoutez le rhum blanc puis le jus de citron vert. Faites durcir l'autre œuf pendant 10 minutes dans l'eau bouillante ; enlevez la coquille, coupez-le en rondelles ; versez la sauce sur la salade ; répartissez la chair du crabe dans chaque verre ; posez 1 tranche d'œuf dur et quelques feuilles de laitue entières tout autour.

Coupes de crevettes à l'américaine

Préparation : 20 mn +15 mn de macération pour les crevettes

Pour 4 personnes
300 g de crevettes roses décortiquées
1 cuillerée à soupe de cognac
2 œufs durs
Feuilles de laitue
1 grosse tomate
1 tasse de mayonnaise
40 g de crème fraîche
2 cuillerées à soupe de ketchup

1. Mettez les crevettes dans un petit plat creux. Arrosez-les de cognac. Laissez macérer 15 minutes.

2. Pendant ce temps, mélangez à la mayonnaise le ketchup et la crème fraîche.

3. Épluchez les œufs durs ; coupez-les en deux. Coupez la tomate en dés. Réservez 4 grandes feuilles de laitue et émincez les autres en lanières.

4. Égouttez les crevettes. Mettez-les dans un saladier avec la tomate, les lanières de laitue et la sauce.

5. Tapissez 4 coupes de feuilles de laitue. Remplissez avec le cocktail de crevettes. Garnissez d'œufs durs.

Couscous à la dorade

Préparation : 30 mn
Trempage : 12 h
Cuisson : 1 h 10

Pour 4 personnes

1 dorade de 800 g environ
5 cl d'huile d'olive
750 g de couscous
30 g de beurre salé
3 gros oignons
100 g de pois chiches
1 petite tête de chou
300 g de courgettes
3 pommes de terre moyennes
4 poivrons
2 cuillerées à soupe de purée de tomate
1 cuillerée à soupe de harissa
2 g de poivre noir moulu
5 g de poivre rouge moulu
5 g de cumin pilé
4 œufs durs
Sel

1. Faites tremper les pois chiches pendant une nuit.

2. Écaillez, videz la dorade. Assaisonnez-la de sel, poivre noir et cumin. Dans la marmite du couscoussier, mettez l'huile à chauffer. Faites-y dorer les oignons émincés. Ajoutez le poivre rouge, la purée de tomate, le harissa délayé dans un peu d'eau, les pommes de terre, les poivrons coupés en deux, les pois chiches et 1 litre 1/2 d'eau. Portez sur le feu. Baissez celui-ci dès l'ébullition.

3. Faites cuire le couscous : aspergez-le d'eau froide. Versez-le dans le haut du couscoussier sans le tasser. Laissez-le cuire à la vapeur dégagée par le bouillon de pois, tomates, etc., pendant 30 ou 40 minutes. Retirez le couscoussier. Laissez la marmite en place. Mettez la dorade coupée en tranches dans le bouillon avec le chou et les courgettes détaillées en tronçons.

4. Videz le couscous sur un plateau. Aspergez-le d'eau fraîche. Défaites les grumeaux. Reversez le couscous dans la marmite.

5. Faites à nouveau cuire à la vapeur pendant 30 minutes. Au moment de servir, versez le couscous dans un plat. Mélangez-lui le beurre fondu dans une louche du bouillon de cuisson. Goûtez pour vérifier si le plat est assez salé. Garnissez avec le poisson, les légumes et les œufs durs coupés en deux.

Crème aux coquillages

Préparation : 30 mn
Cuisson : 35 mn

Pour 4 personnes

12 moules
12 palourdes
12 praires
2 verres de vin blanc

1. Faites chauffer 50 grammes de beurre dans une petite casserole sur feu doux. Quand il est fondu, ajoutez la farine, tournez vivement. Lorsque le beurre a absorbé toute la farine, versez 50 centilitres d'eau et tournez pendant 7 à 8 minutes pour obtenir une sauce Béchamel onctueuse et assez souple. Salez et poivrez.

Crème aux coquillages *(suite)*

1/2 tasse
de crème fraîche
100 g de beurre
1 branchette de thym
1 feuille de laurier
50 g de farine
Sel, poivre

2. Dans une grande casserole, sur feu vif, mettez tous les coquillages avec le vin blanc, le thym, le laurier, du sel et du poivre. Agitez la casserole sur le feu pendant une dizaine de minutes pour que les coquillages s'ouvrent. Retirez du feu, sortez les coquillages des coquilles, égouttez-les et filtrez leur eau de cuisson dans un linge.

3. Ajoutez cette eau de cuisson des coquillages à la sauce Béchamel, faites réchauffer à feu doux, liez avec la crème fraîche et le restant du beurre, et ajoutez les coquillages au moment de servir.

Crème de crevettes

Préparation : 35 mn
Cuisson : 35 mn

Pour 4 personnes

500 g de crevettes roses
1 carotte
1 oignon
1 branche de céleri
1 verre de vin blanc sec
1/2 tasse
de crème fraîche
150 g de beurre
50 g de farine
Sel, poivre

1. Chauffez 50 grammes de beurre dans une petite casserole sur feu doux. Quand il est fondu, ajoutez la farine, tournez vivement avec une cuiller en bois. Lorsque le beurre a absorbé toute la farine, versez 50 centilitres d'eau et continuez à tourner pour obtenir une sauce onctueuse. Salez et poivrez.

2. Pelez l'oignon, la carotte et le céleri, coupez-les en petits dés.

3. Dans une casserole, avec 50 grammes de beurre, faites revenir ces légumes en même temps que les crevettes pendant une dizaine de minutes. Mouillez avec le vin blanc sec et laissez cuire encore pendant 10 minutes.

4. Égouttez les crevettes, mélangez leur sauce de cuisson à la sauce onctueuse que vous avez préparée.

5. Décortiquez les plus grosses crevettes et passez le reste au pilon. Vous obtenez une purée que vous ajoutez à la préparation précédente.

6. Passez-la à l'étamine, puis faites réchauffer à feu doux. Au moment de servir, liez avec la crème fraîche et le restant du beurre. Garnissez avec les queues des plus grosses crevettes que vous aviez mises de côté.

Crème de saumon

Préparation : 15 mn
Cuisson : 25 mn

Pour 4 personnes
250 g de saumon rose
60 g de beurre
1 cuillerée 1/2 à soupe de farine
1 bol de crème fraîche
1 cuillerée à café de curry
1 l de lait
Persil haché
Sel, croûtons

1. Faites fondre le beurre dans une casserole sur feu assez doux. Quand il est fondu, ajoutez la farine et tournez vivement jusqu'à ce que le beurre ait absorbé toute la farine.

2. Retirez du feu et versez le lait petit à petit en tournant. Ajoutez le saumon effeuillé. Salez, saupoudrez du curry.

3. Laissez cuire doucement pendant 10 minutes. Ajoutez alors la crème fraîche et mélangez bien. Servez bien chaud, saupoudré de persil haché et avec des croûtons de pain dorés au beurre.

Crevettes à la catherinette

Préparation : 10 mn
Cuisson : 10 mn

Pour 4 personnes
8 douzaines de crevettes roses décortiquées
2 pots de yaourt
2 cuillerées à café de moutarde
2 œufs
Le jus de 1/2 citron
Sel, persil

1. Faites cuire les œufs 10 minutes à l'eau bouillante. Épluchez-les. Coupez-les en deux. Écrasez-les avec une fourchette. Ajoutez la moutarde puis le jus de citron et un peu de sel. Mélangez bien. Délayez la préparation avec les yaourts.

2. Mettez les crevettes dans un plat. Nappez-les avec cette sauce. Décorez de persil. Servez frais.

Crevettes aux champignons

Préparation : 15 mn
Cuisson : 6 mn

Pour 4 personnes
400 g de crevettes roses
Le jus de 2 citrons
2 échalotes
4 branches de persil
4 cuillerées à soupe d'huile
1 boîte de 200 g de champignons
Sel, poivre

1. Hachez finement les échalotes et le persil. Ouvrez la boîte de champignons et égouttez-les. Décortiquez les crevettes.

2. Faites chauffer l'huile dans une poêle. Dès qu'elle est chaude, jetez-y les crevettes et les champignons. Salez, poivrez. Laissez à feu vif 5 à 6 minutes.

3. Saupoudrez avec le hachis d'échalotes et de persil, et servez arrosé de jus de citron.

Crevettes chaudes

Préparation : 10 mn
Cuisson : 15 mn

Pour 4 personnes
600 g de crevettes roses
2 oignons
2,5 l d'eau de mer
1 bouquet garni
1 clou de girofle

1. Lavez les crevettes.

2. Chauffez l'eau de mer avec le bouquet garni, les oignons, le clou de girofle. Laissez bouillonner une dizaine de minutes.

3. Jetez-y les crevettes. Laissez-les cuire 5 minutes, puis égouttez-les et servez-les très chaudes avec pain de seigle et beurre demi-sel.

Crevettes à la crème

Préparation : 15 mn
Cuisson : 30 mn

Pour 4 personnes
750 g de petites crevettes roses décortiquées
3 cuillerées à soupe d'huile d'olive
3 cuillerées à soupe de beurre
2 oignons
2 carottes
1 feuille de laurier
1/3 de tasse de cognac
4 tomates
1 cuillerée à soupe de jus de citron
1/2 cuillerée à café de farine
3/4 de tasse de crème fraîche épaisse
1/2 cuillerée à café de sel
Poivre noir fraîchement moulu

1. Pelez les oignons et coupez-les en lamelles fines.

2. Nettoyez les carottes et râpez-les.

3. Hachez finement la feuille de laurier.

4. Plongez les tomates 30 secondes dans de l'eau bouillante, pelez-les et hachez-les grossièrement.

5. Chauffez légèrement le cognac.

6. Mettez à chauffer l'huile et 2 cuillerées de beurre dans une poêle. Quand le mélange commence à grésiller, mettez-y les carottes, les oignons, le laurier et laissez revenir à feu moyen pendant 10 minutes.

7. Ajoutez alors les crevettes et faites cuire encore 3 minutes. Versez le cognac chaud et flambez. Ajoutez ensuite les tomates, le sel, le poivre, le jus de citron. Faites cuire à feu doux pendant 8 minutes.

8. Disposez les crevettes sur un plat tenu au chaud. Faites cuire la sauce à feu vif pendant 2 minutes. Avec une fourchette, pétrissez ensemble la farine et le reste du beurre ; ajoutez cette pâte à la sauce ainsi que la crème. Cuisez à feu doux 3 minutes en remuant constamment. Versez sur les crevettes et servez bien chaud.

Crevettes au curry

Préparation : 15 mn

Pour 4 personnes

400 g de crevettes roses décortiquées
1/2 tasse à thé de mayonnaise
1/2 tasse à thé de crème fraîche
1 cuillerée à café de jus de citron
100 g de cœur de céleri
1 cuillerée à soupe de curry en poudre

1. Lavez le céleri. Hachez-le finement.

2. Mélangez la mayonnaise, la crème, le jus de citron et le curry.

3. Mettez les crevettes et le céleri dans un saladier. Assaisonnez avec la sauce. Servez frais.

Crevettes au gingembre

Préparation : 5 mn
Cuisson : 15 mn

Pour 4 personnes

750 g de crevettes roses décortiquées
6 cuillerées à soupe d'huile
6 cuillerées à soupe de ketchup
1 cuillerée à café de gingembre râpé
Sel

1. Chauffez l'huile dans une poêle. Quand elle commence à grésiller, ajoutez d'abord le ketchup et le gingembre, puis les crevettes. Salez légèrement.

2. Couvrez et laissez cuire une quinzaine de minutes.

Crevettes grillées

Préparation : 15 mn
Marinade : 1 h
Cuisson : 10 mn

Pour 4 personnes

32 grosses crevettes roses
3/4 de tasse d'huile
2 gousses d'ail

1. Lavez les crevettes, décortiquez-les, épongez-les bien avec du papier absorbant.

2. Pelez l'ail ; coupez-le en lamelles fines.

3. Mélangez l'huile, le sel, le poivre, l'ail et le persil. Mettez les crevettes dans ce mélange et laissez mariner 1 heure en retournant fréquemment.

3 cuillerées à dessert de persil haché
1/2 cuillerée à café de sel
Poivre noir fraîchement moulu
2 citrons

4. Égouttez les crevettes de la marinade et enfilez-les sur des bâtonnets en bois ou des brochettes. Rangez ces brochettes sur le gril du four ou sur les braises d'un barbecue et faites griller 10 minutes en retournant et en arrosant plusieurs fois avec la marinade. Servez aussitôt avec des quartiers de citron.

Crevettes au poivre vert

Préparation : 10 mn
Cuisson : 10 mn

Pour 4 personnes

300 g de crevettes roses décortiquées
1 échalote hachée
50 g de beurre
1/2 verre de vin blanc sec
50 g de crème
2 cuillerées à soupe de poivre vert
Sel

1. Faites blondir au beurre l'échalote hachée et ajoutez-lui les crevettes que vous laissez dorer.

2. Ajoutez alors le vin blanc et laissez mijoter 10 minutes.

3. Ajoutez sel, poivre vert et crème. Servez décoré de crevettes entières.

Crevettes à la tomate

Préparation : 10 mn
Cuisson : 20 mn

Pour 4 personnes

24 crevettes roses décortiquées
600 g de tomates
1 verre de vin rouge
2 gousses d'ail
2 cuillerées à café de poudre de paprika
1 cuillerée à café de poudre de piment
3 cuillerées à soupe d'huile
Sel, poivre

1. Pelez les gousses d'ail et pilez-les.

2. Plongez les tomates 1 minute dans l'eau bouillante. Pelez-les et épépinez-les.

3. Chauffez l'huile dans une poêle et mettez-y les crevettes et l'ail. Laissez cuire à feu vif 3 minutes puis réduisez le feu et ajoutez le vin, les épices, le sel et le poivre. Couvrez et laissez cuire doucement pendant 15 minutes.

Croque-fromage aux anchois

Préparation : 20 mn
Cuisson : 10 mn

Pour 4 personnes
8 tranches de pain de mie de 1 cm environ d'épaisseur
8 tranches de mozzarella de 1 cm environ d'épaisseur
1 tasse à thé de lait
100 g de farine
2 œufs
1/2 tasse de thé d'huile
8 filets d'anchois
Le jus de 1/2 citron
1 gousse d'ail

1. Enlevez la croûte du pain de mie et coupez chaque tranche en quatre.

2. Coupez les tranches de mozzarella aux mêmes dimensions que le pain.

3. Pelez la gousse d'ail et émincez-la en lamelles fines.

4. Battez les œufs à la fourchette dans une assiette creuse.

5. Mettez chaque morceau de fromage entre 2 morceaux de pain et plongez chaque petit sandwich dans le lait pendant 1 minute maximum, pour humecter le pain. Passez ensuite chaque sandwich dans la farine, puis dans les œufs battus.

6. Faites chauffer la moitié de l'huile dans une poêle, jusqu'à ce qu'elle commence à grésiller. Mettez-y à dorer les croque-fromage sur chaque face, en tout un peu moins de 10 minutes. Égouttez-les en les posant sur un papier absorbant.

7. Mettez les anchois coupés en morceaux, le jus de citron et l'ail émincé dans le reste d'huile. Faites chauffer ce mélange pendant 30 à 40 secondes à feu assez vif, versez-le aussitôt sur les croque-fromage. Servez bien chaud.

Croquettes de dorade aux herbes

Préparation : 20 mn
Cuisson : 25 mn

Pour 4 personnes

600 g de filets de dorade
1 sachet de court-bouillon
40 g de farine
100 g de beurre
25 cl de lait
1 cuillerée à dessert de ciboulette ciselée
1 cuillerée à dessert de fromage râpé
Sel, poivre
2 citrons

1. Préparez le court-bouillon selon le mode d'emploi. Plongez-y les filets de dorade. Laissez cuire 5 minutes à partir de l'ébullition. Égouttez. Gardez un bol de bouillon.

2. Chauffez 40 grammes de beurre. Ajoutez-la farine. Remuez vivement. Versez le lait et le court-bouillon. Faites bouillir en remuant jusqu'à épaississement. Salez et poivrez. Après cuisson, mélangez les herbes et le fromage à cette sauce.

3. Passez le poisson au mixer. Ajoutez la purée obtenue à la sauce aux herbes. Laissez refroidir avant de façonner en forme de croquettes.

4. Chauffez le reste du beurre dans une poêle. Faites dorer les croquettes à feu moyen en les retournant. Servez-les bien chaudes avec des quartiers de citron. Vous pouvez décorer de tomates ou de poivrons rouges grillés.

Croquettes de lotte

Préparation : 15 mn
Cuisson : 20 mn

Pour 4 personnes

600 g de lotte désossée
120 g de chair à saucisse
1 cuillerée à soupe de persil haché
2 œufs
40 g de farine
4 cuillerées à soupe d'huile
1/2 verre de vin blanc
1 cuillerée à soupe de moutarde forte
Sel, poivre

1. Mixez ensemble la lotte, la chair à saucisse, le persil, les œufs, le sel et le poivre.

2. Façonnez en croquettes la purée obtenue. Roulez-les dans la farine.

3. Chauffez l'huile. Faites légèrement dorer les croquettes en les retournant. Quand elles ont pris couleur, ajoutez le vin blanc, laissez cuire 10 à 15 minutes en remuant à plusieurs reprises.

4. Égouttez les croquettes. Mélangez la moutarde à la sauce de cuisson et versez sur les boulettes. Servez chaud, avec du riz ou du sarrasin nature.

Croquettes de merlan panées

Préparation : 15 mn
+ 1 h 15 de repos
Cuisson : 25 mn

Pour 4 personnes
500 g de filets de merlan
80 g de riz à grain rond
3 échalotes
1 cuillerée à soupe de persil haché
4 œufs
80 g de farine
80 g de chapelure
Huile de friture
Sel, poivre

1. Faites cuire le riz 20 minutes à l'eau bouillante salée. Égouttez bien.

2. Mixez les filets de merlan avec les échalotes pelées.

3. Mélangez la purée obtenue au riz et au persil. Salez et poivrez. Ajoutez 2 œufs. Mélangez de nouveau. Mettez la préparation 1 heure au moins dans le réfrigérateur.

4. Façonnez-la en croquettes allongées. Passez-les dans la farine, puis dans 2 œufs battus et enfin dans la chapelure. Laissez-les sécher 15 minutes.

5. Chauffez le bain d'huile. Plongez-y les croquettes par petites quantités. Laissez-les dorer quelques minutes. Déposez-les au fur et à mesure sur du papier absorbant. Servez avec une salade verte.

Croquettes de poisson

Préparation : 16 mn
Cuisson : 5 mn

Pour 4 personnes
500 g de restes de poissons blancs
2 œufs
Chapelure
Huile de friture

Pour la sauce blanche
30 g de beurre
40 g de farine
1/2 l d'eau chaude
Sel, poivre

1. Préparez la sauce blanche. Faites fondre le beurre dans une casserole. Incorporez la farine, délayez en remuant avec la cuiller en bois. Versez l'eau chaude progressivement en remuant pour éviter les grumeaux. Laissez épaissir ; salez, poivrez.

2. Épluchez les restes de poissons, enlevez peaux et arêtes. Passez la chair au mixer.

3. Mélangez le poisson haché avec la sauce blanche. Incorporez, en tournant, les 2 œufs entiers. Faites cuire 3 minutes en remuant.

4. Laissez refroidir. Formez des boulettes avec la pâte. Roulez-les dans la chapelure.

5. Jetez les boulettes dans une friture bouillante. Faites dorer en retournant les boulettes. Déposez à mesure sur un papier absorbant.

6. Servez sur un plat chaud avec une sauce tomate.

Croustades baltes

Préparation : 15 mn

Pour 4 personnes

4 croustades individuelles
2 pommes
2 beaux filets de hareng fumé
1 oignon

1. Épluchez l'oignon et coupez-le en rondelles.

2. Coupez les filets de hareng en bâtonnets.

3. Épluchez les pommes et coupez-les en tranches fines, comme pour une tarte.

4. Sur chaque croustade, disposez successivement 1 couche de pommes, 1 couche de hareng puis des rondelles d'oignon. Servez bien frais.

Curry de poisson aux bananes

Préparation : 15 mn
Cuisson : 25 mn

Pour 6 personnes

1,2 kg de lieu ou de cabillaud coupé en morceaux
1 gros oignon
30 g de farine
50 cl de bouillon de volaille
2 cuillerées à café de curry
4 cuillerées à soupe d'huile
6 bananes
75 g de beurre
Sel, poivre

1. Faites chauffer l'huile dans une cocotte. Mettez-y à dorer les morceaux de poisson pendant 8 à 10 minutes. Retirez-les.

2. Dans la cocotte, faites revenir l'oignon émincé. Ajoutez le curry. Saupoudrez avec la farine. Mouillez avec le bouillon de volaille en tournant avec une spatule de façon à bien lier la sauce. Ajoutez les morceaux de poisson. Salez et poivrez. Couvrez et laissez cuire à feu doux 20 minutes.

3. Pendant ce temps, pelez les bananes. Coupez-les en deux dans le sens de la longueur. Faites-les dorer à la poêle dans le beurre.

4. Servez le poisson avec les bananes et du riz créole.

Darnes de saumon à la crème d'oseille

Préparation : 10 mn
Cuisson : 20 mn

Pour 4 personnes

4 darnes de saumon de 140 g environ chacune
1 kg d'oseille
60 g de beurre
50 g de crème fraîche
Sel, poivre

1. Équeutez et lavez l'oseille. Retirez les nervures centrales. Émincez les feuilles en lanières. Mettez-les à feu moyen dans une casserole avec 30 grammes de beurre et un peu de sel. Laissez cuire sans couvrir une dizaine de minutes. Ajoutez la crème, mélangez et tenez au chaud en intercalant un diffuseur entre la casserole et la source de chaleur.

2. Chauffez le reste de beurre dans une poêle. Cuisez les darnes de saumon, 3 minutes de chaque côté. Salez et poivrez. Servez avec l'oseille à la crème et du riz à la créole.

Darnes de saumon en gelée

Préparation : 20 mn
+ 1 h 30 de réfrigération
Cuisson : 10 mn

Pour 4 personnes

4 darnes de saumon de 150 g environ chacune
1 sachet de court-bouillon pour poisson (50 cl)

Garniture
3 feuilles de gélatine
1 tasse de mayonnaise
2 tomates
2 œufs

1. Faites durcir les œufs 10 minutes à l'eau bouillante salée.

2. Pendant ce temps, préparez le court-bouillon.

3. Plongez les darnes dans ce court-bouillon froid. Chauffez jusqu'à ébullition. Laissez frémir 6 minutes. Attendez le refroidissement complet avant d'égoutter le poisson.

4. Faites fondre les feuilles de gélatine dans un peu d'eau froide. Mélangez la gélatine aux deux tiers de la mayonnaise. Nappez avec cette sauce les darnes de saumon froides. Mettez dans le réfrigérateur 1 h 30 avant de servir.

5. Garnissez alors le plat de rondelles de tomates et d'œufs durs, décorés de petites noisettes de mayonnaise.

Dorade aux amandes

Préparation : 10 mn
Cuisson : 35 mn

Pour 4 personnes
1 dorade de 1,4 kg environ
1/2 verre d'huile
1 verre de vin blanc
1 sachet d'amandes émondées
2 citrons
Persil
Sel, poivre

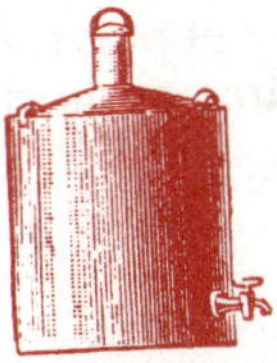

1. Allumez le four (th. 6-7).

2. Coupez les nageoires de la dorade. Écaillez, lavez le poisson, essuyez-le bien avec un papier absorbant. Salez et poivrez le poisson sur chaque face.

3. Posez-le dans le plat allant au four, arrosez-le avec l'huile, ajoutez le vin blanc. Mettez au four 35 minutes environ, en arrosant de temps à autre avec le jus de cuisson.

4. Pendant ce temps, coupez les 2 citrons en rondelles, hachez le persil.

5. Dix minutes avant la fin de la cuisson du poisson, faites blondir les amandes dans une poêle (sans matière grasse) sur feu moyen, en les remuant avec une cuiller en bois.

6. Sortez le plat du four, parsemez le poisson d'amandes. Garnissez le plat avec des rondelles de citron.

Dorade ou sard Bercy

Préparation : 10 mn
Cuisson : 35 mn

Pour 4 personnes
1 dorade rose ou 1 sard de 1,2 kg écaillé(e) et vidé(e)
4 échalotes
1 verre de vin blanc
1 branchette de thym
2 feuilles de laurier
5 cuillerées à soupe d'huile d'olive
40 g de beurre
1 cuillerée à soupe de fines herbes ou de persil haché
Sel, poivre

1. Pelez et hachez les échalotes.

2. Lavez et essuyez le poisson. Salez et poivrez l'intérieur. Glissez-y le thym et le laurier.

3. Beurrez un plat allant au four. Parsemez le fond avec le hachis d'échalotes. Posez le poisson dans le plat. Arrosez-le d'huile et de vin blanc.

4. Faites cuire au four (th. 7) 35 minutes, en arrosant à plusieurs reprises avec la sauce de cuisson.

5. Filtrez cette sauce. Servez-la avec le poisson saupoudré de fines herbes ou de persil haché. Accompagnez de rondelles de courgettes sautées à l'huile.

Dorade au court-bouillon

Préparation : 15 mn
Cuisson : 1 h

Pour 4 personnes
1 belle dorade de 1 kg environ

Pour le court-bouillon
2 l d'eau
1 verre de vinaigre
2 carottes
2 oignons
2 clous de girofle
Persil, thym, laurier
Sel, poivre

1. Épluchez carottes, oignons ; coupez-les en rondelles. Mettez-les dans une grande casserole avec l'eau, le vinaigre, les aromates. Salez et poivrez.

2. Portez doucement à ébullition et laissez cuire pendant 45 minutes. Laissez refroidir.

3. Placez la dorade dans le court-bouillon froid. Amenez à ébullition. Laissez cuire 15 minutes. Égouttez. Servez sur plat chaud avec une sauce chaude ou froide.

Dorade farcie

Préparation : 25 mn
Cuisson : 1 h 15

Pour 6 personnes
1 dorade de 2 kg à 2,5 kg environ
2 gousses d'ail
3 cuillerées à soupe d'huile d'olive
2 tasses de mie de pain
3 tranches de lard fumé (160 g environ)
2 oignons
1 branche de céleri
8 branches de persil
1/2 cuillerée à café de paprika
50 g de beurre
3/4 de tasse de vin blanc sec
Sel, poivre

1. Pelez les gousses d'ail et coupez-les en lamelles fines. Pelez les oignons et hachez-les. Nettoyez la branche de céleri, hachez-la. Lavez les branches de persil, hachez les feuilles. Coupez les tranches de lard fumé en petits morceaux, puis hachez-les. Faites tremper la mie de pain dans un peu d'eau.

2. Ouvrez le poisson, nettoyez l'intérieur et enlevez l'arête centrale. Vous pouvez enlever également la tête et la queue ou demander au poissonnier de le faire. Lavez et séchez le poisson avec un papier absorbant. Frottez-le intérieurement et extérieurement avec du sel, du poivre, de l'ail et de l'huile d'olive.

3. Mettez à dorer le lard haché dans la poêle, sans matière grasse, pendant 2 minutes. Égouttez la graisse de cuisson.

4. Dans la même poêle, qui se trouve être encore grasse, faites sauter pendant 5 minutes les oignons et le céleri, puis ajoutez le persil, le pain trempé, le lard et le paprika. Faites cuire 3 à 4 minutes en tournant avec une cuiller en bois pour bien mélanger.

5. Remplissez le poisson avec cette préparation, cousez-le pour bien y enfermer la farce ou maintenez-le fermé avec des bâtonnets de bois.

6. Faites fondre le beurre dans un plat allant au four, placez-y le poisson, mettez à cuire à four assez chaud (th. 7) pendant 25 minutes. Ajoutez alors le vin, baissez la température (th. 5) et faites cuire pendant 40 minutes environ. Servez le poisson dans le plat de cuisson avec son jus.

Dorade ou capitaine au four

Préparation : 15 mn
Cuisson : 30 mn

Pour 4 personnes

1 dorade ou 1 capitaine de 900 g
50 g d'oignons hachés
1 verre de vin blanc
1 cuillerée à soupe de persil haché
1 citron
2 tomates (150 g)
Sel, poivre

1. Nettoyez et videz le poisson. Mettez-le dans un plat allant au four.

2. Saupoudrez-le avec les oignons et le persil hachés.

3. Salez et poivrez.

4. Coupez le citron et les tomates en fines rondelles.

5. Arrosez avec 1 verre de vin blanc et 1 verre d'eau.

6. Cuisez à four chaud pendant 30 minutes. Servez bien chaud.

Dorade ou capitaine au jambon

Préparation : 15 mn
Cuisson : 50 mn

Pour 6 personnes

1 dorade ou 1 capitaine de 1,5 kg environ
750 g de tomates
1 verre d'huile d'olive
3 gousses d'ail
1 grosse tranche de jambon cuit
Sel, poivre

1. Écaillez et videz le poisson, ou demandez à votre poissonnier de le faire. Coupez les nageoires.

2. Dans une poêle, faites fondre dans l'huile d'olive les tomates pelées, épépinées et coupées en morceaux ainsi que les gousses d'ail finement hachées. Salez et poivrez.

3. Lorsque les tomates sont bien fondues (20 minutes environ), versez-les dans le fond d'un plat allant au four. Posez dessus la tranche de jambon, puis le poisson. Salez et poivrez. Faites cuire à four moyen 30 minutes.

Dorade à la mode de Granville

Préparation : 35 mn
Cuisson : 20 mn

Pour 4 personnes

8 filets de dorade
1 verre de lait
250 g de champignons
2 douzaines d'huîtres
100 g de farine
100 g de beurre
1 l de moules
1/2 l de sauce normande pour poissons (voir recette p. 12)
Sel, poivre

1. Ouvrez les huîtres et sortez-les de leurs coquilles.

2. Mettez les moules dans une casserole sur feu vif pendant 7 à 8 minutes, en agitant la casserole jusqu'à ce que toutes les moules soient ouvertes. Sortez-les de leurs coquilles.

3. Mélangez huîtres et moules et faites-les sauter au beurre, à la poêle, pendant une dizaine de minutes, puis mettez-les de côté au chaud.

4. Nettoyez les champignons, coupez-les en lamelles minces. Faites-les cuire également une dizaine de minutes avec sel et poivre dans 1 petit morceau de beurre.

5. Trempez les filets de dorade dans le lait, puis passez-les dans la farine. Faites-les cuire dans le restant du beurre, à la poêle, pendant 10 minutes, en les retournant en cours de cuisson.

6. Pour servir, mettez les filets de dorade sur un plat chaud, entourez-les avec les huîtres, les moules et les champignons. Nappez avec la sauce normande que vous aurez fait réchauffer au bain-marie.

Dorade à la monégasque

Préparation : 30 mn
Cuisson : 1 h 30

Pour 6 personnes
1 dorade de 1,5 kg
250 g d'oignons
1,25 kg de pommes de terre
3 tomates
3 gousses d'ail
3 cuillerées à soupe de chapelure
2 cuillerées à soupe de persil haché
2 branchettes de thym
1/2 verre d'huile d'olive
Sel, poivre

1. Écaillez la dorade et videz-la. Lavez-la. Essuyez-la et saupoudrez-la de sel.

2. Pelez les pommes de terre. Coupez-les en rondelles minces (3 millimètres d'épaisseur).

3. Pelez les oignons. Hachez-les.

4. Froissez les branchettes de thym entre vos mains pour en faire tomber les feuilles.

5. Mélangez les oignons, le thym, les pommes de terre, le sel et le poivre.

6. Frottez avec 1 gousse d'ail le fond et les parois d'un plat allant au four. Mettez-y les pommes de terre et leur assaisonnement. Arrosez avec l'huile et ajoutez de l'eau, juste en quantité suffisante pour couvrir les pommes de terre. Mettez à four chaud (th. 6). Laissez cuire 1 heure.

7. Pendant ce temps, lavez les tomates. Coupez-les en deux. Enlevez les graines.

8. Hachez les 2 gousses d'ail qui restent. Mélangez-les au persil haché. Garnissez les tomates avec cette préparation. Saupoudrez de sel, puis de chapelure.

9. Sortez le plat du four. Posez la dorade sur les pommes de terre. Entourez avec les tomates. Arrosez d'un peu d'huile. Remettez 30 minutes au four. Servez dans le plat de cuisson.

Dorade à la normande

Préparation : 10 mn
Cuisson : 55 mn

Pour 4 personnes
1 dorade de 1,3 kg environ
1 carotte
1 oignon
1 bouquet garni
1/2 verre de vin blanc
40 g de beurre
40 g de farine
100 g de crevettes décortiquées
1 boîte de 250 g de champignons
1 tasse de crème fraîche
1 citron
1 jaune d'œuf
Sel, poivre, vinaigre

1. Préparez un court-bouillon avec 1 litre d'eau dans lequel vous mettez la carotte coupée en lamelles, l'oignon coupé en 4 morceaux, le bouquet garni, le vinaigre, le vin blanc, du sel et du poivre. Mettez sur le feu et laissez cuire à petits bouillons pendant 30 minutes. Filtrez ensuite ce court-bouillon et laissez-le refroidir.

2. Plongez la dorade dans ce court-bouillon froid, mettez sur le feu et faites cuire 7 à 8 minutes à tout petits frémissements à partir du moment de l'ébullition du court-bouillon. Égouttez ensuite la dorade. Conservez le court-bouillon.

3. Dans une petite casserole, faites fondre le beurre. Quand il est fondu, ajoutez la farine ; tournez vivement avec une cuiller en bois. Quand le beurre a absorbé toute la farine, ajoutez 1 bol de court-bouillon. Faites cuire pendant 5 à 6 minutes en tournant sans arrêt de façon à obtenir une sauce crémeuse. Ajoutez-lui les crevettes, les champignons bien égouttés, la crème fraîche, le jus de citron et, enfin, hors du feu, le jaune d'œuf. Mélangez bien le tout et nappez la dorade avec cette sauce.

Dorade à l'orange

Préparation : 10 mn
Cuisson : 25 mn

Pour 6 personnes
1 dorade de 1,6 kg
2 oranges
50 g de beurre
200 g de champignons de Paris
25 g de chapelure
1 verre à bordeaux de Grand Marnier
Sel, poivre

1. Nettoyez et videz la dorade.

2. Placez-la dans un plat allant au four, parsemez-la de petits morceaux de beurre.

3. Disposez tout autour des rondelles d'orange. Ajoutez les champignons coupés en lamelles, le sel, le poivre, la chapelure et le Grand Marnier.

4. Cuisez 25 minutes à four chaud. Servez dans le plat de cuisson.

Dorade à la purée d'épinards

Préparation : 20 mn
Cuisson : 50 mn

Pour 4 personnes
1 dorade de 1,2 kg
800 g d'épinards
4 cuillerées à soupe d'huile
1 oignon
2 gousses d'ail
2 œufs
60 g de fromage râpé
Sel, poivre

1. Lavez les épinards. Équeutez-les. Coupez les feuilles en lamelles.

2. Pelez et émincez l'oignon et les gousses d'ail.

3. Chauffez 2 cuillerées d'huile. Faites blondir l'oignon et l'ail. Ajoutez les épinards, du sel et du poivre. Couvrez. Cuisez 20 minutes à feu doux en remuant souvent.

4. Écaillez, videz et lavez la dorade. Mettez-la dans un plat allant au four. Salez, poivrez, arrosez d'huile et faites cuire au four (th. 7) pendant 30 minutes, en arrosant deux ou trois fois avec un peu d'eau.

5. Passez les épinards au mixer avec les œufs et le fromage râpé. Versez cette purée dans un plat. Posez la dorade dessus. Arrosez avec son jus de cuisson.

Dorade ou sard au safran

Préparation : 20 mn
Macération : 2 h
Cuisson : 40 mn

Pour 4 personnes
800 g de dorade ou de sard
1 tasse de vinaigre
2 oignons
2 cuillerées à soupe d'huile
1 cuillerée à café de safran
1 cuillerée à café de curry
3 tomates
Sel, poivre

1. Débarrassez le poisson de sa peau et de ses arêtes. Coupez la chair en 8 morceaux que vous mettez dans un plat creux. Salez et poivrez. Arrosez avec le vinaigre et laissez macérer au moins 2 heures.

2. Émincez finement les oignons. Faites-les dorer doucement dans l'huile. Ajoutez le safran, le curry et les tomates pelées et coupées en petits morceaux. Couvrez la casserole et laissez cuire sur feu doux 15 minutes.

3. Au bout de ce temps de cuisson, mettez dans la casserole les morceaux de poisson marinés et bien égouttés. Faites cuire 20 minutes dans le récipient couvert, toujours sur feu très doux.

Dorade au vin blanc

Préparation : 15 mn
Cuisson : 25 mn

Pour 4 personnes
1 dorade de 1 kg ou 1,2 kg
150 g de crevettes grises
125 g de petits champignons de Paris
1/2 l de moules
5 tomates
2 oignons
1 citron
50 g de beurre
1 cuillerée à soupe d'huile d'olive
2 verres de vin blanc sec
Thym, laurier, fenouil séché en branches
Sel, poivre

1. Écaillez et videz la dorade, lavez-la à grande eau sous le robinet et épongez-la à l'aide d'un torchon. Coupez en rondelles les oignons et les champignons. Nettoyez les moules.

2. Mettez dans le fond du plat l'huile d'olive et la moitié du beurre. Faites un lit avec les oignons et les champignons de Paris.

3. Introduisez dans le ventre de la dorade le fenouil en branches, 1 feuille de thym, 1 branche de laurier. Salez légèrement.

4. Disposez la dorade dans le plat ; entourez-la des tomates coupées en quartiers, des crevettes et des moules. Salez et poivrez.

5. Découpez des rondelles de citron et placez-les sur la dorade. Mettez le reste du beurre sur le poisson. Versez le vin blanc.

6. Enfournez et laissez cuire 25 minutes à four chaud.

Dorade au vin rouge

Préparation : 15 mn
Cuisson : 40 mn

Pour 4 personnes
1 dorade de 1,2 kg
1 branche de fenouil
2 feuilles de laurier
1 petit bouquet de persil
1 gousse d'ail
1 oignon
8 échalotes
3 cuillerées à soupe d'huile
1 verre 1/2 de vin rouge
1 cuillerée à soupe de chapelure
Sel, poivre

1. Écaillez, videz et lavez la dorade. Mettez à l'intérieur les feuilles de laurier, le fenouil, le persil et la gousse d'ail pelée et écrasée sous une lame de couteau.

2. Pelez et hachez l'oignon.

3. Chauffez l'huile dans un plat allant au four. Faites revenir l'oignon. Mettez le poisson dans le plat. Salez et poivrez-le. Ajoutez les échalotes pelées, entières. Arrosez-le avec le vin rouge. Saupoudrez de chapelure. Couvrez avec du papier d'aluminium et faites cuire au four (th. 7) pendant 35 minutes. Arrosez deux ou trois fois en cours de cuisson. Servez bien chaud avec des beignets d'aubergines ou un gratin de courgettes.

Écrevisses à la crème

Préparation : 30 mn
Cuisson : 25 mn

Pour 4 personnes

32 écrevisses
3 tomates
1 oignon
1 carotte
1 feuille de laurier
1 branchette de thym
1/2 verre de calvados
1 verre de vin blanc
3 jaunes d'œufs
60 g de beurre
1 tasse de crème fraîche
Sel, poivre

1. Lavez les écrevisses et retirez la nageoire centrale en tirant de façon à entraîner le boyau noir qu'elles contiennent.

2. Pelez l'oignon et la carotte, coupez-les en petits dés.

3. Chauffez le beurre dans une casserole. Mettez-y à revenir les oignons et les carottes avec les écrevisses jusqu'à ce qu'elles soient rouges.

4. Ajoutez alors le calvados et flambez.

5. Versez le vin blanc. Mettez la feuille de laurier et la branchette de thym, les tomates coupées en morceaux, du sel et du poivre. Couvrez. Laissez cuire pendant 15 minutes.

6. Avec une écumoire, retirez les écrevisses de la casserole et tenez-les au chaud de côté.

7. Filtrez le jus de cuisson des écrevisses, mélangez-lui les jaunes d'œufs et la crème, et faites chauffer sans bouillir. Versez sur les écrevisses pour servir.

Écrevisses flambées au cognac

Préparation : 30 mn
Cuisson : 25 mn

Pour 4 personnes

16 grosses écrevisses
100 g de beurre
1 petit verre de cognac
1 verre de vin blanc sec
1 bouquet garni
1 cuillerée à café de coulis de tomate
Sel, poivre

1. Lavez les écrevisses. Retirez le boyau intestinal.

2. Faites sauter les 16 écrevisses dans 50 grammes de beurre jusqu'à ce que les carapaces soient bien rouges. Versez le cognac dessus et flambez. Mouillez avec le vin blanc ; ajoutez le coulis de tomate, délayé dans 3 cuillerées à soupe d'eau, le bouquet garni, du sel et du poivre. Couvrez et laissez cuire, à feu moyen, 10 minutes.

3. Disposez les écrevisses sur un plat. Faites réduire le jus de cuisson en le faisant bouillir, à feu vif, sans couvrir, pendant 5 minutes. Hors du feu, ajoutez le reste du beurre, coupé en dés. Fouettez pour bien lier la sauce. Servez-la très chaude avec les écrevisses.

Écrevisses à la nage

Préparation : 30 mn
Cuisson : 40 mn

Pour 4 personnes
16 grosses écrevisses
1 grosse carotte
2 oignons
30 g de beurre
75 cl de vin blanc sec
1 bouquet garni
8 grains de poivre
Sel

1. Lavez les écrevisses à grande eau. Enlevez le boyau intestinal : à l'ouverture située sous la queue, attrapez-le avec la pointe d'un petit couteau.

2. Nettoyez la carotte et coupez-la en rondelles. Pelez les oignons et émincez-les.

3. Faites-les cuire dans le beurre, à feu doux, en remuant, pendant 5 minutes. Ajoutez le vin, 50 centilitres d'eau, le bouquet garni, du sel et le poivre. Couvrez et portez à ébullition. Laissez bouillir 30 minutes.

4. Jetez les écrevisses dans ce court-bouillon. Laissez cuire 5 minutes à gros bouillons, sans couvrir.

5. Servez les écrevisses dans un plat creux, en les arrosant de la moitié environ du bouillon de cuisson, chaudes, tièdes ou froides, nature ou accompagnées d'une mayonnaise relevée de moutarde forte.

Écrevisses sauce aux herbes

Préparation : 15 mn
Cuisson : 45 mn

Pour 4 personnes
24 écrevisses moyennes
1 carotte
1 oignon
1 bouquet garni
1/2 botte de cresson
6 feuilles d'oseille
6 branches d'estragon
6 brins de ciboulette
2 jaunes d'œufs
25 cl d'huile
Sel, poivre

1. Nettoyez la carotte et coupez-la en rondelles. Pelez et émincez l'oignon. Faites-les bouillir dans 1 litre 1/2 d'eau, avec le bouquet garni, du sel et du poivre. Après 30 minutes d'ébullition, plongez les écrevisses dans ce court-bouillon et laissez-les cuire 5 minutes. Laissez-les refroidir dans le court-bouillon.

2. Faites cuire toutes les herbes à l'eau salée 10 minutes. Égouttez-les. Réduisez-les en purée au mixer.

3. Préparez une mayonnaise : mettez les jaunes d'œufs dans un petit saladier, salez, poivrez, puis versez l'huile en mince filet, sans cesser de tourner. Mélangez les herbes à la mayonnaise.

4. Égouttez les écrevisses. Servez-les accompagnées de la sauce aux herbes.

Encornets farcis

Préparation : 25 mn
Cuisson : 1 h 45

Pour 6 personnes
1,5 kg d'encornets de taille moyenne
1 verre 1/2 d'huile d'olive
1 verre de jus de tomate
2 gros oignons hachés fin
150 g de riz
3 cuillerées à soupe de persil haché
1 verre de vin rouge

1. Nettoyez les encornets (pensez à retirer les sacs d'encre) et lavez-les. Séparez les tentacules du corps et hachez-les. Gardez-les pour la farce.

2. Mélangez le demi-verre d'huile d'olive avec le jus de tomate. Mettez à macérer dans ce mélange les corps des encornets.

3. Chauffez le verre d'huile d'olive. Faites dorer les oignons. Ajoutez les tentacules hachés et laissez-les aussi se colorer, puis mettez le riz et le persil. Laissez mijoter pendant 10 minutes.

4. Retirez les encornets, emplissez les corps avec la farce.

5. Cousez l'ouverture ou fixez-la avec des cure-dents. Rangez-les dans un plat à gratin très profond, debout et serrés les uns contre les autres.

6. Versez dessus le mélange d'huile d'olive et de jus de tomate dans lequel les encornets ont trempé, le vin et suffisamment d'eau bouillante pour les couvrir.

7. Cuisez à four moyen pendant 1 h 30. Servez chaud ou froid.

Encornets à la normande

Préparation : 30 mn
Cuisson : 30 mn

Pour 4 personnes
4 encornets
2 tomates
2 gousses d'ail
4 jaunes d'œufs
1 cuillerée à soupe de chapelure
1 oignon
1 cuillerée à soupe de persil haché
60 g de beurre
Poivre

1. Nettoyez les encornets en enlevant la poche à encre et les cartilages. Coupez les tentacules que vous hachez finement.

2. Plongez les tomates 1 minute dans l'eau bouillante ; pelez-les ; hachez-les grossièrement. Hachez aussi l'oignon et les gousses d'ail. Mélangez le tout au hachis de tentacules ; ajoutez les jaunes d'œufs, le persil et poivrez.

3. Remplissez les encornets avec cette préparation. Cousez-les. Rangez-les dans un plat allant au four. Saupoudrez de chapelure. Parsemez de noisettes de beurre et faites cuire à four chaud (th. 7) pendant 30 minutes.

Encornets en ragoût

Préparation : 15 mn
Cuisson : 1 h 35

Pour 6 personnes

6 encornets
3 oignons
1 bouteille de vin blanc sec
1 cuillerée à soupe de persil haché
60 g de beurre
Sel, poivre

1. Pelez les oignons ; hachez-les.

2. Coupez les encornets en morceaux.

3. Faites dorer au beurre 5 minutes oignons et encornets. Salez et poivrez.

4. Versez le vin. Couvrez. Laissez mijoter doucement pendant 1 h 30. Servez les encornets saupoudrés de persil haché.

Encornets au riz

Préparation : 30 mn
Cuisson : 40 mn

Pour 6 personnes

2 kg d'encornets
300 g de riz
1 verre d'huile d'olive
1 oignon
2 tomates
4 gousses d'ail
1 bouquet de persil
1 feuille de laurier
1 dosette de safran
Sel, poivre

1. Videz, lavez les encornets, coupez-les en morceaux.

2. Dans une cocotte, versez l'huile et mettez les encornets. Faites-les cuire doucement pendant 20 minutes.

3. Retirez-les de la cocotte et laissez le récipient sur le feu.

4. Faites dorer dans la même huile l'oignon haché, les tomates pelées, en remuant avec la cuiller en bois.

5. Ajoutez le riz, remuez, salez et poivrez ; couvrez de 2 litres d'eau bouillante, ajoutez le safran, le laurier puis les encornets. Cuisez 15 minutes sans couvrir ; 1 ou 2 minutes avant de servir, saupoudrez d'ail et de persil finement hachés. Servez chaud.

Éperlans frits au beurre de piment

Préparation : 15 mn
Cuisson : 10 mn

Pour 4 personnes
800 g d'éperlans
25 cl de lait
60 g de farine
100 g de beurre
1 gros poivron rouge
Persil
Sel, poivre de Cayenne
Huile de friture
2 citrons

1. Préparez le beurre de piment : épépinez le poivron ; coupez la chair en dés et faites-les cuire à feu doux dans 40 grammes de beurre. Passez-les ensuite au mixer avec le reste du beurre ramolli, du sel et du poivre de Cayenne. Chauffez pour faire fondre, puis tenez au bain-marie.

2. Videz et lavez les éperlans. Épongez-les. Trempez-les dans le lait salé, puis passez-les dans la farine. Plongez-les dans le bain d'huile bien chaud et faites-les dorer pendant 2 minutes. Égouttez-les avec une écumoire et déposez-les sur du papier absorbant.

3. Disposez-les sur un plat. Garnissez de bouquets de persil. Servez avec le beurre de piment et des quartiers de citron.

Éperlans ou civelles en friture

Préparation : 10 mn
Cuisson : 5 mn

Pour 6 personnes
1 kg d'éperlans ou de civelles
50 g de farine
Sel
Quelques brins de persil
2 citrons
Huile de friture

1. Lavez légèrement les petits poissons, épongez-les soigneusement. Passez-les dans la farine.

2. Jetez les poissons dans la friture chaude, en plusieurs fois si nécessaire. Déposez-les sur un papier absorbant. Salez.

3. Servez sur un plat chaud avec un décor de brins de persil et de quartiers de citron.

Escalopes de thon ou d'espadon

Préparation : 5 mn
Cuisson : 10 mn

Pour 4 personnes

4 tranches de thon ou d'espadon frais de 1 cm d'épaisseur chacune (175 g)
2 œufs
1 verre de lait
4 cuillerées à soupe de farine très pleines
5 cuillerées à soupe d'huile
2 citrons
Persil
Sel, poivre

1. Dans une assiette creuse, battez ensemble le lait et les œufs. Salez et poivrez.

2. Dans une seconde assiette, mettez la farine.

3. Passez chaque tranche de poisson d'abord dans le mélange œufs-lait, puis dans la farine.

4. Faites chauffer l'huile sur feu vif, dans une poêle. Quand elle commence à fumer, mettez les tranches de poisson et laissez-les dorer 7 ou 8 minutes en les retournant à mi-cuisson.

5. Coupez les citrons en rondelles, hachez le persil.

6. Égouttez les tranches de poisson sur un papier absorbant. Salez et poivrez. Servez bien chaud avec les rondelles de citron, parsemez de persil.

Fenouil aux anchois

Préparation : 10 mn

Pour 4 personnes

4 petits bulbes de fenouil
6 filets d'anchois
3 gousses d'ail
1 pointe de couteau de poivre de Cayenne
2 cuillerées à soupe d'huile d'olive

1. Nettoyez le fenouil et épluchez l'ail.

2. Mettez dans un mortier les filets d'anchois, les gousses d'ail et le poivre de Cayenne. Pilez le tout ensemble pour obtenir une pâte. délayez-la avec l'huile d'olive, versée doucement en filet.

3. Enlevez les premières feuilles des fenouils. Coupez les bulbes en fines lamelles. Servez avec la sauce, dans laquelle on trempe les morceaux de fenouil.

Filets d'anchois de Tarascon

Préparation : 10 mn
Cuisson : 30 mn

Pour 4 personnes

16 beaux anchois conservés au sel
2 poivrons rouges
6 cuillerées à soupe d'huile d'olive
1 gousse d'ail
1 feuille de laurier

1. Lavez les anchois abondamment. Enlevez les arêtes, mettez les filets dans un plat de terre, arrosez-les d'huile d'olive.

2. Grillez les poivrons sur la braise ou au gril, épluchez-les, enlevez les graines, coupez-les en lamelles. Épluchez et hachez l'ail.

3. Mettez dans une terrine : filets d'anchois, lamelles de poivron, ail, feuille de laurier. Arrosez le tout d'huile et laissez macérer jusqu'au moment de consommer.

Filets de cabillaud à la basquaise

Préparation : 15 mn
Cuisson : 20 mn

Pour 4 personnes

4 filets de cabillaud
4 tomates
2 échalotes
2 verres de vin blanc
1 cuillerée à soupe de beurre
125 g de champignons
Persil haché
Sel, poivre

1. Pelez les échalotes. Hachez-les. Coupez les tomates en quartiers. Nettoyez les champignons et coupez-les en lamelles.

2. Dans un plat à gratin, disposez au fond les échalotes hachées, les tomates et le poisson. Ajoutez les champignons. Salez et poivrez.

3. Arrosez avec le vin blanc. Parsemez de noix de beurre. Cuisez à feu doux pendant 20 minutes. Servez saupoudré de persil haché.

Filets de cabillaud aux champignons

Préparation : 10 mn
Cuisson : 30 mn

Pour 4 personnes

4 filets de cabillaud de 200 g chacun
1 sachet de court-bouillon
300 g de champignons (girolles ou pleurotes)
4 cuillerées à soupe d'huile
2 gousses d'ail hachées
1 cuillerée à soupe de persil haché
Sel

1. Nettoyez les champignons. Mettez-les à sec dans une casserole à feu vif avec un peu de sel pour leur faire rendre leur eau. Ajoutez ensuite 1 cuillerée d'huile et laissez cuire 7 à 8 minutes en remuant souvent.

2. Préparez le court-bouillon. Plongez-y le cabillaud et laissez cuire 10 minutes à partir de l'ébullition. Égouttez et effeuillez le poisson.

3. Chauffez le reste de l'huile dans une sauteuse. Faites dorer 3 minutes les morceaux de poisson. Ajoutez les champignons. Cuisez 5 minutes et servez parsemé d'ail et de persil hachés.

Filets de cabillaud à la normande

Préparation : 10 mn
Cuisson : 20 mn

Pour 4 personnes

4 filets de cabillaud de 120 g chacun
2 cuillerées à soupe d'huile
1/2 verre de vin blanc sec
10 brins de persil
50 g de crème fraîche
75 g de petites crevettes cuites, décortiquées
Sel, poivre

1. Lavez les filets de cabillaud et séchez-les dans un papier absorbant. Salez et poivrez-les.

2. Lavez le persil et hachez-le.

3. Faites chauffer l'huile dans une poêle. Mettez-y les filets et faites-les dorer pendant 2 minutes sur chaque face. Ajoutez le vin blanc, chauffez jusqu'à ébullition et laissez cuire à feu doux pendant 10 minutes.

4. Ajoutez le persil et laissez cuire à feu doux pendant 5 minutes. Otez les filets de la poêle, disposez-les sur un plat de service tenu au chaud, incorporez la crème fraîche et les crevettes à la sauce de cuisson, chauffez 2 minutes et servez avec les filets de cabillaud.

Filets de cabillaud sauce à l'ail

Préparation : 15 mn
Cuisson : 20 mn

Pour 4 personnes

4 morceaux de filets de cabillaud de 180 g environ chacun
4 gousses d'ail
1/2 verre d'huile
1 jaune d'œuf
Le jus de 1/2 citron
200 g de mâche, ou de salicorne, ou d'épinards nouveaux
30 g de beurre
Sel, poivre
Ciboulette

1. Placez les morceaux de cabillaud dans le panier d'un cuit-vapeur, la partie basse étant remplie aux deux tiers d'eau bouillante. Couvrez et faites cuire 15 minutes.

2. Pendant ce temps, pelez les gousses d'ail, Pilez-les pour les réduire en purée. Ajoutez le jaune d'œuf, du sel et du poivre. Battez au fouet en versant l'huile petit à petit. Terminez la sauce en lui ajoutant 2 cuillerées à soupe d'eau chaude, le jus de citron et la ciboulette ciselée.

3. Lavez la mâche ou les épinards. Essorez-les. Passez-les 5 minutes à la poêle dans le beurre.

4. Disposez les filets de cabillaud sur un plat. Entourez avec la mâche ou les épinards. Servez chaud avec la sauce à l'ail froide. Vous pouvez mélanger à la garniture de verdure des rondelles de pommes de terre.

Filets de cabillaud à la sauce verte

Préparation : 20 mn
Cuisson : 30 mn

Pour 4 personnes

4 filets de cabillaud de 200 g chacun
12 grosses moules
1 sachet de court-bouillon
1/2 bouquet de cerfeuil
1/2 bouquet de persil
10 branches d'estragon
200 g d'épinards
2 œufs durs
1/2 verre d'huile
2 cuillerées à soupe de vinaigre
Sel, poivre

1. Préparez la sauce : faites bouillir pendant 2 minutes toutes les herbes et les épinards équeutés. Égouttez. Passez au mixer avec les œufs durs. Ajoutez l'huile, le vinaigre, le sel et le poivre. Mettez cette sauce dans un plat creux.

2. Préparez le court-bouillon. Plongez-y le cabillaud et faites cuire 20 minutes à partir de l'ébullition.

3. Faites ouvrir les moules sur feu vif. Enlevez la coquille supérieure.

4. Égouttez le cabillaud. Posez-le sur la sauce. Garnissez de moules. Vous pouvez aussi ajouter des pommes vapeur coupées en rondelles.

Filets de carpe aux cuisses de grenouilles

Préparation : 20 mn
Cuisson : 35 mn

Pour 4 personnes

800 g de filets de carpe
12 paires de cuisses de grenouilles
2 oignons
6 échalotes
40 g de farine
90 g de beurre
25 cl de vin blanc
50 g de crème fraîche
1 cuillerée à dessert de ciboulette ciselée
Sel, poivre

1. Faites sauter les cuisses de grenouilles 7 à 8 minutes dans 30 grammes de beurre. Désossez-en 8, laissez les autres entières. Hachez celles qui sont désossées.

2. Pelez et hachez les oignons et les échalotes. Faites-les blondir dans 30 grammes de beurre. Ajoutez le hachis de grenouilles. Saupoudrez de farine, puis mouillez avec le vin blanc. Salez, poivrez, laissez cuire 10 minutes.

3. Mettez cette préparation dans un plat à four. Posez le poisson dessus. Salez et poivrez. Arrosez avec 30 grammes de beurre fondu. Faites cuire 25 minutes au four (th. 7). En fin de cuisson, ajoutez les cuisses de grenouilles dans le plat pour les réchauffer.

4. Délayez la crème dans le jus de cuisson. Ajoutez la ciboulette et servez bien chaud.

Filets de carpe à la tomate

Préparation : 10 mn
Cuisson : 30 mn

Pour 4 personnes

800 g de filets de carpe
400 g de tomates
1 poivron rouge
3 gousses d'ail
4 cuillerées à soupe d'huile
2 oignons
1 pincée de piment en poudre
Sel

1. Pelez et hachez l'ail. Épluchez et émincez les oignons. Coupez le poivron en petits dés. Ébouillantez et pelez les tomates. Écrasez la pulpe à la fourchette. Metttez le tout dans une cocotte. Ajoutez le piment, l'huile, 1 verre d'eau et du sel. Laissez cuire 20 minutes sans couvrir.

2. Posez alors les filets de carpe dans cette sauce et poursuivez la cuisson une dizaine de minutes en les retournant une fois. Servez bien chaud, nature ou avec du riz.

Filets de carrelet à l'américaine

Préparation : 15 mn
Cuisson : 20 mn

Pour 4 personnes
800 g de filets de carrelet
2 tomates
2 oignons
1 petit verre de cognac
2 cuillerées à soupe d'huile
3 cuillerées à soupe de crème fraîche
1 cuillerée à soupe de farine
1/2 verre de vin blanc
Thym, laurier
Sel, poivre

1. Farinez les filets.

2. Faites-les revenir doucement 10 bonnes minutes à la poêle, dans l'huile.

3. Chauffez la moitié du cognac dans une petite casserole, versez-le sur les poissons. Flambez aussitôt.

4. Enlevez les poissons de la poêle et tenez-les au chaud.

5. Dans la poêle, versez le vin blanc, le reste du cognac, les tomates pelées et coupées en morceaux, les oignons hachés, le thym et le laurier. Poivrez fortement. Laissez cuire 10 minutes. Filtrez cette sauce au chinois. Au moment de servir, ajoutez-lui la crème et versez sur les carrelets.

Filets de carrelet aux champignons

Préparation : 15 mn
Cuisson : 15 mn

Pour 4 personnes
800 g de filets de carrelet
200 g de champignons de Paris
35 g de beurre
1 citron
1 petit concombre
2 cuillerées à soupe de crème fraîche
Quelques gouttes de Tabasco
Sel
Persil haché

1. Nettoyez les champignons ; réservez-en 6 ; passez les autres au mixer. Faites cuire cette purée 10 minutes à feu doux dans 20 grammes de beurre. D'autre part, émincez les champignons entiers et cuisez-les 5 minutes dans 15 grammes de beurre.

2. Faites pocher les filets 5 minutes dans 75 centilitres d'eau, avec du sel et le jus du citron. Égouttez-les. Mettez-les sur un plat chaud et garnissez-les de lamelles de champignons. Parsemez de persil et tenez au chaud.

3. Pelez le concombre. Mixez-le avec la crème et le Tabasco. Mélangez à la purée de champignons et servez cette sauce avec le poisson. Vous pouvez accompagner de petits dés de pommes de terre sautées.

Filets de dorade à la sauce à l'ail

Préparation : 15 mn
Cuisson : 10 mn

Pour 4 personnes
4 filets de dorade de 140 g chacun
30 g de farine
4 cuillerées à soupe d'huile
40 g de chapelure
3 gousses d'ail
2 cuillerées à soupe de vinaigre de vin
Sel, poivre

1. Pelez et pilez les gousses d'ail.

2. Farinez les filets de dorade.

3. Chauffez 1 cuillerée d'huile dans une poêle et mettez-y le poisson à cuire pendant 6 à 7 minutes, jusqu'à ce qu'il soit doré sur ses deux faces.

4. Mettez les filets de dorade sur un plat de service tenu au chaud.

5. Préparez la sauce : mélangez l'ail et la chapelure, versez le reste d'huile lentement, en remuant, pour obtenir la consistance d'une mayonnaise, puis ajoutez le vinaigre. Salez et poivrez. Nappez le poisson de cette sauce et servez aussitôt.

Filets de dorade à la tahitienne

Préparation : 10 mn
Macération : 12 h

Pour 4 personnes
600 g de filets de dorade
1 poignée de sel marin
4 citrons

1. Coupez en morceaux les filets de dorade. Saupoudrez-les de sel et arrosez-les du jus de 2 citrons. Mettez-les pendant 12 heures dans le réfrigérateur.

2. Passez-les à l'eau fraîche. Épongez-les. Arrosez-les du jus des 2 citrons restants et servez froid.

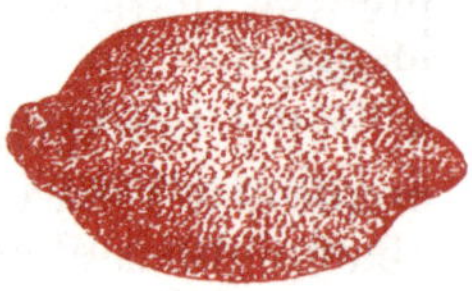

Filets de grondin au four

Préparation : 20 mn
Cuisson : 40 mn

Pour 6 personnes
6 beaux rougets grondins
2 œufs
50 g de beurre fondu
Chapelure
Sel, poivre

1. Faites lever les filets de grondins par votre poissonnier. Lavez-les, séchez-les dans un papier absorbant.

2. Battez les œufs en omelette. Salez et poivrez.

3. Passez les filets de grondins d'abord dans l'œuf battu, puis dans la chapelure. Disposez-les dans un plat à gratin, arrosez avec le beurre fondu.

4. Portez à four chaud pour faire dorer. En cours de cuisson, salez et poivrez.

Filets de lieu en paupiettes printanières

Préparation : 15 mn
Cuisson : 20 mn

Pour 4 personnes
4 filets de lieu de 150 g chacun
4 carottes nouvelles
4 navets nouveaux
2 blancs de poireaux
1 cuillerée à dessert de fines herbes hachées
40 g de crème fraîche épaisse
50 g de beurre
Sel

1. Nettoyez les légumes. Coupez-les en bâtonnets d'une longueur correspondant à la partie la plus large des filets de poisson.

2. Faites cuire ces légumes au beurre, dans une sauteuse, pendant une dizaine de minutes. Salez. Ajoutez les fines herbes hachées et la crème fraîche. Mélangez doucement.

3. Préparez 4 rectangles de papier aluminium de 10 sur 15 centimètres. Posez dessus les filets de lieu. Garnissez-les de légumes. Enroulez-les. Fermez les papillotes.

4. Faites-les cuire à la vapeur pendant 10 à 15 minutes suivant l'épaisseur des filets. Servez nature ou accompagné de beurre fondu citronné.

Filets de lieu à la purée d'oseille

Préparation : 10 mn
Cuisson : 25 mn

Pour 4 personnes
800 g de filets de lieu
300 g d'oseille
100 g de beurre
30 g de farine
75 g de crème fraîche
Sel, poivre

1. Lavez et équeutez l'oseille. Hachez grossièrement les feuilles. Mettez-les dans une casserole sur feu moyen pour leur faire rendre leur eau. Ajoutez ensuite 50 grammes de beurre, sel et poivre, et laissez cuire 10 minutes à petit feu en remuant à plusieurs reprises. Passez au mixer pour obtenir une purée fine à laquelle vous ajoutez la crème. Mélangez bien et tenez au chaud au bain-marie.

2. Farinez légèrement les filets de lieu. Faites-les cuire à la poêle dans le reste du beurre pendant une dizaine de minutes en retournant à mi-cuisson. Salez et poivrez. Servez sur la purée d'oseille.

Filets de limande au basilic

Préparation : 15 mn
Cuisson : 30 mn

Pour 4 personnes
8 filets de limande de 100 g
3 tomates
2 courgettes
1 oignon
2 gousses d'ail
2 cuillerées à soupe d'huile d'olive
12 feuilles de basilic
Sel, poivre

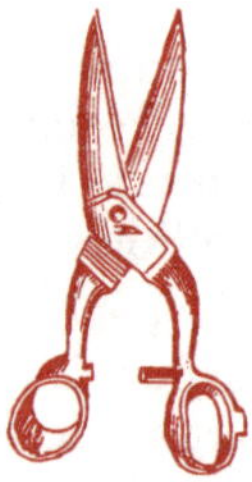

1. Coupez les courgettes et les tomates en rondelles sans les peler. Épluchez l'oignon et les gousses d'ail. Émincez-les.

2. Chauffez l'huile dans une sauteuse. Faites blondir ail et oignon, puis ajoutez les légumes, du sel et du poivre. Laissez cuire 15 minutes à feu moyen sans couvrir et en remuant de temps en temps.

3. Préparez 4 rectangles de papier aluminium de 15×20 centimètres. Répartissez les légumes sur le papier. Posez dessus les filets de limande deux par deux. Salez et poivrez légèrement. Parsemez de feuilles de basilic coupées aux ciseaux. Refermez les papillotes et faites cuire 15 minutes au four (th. 8). Servez nature ou avec de l'huile d'olive dans laquelle vous aurez mis à mariner 6 feuilles de basilic et 2 gousses d'ail émincées.

Filets de limande à la grecque

Préparation : 10 mn
Marinade : 15 mn
Cuisson : 10 mn

Pour 6 personnes
6 filets de limande
1 verre d'huile d'olive
3 oignons
Le jus de 1 citron
4 branchettes de thym
5 feuilles de laurier
Gingembre
Sel, poivre

1. Préparez une marinade avec l'huile d'olive, les oignons pelés et coupés en rondelles fines, le jus de citron, le thym, le laurier, le gingembre, le sel et le poivre.

2. Mettez mariner pendant 15 minutes les filets de poisson.

3. Versez la marinade dans une poêle et chauffez. Quand la marinade bouillonne, plongez-y les poissons 5 minutes de chaque côté. Servez avec du riz.

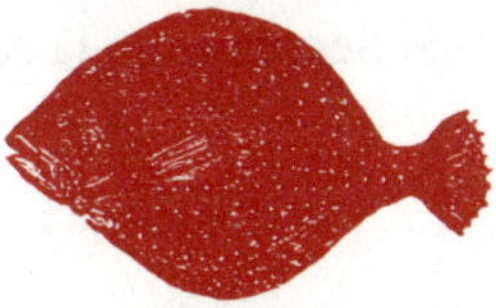

Filets de limande à la normande

Préparation : 20 mn
Cuisson : 25 mn

Pour 4 personnes
8 filets de limande de 100 g chacun
12 grosses moules
2 verres de cidre
50 g de beurre
30 g de farine
1 pincée de safran en poudre
1 pincée de filaments de safran
1 jaune d'œuf
Sel, poivre
Persil

1. Faites ouvrir les moules sur feu vif dans une cocotte couverte, avec 1/2 verre d'eau. Égouttez-les. Décoquillez-les.

2. Mettez les filets de limande dans une cocotte avec le cidre, le sel et le poivre. Chauffez jusqu'à ébullition, puis laissez cuire 5 minutes à petits frémissements sans couvrir.

3. Égouttez les filets de limande. Gardez le liquide de cuisson.

4. Battez le jaune d'œuf avec le safran en poudre. Ajoutez le liquide de cuisson des filets tout en fouettant.

5. Avec une fourchette, écrasez ensemble la farine et le beurre. Ajoutez ce beurre manié à la préparation précédente. Mettez dans une casserole et chauffez sans faire bouillir, en tournant jusqu'à épaississement. Ajoutez alors les moules et les filets. Laissez 4 à 5 minutes à feu doux. Servez parsemé de filaments de safran et de persil. Vous pouvez accompagner de pointes d'asperges ou de pois gourmands.

Filets de limande au raifort

Préparation : 15 mn
Cuisson : 10 mn

Pour 6 personnes
6 filets de limande
1 œuf
3 cuillerées à soupe de farine
75 g de beurre
2 citrons
1 petit pot de crème fraîche
1 cuillerée à soupe de raifort de conserve (en tube ou en flacon)
Chapelure
Sel, poivre
Olives noires

1. Passez chaque filet dans la farine, puis dans l'œuf battu et la chapelure.

2. Faites chauffer le beurre dans une poêle. Lorsqu'il est bien chaud, mettez à dorer les filets 5 minutes de chaque côté. Salez et poivrez. Rangez-les dans le plat de service tenu au chaud.

3. Ajoutez dans la poêle de cuisson le jus de 1 citron, la crème fraîche et le raifort. Mélangez bien pour obtenir une sauce.

4. Décorez les filets avec des demi-rondelles de citron et des olives noires.

5. Servez avec la sauce en saucière.

Filets de limande en roulade

Préparation : 15 mn
Cuisson : 25 mn

Pour 4 personnes
12 filets de limande
200 g de saumon frais
12 moules
2 verres de vin blanc
4 échalotes
2 tomates
60 g de beurre
50 g de crème fraîche
Sel, poivre

1. Hachez le saumon au hachoir à main ou avec un couteau.

2. Ébouillantez et pelez les tomates. Passez la pulpe au mixer.

3. Répartissez le hachis de saumon sur les filets de limande. Enroulez-les.

4. Pelez et hachez les échalotes. Faites-les blondir dans 20 grammes de beurre. Mettez-les dans un plat allant au four. Salez et poivrez. Arrosez avec le vin blanc. Couvrez de papier aluminium et faites cuire 15 minutes au four (th. 7).

5. Pendant ce temps, faites ouvrir les moules à sec. Retirez la coquille du dessus.

6. Égouttez les roulades. Disposez-les avec les moules sur un plat tenu au chaud. Délayez la purée de tomate, le reste du beurre et la crème dans le jus de cuisson des roulades. Poivrez, chauffez et versez sur les roulades. Servez chaud.

Filets de maquereau aux moules

Préparation : 25 mn
Cuisson : 25 mn

Pour 4 personnes
8 filets de gros maquereaux
24 moules
80 g de beurre
1 cuillerée à soupe de chapelure
1 cuillerée à soupe de persil haché
Le jus de 1 citron

1. Faites ouvrir les moules à feu vif. Décoquillez-les.

2. Disposez la moitié des filets dans un plat allant au four. Répartissez les moules dessus. Couvrez avec le reste des filets.

3. Avec une fourchette, écrasez ensemble 40 grammes de beurre, la chapelure et le persil. Tartinez le dessus des filets avec cette préparation.

4. Faites cuire au four (th. 7) 15 à 20 minutes. Servez arrosé avec le reste du beurre fondu et additionné de jus de citron.

Filets de merlan à la crème

Préparation : 5 mn
Cuisson : 15 mn

Pour 4 personnes
8 filets de merlan
200 g de crème
2 cuillerées à soupe de moutarde
4 cuillerées à soupe d'huile
Sel, poivre

1. Achetez des filets de merlan tout préparés. Dans un plat allant au four, posez les filets. Salez et poivrez.

2. Faites cuire à four chaud 10 minutes.

3. Dans une petite casserole, mélangez la crème et la moutarde. Salez et poivrez.

4. Sortez le plat du four et recouvrez les filets de la préparation crème-moutarde. Remettez quelques minutes au four. Servez brûlant.

Filets de merlan aux épices

Préparation : 15 mn
Cuisson : 15 mn

Pour 6 personnes
750 g de filets de merlan
500 g de tomates
200 g d'oignons
5 gousses d'ail
1 sachet de court-bouillon instantané
1 cuillerée à soupe d'huile
1 cuillerée à café de gingembre en poudre
1 pincée de piment rouge
Sel

1. Préparez le court-bouillon suivant le mode d'emploi.

2. Faites-y pocher 5 minutes les filets de merlan.

3. Égouttez-les.

4. Épluchez et pilez l'ail. Épluchez les oignons et hachez-les finement.

5. Pelez, épépinez et coupez les tomates en morceaux.

6. Faites chauffer l'huile dans une poêle. Ajoutez les oignons, l'ail, les tomates, le poisson. Salez. Ajoutez le gingembre et le piment rouge. Laissez cuire 10 minutes. Servez chaud.

Filets de merlan farcis

Préparation : 20 mn
Cuisson : 45 mn

Pour 4 personnes
8 filets de merlan (700 g)
1 kg d'épinards
1 gousse d'ail
1 cuillerée à soupe de persil haché
1 pincée de thym
1 feuille de laurier
Sel, poivre

1. Lavez les épinards. Cuisez-les 20 minutes à grande eau bouillante salée. Égouttez-les bien à fond. Hachez-les menu.

2. Hachez l'ail. Mélangez-le aux épinards ainsi que la pincée de thym et la feuille de laurier émiettée. Poivrez fortement. Prélevez 8 cuillerées de cette préparation. Mettez le restant dans un plat allant au four.

3. Placez les filets de merlan bien à plat. Déposez sur chacun d'eux 1 cuillerée d'épinards. Enroulez-les autour de cette farce. Maintenez-les avec des bâtonnets piqués. Placez les merlans farcis, debout sur le lit d'épinards, dans le plat allant au four.

4. Cuisez à four doux 25 minutes. Servez saupoudré de persil haché.

Filets de merlan au fromage blanc

Préparation : 15 mn
Cuisson : 30 mn

Pour 4 personnes
800 g de filets de merlan
100 g de fromage blanc maigre
1 cuillerée à soupe de crème fraîche
Le jus de 1/2 citron
30 g de chapelure
Beurre
Sel, poivre

1. Allumez le four.

2. Mettez les filets de poisson dans une assiette. Salez, poivrez, arrosez avec le jus de citron.

3. Mélangez le fromage blanc et la crème fraîche. Poivrez légèrement le mélange et mettez-en 1 bonne cuillerée à soupe sur chaque filet de merlan.

4. Roulez les filets de poisson comme des paupiettes.

5. Mettez-les dans un plat allant au four. Saupoudrez de chapelure, parsemez de noisettes de beurre et faites cuire à four moyen pendant 30 minutes. Servez très chaud dans le plat de cuisson.

Filets de merlan en gelée

Préparation : 15 mn
Cuisson : 5 mn

Pour 6 personnes
6 petits filets de merlan
1 sachet de court-bouillon
1 sachet de gelée en poudre
3 tomates
1 poivron
Feuilles de salade
2 citrons

1. Faites pocher les filets de merlan, roulés et maintenus avec un bâtonnet, dans le court-bouillon préparé selon le mode d'emploi. Égouttez-les, retirez les bâtonnets.

2. Préparez la gelée. Passez des ramequins sous l'eau froide sans les essuyer. Coulez un peu de gelée dans le fond de chaque ramequin et faites prendre au réfrigérateur.

3. Disposez les filets dans les ramequins. Garnissez le centre avec les tomates et le poivron lavés et coupés en petits dés. Coulez le restant de gelée. Faites prendre au réfrigérateur. Présentez sur des feuilles de salade avec des quartiers de citron.

Filets de merlan à la portugaise

Préparation : 15 mn
Cuisson : 35 mn

Pour 4 personnes

1 kg de filets de merlan
4 tomates (300 g)
125 g d'oignons
125 g de champignons de Paris
1 verre de vin blanc sec
3 cuillerées à soupe d'huile
Sel, poivre

1. Pelez et hachez les oignons. Coupez les tomates en fines rondelles. Nettoyez les champignons ; coupez-les en lamelles.

2. Dans un plat allant au four, mettez le hachis d'oignons, les lamelles de champignons et la moitié des tomates. Posez dessus les filets de merlan. Salez et poivrez. Couvrez avec le restant de tomates. Arrosez avec le vin blanc et l'huile.

3. Faites cuire à four chaud pendant 35 minutes. Servez chaud dans le plat de cuisson.

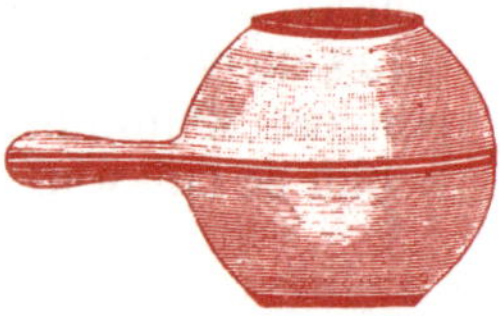

Filets de merlan au roquefort

Préparation : 15 mn
Cuisson : 15 mn

Pour 4 personnes

6 filets de merlan (900 g)
100 g de roquefort
2 œufs durs
1/4 de cuillerée à café de moutarde forte
1 cuillerée à café de jus de citron ou de vinaigre
100 g de fromage blanc
Sel, poivre

1. Faites cuire les filets de merlan 8 minutes dans l'eau salée frissonnante.

2. Mettez les œufs à bouillir 10 minutes. Aussitôt qu'ils sont cuits, brisez leur coquille et plongez-les dans l'eau froide, puis enlevez les coquilles.

3. Écrasez finement à la fourchette le jaune des œufs durs et le roquefort. Mélangez dans un bol, avec la moutarde forte, le fromage blanc, très peu de sel, du poivre, du citron ou vinaigre. Travaillez avec la spatule pour obtenir un mélange bien homogène. Si la sauce est un peu épaisse pour votre goût, éclaircissez-la en y ajoutant encore du fromage blanc ou même un peu d'eau. Utilisez cette sauce comme une mayonnaise pour napper le poisson. Le blanc des œufs durs sera haché et parsemé sur le plat déjà garni de sauce.

Filets de merlan à la vénitienne

Préparation : 15 mn
Cuisson : 20 mn

Pour 4 personnes
8 filets de merlan (700 g)
2 verres de lait
1 gousse d'ail
1 branche de thym
1 feuille de laurier
50 g de gruyère râpé
Sel, poivre

1. Mettez les filets de merlan côte à côte dans un plat allant au four. Salez-les. Poivrez-les largement. Versez dessus le lait, ajoutez la gousse d'ail, le thym et le laurier.

2. Mettez à four chaud (th. 7) et laissez cuire 15 minutes.

3. Sortez le plat du four. Saupoudrez les filets de merlan de gruyère râpé et remettez au four, très près du gril, quelques minutes pour faire gratiner.

Filets de perche à la hollandaise

Préparation : 10 mn
Cuisson : 20 mn

Pour 4 personnes
8 filets de perche de 80 g chacun
3 échalotes
2 branchettes de thym
1/2 verre de vin blanc sec
3 jaunes d'œufs
150 g de beurre
2 pincées de paprika
Sel, poivre

1. Préparez un petit court-bouillon : pelez et émincez les échalotes. Faites-les blondir dans 1 noix de beurre. Mouillez avec le vin blanc et 2 verres d'eau. Ajoutez le thym, le sel et le poivre. Laissez bouillir sans couvrir pendant 10 minutes.

2. Délayez les jaunes d'œufs avec 4 cuillerées à soupe d'eau. Chauffez à feu très doux en fouettant sans arrêt jusqu'à ce que les jaunes d'œufs aient pris une consistance mousseuse. Incorporez alors le beurre fondu, toujours en fouettant. Salez et poivrez. Tenez au bain-marie.

3. Plongez les filets de perche dans le court-bouillon frémissant. Retirez-les au bout de 3 minutes. Mettez sur un plat. Nappez de sauce et saupoudrez de paprika. Vous pouvez accompagner d'épinards au beurre.

Filets de perche à la sauce Manon

Préparation : 10 mn
Cuisson : 30 mn

Pour 4 personnes
4 filets de perche de 150 g chacun
1 sachet de court-bouillon pour poisson
10 brins de ciboulette
6 branches d'estragon
10 brins de persil plat
1/2 botte de cresson
16 asperges
6 cuillerées à soupe d'huile
2 cuillerées à soupe de jus de citron
40 g de crème fraîche
Sel, poivre

1. Cuisez les asperges 20 minutes à la vapeur. Prélevez les pointes.

2. Passez ensemble au mixer la ciboulette, les feuilles d'estragon, le cresson et le persil. Ajoutez l'huile, le jus de citron, la crème fraîche, le sel et le poivre. Chauffez sans laisser bouillir.

3. Faites pocher les filets de perche 5 minutes, dans le court-bouillon en ébullition. Égouttez-les, mettez-les sur un plat chaud. Nappez avec la sauce et décorez avec les asperges. Vous pouvez accompagner de petits flans à base d'une mousse préparée avec les tiges d'asperges, parfumée aux fines herbes.

Filets de poisson panés aux échalotes

Préparation : 10 mn
Cuisson : 35 mn

Pour 6 personnes
1 paquet de 6 à 12 filets de poisson panés surgelés
2 verres de vin blanc sec
5 échalotes grises
100 g de beurre
2 cuillerées à café de Maïzena
Sel, poivre

1. Après avoir pelé les échalotes, hachez-les finement. Mettez-les dans une petite casserole avec le vin blanc sec. Salez et poivrez.

2. Faites réduire à feu doux jusqu'à évaporation de la moitié du liquide. Ajoutez la Maïzena délayée dans un peu d'eau froide puis 50 grammes de beurre, par petits morceaux, en fouettant. Tenez au chaud.

3. Faites chauffer le restant de beurre dans une poêle. Mettez les filets de poisson sans les faire dégeler.

4. Laissez dorer à feu moyen 5 minutes de chaque côté. Salez et poivrez.

5. Servez avec la sauce aux échalotes et une garniture de pommes vapeur.

Filets de poisson panés à la macédoine

Préparation : 5 mn
Cuisson : 25 mn

Pour 6 personnes
1 boîte de macédoine
1 paquet de 6 (ou 8) filets panés surgelés
1 botte d'oignons nouveaux
150 g de lard fumé
50 g de beurre ou de margarine
4 cuillerées à soupe d'huile
Sel, poivre

1. Épluchez et lavez les oignons. Coupez-les en tranches minces. Coupez le lard fumé en dés.

2. Faites revenir les lardons dans le beurre. Ajoutez les oignons et la macédoine bien égouttée. Salez et poivrez. Couvrez. Laissez cuire doucement 10 minutes.

3. Pendant ce temps, faites dorer les filets panés encore gelés dans de l'huile chaude, à la poêle, 3 à 4 minutes sur chaque face. Égouttez-les.

4. Servez-les bien chauds avec la macédoine de légumes.

Filets de poisson au vermouth

Préparation : 15 mn
Cuisson : 10 mn

Pour 6 personnes
1 paquet de filets surgelés (merlan, limande, cabillaud)
75 g de beurre
1 pot de crème fraîche
1 verre de vermouth
1 cuillerée à soupe de fécule
1 bouquet d'estragon
Farine
Sel, poivre

1. Placez le bloc de filets surgelés sous le robinet d'eau froide courante pendant 10 minutes. Séparez les filets, passez-les dans de la farine.

2. Chauffez 50 grammes de beurre dans une poêle. Mettez-y à dorer les filets, 5 minutes de chaque côté. Salez et poivrez.

3. Pendant ce temps, dans une petite casserole, faites chauffer, au bain-marie, la crème fraîche. Ajoutez la fécule, le reste de beurre, le vermouth. Chauffez jusqu'à ébullition en tournant avec une spatule. Ajoutez l'estragon haché. Laissez cuire 2 minutes.

4. Servez les filets avec la sauce en saucière.

Filets de rouget à la catalane

Préparation : 15 mn
Cuisson : 25 mn

Pour 4 personnes
4 filets de rouget-barbet de 200 g chacun
12 grosses moules d'Espagne
150 g de riz
2 tomates
1 oignon
2 gousses d'ail
5 cuillerées à soupe d'huile d'olive
1 bouquet garni
Sel, poivre
Persil haché

1. Pelez et émincez l'ail et l'oignon. Coupez les tomates en dés. Chauffez 2 cuillerées à soupe d'huile et faites-y revenir l'ail et l'oignon. Ajoutez le riz et les tomates. Remuez vivement. Mouillez avec 50 centilitres d'eau. Ajoutez le bouquet garni, du sel et du poivre. Laissez cuire environ 20 minutes, en rajoutant de l'eau si nécessaire.

2. Pendant ce temps, faites ouvrir les moules, à feu vif, et décoquillez-les.

3. En fin de cuisson du riz, faites revenir les filets de poisson, 2 minutes de chaque côté, à la poêle, dans le reste de l'huile. Salez et poivrez.

4. Servez avec le riz et les moules. Parsemez de persil haché.

Filets de rouget au concombre

Préparation : 15 mn
Cuisson : 18 mn

Pour 4 personnes
8 filets de rouget-barbet de 100 g chacun
2 cuillerées à soupe de farine
80 g de beurre
2 petits concombres
50 g de crème fraîche
Ciboulette
Sel, poivre

1. Pelez les concombres. Prélevez des petites boules dans la chair à l'aide d'une cuiller spéciale. Faites-les cuire 10 minutes à feu doux, à couvert, dans 40 grammes de beurre, avec du sel et du poivre.

2. Farinez les filets de rouget. Cuisez-les à la poêle, dans le reste du beurre, 6 minutes environ, en les retournant une fois.

3. Ajoutez la crème fraîche aux concombres. Chauffez 2 minutes.

4. Servez les filets de rouget avec les boules de concombre et leur sauce. Décorez de ciboulette.

Filets de rouget à la crème d'oseille

Préparation : 15 mn
Cuisson : 25 mn

Pour 4 personnes
8 filets de rouget-barbet de 100 g chacun
250 g d'oseille
70 g de beurre
80 g de crème fraîche
Sel, poivre

1. Lavez et équeutez l'oseille ; émincez les feuilles en lanières. Faites-les fondre, à feu doux, dans 50 grammes de beurre, avec un peu de sel, en remuant souvent. Lorsque l'oseille a la consistance d'une purée, ajoutez la crème fraîche et le poivre.

2. Versez cette crème dans un plat à four. Posez les filets de rouget dessus. Salez-les légèrement et parsemez de noisettes de beurre. Couvrez de papier aluminium et faites cuire 15 minutes au four (th. 7). Servez dans le plat de cuisson.

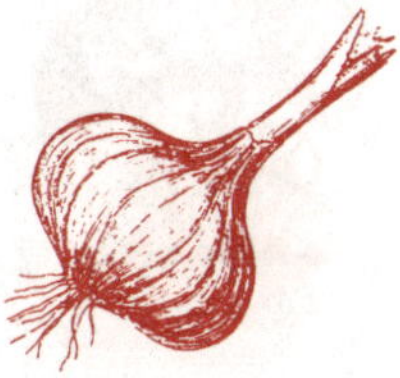

Filets de rouget aux lardons

Préparation : 15 mn
Cuisson : 20 mn

Pour 4 personnes
8 filets de rouget-barbet de 100 g environ chacun
100 g de lardons
80 g de beurre
1 oignon
1 branchette de thym
1 feuille de laurier
80 g de crème fraîche
Sel, poivre

1. Plongez les lardons 3 minutes dans de l'eau en ébullition ; égouttez-les.

2. Préparez la sauce : pelez et hachez l'oignon, faites-le à peine blondir dans 20 grammes de beurre ; ajoutez le thym, le laurier, la crème fraîche et un peu de sel. Laissez bouillir, à feu doux, 10 minutes.

3. Pendant ce temps, chauffez le reste du beurre dans une poêle. Faites revenir les lardons et les rougets, en les retournant une fois. Salez et poivrez légèrement.

4. Filtrez la sauce.

5. Mettez les poissons et les lardons sur un plat ; nappez avec la sauce. Vous pouvez accompagner de lamelles de fonds d'artichaut frais ou en conserve passées au beurre ou de riz créole.

Filets de sole à l'anglaise

Préparation : 15 mn
Cuisson : 10 mn

Pour 6 personnes
12 beaux filets de sole
1 cuillerée 1/2 à soupe de farine
2 œufs
4 cuillerées à soupe de chapelure
4 cuillerées à soupe d'huile

1. Essuyez les filets de sole dans un papier absorbant.

2. Battez les œufs en omelette dans une assiette creuse.

3. Trempez chaque filet de sole d'abord dans la farine puis dans l'œuf battu et, enfin, dans la chapelure. Il faut que les filets de poisson soient bien enrobés.

4. Badigeonnez-les d'huile et faites-les cuire sur le gril du barbecue pendant 10 minutes, en les retournant à mi-cuisson, pas trop près des braises.

Filets de sole archiduc

Préparation : 15 mn
Cuisson : 25 mn

Pour 4 personnes
4 filets de sole de 140 g chacun
200 g de champignons coupés en fines lamelles
1 verre de champagne
10 cl de vinaigre à l'estragon
4 échalotes
2 jaunes d'œufs
125 g de beurre
60 g de crème fraîche
25 g de caviar
1 pincée de poivre concassé
Sel, poivre
Aneth

1. Nettoyez et hachez les champignons. Mettez-les dans le fond d'un plat allant au four. Posez dessus les filets de sole. Salez et poivrez. Mouillez avec le champagne. Faites cuire 15 minutes au four (th. 6).

2. Pelez et hachez les échalotes. Mettez-les dans une petite casserole avec le vinaigre et le poivre concassé. Faites bouillir jusqu'à ce qu'il ne reste plus que 3 cuillerées de vinaigre. Laissez refroidir. Ajoutez les jaunes d'œufs et, petit à petit, le beurre fondu, tout en fouettant la sauce. Filtrez-la et chauffez-la au bain-marie.

3. Mélangez le caviar, la crème et 2 cuillerées du champagne de cuisson des filets. Ajoutez à la sauce précédente.

4. Mettez les filets et les champignons sur un plat chaud. Nappez de sauce. Décorez de brins d'aneth.

Filets de sole aux bananes

Préparation : 15 mn
Cuisson : 20 mn

Pour 6 personnes
12 filets de sole
6 bananes
125 g de beurre
1/2 cuillerée à café de curry
Farine
Sel, poivre

1. Épluchez les bananes. Coupez-les en deux dans le sens de la longueur.

2. Farinez les filets de sole. Faites-les cuire à la poêle, à feu doux, dans 75 grammes de beurre, pendant 10 minutes. Retournez à mi-cuisson. Salez et poivrez.

3. Faites cuire doucement les bananes dans une autre poêle, avec le reste de beurre, pendant 10 minutes.

4. Dans le plat de service, rangez, en les alternant, les filets de sole et les bananes. Saupoudrez avec le curry. Servez chaud.

Filets de sole Bercy

Préparation : 25 mn
Cuisson : 35 mn

Pour 6 personnes
6 gros filets de sole ou 12 petits, parures de poissons (arêtes, têtes, peau, etc.)
1 tasse 1/2 de vin rouge bien sec
2 tasses d'eau
100 g de champignons de Paris
1 oignon
2 clous de girofle
1 carotte
1 branche de céleri
1 gousse d'ail
1 branchette de thym
1 feuille de laurier
100 g de beurre
1 cuillerée à soupe de pâte d'anchois
1/2 cuillerée à soupe de jus de citron
Sel, poivre noir fraîchement moulu

1. Lavez les filets de poisson et séchez-les dans un papier absorbant. Salez et poivrez-les. Lavez également les parures.

2. Pelez l'oignon, piquez-le de clous de girofle ; grattez la carotte, coupez-la en rondelles. Nettoyez la branche de céleri. Pelez la gousse d'ail, coupez-la en deux. Lavez les champignons, coupez-les en lamelles minces.

3. Dans une casserole, mettez le vin, l'eau, les champignons, l'oignon piqué de girofle, les rondelles de carotte, la branche de céleri, l'ail, le thym, le laurier, les déchets de poissons, du sel et du poivre. Chauffez jusqu'à ébullition et laissez cuire à feu doux dans la casserole couverte pendant 45 minutes, puis filtrez à la passoire fine.

4. Faites fondre le beurre dans un plat allant au four, disposez-y les filets. Ajoutez le jus préparé avec les légumes et les déchets de poissons, mettez au four et faites cuire pendant 35 minutes environ (th. 5).

5. Prenez délicatement les filets de poisson, mettez-les sur un plat de service que vous tenez au chaud.

6. Ajoutez au jus de cuisson la crème d'anchois et le jus de citron. Mettez dans une petite casserole et faites cuire sur le feu pendant 5 à 6 minutes, en tournant sans arrêt pour obtenir une sauce un peu crémeuse que vous verserez sur les filets de sole au moment de servir.

Filets de sole avec blinis

Préparation : 20 mn
+ 2 h de repos
pour la pâte
Cuisson : 30 mn

Pour 6 personnes
6 filets de sole
6 tranches fines de lard fumé
3 cornichons à la russe
250 g de crème fraîche
70 g de beurre ou de margarine
Sel, poivre

Pour la pâte
250 g de farine
2 œufs
10 g de levure de boulanger
10 cl environ d'eau tiède

1. Mettez la farine dans une terrine. Faites un creux au centre. Délayez la levure avec l'eau tiède et versez progressivement dans la farine jusqu'à obtention d'une pâte molle. Couvrez et laissez reposer 2 heures.

2. Ajoutez alors les jaunes d'œufs. Battez les blancs en neige et ajoutez-les à la pâte. Celle-ci doit être un peu plus épaisse qu'une pâte à crêpes ordinaire. Dans une petite poêle, mettez 1 noisette de beurre et faites cuire les blinis comme des crêpes. Ils doivent être dorés sur les deux faces. Gardez-les au chaud.

3. Faites frire les filets de poisson dans le corps gras chauffé pendant 7 à 8 minutes.

4. Chauffez les tranches de lard fumé en les passant 2 minutes à la poêle. Coupez ensuite les tranches en deux.

5. Mettez entre 2 blinis du lard fumé, 1 filet de poisson, 1/2 cornichon à la russe coupé en rondelles. Nappez de crème fraîche salée et poivrée, et recommencez la même opération jusqu'à épuisement des blinis.

Filets de sole cancalaise

Préparation : 20 mn
Cuisson : 20 mn

Pour 4 personnes
8 filets de sole de 120 g
125 g de champignons de Paris
18 crevettes décortiquées
1 verre de vin blanc sec
20 g de farine
1 œuf
40 g de beurre
1 cuillerée à café de concentré de tomate
Sel, poivre
10 brins de persil plat

1. Nettoyez les champignons. Passez-les au mixer avec 12 crevettes et le persil. Ajoutez l'œuf, le sel et le poivre. Mélangez bien.

2. Posez les filets de sole à plat. Répartissez la farce dessus. Roulez en paupiettes. Mettez-les dans un plat allant au four. Arrosez de vin blanc. Faites cuire 15 minutes au four (th. 6-7).

3. Écrasez ensemble le beurre et la farine avec une fourchette.

4. Après cuisson des filets, recueillez le jus, ajoutez-lui le beurre manié et le concentré de tomate. Faites cuire 3 minutes en tournant. Servez les paupiettes arrosées de cette sauce et garnissez de crevettes. Vous pouvez accompagner de petits pois.

Filets de sole Carmen

Préparation : 15 mn
Cuisson : 20 mn

Pour 4 personnes
8 filets de sole de 100 g
2 poivrons rouges
1 poivron vert
3 cuillerées à soupe d'huile d'olive
125 g de beurre
Le jus de 1/2 citron
Sel, poivre

1. Ouvrez les poivrons en deux. Retirez les pédoncules, les graines et les filaments blancs. Faites-les griller au four (th. 8) jusqu'à ce que la peau ait noirci. Enlevez-la. Émincez la chair en lamelles. Mettez-les à revenir à la poêle à feu vif, avec l'huile, pendant 3 minutes, en remuant.

2. Ajoutez les filets de sole dans la poêle. Laissez-les cuire 4 minutes en les retournant. Salez et poivrez.

3. Faites ramollir le beurre au bain-marie avec le jus de citron, le sel et le poivre.

4. Disposez les filets de sole et les poivrons sur un plat chaud. Arrosez de beurre citronné.

Filets de sole au cidre

Préparation : 15 mn
Cuisson : 25 mn

Pour 4 personnes
8 filets de sole
50 cl de cidre
4 échalotes
1 cuillerée à soupe de farine
100 g de beurre
Persil haché
Sel, poivre

1. Beurrez un plat allant au four, mettez-y les filets de sole côte à côte.

2. Pelez les échalotes, hachez-les finement et parsemez-en les filets de sole. Ajoutez le cidre, du sel, du poivre.

3. Mettez à cuire à four chaud (th. 8) pendant 15 minutes.

4. Retirez le plat du four, enlevez les filets que vous tiendrez au chaud. Gardez leur jus de cuisson.

5. Dans une petite casserole, faites fondre 50 grammes de beurre. Quand il est fondu, ajoutez la farine, tournez vivement avec une cuiller en bois. Le beurre absorbe toute la farine. Ajoutez alors le jus de cuisson des filets de sole sans cesser de tourner. Laissez sur feu doux pendant 7 à 8 minutes. Vous obtenez une sauce crémeuse à laquelle vous ajoutez le persil haché. Versez cette sauce sur les filets et servez bien chaud.

Filets de sole au citron vert

Préparation : 20 mn
Cuisson : 35 mn

Pour 6 personnes
200 g de champignons de Paris
5 échalotes
18 filets de sole
20 cl d'huile d'olive
5 ou 6 citrons verts
1 bouquet de persil
Sel, poivre

1. Lavez les champignons à grande eau, après avoir supprimé les pieds terreux.

2. Épluchez les échalotes.

3. Hachez champignons, échalotes et persil.

4. Faites revenir doucement le tout dans la moitié de l'huile d'olive.

5. Râpez le zeste des citrons verts.

6. Garnissez le fond d'un plat à four avec le hachis. Posez dessus les filets de sole. Ajoutez les zestes râpés, le jus des citrons, le restant d'huile d'olive. Salez, poivrez et laissez cuire, à four modéré, 25 à 30 minutes.

Filets de sole aux coquillages

Préparation : 1 h
Cuisson : 50 mn

Pour 6 personnes
3 soles de 600 g environ
50 cl de vin blanc sec
10 queues de persil
2 carottes
1 oignon
1 feuille de laurier
1 citron + 2 quartiers
12 huîtres
12 moules
12 crevettes
300 g de champignons
3 jaunes d'œufs
1 pincée de noix muscade
190 g de beurre
80 g de crème fraîche
Persil haché
Sel, poivre

1. Faites lever les filets de sole par le poissonnier. Gardez les arêtes et les têtes.

2. Préparez un court-bouillon : nettoyer les carottes, coupez-les en rondelles. Épluchez et émincez l'oignon. Mettez-les dans le vin blanc additionné de 50 centilitres d'eau. Ajoutez les têtes et les arêtes des soles, les quartiers de citron, le laurier, le persil, le sel et le poivre. Chauffez et laissez bouillir à petit feu pendant 30 minutes sans couvrir. Retirez du feu.

3. Ouvrez les huîtres. Détachez la chair des coquilles. Recueillez et filtrez leur eau. Mettez-la dans une petite casserole avec les huîtres. Chauffez jusqu'à ébullition. Retirez du feu.

4. Plongez les crevettes pendant 5 minutes dans de l'eau salée en ébullition. Égouttez-les et décortiquez-les.

5. Nettoyez les moules. Mettez-les dans une casserole sur feu vif, le temps de les faire ouvrir. Décoquillez-les.

6. Nettoyez les champignons. Émincez-les. Faites-les cuire une dizaine de minutes dans 40 grammes de beurre. Salez et poivrez.

7. Mettez les filets de sole dans le court-bouillon froid. Chauffez jusqu'à ébullition. Laissez frémir 8 à 10 minutes. Retirez du feu.

8. Mettez les jaunes d'œufs dans une casserole avec le poivre, la muscade, le jus du citron, 150 grammes de beurre et 1 verre 1/2 de court-bouillon. Placez sur feu très doux et battez sans arrêt au fouet. Ajoutez champignons, huîtres, moules, crevettes et crème fraîche, et chauffez sans cesser de battre.

9. Nappez les filets de sole avec cette sauce et saupoudrez de persil haché.

Filets de sole à la crème

Préparation : 5 mn
Cuisson : 15 mn

Pour 4 personnes
8 filets de sole
60 g de crème fraîche
1 sachet de crevettes décortiquées
2 verres de vin blanc sec
Sel, poivre

1. Disposez les filets côte à côte dans un plat allant au four. Salez, poivrez, arrosez avec le vin blanc.

2. Faites cuire 5 minutes, puis ajoutez les crevettes et la crème. Comptez encore 10 minutes de cuisson et servez.

Filets de sole aux fines herbes

Préparation : 10 mn
Cuisson : 6 mn

Pour 4 personnes
8 filets de sole de 100 g chacun
1 cuillerée à soupe d'estragon haché
1 cuillerée à soupe de ciboulette hachée
1 cuillerée à soupe de persil haché
60 g de beurre
Sel, poivre
3 citrons

1. Pelez 2 citrons à vif. Détachez et pelez les tranches. Pressez le jus du troisième citron.

2. Faites dorer les filets de sole 4 minutes, à la poêle dans le beurre, avec sel et poivre. Arrosez-les ensuite du jus de citron. Parsemez de fines herbes hachées et chauffez à feu doux pendant 2 minutes.

3. Servez les filets arrosés de la sauce aux fines herbes et garnis de tranches de citron. Vous pouvez accompagner de petites carottes nouvelles sautées au beurre ou de petites pommes de terre vapeur.

Filets de sole au fromage

Préparation : 10 mn
Cuisson : 10 mn

Pour 6 personnes
6 gros filets de sole (ou 12 petits)
125 g de beurre
1/2 tasse de fromage râpé
6 clams
Sel, poivre noir fraîchement moulu

1. Nettoyez les clams, mettez-les dans une casserole avec un peu de sel et posez la casserole sur le feu. Laissez cuire 5 à 6 minutes en agitant sans arrêt pour que les coquillages s'ouvrent et que leur jus sorte des coquilles. Recueillez ce jus et mettez de côté les clams qui ne seront pas utilisés pour cette recette mais que vous pourrez employer pour mêler à un potage, par exemple, ou à une sauce.

2. Lavez les filets de sole et séchez-les dans un papier absorbant, salez et poivrez-les.

3. Faites fondre les deux tiers du beurre dans une poêle, sur feu moyen, mettez-y à dorer les filets de poisson sur leurs deux faces, saupoudrez-les de fromage, ajoutez le reste du beurre, le jus de clams, couvrez la poêle et laissez cuire à feu doux 5 minutes avant de servir.

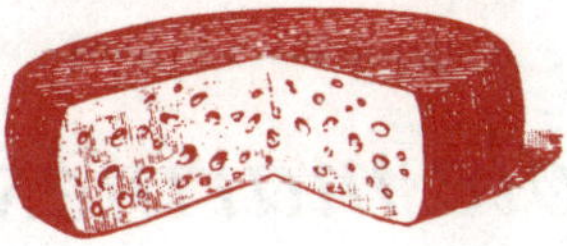

Filets de sole au gril

Préparation : 15 mn + 20 mn de repos
Cuisson : 10 mn

Pour 6 personnes
12 filets de sole de belle taille
3 cuillerées à soupe de farine
3 cuillerées à soupe d'huile
3 citrons
Sel, poivre

1. Épongez bien les filets de sole pour qu'ils soient parfaitement secs. Salez et poivrez-les de chaque côté.

2. Passez-les dans la farine et laissez-les reposer une vingtaine de minutes environ.

3. Passez-les dans l'huile sur leurs deux faces puis posez-les sur le gril chaud, pas trop près des braises, et faites-les griller 5 minutes environ sur chaque côté. Servez avec des quartiers de citron.

Filets de sole aux langoustines

Préparation : 15 mn
Cuisson : 20 mn

Pour 4 personnes

4 filets de sole de 130 g chacun
8 langoustines
1 verre de vin blanc sec
60 g de crème fraîche
Le jus de 1/2 citron
Sel, poivre
Ciboulette ou menthe

1. Plongez les langoustines 5 minutes dans de l'eau en ébullition. Égouttez-les et décortiquez-les.

2. Mettez-les avec les soles dans un plat allant au four. Salez, poivrez et mouillez avec le vin blanc. Faites cuire au four 15 minutes (th. 6-7).

3. Égouttez les soles et les langoustines. Disposez-les sur un plat tenu au chaud.

4. Mélangez la crème fraîche au jus de citron. Chauffez 2 minutes et versez sur les filets de sole et les langoustines. Décorez de brins de ciboulette ou de feuilles de menthe émincées. Vous pouvez servir les filets de sole avec du riz blanc.

Filets de sole marinés

Préparation : 10 mn
Marinade : 1 h
Cuisson : 10 mn

Pour 6 personnes

12 petits ou moyens filets de sole
1 cuillerée à soupe de moutarde
12 filets d'anchois
10 branches de persil
3 cuillerées à soupe d'huile d'olive
1 tasse de farine
1 œuf
1 tasse d'huile d'arachide
1 citron + 6 quartiers
Poivre noir

1. Lavez les filets de sole et séchez-les.

2. Lavez les branches de persil et hachez les feuilles.

3. Pressez le citron.

4. Mélangez la moutarde, le poivre, le persil, l'huile d'olive et le jus de citron.

5. Coupez les anchois en tout petits morceaux, écrasez-les grossièrement et ajoutez-les à la sauce que vous venez de préparer ; mélangez bien le tout.

6. Mettez le poisson à mariner pendant 1 heure dans cette préparation, à la température de la pièce.

7. Sortez le poisson de la marinade, roulez-le dans la farine, passez-le dans l'œuf battu.

8. Chauffez l'huile d'arachide dans une poêle jusqu'à ce qu'elle commence à bouillonner, mettez-y à dorer les filets sur les deux faces pendant 8 à 10 minutes. Servez aussitôt avec les quartiers de citron.

Filets de sole marocains

Préparation : 5 mn
Cuisson : 30 mn

Pour 4 personnes
4 filets de sole
500 g de tomates
1 cuillerée à soupe de Grand Marnier
3 cuillerées à soupe de farine
60 g de beurre
Sel, poivre

1. Passez les filets de sole dans la farine et faites-les dorer une dizaine de minutes dans le beurre, à feu assez vif, dans une poêle.

2. Disposez ces filets dans un plat et mettez-les à four très doux.

3. Ajoutez au beurre resté dans la poêle les tomates épluchées, épépinées et coupées en morceaux. Laissez cuire environ 20 minutes. Salez, poivrez et arrosez du Grand Marnier. Versez le tout sur les filets de sole et servez.

Filets de sole à la normande

Préparation : 5 mn
Cuisson : 20 mn

Pour 6 personnes
6 gros filets de sole
1 sachet de court-bouillon instantané
100 g de crevettes roses décortiquées
1 boîte de 115 g de champignons de Paris
1 petit pot de crème fraîche
Le jus de 1 citron
1 jaune d'œuf
Sel, poivre

1. Préparez le court-bouillon selon le mode d'emploi et faites pocher les filets, 10 minutes environ.

2. Égouttez-les et tenez-les au chaud. Préparez une sauce avec les crevettes, les champignons de Paris égouttés, la crème fraîche, le jus de citron. Chauffez doucement puis, hors du feu, ajoutez le jaune d'œuf. Mélangez bien. Poivrez et salez légèrement.

3. Nappez les filets avec cette sauce.

Filets de sole à l'oignon

Préparation : 15 mn
Cuisson : 30 mn

Pour 6 personnes

6 gros filets de sole (ou 12 petits)
2 oignons
1 tasse de vin blanc sec
10 branches de persil
1 feuille de thym
2 feuilles de laurier
100 g de beurre
2 cuillerées à soupe de crème fraîche
Sel, poivre blanc

1. Lavez les filets de sole et épongez-les avec un papier absorbant, salez et poivrez-les, mettez-les côte à côte dans un plat beurré allant au four.

2. Hachez finement les oignons, saupoudrez-en les filets de sole, ajoutez le vin, le persil haché, la branchette de thym effeuillée et les feuilles de laurier écrasées. Parsemez de noisettes de beurre (50 grammes environ), recouvrez de papier aluminium et mettez le plat à cuire pendant 20 minutes au four (th. 7).

3. Sortez le plat du four, retirez délicatement les filets du plat de cuisson, mettez-les sur un plat de service que vous tiendrez au chaud.

4. Filtrez la sauce de cuisson, recueillez-la dans une casserole, ajoutez-lui le restant du beurre et chauffez sans faire bouillir ; ajoutez enfin la crème fraîche, cuisez 4 minutes, versez sur le poisson et servez.

Filets de sole à l'ail

Préparation : 15 mn
Cuisson : 10 mn

Pour 6 personnes

6 gros filets de sole (ou 12 petits)
3/4 de tasse de farine
1/2 tasse d'huile d'arachide
3 gousses d'ail
1/3 de tasse de chapelure
1/2 tasse d'huile d'olive
2 cuillerées à soupe de vinaigre de vin
Sel, poivre noir

1. Lavez les filets de sole et épongez-les dans un papier absorbant.

2. Mélangez la farine, le sel et le poivre. Passez le poisson dans ce mélange.

3. Pelez les gousses d'ail, coupez-les en lamelles minces.

4. Chauffez l'huile dans une poêle, mettez-y à cuire le poisson pendant 6 à 7 minutes, jusqu'à ce qu'il soit doré sur ses deux faces.

5. Mettez les filets de poisson sur un plat de service tenu au chaud.

6. Préparez la sauce : pour cela, mélangez l'ail et la chapelure, versez dessus lentement l'huile d'olive, en remuant pour obtenir la consistance d'une mayonnaise, ajoutez le vinaigre. Recouvrez le poisson de cette sauce et servez.

Filets de sole à la sauce blonde

Préparation : 10 mn
Cuisson : 15 mn

Pour 4 personnes
8 filets de sole de 80 à 100 g chacun
1 sachet de court-bouillon pour poisson
120 g de beurre
20 g de farine
15 cl de lait
2 jaunes d'œufs
Persil haché
Sel, poivre

1. Préparez la sauce blonde : faites fondre 20 grammes de beurre. Ajoutez la farine et remuez. Versez le lait froid en une seule fois et tournez jusqu'à épaississement. Placez la casserole au bain-marie. Délayez les jaunes d'œufs dans 2 cuillerées d'eau froide. Mettez-les dans la sauce en fouettant et, sans cesser de fouetter, incorporez 100 grammes de beurre par petits morceaux. Salez et poivrez. Laissez au bain-marie.

2. Préparez le court-bouillon. Plongez-y les filets de sole. Cuisez 5 minutes à faible ébullition. Égouttez. Mettez sur un plat et nappez avec la sauce. Parsemez de persil haché. Vous pouvez accompagner d'une purée de pommes de terre mixée avec des épinards sautés au beurre.

Filets de sole sauce Mornay

Préparation : 20 mn
Cuisson : 1 h

Pour 4 personnes
2 soles de 700 g environ
25 cl de vin blanc sec
10 queues de persil
2 carottes
1 oignon
2 feuilles de laurier
6 grains de poivre
Gros sel

Sauce Mornay
30 g de beurre + 1 noix
25 g de farine
25 cl de lait
2 jaunes d'œufs
4 cuillerées à soupe de crème fraîche
100 g de gruyère râpé
Sel, poivre

1. Faites lever les filets de sole par le poissonnier. Gardez les arêtes et les têtes.

2. Préparez un court-bouillon : pelez et émincez l'oignon. Nettoyez les carottes, coupez-les en rondelles. Mettez-les dans une grande casserole avec les têtes et les arêtes de poisson, le persil, le laurier, le poivre, le gros sel, le vin blanc et 50 centilitres d'eau. Chauffez et laissez bouillir à petit feu, sans couvrir, 30 minutes. Retirez du feu et filtrez.

3. Préparez la sauce Mornay, dont la base est une béchamel : dans une casserole moyenne, faites fondre les 30 grammes de beurre. Ajoutez la farine et tournez vivement. Quand le beurre a absorbé toute la farine, versez le lait froid en une seule fois. Laissez cuire à petit feu jusqu'à épaississement, en tournant avec une spatule. Salez et poivrez. Dans un petit saladier, battez ensemble les jaunes d'œufs et la crème, puis ajoutez petit à petit un peu de sauce Béchamel et reversez doucement le tout dans la casserole. Laissez bouillir 3 minutes et ajoutez 90 grammes de fromage râpé. Mélangez bien et retirez du feu. Posez 1 noix de beurre sur la surface et étalez-la du bout d'un doigt, pour éviter qu'une « peau » ne se forme.

4. Plongez les filets de sole dans le court-bouillon froid. Chauffez jusqu'au début de l'ébullition et maintenez à légers frémissements 10 minutes. Égouttez les filets. Disposez-les dans un plat allant au four. Nappez-les de sauce Mornay. Saupoudrez de fromage râpé et faites gratiner au four.

Filets de sole à la sauce verte

Préparation : 10 mn
Cuisson : 20 mn

Pour 6 personnes

6 gros filets de sole (ou 12 petits)
2 cuillerées à soupe d'huile d'olive
1/2 tasse de vin blanc sec
10 brins de persil
2 cuillerées à soupe de crème fraîche
75 g de petites crevettes décortiquées cuites
Sel, poivre blanc

1. Lavez les filets de sole et séchez-les dans un papier absorbant, salez et poivrez-les.

2. Lavez le persil, hachez-le.

3. Faites chauffer l'huile dans une poêle, mettez-y les soles, faites-les dorer 2 minutes sur chaque face, ajoutez le vin, chauffez jusqu'à ébullition et laissez cuire à feu doux 10 minutes.

4. Ajoutez alors le persil et laissez cuire à feu doux encore 5 minutes. Enlevez les filets de sole de la poêle, rangez-les sur un plat de service tenu au chaud, ajoutez la crème et les crevettes à la sauce de cuisson, chauffez 3 minutes et servez avec les filets de sole.

Filets de sole au vin blanc

Préparation : 5 mn
Cuisson : 25 mn

Pour 4 personnes
8 filets de sole
1 verre de vin blanc sec
1 bouquet garni
2 citrons
Sel, poivre

1. Mettez les filets de sole côte à côte dans un plat allant au four. Versez dessus le vin blanc et 1 verre d'eau.

2. Ajoutez le bouquet garni, du sel et du poivre.

3. Mettez à four moyen et laissez cuire 25 minutes. Servez très chaud avec des quartiers de citron.

Filets de sole au vin rouge

Préparation : 5 mn
Cuisson : 15 mn

Pour 4 personnes
8 filets de sole (500 g)
1 sachet de court-bouillon
25 cl de vin rouge
12 petits oignons au vinaigre
Poivre

1. Préparez le court-bouillon en suivant le mode d'emploi indiqué sur le sachet.

2. Versez le vin rouge dans le court-bouillon encore chaud. Laissez refroidir.

3. Plongez les filets de sole dans le court-bouillon. Remettez-le sur le feu. Quand le liquide commence à frémir, ôtez-le du feu et attendez 6 à 7 minutes avant d'égoutter les filets. Placez-les sur un plat tenu au chaud.

4. A feu vif, faites réduire d'un tiers une louche de court-bouillon. Hors du feu, ajoutez-lui les petits oignons et du poivre. Versez cette sauce sur les filets de sole. Servez chaud.

Filets de truite en brochettes

Préparation : 20 mn
Cuisson : 15 mn

Pour 4 personnes
4 filets de truite
16 tranches très fines de lard fumé
2 courgettes
4 tomates
Quelques feuilles de laurier
Huile d'olive
Sel, poivre

1. Roulez les filets de truite sur eux-mêmes. Enveloppez chaque petit paquet d'une tranche très fine de lard fumé.

2. Coupez les courgettes en petites rondelles sans les éplucher.

3. Pour chaque brochette, enfilez les filets de truite en intercalant avec 1 rondelle de courgette, 1 quartier de tomate et 1 feuille de laurier. Badigeonnez les brochettes avec de l'huile d'olive ; salez et poivrez.

4. Faites cuire les brochettes sur les braises du barbecue pendant 15 minutes, en les retournant à mi-cuisson.

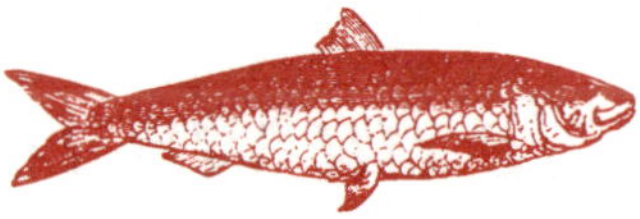

Filets de truite aux croquettes

Préparation : 20 mn
Cuisson : 50 mn

Pour 4 personnes
4 filets de truite saumonée de 140 g chacun
500 g d'épinards
80 g de riz
1 œuf
12 petites crevettes décortiquées
1/2 tasse de sauce Béchamel
120 g de beurre
4 cuillerées à soupe de vinaigre de vin
Quelques grains de raisin blanc pelés
Sel, poivre

1. Faites cuire le riz 15 minutes à l'eau bouillante salée. Égouttez-le.

2. Équeutez les épinards. Cuisez les feuilles 10 minutes à la vapeur.

3. Mélangez le riz, les crevettes, l'œuf et la béchamel pour obtenir une farce. Façonnez-la en croquettes. Enveloppez-les de feuilles d'épinards. Rangez-les dans un plat allant au four. Arrosez avec 60 grammes de beurre fondu. Mettez au four (th. 7) 15 minutes.

4. Faites cuire les filets de truite à la poêle, dans le reste du beurre, pendant 6 minutes, en les retournant à mi-cuisson. Salez et poivrez.

5. Disposez sur un plat les croquettes et les filets de truite.

6. Déglacez la poêle avec le vinaigre et versez dans le plat. Décorez des grains de raisin blanc.

Filets de truite rose à la vinaigrette

Préparation : 20 mn
Marinade : 4 h
Cuisson : 5 mn

Pour 4 personnes
700 g de filets de truite rose
250 g de jeunes épinards
4 petits oignons blancs
5 cuillerées à soupe d'huile d'olive
Le jus de 1 citron
1 tasse de sauce vinaigrette aux fines herbes
1 truffe (facultatif)
Sel, poivre

1. Mettez les filets de poisson dans un plat creux. Salez-les, arrosez-les avec 4 cuillerées à soupe d'huile et le jus de citron ; laissez-les mariner pendant 4 heures dans le réfrigérateur.

2. Pelez et hachez les oignons.

3. Nettoyez et équeutez les épinards. Faites sauter les feuilles 5 minutes à la poêle, dans 1 cuillerée d'huile, en les remuant. Salez et poivrez.

4. Mettez les épinards sur un plat. Disposez dessus les filets de truite rose. Parsemez d'oignons hachés et arrosez avec la marinade. Garnissez de lamelles de truffe et servez accompagné d'une sauce vinaigrette aux fines herbes.

Filets de truite saumonée aux trois légumes

Préparation : 15 mn
Cuisson : 30 mn

Pour 4 personnes
4 filets de truite saumonée de 140 g chacun
3 carottes
2 blancs de poireaux
1/2 bulbe de fenouil
80 g de beurre
1 cuillerée à soupe de ciboulette ciselée
40 g de crème fraîche
Le jus de 1 citron
Sel, poivre

1. Nettoyez les carottes et les poireaux ; coupez-les en rondelles. Effilez le fenouil et émincez-le finement. Faites cuire ces légumes dans une sauteuse couverte, avec 50 grammes de beurre, pendant 20 minutes, en remuant plusieurs fois. Salez et poivrez.

2. Chauffez le reste du beurre dans une poêle. Faites cuire les filets de truite pendant 6 minutes en les retournant à mi-cuisson. Salez et poivrez.

3. Retirez les filets de la poêle. Mettez-les dans un plat chaud avec les légumes.

4. Mélangez au beurre de cuisson, dans la poêle, le jus de citron, la crème fraîche et la ciboulette. Chauffez 1 minute et versez dans le plat.

Filets de turbot braisé au sauternes

Préparation : 10 mn
Cuisson : 25 mn

Pour 4 personnes
4 filets épais de turbot de 160 g chacun
25 cl de sauternes
3 échalotes
120 g de beurre
60 g de crème fraîche
16 grains de raisin blanc
Sel, poivre
Menthe ou persil

1. Pelez et hachez les échalotes. Mettez-les dans le fond d'un plat allant au four. Posez dessus les filets de turbot. Salez et poivrez. Parsemez de 60 grammes de beurre en lamelles. Mouillez avec le sauternes. Faites cuire 20 minutes au four (th. 7). Terminez la cuisson près du gril pour bien dorer le dessus des filets.

2. Retirez-les du plat. Mélangez la crème fraîche et le reste du beurre à la sauce de cuisson. Remettez les filets de poisson dans le plat. Passez 5 minutes au four. Servez décoré de grains de raisin pelés et de feuilles de menthe ou de persil.

Filets de turbot aux épinards

Préparation : 15 mn
Cuisson : 25 mn

Pour 4 personnes
4 filets de turbot de 140 g chacun
750 g de jeunes épinards
2 oignons
120 g de beurre
2 cuillerées à soupe d'huile
20 g de farine
Le jus de 1 citron
Sel, poivre

1. Lavez et équeutez les épinards. Faites cuire les feuilles dans une sauteuse, pendant 15 minutes, avec 80 grammes de beurre, du sel et du poivre. Remuez plusieurs fois.

2. Pelez et émincez les oignons. Détachez-les en anneaux. Farinez-les légèrement. Faites-les blondir doucement à la poêle, dans l'huile.

3. Pendant ce temps, salez et poivrez les filets de turbot. Cuisez-les dans le reste de beurre, 3 minutes sur chaque face.

4. Disposez les épinards dans un plat. Posez dessus les filets de turbot. Garnissez-les d'oignons et arrosez de jus de citron.

Filets de turbot à la flamande

Préparation : 10 mn
Cuisson : 20 mn

Pour 4 personnes
4 filets de turbot de 150 g environ chacun
8 endives
60 g de beurre
30 g de crème fraîche
Le jus de 1 citron
1 pincée de muscade
Sel, poivre

1. Nettoyez les endives. Effeuillez-les.

2. Chauffez 30 grammes de beurre dans une cocotte, sur feu vif. Mettez les feuilles d'endives. Laissez-les prendre couleur en les remuant. Quand elles sont légèrement dorées, baissez le feu, ajoutez le jus de citron, le sel, le poivre et la muscade. Couvrez et poursuivez la cuisson une dizaine de minutes.

3. Pendant ce temps, faites cuire à la poêle, dans le reste du beurre, les filets de turbot 3 à 4 minutes de chaque côté. Salez et poivrez. En fin de cuisson, nappez de crème fraîche.

4. Mettez les endives dans un plat. Posez dessus les filets de poisson et arrosez avec le jus de cuisson.

Filets de turbot aux fonds d'artichauts

Préparation : 15 mn
Cuisson : 40 mn

Pour 4 personnes
4 filets de turbot de 140 g chacun
2 gros fonds d'artichauts cuits
1 oignon moyen
90 g de beurre
20 g de farine
50 cl de vin rouge
2 gousses d'ail hachées
1 cuillerée à soupe de coulis de tomate
1 cuillerée à soupe de xérès
Sel, poivre

1. Préparez une sauce au vin : émincez l'oignon, faites-le blondir dans 30 grammes de beurre, ajoutez la farine, remuez vivement puis versez le vin en tournant. Chauffez jusqu'à ébullition. Ajoutez alors les gousses d'ail, le coulis de tomate, le xérès, le sel et le poivre. Laissez bouillir doucement 30 minutes.

2. Pendant la cuisson de la sauce, disposez dans un plat allant au four, en les alternant, les filets de turbot et les artichauts émincés en lamelles. Salez, poivrez, parsemez de 60 grammes de beurre en petits morceaux. Faites cuire au four 15 minutes (th. 6-7).

3. Servez le poisson et les artichauts avec la sauce au vin.

Filets de turbot au fromage

Préparation : 5 mn
Cuisson : 25 mn

Pour 6 personnes
6 filets de turbot
1 sachet de court-bouillon instantané
100 g de gruyère râpé
1 tasse de crème fraîche
Poivre

1. Préparez le court-bouillon selon le mode d'emploi.

2. Plongez les filets de turbot dans le court-bouillon froid. Chauffez jusqu'au début de l'ébullition. Arrêtez la cuisson. Égouttez les filets sans les briser. Disposez-les dans un plat à gratin. Poivrez-les.

3. Nappez avec la crème fraîche. Saupoudrez de gruyère. Faites gratiner au four une dizaine de minutes. Servez dans le plat de cuisson.

Filets de turbot grillés

Préparation : 10 mn
Cuisson : 15 mn

Pour 6 personnes
6 beaux filets de turbot
4 cuillerées à soupe de chapelure
2 cuillerées à soupe d'huile
Sel, poivre

1. Salez et poivrez les filets de poisson, huilez-les et passez-les dans la chapelure.

2. Mettez-les sur le gril et faites-les cuire 15 minutes environ en les retournant en cours de cuisson. Ils ne doivent pas être placés trop près des braises.

Filets de turbot à la sauce madère

Préparation : 10 mn
Cuisson : 25 mn

Pour 4 personnes
4 filets de turbot de 150 g chacun
1 cube de concentré de volaille

1. Préparez la sauce : faites fondre le cube de consommé dans 50 centilitres d'eau chaude. Ajoutez le laurier. Laissez bouillir 5 minutes. Faites brunir la farine dans 30 grammes de beurre. Ajoutez le consommé chaud en tournant. Laissez bouillir, à feu doux, 7 à 8 minutes. Ajoutez le madère et du poivre. Mélangez. Tenez au chaud.

Filets de turbot à la sauce madère (*suite*)

1/2 verre de madère
30 g de farine
110 g de beurre
1 feuille de laurier
Sel, poivre
Ciboulette, persil

2. Faites cuire les filets de turbot à la vapeur avec sel et poivre pendant 10 à 15 minutes.

3. Terminez la sauce en lui ajoutant le reste de beurre coupé en morceaux et ramolli. Fouettez vivement. Chauffez jusqu'à ébullition. Nappez le turbot de cette sauce. Décorez de ciboulette et de persil. Servez avec des brocolis et des petites carottes cuits à la vapeur.

Flans de saumon sauce safranée

Préparation : 20 mn
Cuisson : 35 mn

Pour 4 personnes
600 g de filets de saumon
100 g de saumon fumé
4 œufs
50 cl de lait
100 g de crème fraîche
30 g de beurre + 20 g pour les moules
20 g de farine
1 dosette de safran
Ciboulette
Sel, poivre

1. Passez le saumon au mixer pour obtenir une purée fine.

2. Chauffez le lait avec sel et poivre. Battez les œufs en omelette. Versez dessus le lait bouillant en fouettant sans arrêt.

3. Ajoutez la purée de saumon. Mélangez bien.

4. Répartissez la préparation dans 4 petits moules ronds beurrés. Faites cuire 25 minutes au four (th. 7), au bain-marie.

5. Pendant ce temps, préparez la sauce : dans une petite casserole, sur feu doux, mélangez le beurre et la farine. Ajoutez 1 verre d'eau et la crème en fouettant jusqu'à ébullition. Salez, poivrez et laissez épaissir 2 à 3 minutes. Hors du feu, ajoutez le safran, la ciboulette coupée aux ciseaux, mélangez.

6. Démoulez les petits flans, nappez-les de sauce. Vous pouvez garnir de langoustines ou d'écrevisses.

Flan au thon

Préparation : 10 mn
Cuisson : 45 mn

Pour 6 personnes

75 cl de lait
4 œufs
1 boîte de 200 g de thon au naturel
1 tasse de sauce tomate
10 g de beurre ou de margarine
Sel, poivre
Muscade

1. Graissez un moule à charlotte.

2. Ouvrez la boîte de thon, égouttez-le et passez-le au mixer.

3. Battez les œufs en omelette. Salez et poivrez. Râpez un peu de muscade. Ajoutez la moitié du thon et mélangez.

4. Faites chauffer le lait. Lorsqu'il est prêt à monter, versez-le sur le mélange œufs-thon. Mélangez.

5. Versez dans le moule. Mettez à cuire au bain-marie, à four chaud (th. 7) pendant 45 minutes.

6. Pendant ce temps, réchauffez la sauce tomate et ajoutez-y le reste du thon.

7. Lorsque le flan est cuit, démoulez-le aussitôt dans un plat creux et versez la sauce dessus.

Fondue armoricaine

Préparation : 20 mn
Cuisson par morceau de poisson : 2 mn

Pour 6 personnes

1,2 kg de filets de poisson cru (saint-pierre, sole, lotte, merlan, bar, etc.)
6 cuillerées à soupe de farine
2 oignons
12 queues de persil
80 g de beurre
25 cl de vin blanc
1 cuillerée à soupe de moutarde forte
Sel, poivre, huile

1. Coupez les poissons en dés de 2 centimètres de côté environ.

2. Roulez-les dans 5 cuillerées de farine. Mettez-les sur un plat de service.

3. Pelez et émincez les oignons.

4. Chauffez le beurre dans une casserole. Ajoutez 1 cuillerée de farine. Tournez jusqu'à ce que le beurre ait absorbé la farine. Versez alors le vin blanc, 1 verre d'eau froide et les queues de persil. Salez, poivrez. Laissez cuire sur feu très doux pendant 10 minutes en tournant fréquemment.

5. Chauffez l'huile dans le caquelon. Quand elle est bien chaude, posez-la sur le réchaud à alcool, à table.

6. Terminez la sauce : enlevez les queues de persil et ajoutez la moutarde. Mélangez bien. Chaque convive pique un morceau de poisson du bout de sa fourchette et le plonge 2 minutes dans l'huile frissonnante, puis le passe dans la sauce avant de le déguster.

Fricassée d'anguilles à la nantaise

Préparation : 20 mn
Cuisson : 45 mn

Pour 6 personnes
1,5 kg d'anguilles
100 g de beurre
1 cuillerée à soupe d'huile
50 cl de vin blanc (gros plant ou muscadet)
10 cl de rhum blanc
Le jus de 1/2 citron vert
1 cuillerée à soupe de farine
20 cl de crème fraîche
2 jaunes d'œufs
2 échalotes grises
Sel, poivre

1. Épluchez et hachez les échalotes.

2. Faites dépouiller les anguilles par le poissonnier, essuyez-les, coupez-les en tronçons. Chauffez l'huile et la moitié du beurre dans une poêle, jetez-y les tronçons d'anguilles et les échalotes, laissez revenir doucement ; quand ils commencent à dorer, arrosez avec le rhum, flambez, ajoutez le jus de citron, le vin blanc, salez et poivrez ; laissez cuire à feu doux 30 minutes.

3. Les anguilles étant cuites, retirez-les, passez dans une passoire fine le jus de cuisson, faites-le réduire d'un tiers sur feu doux.

4. Faites fondre le reste du beurre dans une casserole, ajoutez la farine, tournez sans faire colorer, mouillez avec le jus de cuisson réduit des anguilles, laissez cuire 10 minutes à tout petit feu.

5. Délayez la crème avec les jaunes d'œufs, liez la sauce avec ce mélange, remettez les morceaux d'anguilles dans la sauce, retirez le tout du feu, servez aussitôt très chaud.

Fricassée de langoustines aux asperges

Préparation : 25 mn
Cuisson : 10 mn

Pour 4 personnes
16 langoustines
12 asperges vertes
4 tranches assez épaisses de filet de porc fumé
120 g de beurre
Le jus de 1 citron
Quelques brins de persil plat
Sel, poivre

1. Nettoyez les asperges et faites-les cuire à l'eau bouillante salée pendant 10 minutes. Égouttez-les. Coupez les têtes et détaillez les tiges en tronçons.

2. Décortiquez les langoustines.

3. Chauffez 30 grammes de beurre dans une sauteuse. Faites revenir les tranches de porc fumé à feu vif. Ajoutez les langoustines, 30 grammes de beurre, un peu de sel et du poivre. Cuisez 3 minutes, à feu moyen. Mettez les asperges et poursuivez la cuisson 2 minutes, juste pour les chauffer.

4. Faites fondre le reste du beurre au bain-marie, avec le jus de citron, un peu de sel et du poivre.

5. Disposez les langoustines, les tranches de filet de porc et les asperges sur un plat avec quelques brins de persil. Servez chaud avec le beurre citronné.

Fritot de morue à la crème

Préparation : 20 mn
Cuisson : 1 h

Pour 6 personnes

1 morue séchée entière bien dessalée
150 g de petites pommes de terre
1 petit céleri-rave
150 g de carottes
2 poireaux
2 oignons
2 cuillerées à soupe de farine
2 œufs
100 g de crème fraîche
150 g de beurre
1 cuillerée à soupe d'huile
Persil haché
Sel, poivre

1. Mettez la morue bien dessalée dans l'eau froide et faites chauffer en prenant garde de ne pas laisser l'eau bouillir. Après 10 minutes de cuisson, réservez-la au chaud, dans son eau.

2. Épluchez les pommes de terre, le céleri-rave et les oignons ; grattez les carottes ; lavez bien et émincez les poireaux. Battez ensemble les œufs et la crème fraîche après les avoir salés et poivrés.

3. Faites pocher, pendant 15 minutes, à l'eau bouillante salée, les pommes de terre, le céleri-rave, les carottes coupées en fines rondelles et les poireaux. Égouttez.

4. Mettez dans une poêle profonde, ou dans une sauteuse, le beurre additionné d'huile. Lorsqu'il est chaud, versez les légumes, les oignons et la morue égouttée, débarrassée de sa peau, de ses arêtes et effeuillée en gros morceaux. Placez tous ces éléments en couches, si possible alternées, saupoudrées de farine. Salez et poivrez.

5. Au bout de 15 à 20 minutes de cuisson, à feu assez vif, retournez la préparation sur un plat. Remettez-la dans la poêle ou dans la sauteuse pour la faire dorer de l'autre côté. Environ 5 minutes avant la fin de la cuisson, arrosez d'œufs battus avec la crème.

6. Dès que les œufs sont pris en omelette, servez après avoir saupoudré de persil haché.

Fruits de mer au curry

Préparation : 20 mn

Pour 6 personnes

1 boîte de crabe
1 boîte de thon au naturel
3 belles pommes un peu acides
2 laitues
2 cuillerées à soupe de yaourt
6 cuillerées à soupe d'huile d'olive
1 cuillerée à soupe de moutarde forte
2 cuillerées à café de curry
Olives noires
Sel, poivre

1. Lavez et égouttez la salade. Coupez-la en gros morceaux.

2. Épluchez les pommes. Coupez-les en petits cubes.

3. Ouvrez les boîtes de crabe et de thon. Égouttez-les.

4. Mélangez délicatement les ingrédients dans un saladier.

5. Faites une vinaigrette avec le yaourt, la moutarde, l'huile d'olive, le curry, le sel, et le poivre.

6. Versez la sauce dans un saladier et décorez avec des olives noires.

Galette de pommes de terre au thon

Préparation : 10 mn
Cuisson : 15 mn

Pour 6 personnes

700 g de pommes de terre
200 g de thon au naturel
1 oignon
50 g de beurre ou de margarine
1 gousse d'ail
2 ou 3 brins de persil
Sel, poivre

1. Lavez les pommes de terre. Faites-les cuire 5 minutes (pas davantage) à l'eau bouillante salée. Épluchez-les. Écrasez-les grossièrement.

2. Ouvrez la boîte de thon. Égouttez-le. Hachez-le finement.

3. Épluchez, lavez, hachez oignon, ail et persil.

4. Mélangez pommes de terre, thon et hachis. Salez et poivrez.

5. Faites fondre les deux tiers du corps gras dans une poêle assez large. Versez le mélange. Tassez comme pour une galette. Laissez dorer pendant 5 à 7 minutes. Faites glisser sur une assiette.

6. Faites fondre le restant du corps gras. Mettez la seconde face de la galette à dorer. Servez bien chaud.

Gambas au céleri

Préparation : 20 mn
Cuisson : 20 mn

Pour 4 personnes

12 grosses gambas
300 g de céleri-rave
Le jus de 1 citron
120 g de beurre
25 g de farine
50 cl de lait
3 cuillerées à soupe de crème fraîche
2 tomates
Quelques brins de ciboulette
Sel, poivre

1. Pelez le céleri-rave. Râpez-en finement la moitié et coupez le reste en minces bâtonnets. Arrosez de jus de citron. Pelez les tomates et coupez-les en dés.

2. Chauffez 30 grammes de beurre. Quand il est fondu, ajoutez la farine, puis le lait, et remuez jusqu'à ce que la sauce épaississe. Salez, poivrez, ajoutez la crème et mélangez bien. Réservez au chaud.

3. Chauffez le reste du beurre dans une grande sauteuse. Faites-y légèrement revenir le céleri râpé, puis ajoutez les gambas et les dés de tomate. Laissez cuire 7 à 8 minutes, à feu vif. Salez et poivrez.

4. Versez la sauce dans un plat creux. Disposez dessus les gambas que vous arrosez de leur jus de cuisson. Décorez avec les bâtonnets de céleri cru et de la ciboulette coupée aux ciseaux.

Gambas à l'espagnole

Préparation : 25 mn
Marinade : 30 mn
Cuisson : 8 mn

Pour 6 personnes

24 gambas
4 cuillerées à soupe d'huile d'olive
2 pincées de paprika
1 pincée de poivre de Cayenne

1. Préparez une marinade en mélangeant dans un saladier l'huile, le paprika, le poivre de Cayenne.

2. Enlevez leurs carapaces aux gambas et mettez-les à tremper dans la marinade pendant 30 minutes.

3. Faites-les cuire sur le gril, très près des braises, pendant 4 minutes de chaque côté. Servez aussitôt.

Garniture trouvillaise

Préparation : 40 mn
Cuisson : 20 mn

Pour 4 personnes
100 g de crevettes décortiquées
1 l de moules
50 cl de vin blanc
12 champignons de taille moyenne
60 g de beurre
1 tasse de sauce crevette (voir recette p. 10)
Sel, poivre

1. Faites ouvrir les moules dans une casserole sur feu vif, en agitant la casserole.

2. Décoquillez les moules, faites-les cuire 10 minutes dans le vin blanc. Égouttez-les.

3. Nettoyez les champignons. Ne conservez que les têtes et faites-les cuire pendant 10 minutes dans le beurre, avec sel et poivre.

4. Mélangez les crevettes décortiquées, les moules pochées au vin blanc, les têtes de champignons sautées au beurre, à la sauce aux crevettes.

Gaspacho marin

Préparation : 20 mn
Cuisson : 10 mn

Pour 4 personnes
1 concombre
2 tomates
4 radis
300 g de chair de crabe
18 écrevisses
2 cuillerées à soupe d'huile
4 yaourts
50 cl de crème fraîche liquide
Sel, poivre
Croûtons

1. Faites revenir à la poêle, dans l'huile, les écrevisses, pendant 10 minutes, en les remuant. Décortiquez-les.

2. Coupez la chair de crabe en morceaux.

3. Pelez les légumes ; coupez-les en dés. Passez-les au mixer avec les yaourts. Ajoutez la crème, le sel, le poivre, la chair de crabe et les écrevisses.

4. Versez dans une soupière dans laquelle vous aurez mis 8 glaçons. Remuez avant de servir ainsi glacé. Accompagnez de petits croûtons aillés frits dans l'huile.

Gâteau de sole au saumon

Préparation : 30 mn
Cuisson : 40 mn

Pour 4 personnes
600 g de filets de sole
250 g de saumon fumé
250 g de pommes de terre
50 g de crème fraîche
300 g de coques
125 g de beurre + 20 g pour le moule
1 tomate
Jus de citron
Sel, poivre

1. Lavez les coques. Plongez-les 2 minutes dans de l'eau salée en ébullition. Égouttez-les et décoquillez-les.

2. Passez ensemble au mixer les filets de sole et 200 grammes de saumon fumé, avec sel et poivre. Mettez cette purée dans le réfrigérateur.

3. Pelez les pommes de terre. Cuisez-les 20 minutes à la vapeur. Réduisez-les en purée. Salez.

4. Mélangez cette purée à celle des poissons. Ajoutez la crème fraîche. Mettez cette préparation dans un moule rond. Faites cuire 20 minutes au four (th. 6).

5. Pendant ce temps, préparez la sauce : passez ensemble au mixer le beurre et le reste de saumon fumé. Ajoutez quelques gouttes de jus de citron et chauffez au bain-marie.

6. Démoulez le gâteau de poisson sur un plat. Nappez-le avec le beurre de saumon. Décorez de petits morceaux de tomate crue et des coques.

Goujons en friture

Préparation : 20 mn
Cuisson : 10 mn

Pour 6 personnes
1,25 kg de goujons
50 g de farine
6 petits bouquets de persil
Huile de friture
2 citrons
Sel, poivre

1. Videz et essuyez soigneusement les goujons. Roulez-les dans la farine.

2. Faites chauffer l'huile de friture. Quand elle est bien chaude (mais non fumante), jetez-y les goujons et laissez-les dorer.

3. Lorsqu'ils ont pris une belle couleur, égouttez les goujons sur un papier absorbant. Disposez-les sur un plat chaud. Salez et poivrez.

4. Plongez rapidement les bouquets de persil dans la friture.

5. Décorez les goujons avec le persil frit et des quartiers de citron.

Gratin d'anchois aux pommes de terre

Préparation : 30 mn
Cuisson : 30 mn

Pour 4 personnes
500 g de pommes de terre nouvelles
2 oignons
1 tasse de lait
1 cuillerée à soupe de crème fraîche
30 g de beurre
2 petites boîtes de filets d'anchois à l'huile (12 à 15 filets)
Sel

1. Pelez les pommes de terre et coupez-les en rondelles très fines.

2. Pelez les oignons et coupez-les en rondelles minces.

3. Beurrez le fond et les parois d'un plat à gratin. Mettez dans le fond 1 couche de pommes de terre, par-dessus 1 couche d'oignons. Disposez les anchois en croisillons et couvrez avec le restant des pommes de terre. Salez très légèrement, les anchois le sont déjà.

4. Mélangez la crème fraîche et le lait. Versez ce mélange dans le plat, sur le gratin. Parsemez le dessus de noisettes de beurre.

5. Mettez au four environ 30 minutes. Servez chaud dans le plat de cuisson.

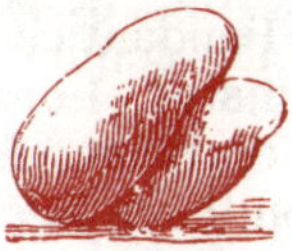

Gratin de harengs

Préparation : 15 mn
Dessalage : 12 h
Cuisson : 25 mn

Pour 6 personnes
6 harengs gras à la saumure
6 pommes de terre moyennes
4 oignons assez gros
2 verres 1/2 de lait
50 g de chapelure
50 g de beurre
Poivre

1. La veille : ôtez la peau des harengs et levez leurs filets. Mettez-les à dessaler dans de l'eau.

2. Le lendemain, faites cuire 10 minutes, dans de l'eau en ébullition, les pommes de terre. Épluchez-les et coupez-les en rondelles. Épluchez les oignons et hachez-les finement.

3. Allumez le four.

4. Mettez un peu de beurre dans une poêle sur feu moyen et, quand il grésille, mettez-y les oignons hachés. Arrêtez la cuisson dès qu'ils sont dorés.

5. Beurrez un plat allant au four. Tapissez-en le fond avec 1 couche de rondelles de pommes de terre, puis 1 couche de harengs, puis 1 couche d'oignons, etc.

6. Faites bouillir le lait. Poivrez-le, ajoutez la chapelure et le reste de beurre. Versez ce lait bien bouillant dans le plat, sur les harengs.

7. Passez à four chaud 12 à 15 minutes. Servez très chaud dans le plat de cuisson.

Gratin de langoustines

Préparation : 1 h
Cuisson : 40 mn

Pour 6 personnes
1 kg de langoustines
50 cl de lait
2 cuillerées à soupe de farine
40 g de beurre
2 cuillerées à soupe de gruyère râpé
3 tomates
3 œufs
1 sachet de court-bouillon instantané
Sel, poivre

1. Préparez un court-bouillon selon le mode d'emploi. Jetez les langoustines dans le liquide bouillant et laissez-les cuire à gros bouillons pendant 25 minutes.

2. Pendant ce temps, pelez et épépinez les tomates. Écrasez la chair. Faites durcir 2 œufs pendant 10 minutes dans l'eau bouillante salée.

3. Égouttez les langoustines. Décortiquez les queues et mettez-les de côté. Pilonnez les têtes et les pattes coupées en deux dans une passoire, pour en extraire la crème.

4. Allumez le four (th. 8).

5. Faites fondre le beurre dans une casserole, sur feu moyen. Ajoutez la farine. Tournez avec une cuiller en bois. Quand la farine a absorbé tout le beurre, versez en une seule fois le lait froid. Tournez, laissez cuire jusqu'à épaississement (5 minutes environ). Ajoutez alors la chair des tomates, la crème de langoustines, le fromage râpé. Salez et poivrez. Ajoutez hors du feu 1 jaune d'œuf et le blanc battu en neige ferme.

6. Disposez les queues de langoustines dans des cassolettes individuelles. Ajoutez des rondelles d'œufs durs. Nappez de sauce.

7. Passez au four pour faire prendre couleur (10 à 15 minutes) et servez très chaud.

Gratin de queues d'écrevisses

Préparation : 25 mn
Cuisson : 30 mn

Pour 4 personnes
16 écrevisses moyennes
2 cuillerées à soupe d'huile
1 verre de vin blanc
3 tomates
1 oignon
4 branches de basilic
1/2 boîte de bisque d'écrevisses
30 g de crème fraîche
Sel, poivre

1. Plongez les écrevisses 5 minutes dans de l'eau en ébullition. Égouttez-les et décortiquez-les. Ne gardez que les queues.

2. Pelez et hachez l'oignon. Ébouillantez et pelez les tomates ; coupez-les en dés.

3. Chauffez l'huile dans une sauteuse. Faites-y revenir les queues d'écrevisses pendant 3 minutes, puis ajoutez l'oignon, les tomates et le basilic. Remuez et mouillez avec le vin blanc. Salez, poivrez, couvrez et laissez mijoter 10 minutes.

4. Ajoutez la bisque d'écrevisses et la crème. Mélangez et poursuivez la cuisson, à feu vif, sans couvrir, 5 minutes.

5. Versez dans un plat à gratin. Passez au four (th. 6) pendant 10 minutes environ.

Gratin de riz au saumon

Préparation : 10 mn
Cuisson : 40 mn

Pour 4 personnes
400 g de saumon frais ou surgelé
1 sachet de court-bouillon instantané
150 g de riz
1/2 cuillerée à café de curry
2 tasses de crème fraîche
80 g de beurre
12 olives
Sel

1. Préparez le court-bouillon selon le mode d'emploi indiqué sur le sachet. Plongez le poisson dans ce court-bouillon froid. Chauffez et laissez cuire 10 minutes à partir de l'ébullition, en maintenant le liquide à peine frissonnant. Égouttez le saumon. Émiettez-le.

2. Faites cuire le riz 20 minutes à grande eau bouillante salée ; égouttez-le.

3. Mélangez le curry et la crème.

4. Ajoutez le riz et le saumon. Mettez dans un plat à gratin. Parsemez de noisettes de beurre. Décorez avec les olives. Passez 20 minutes au four. Servez dans le plat de cuisson.

Grondins aux amandes

Préparation : 15 mn
Cuisson : 25 à 30 mn

Pour 4 personnes
4 grondins
2 cuillerées à soupe d'huile d'olive
50 g de beurre
1 citron 1/2
5 cl de rhum blanc
50 g d'amandes effilées
Thym frais
Sel, poivre

1. Coupez 1 citron en huit.

2. Nettoyez les poissons et glissez 1 petite branche de thym, des tranches de citron, du sel et du poivre, dans le ventre de chaque grondin.

3. Mettez-les dans un plat allant au four.

4. Arrosez-les d'huile d'olive et ajoutez la motié du beurre. Saupoudrez de quelques feuilles de thym.

5. Arrosez du jus de 1/2 citron et mettez à cuire à four chaud pendant 25 minutes, en les arrosant souvent.

6. Faites fondre le reste du beurre pour y mettre à dorer les amandes effilées, puis posez-les sur les poissons cuits. Arrosez le tout avec le rhum.

7. Flambez et servez aussitôt.

Grondins aux bigorneaux et au beurre noisette

Préparation : 25 mn
Cuisson : 20 mn

Pour 4 personnes
4 grondins de 350 g chacun
1/2 l de gros bigorneaux
100 g de beurre
1 cuillerée à soupe de moutarde douce
1 verre de vin blanc
Sel, poivre

1. Lavez les bigorneaux. Faites-les cuire 2 minutes à l'eau salée frémissante. Égouttez-les et décoquillez-les.

2. Nettoyez les grondins et coupez les têtes. Fendez-les tout du long, côté ventre, et retirez l'arête centrale.

3. Tartinez-les d'un peu de moutarde. Mettez-les dans un plat à four. Mouillez avec le vin. Faites cuire 15 minutes au four (th. 7).

4. Dans une poêle, faites chauffer le beurre jusqu'à ce qu'il ait pris une couleur blond noisette. Salez et poivrez légèrement. Ajoutez les bigorneaux et chauffez 1 minute.

5. Servez les grondins avec ce beurre noisette et les bigorneaux.

Grondins panés au four

Préparation : 20 mn
Cuisson : 30 mn

Pour 6 personnes
1,8 kg de grondins
2 œufs
60 g de beurre
4 cuillerées à soupe de chapelure
Sel, poivre

1. Détachez les filets des poissons, nettoyez-les, lavez-les sous le robinet d'eau froide et essuyez-les soigneusement dans du papier absorbant.

2. Allumez le four (th. 6).

3. Dans une assiette, battez les œufs en omelette avec sel et poivre. Mettez la chapelure dans une autre assiette.

4. Passez les filets dans l'œuf, puis dans la chapelure, et rangez-les dans un plat à four.

5. Arrosez avec le beurre, que vous aurez fait fondre quelques instants dans le four. Salez et poivrez.

6. Mettez au four 30 minutes, en arrosant de temps en temps avec le jus. Servez chaud dans le plat de cuisson.

Haddock fermière

Préparation : 5 mn
Cuisson : 35 mn

Pour 6 personnes
2 beaux filets de haddock (1,2 kg environ)
50 cl de lait
50 g de beurre
500 g de pommes de terre
1 citron 1/2

1. Allumez le four (th. 5).

2. Disposez les filets dans un plat à four. Versez par-dessus le lait froid et parsemez le poisson de petites noisettes de beurre.

3. Mettez à four moyen 35 minutes.

4. Pendant ce temps, pelez et lavez les pommes de terre. Mettez-les à cuire, à l'eau bouillante salée, pendant 20 minutes.

5. Lorsque le poisson est cuit, le liquide de cuisson doit avoir réduit considérablement, mais il doit toujours en rester. Sortez le poisson, que vous disposerez sur un plat. Entourez-le des pommes cuites et garnissez de quartiers de citron. Servez aussitôt.

Haddock à la flamande

Préparation : 15 mn
Cuisson : 45 mn

Pour 4 personnes

600 g de haddock
1 chou
80 g de lardons
50 cl de lait
4 cuillerées à soupe d'huile
4 grains de genièvre
40 g de crème fraîche
Sel, poivre

1. Retirez les feuilles extérieures du chou. Lavez-le. Coupez-le en 8 ou 10 morceaux. Plongez-le 5 minutes dans de l'eau en ébullition salée, puis égouttez bien à fond.

2. Chauffez l'huile dans une cocotte. Faites revenir doucement les lardons. Ajoutez le chou, les grains de genièvre, le sel et le poivre. Remuez, couvrez et laissez cuire à feu doux pendant 25 à 30 minutes.

3. Dans une grande casserole, versez le lait et ajoutez-lui une quantité égale d'eau. Poivrez. Mettez le haddock dans la casserole. Chauffez et faites cuire 10 minutes à tout petits frémissements à partir de l'ébullition (ne salez pas).

4. Le chou étant cuit, mélangez-lui la crème et disposez-le avec les lardons dans un plat creux. Posez dessus le haddock bien égoutté et coupé en morceaux. Vous pouvez ajouter à ce plat des pommes de terre cuites à la vapeur.

Haddock grillé

Préparation : 10 mn
Cuisson : 25 mn

Pour 4 personnes

800 g de haddock
3 cuillerées à soupe d'huile

Pour la sauce

50 g de beurre
40 g de farine
2 jaunes d'œufs
1 petit pot de crème fraîche
Sel, poivre

1. Coupez les filets de haddock en morceaux de 6 à 8 centimètres de côté.

2. Faites-les tremper dans l'eau bouillante pendant 5 minutes. Égouttez, séchez avec précaution dans du papier absorbant. Badigeonnez chaque morceau d'huile.

3. Faites chauffer le gril. Laissez cuire environ 10 minutes de chaque côté.

4. Pendant ce temps, préparez la sauce. Faites fondre le beurre dans une casserole, incorporez la farine. Ajoutez progressivement 50 centilitres d'eau chaude. Quand la sauce est épaissie, salez, poivrez, ajoutez les jaunes d'œufs. Incorporez la crème fraîche.

5. Déposez les morceaux de haddock sur le plat de service. Nappez avec la sauce. Accompagnez de pommes vapeur.

Haddock au lait

Préparation : 5 mn
Cuisson : 20 mn

Pour 4 personnes

800 g de haddock
50 cl de lait
50 g de beurre
1 citron

1. Dans une grande casserole, placez les filets de haddock. Couvrez avec le lait mélangé d'eau. Le poisson doit être juste recouvert.

2. Faites cuire à feu moyen, à petits frémissements, pour que le lait ne déborde pas, pendant une vingtaine de minutes.

3. Égouttez rapidement. Disposez sur le plat de service chaud. Arrosez avec le beurre fondu, décorez avec des rondelles de citron.

Harengs belle meunière

Préparation : 15 mn
Cuisson : 12 mn

Pour 6 personnes

6 harengs frais moyens
50 g de farine
100 g de beurre
Sel, poivre
Persil haché

1. Videz, nettoyez les poissons, épongez-les. Salez-en l'intérieur. Roulez-les dans la farine.

2. Faites fondre la moitié du beurre dans une poêle. Quand il commence à mousser, déposez les poissons farinés. Laissez cuire sur chaque face à feu doux.

3. Dressez les poissons sur un plat chaud.

4. Faites fondre et légèrement brunir le restant du beurre. Ajoutez au beurre de cuisson. Arrosez les poissons. Servez après avoir saupoudré de persil haché.

Harengs en croquettes

Préparation : 15 mn
Cuisson : 30 mn

Pour 4 personnes

700 g de harengs
500 g de pommes de terre
2 œufs
80 g de beurre
2 cuillerées à soupe de farine
1 sachet de court-bouillon instantané
Sel, poivre

1. Pelez les pommes de terre et cuisez-les 25 minutes à l'eau bouillante salée.

2. Passez-les à la moulinette pour obtenir une purée très sèche.

3. D'autre part, nettoyez et videz les harengs et faites-les cuire 10 minutes dans le court-bouillon instantané, préparé selon le mode d'emploi indiqué sur le paquet.

4. Enlevez les arêtes et passez la chair des poissons à la moulinette.

5. Mélangez cette purée à la purée de pommes de terre. Salez et poivrez. Ajoutez les œufs.

6. Formez des boulettes ; roulez-les dans la farine.

7. Faites-les cuire 6 à 8 minutes à la poêle, dans du beurre chaud, pour les dorer.

Harengs farcis en papillotes

Préparation : 15 mn
Cuisson : 20 mn

Pour 4 personnes

4 gros harengs
130 g de beurre
40 g de chapelure
1 cuillerée à soupe de persil haché
1 cuillerée à café de moutarde
Huile
2 jaunes d'œufs
Sel, poivre

1. Écaillez les poissons. Videz-les. Coupez les têtes. Ouvrez chaque hareng en deux dans le sens de la longueur, côté ventre, et retirez l'arête centrale. Lavez les filets et épongez-les dans du papier absorbant.

2. Écrasez à la fourchette 80 grammes de beurre ramolli avec la moutarde, le persil, la chapelure, du sel et du poivre pour obtenir une sorte de pâte.

3. Préparez un grand rectangle de papier aluminium. Huilez-le. Posez dessus, côte à côte, la moitié des filets de harengs et tartinez-les de pâte au beurre. Recouvrez avec l'autre moitié des filets. Refermez la papillote. Faites cuire au four (th. 7) 20 minutes.

4. Préparez la sauce : mettez au bain-marie les jaunes d'œufs avec 50 grammes de beurre coupé en morceaux, du sel et du poivre. Fouettez pour obtenir une sauce liée. Servez-la avec les harengs en papillotes.

Harengs flambés au cognac

Préparation : 15 mn
Cuisson : 15 mn

Pour 6 personnes
6 harengs
1/2 paquet de court-bouillon instantané
125 g de crème fraîche
50 g de beurre
2 cuillerées à soupe de moutarde
1 cuillerée à soupe de cognac
Sel, poivre

1. Nettoyez, videz et lavez les poissons.

2. Préparez le court-bouillon instantané. Chauffez-le ; plongez-y les harengs. Laissez frémir 5 minutes.

3. Égouttez. Faites revenir à la poêle dans le beurre chaud pendant 3 à 4 minutes. Salez et poivrez.

4. Versez le cognac. Flambez.

5. Ajoutez la moutarde et la crème fraîche. Salez et poivrez. Faites cuire 2 à 3 minutes. Servez dans un plat chaud.

Harengs frais farcis

Préparation : 30 mn
Cuisson : 20 mn

Pour 6 personnes
6 beaux harengs
2 œufs
30 g de beurre
50 g de farine
Pour la farce
70 g de beurre
3 échalotes
1 grosse poignée de persil
1 dizaine de brins de ciboulette
Sel, poivre

1. Videz les poissons, retirez la tête et la queue, fendez-les par le dos pour retirer l'arête centrale.

2. Maniez 70 grammes de beurre avec les échalotes, le persil, la ciboulette finement hachés. Tartinez de cette farce la moitié de chaque hareng et refermez les poissons.

3. Battez les œufs en omelette. Salez et poivrez.

4. Passez les poissons refermés dans l'œuf battu, puis dans la farine.

5. Faites fondre 30 grammes de beurre dans une grande poêle. Déposez délicatement les harengs. Faites dorer 10 minutes de chaque côté. Servez sur un plat chaud.

Harengs fumés à la mode de Fécamp

Préparation : 10 mn
Cuisson : 30 mn

Pour 4 personnes
350 g de harengs fumés
50 cl de lait
4 œufs
30 g de farine
30 g de beurre
Sel

1. Mettez les harengs dans une casserole, recouvrez-les avec le lait bouillant et faites cuire une dizaine de minutes à petit feu, de façon que le lait soit tout juste en ébullition.

2. Pendant ce temps, faites cuire les œufs pendant 10 minutes à l'eau bouillante salée. Enlevez les coquilles et coupez-les en deux dans le sens de la longueur.

3. Les harengs ayant cuit 10 minutes, égouttez-les et mettez-les dans un plat allant au feu.

4. Dans une petite casserole, faites fondre le beurre et ajoutez la farine ; tournez vivement avec une cuiller en bois. Laissez cuire jusqu'à ce que la farine ait absorbé le beurre, c'est-à-dire 2 ou 3 minutes, puis ajoutez le lait de cuisson des harengs. Laissez cuire 5 à 7 minutes en tournant sans arrêt pour obtenir une sauce crémeuse, dont vous recouvrirez les filets de harengs pour les servir.

Harengs grillés

Préparation : 10 mn
Cuisson : 10 à 15 mn

Pour 6 personnes
6 harengs
de 140 g chacun
2 cuillerées à soupe d'huile
Sauce moutarde
(voir recette p. 12)
Sel, poivre

1. Écaillez les harengs et fendez-les sur toute la longueur du dos pour enlever l'arête centrale (l'entaille doit être profonde, mais sur un côté seulement). Versez un peu de sel et de poivre dans la fente et refermez les poissons.

2. Mettez le gril à chauffer.

3. Pendant qu'il chauffe, préparez une sauce moutarde.

4. Badigeonnez les harengs d'huile.

5. Posez-les sur le gril bien chaud et faites cuire 5 à 6 minutes de chaque côté.

6. Disposez les harengs dans un plat et servez chaud.

Harengs aux lentilles à la moutarde

Préparation : 20 mn
Trempage : 12 h
Cuisson : 1 h 45
pour les lentilles
+ 15 mn
pour les poissons

Pour 6 personnes

6 harengs
2 cuillerées à soupe d'huile
500 g de lentilles
1 oignon
Quelques brins de persil
2 cuillerées à café de gros sel

Pour la sauce

3 cuillerées à soupe de farine
50 g de beurre
1 verre de lait
1 cuillerée à soupe de moutarde de Dijon
2 jaunes d'œufs
1 cuillerée à soupe de crème fraîche
Sel, poivre

1. Mettez les lentilles à tremper dans l'eau froide pendant 12 heures.

2. Environ 2 heures avant de servir, égouttez-les, placez-les dans une casserole avec l'oignon et le persil. Recouvrez d'eau froide, faites chauffer doucement et laissez cuire à petit feu pendant 45 minutes. Ajoutez alors le gros sel et poursuivez la cuisson 45 minutes encore.

3. Trente minutes avant la fin de la cuisson des lentilles, faites un roux blond dans une casserole avec le beurre et la farine. Mouillez avec le lait, salez, poivrez et laissez épaissir sur le feu sans cesser de remuer. Laissez cuire cette sauce 10 minutes.

4. Pendant ce temps, écaillez les harengs, lavez-les sous l'eau froide et essuyez-les après les avoir vidés. Fendez profondément tout le long du dos pour retirer les arêtes. Assaisonnez l'intérieur de sel et de poivre, refermez et badigeonnez-les d'huile.

5. Faites chauffer votre gril.

6. Posez les poissons sur le gril et laissez-les cuire 7 à 8 minutes de chaque côté.

7. Entre-temps, égouttez les lentilles, retirez-en le persil et l'oignon et disposez-les dans un plat chaud.

8. Liez la sauce hors du feu avec la moutarde, les jaunes d'œufs et la crème.

9. Rangez les harengs bien grillés sur les lentilles, nappez de sauce moutarde et servez aussitôt.

Harengs marinés

Préparation : 10 mn
Cuisson : 35 mn

Pour 4 personnes

800 g de petits harengs
1 carotte
2 oignons
50 cl de vin blanc
50 cl de vinaigre de vin
12 grains de poivre
1 feuille de laurier
Sel

1. Préparez une marinade : nettoyez la carotte, coupez-la en minces rondelles. Pelez les oignons, coupez-les en 4 morceaux. Mettez-les à cuire sur feu doux dans une casserole couverte, avec le vinaigre, le vin, le sel, le poivre, le laurier, pendant 30 minutes.

2. Nettoyez les harengs, mettez-les dans un plat creux.

3. Versez sur les poissons la marinade bouillante. Mettez sur petit feu et laissez à peine frissonner 5 minutes. Servez froid.

Harengs marinés aux raisins

Préparation : 10 mn
Marinade : 12 h

Pour 4 personnes

8 filets de harengs
1 verre de lait
2 cuillerées à soupe de raisins secs
2 cuillerées à soupe d'huile
1 cuillerée à soupe de vinaigre de vin
1 cuillerée à soupe de sucre
Sel, poivre

1. Mettez les harengs dans une terrine. Couvrez-les de lait et laissez-les macérer ainsi pendant au moins 12 heures.

2. Faites tremper les raisins dans de l'eau pour les gonfler, pendant au moins 3 heures.

3. Égouttez les harengs et essuyez-les. Coupez-les en tronçons de 2 centimètres environ, mettez-les dans un saladier.

4. Préparez la vinaigrette en mélangeant l'huile, le vinaigre, le sel et le poivre. Ajoutez aussi le sucre et mélangez bien. Assaisonnez les filets de harengs avec cette sauce et parsemez les raisins bien égouttés. Il vaut mieux ne pas servir ces filets de harengs sucrés dès qu'ils viennent d'être préparés, mais les laisser attendre quelques heures au frais avant de les consommer.

Harengs marinés sauce à la crème

Préparation : 15 mn
Marinade : 48 h

Pour 4 personnes
12 filets de harengs
2 oignons
2 carottes
1 citron
2 feuilles de laurier
6 grains de coriandre
25 cl d'huile d'arachide
50 g de crème fraîche
1 pomme
1 tomate
Poivre

1. Pelez les oignons et les carottes ; émincez-les en rondelles. Coupez le citron en tranches fines.

2. Disposez en couches, dans une terrine, les filets de harengs, les oignons, les carottes, les tranches de citron, le laurier, le poivre et les grains de coriandre, après les avoir légèrement concassés. Arrosez d'huile. Couvrez et laissez mariner au frais pendant 48 heures.

3. Pour servir, accompagnez de crème fraîche, de pulpe de pomme râpée et citronnée, de lamelles de tomate crue et d'anneaux d'oignons également crus.

Harengs à la mode du Tréport

Préparation : 15 mn
Marinade : 2 h
Cuisson : 15 mn

Pour 4 personnes
4 harengs
1 verre d'huile
1/2 verre de vinaigre de vin
1 oignon
1 branchette de thym
1 feuille de laurier
1 citron
75 g de beurre
2 cuillerées à soupe de moutarde forte
Sel, poivre

1. Pelez les oignons, émincez-les. Coupez le citron en tranches.

2. Nettoyez les poissons. Mettez-les à mariner pendant 2 heures dans le mélange huile, vinaigre, oignon, citron, thym, laurier ; salez et poivrez.

3. Sortez les harengs de la marinade. Cuisez-les à la poêle, dans le beurre, 6 minutes environ de chaque côté. Quand ils sont cuits, versez dans la poêle 1 tasse de marinade dans laquelle vous aurez délayé la moutarde. Faites bouillir et servez.

Harengs à la moutarde

Préparation : 15 mn
Cuisson : 20 mn

Pour 6 personnes

6 harengs
120 g de beurre
4 cuillerées à soupe de moutarde forte
Sel, poivre

1. Nettoyez et videz les harengs. Essuyez-les avec un papier absorbant. Salez et poivrez-les à l'intérieur et légèrement à l'extérieur.

2. Avec une fourchette, malaxez le beurre et la moutarde.

3. Remplissez chaque poisson avec un peu de cette préparation.

4. Enveloppez chaque hareng dans une feuille de papier d'aluminium en formant une papillote.

5. Faites cuire 20 minutes sur le gril, assez près des braises, en retournant à mi-cuisson.

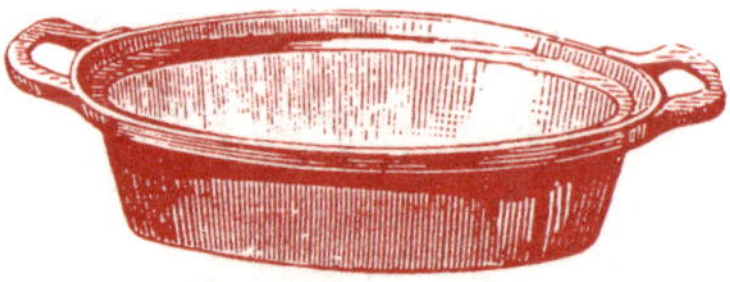

Harengs à la paysanne

Préparation : 15 mn
Cuisson : 25 mn

Pour 4 personnes

4 harengs saurs
4 pommes de terre
4 œufs
1 pomme
1 laitue
4 cornichons
3 cuillerées à soupe d'huile
1 cuillerée à soupe de vinaigre
Sel, poivre

1. Coupez les harengs en petits morceaux de 1 centimètre environ.

2. Pelez les pommes de terre. Coupez-les en rondelles de 0,5 cm d'épaisseur et faites-les cuire 15 minutes à l'eau bouillante salée. Égouttez-les.

3. Faites cuire les œufs pendant 10 minutes à l'eau bouillante salée ; enlevez les coquilles. Coupez-les en quatre.

4. Pelez la pomme, enlevez le cœur et les pépins, coupez-la en lamelles minces.

5. Nettoyez la laitue, coupez-la en lanières.

6. Coupez les cornichons en fines rondelles.

7. Dans un saladier, mélangez harengs, pommes de terre, pomme, laitue, œufs durs, cornichons. Ajoutez l'huile, le vinaigre, du sel, du poivre et mélangez bien le tout pour servir froid.

Harengs aux pommes

Préparation : 10 mn
Cuisson : 20 mn

Pour 4 personnes
4 harengs
4 pommes
100 g de beurre
1 citron
Sel, poivre

1. Videz les poissons. Nettoyez et essuyez-les. Salez et poivrez.

2. Pelez les pommes, évidez-les et coupez-les en rondelles de 1 centimètre environ.

3. Faites griller les harengs sur les braises du barbecue en les retournant au bout de 10 minutes de cuisson.

4. Pendant ce temps, faire rissoler les tranches de pommes au beurre, dans une poêle sur feu vif. Lorsqu'elles sont bien dorées, poivrez. Servez les harengs avec des quartiers de citron et les pommes.

Harengs saurs grillés

Préparation : 5 mn
Cuisson : 10 mn

Pour 4 personnes
4 harengs saurs
80 g de beurre
2 citrons

1. Faites griller les harengs saurs à feu vif, 5 minutes sur chaque face. Retirez les arêtes.

2. Faites fondre le beurre sur petit feu sans le laisser cuire, arrosez-en les poissons et servez aussitôt avec des quartiers de citron.

Harengs saurs à la moutarde

Préparation : 5 mn
Dessalage : 3 h
Cuisson : 15 mn

Pour 6 personnes
6 harengs saurs
1/2 pot de moutarde aromatisée
3 cuillerées à soupe d'huile
Chapelure
50 cl de lait

1. Enlevez la peau des harengs saurs. Rangez-les dans un plat creux. Couvrez-les avec le lait coupé d'eau. Laissez dessaler pendant 3 heures.

2. Épongez soigneusement les poissons. Badigeonnez chacun sur chaque face avec la moutarde, puis avec l'huile. Saupoudrez de chapelure.

3. Déposez les harengs sur le gril préalablement chauffé. Faites griller 7 à 8 minutes de chaque côté.

Harengs saurs en salade

Préparation : 5 mn
Dessalage : 3 h

Pour 4 personnes

4 harengs saurs
200 g de céleri en branches
1 verre de lait
1 jaune d'œuf dur
1 cuillerée à soupe de vinaigre
3 cuillerées à soupe d'huile
Sel (très peu), poivre
Fines herbes

1. Pelez les harengs 3 heures avant l'utilisation et faites-les tremper dans un mélange d'eau et de lait en parties égales, de manière à les recouvrir complètement.

2. Au moment de préparer la salade, essuyez les harengs. Coupez-les en petits carrés et mettez-les dans un saladier.

3. Épluchez soigneusement le céleri et détaillez-le en très petits dés. Ajoutez dans le saladier ainsi que les fines herbes hachées.

4. Préparez dans un bol une sauce avec le jaune d'œuf dur écrasé, le vinaigre, l'huile, le sel et le poivre. Versez dans le saladier et mêlez bien le tout. Servez frais.

Homard à l'américaine

Préparation : 20 mn
Cuisson : 30 mn

Pour 6 personnes

2 homards de 1 kg vivants
1/4 de verre d'eau-de-vie
1 verre de vin blanc sec
80 g de beurre
4 cuillerées à soupe d'huile
1/2 cuillerée à soupe de concentré de tomate
1/2 verre de jus de citron
1 bouquet garni
Fines herbes
Sel, poivre de Cayenne
1 pincée de safran

1. Tuez les homards d'un coup en leur enfonçant profondément une longue aiguille dans la bouche. Détaillez ensuite les queues en tronçons et détachez les pinces et pattes sans les briser.

2. Faites chauffer l'huile dans une poêle et mettez-y les morceaux de homard à revenir.

3. Lorsqu'ils sont bien rouges, versez l'eau-de-vie et flambez. Mouillez ensuite avec le vin blanc. Salez et poivrez. Ajoutez le safran, le bouquet garni et le concentré de tomate. Remuez, réduisez le feu, couvrez la poêle et laissez mijoter 25 minutes.

4. Pendant ce temps, nettoyez et hachez finement les intérieurs du homard. Hachez également les fines herbes.

5. Au bout des 25 minutes, retirez les morceaux de homard que vous maintiendrez au chaud. Ajoutez dans la sauce le hachis de homard et les fines herbes, le jus de citron et assaisonnez de sel et de poivre. Laissez cuire encore 5 minutes.

6. Disposez les morceaux de homard sur un plat chaud, nappez-les de la sauce filtrée et liée avec le beurre. Servez très chaud.

Homard à l'antillaise

Préparation : 10 mn
Cuisson : 30 mn

Pour 4 personnes

2 homards de 500 à 600 g pièce
1,5 kg de tomates
12 gousses d'ail
1 verre d'huile d'olive
1 cuillerée à soupe de persil haché
1/2 verre de rhum
Sel, poivre

1. Plongez les tomates 30 secondes dans l'eau bouillante. Pelez-les. Coupez-les en quatre. Pelez les gousses d'ail. Hachez-les grossièrement.

2. Coupez les homards en deux dans le sens de la longueur.

3. Chauffez l'huile dans une cocotte. Faites cuire les homards à feu vif pendant 10 minutes en les retournant.

4. Versez le rhum dans la cocotte. Flambez.

5. Ajoutez les tomates, l'ail et le persil. Salez et poivrez. Réduisez le feu. Couvrez la cocotte et laissez mijoter doucement pendant 20 minutes.

Homard au beurre citronné

Préparation : 15 mn
Cuisson : 25 mn

Pour 4 personnes

2 homards de 800 g chacun
120 g de beurre
2 citrons
10 feuilles de basilic
3 gousses d'ail
Sel, poivre

1. Coupez les homards crus en deux dans le sens de la longueur. Disposez-les dans un plat à four.

2. Pelez les gousses d'ail. Pilez-les avec les feuilles de basilic.

3. Râpez finement le zeste de 1 citron et pressez le jus des 2.

4. Faites fondre le beurre au bain-marie. Ajoutez la purée de basilic, le zeste râpé et le jus des citrons. Salez et poivrez.

5. Arrosez les homards avec les deux tiers du beurre citronné. Mettez-les au four (th. 7) pendant 15 minutes.

6. Versez le reste de beurre fondu sur les homards et remettez 10 minutes au four. Servez très chaud.

Homard à la bordelaise

Préparation : 20 mn
Cuisson : 40 mn

Pour 4 personnes

2 homards de 800 g chacun
1 sachet de court-bouillon
4 échalotes
1 gousse d'ail
25 cl de bordeaux rouge
40 g de crème fraîche
250 g de cèpes
50 g de blancs de poireaux
2 cuillerées à soupe d'huile
Sel, poivre

1. Préparez 1 litre 1/2 de court-bouillon selon le mode d'emploi. A ébullition, plongez-y les homards et faites-les cuire 20 minutes. Laissez-les au chaud dans le bouillon.

2. Pelez et hachez les échalotes. Mettez-les, avec l'ail, dans le vin et cuisez à feu doux jusqu'à ce qu'il ait réduit de moitié. Filtrez. Ajoutez la crème, du sel et du poivre. Réservez au chaud.

3. Nettoyez et émincez les cèpes. Lavez les blancs de poireaux et taillez-les en fines lanières. Faites revenir le tout dans l'huile, à feu vif, 10 minutes environ, en remuant. Salez.

4. Égouttez les homards. Ouvrez-les en deux dans le sens de la longueur et mettez-les sur un plat. Disposez les cèpes et les poireaux dessus. Servez bien chaud, accompagné de la sauce au vin.

Homard au chou en fricassée

Préparation : 20 mn
Cuisson : 30 mn

Pour 4 personnes

2 homards de 800 g chacun
1 petit chou
3 cuillerées à soupe d'huile
1 verre de vin blanc sec
1 bouquet garni
2 oignons
50 g de beurre
Sel, poivre

1. Décortiquez les homards et coupez la chair en tranches.

2. Nettoyez le chou et faites-le blanchir dans de l'eau salée en ébullition pendant 10 minutes. Égouttez-le et détachez les feuilles.

3. Pelez et hachez les oignons. Faites-les blondir dans l'huile, puis ajoutez les tranches de homard, le bouquet garni, le vin blanc, du sel et du poivre. Laissez cuire 10 minutes, sans couvrir, en remuant souvent.

4. Ajoutez les feuilles de chou et poursuivez la cuisson pendant 6 à 7 minutes à découvert.

5. Incorporez le beurre à la sauce de cuisson. Servez bien chaud.

Homard à la crème

Préparation : 15 mn
Cuisson : 35 mn

Pour 6 personnes
1 homard de 1,8 kg environ
1 sachet de court-bouillon de poisson instantané
1 verre à moutarde de vin blanc sec
1 verre à liqueur de Grand Marnier
50 g de beurre
150 g de crème fraîche
2 jaunes d'œufs
1 bouquet garni
Sel, poivre

1. Choisissez un beau homard en chair vivant. Coupez-le en tronçons avec sa carapace. Conservez la partie verte contenue dans le coffre du homard, puis enlevez les poches à gravier.

2. Préparez 1 litre de court-bouillon selon le mode d'emploi.

3. Faites revenir les tronçons et les pinces du homard dans du beurre, sur feu vif. Salez et poivrez. Il faut que les carapaces rougissent (10 minutes environ).

4. Mouillez avec le court-bouillon, ajoutez le vin blanc, le Grand Marnier et le bouquet garni. Après 15 minutes, égouttez les morceaux de homard, sortez-les de leur carapace et placez-les avec la chair des pinces dans un plat creux. Tenez au chaud, couvert.

5. Dans un bol, mettez les jaunes d'œufs avec du sel et du poivre. Ajoutez la crème fraîche et les parties vertes du homard. Mélangez. Délayez avec 2 louches du court-bouillon de cuisson chaud. Versez dans une petite casserole. Mettez sur feu très doux et faites épaissir sans laisser bouillir et sans cesser de tourner pendant 7 à 8 minutes.

6. Nappez les morceaux de homard avec cette sauce et servez très chaud.

Homard à la diable

Préparation : 25 mn
Cuisson : 15 mn

Pour 4 personnes

2 homards de 750 g chacun
2 cuillerées à soupe de beurre
1 pincée de noix muscade en poudre
1/2 tasse de cognac
2 jaunes d'œufs
3 cuillerées à dessert de crème fraîche épaisse
1 cuillerée à café de sel
Poivre de Cayenne

1. Lavez les homards. Ouvrez-les en deux. Détachez la chair et coupez-la en gros dés. Décortiquez les pattes de façon à sortir la chair que vous couperez également en gros dés. Épongez bien ces chairs avec du papier absorbant.

2. Faites fondre le beurre dans une cocotte. Mettez-y à revenir les morceaux de homard pendant 5 minutes. Assaisonnez avec sel, poivre de Cayenne, noix muscade. Chauffez le cognac dans une louche, enflammez-le et versez sur les homards. Faites cuire à feu très doux 5 minutes de plus.

3. Battez ensemble les jaunes d'œufs et la crème. Versez doucement petit à petit en remuant sans cesse dans la cocotte, et laissez chauffer quelques instants, toujours en remuant et en évitant l'ébullition. Servez les homards avec la sauce de cuisson ; vous pouvez accompagner d'un riz créole.

Homard aux échalotes

Préparation : 30 mn
Cuisson : 25 mn

Pour 4 personnes

1 homard vivant de 1,2 kg environ
160 g de beurre
8 échalotes
1 petit verre de calvados
1/2 verre de vin blanc
1 bol de crème fraîche
2 cuillerées à soupe de persil haché
Sel, poivre

1. Pelez les échalotes ; hachez-les.

2. Détachez la tête du homard ; prélevez les parties crémeuses qu'elle contient.

3. Coupez la queue en tronçons.

4. Dans une casserole sur feu moyen, chauffez la moitié du beurre. Ajoutez les tronçons de homard, le hachis d'échalotes, du sel et du poivre. Remuez avec une cuiller en bois jusqu'à ce que les carapaces du homard soient bien rouges. Versez alors le petit verre de calvados et flambez, puis mouillez avec le vin blanc. Laissez cuire une dizaine de minutes à feu assez vif. Enlevez la casserole du feu.

5. Mettez le restant du beurre coupé en petits morceaux dans un bol chauffé. Écrasez-les avec une cuiller en bois pour réduire en pommade. Ajoutez les parties crémeuses de la tête du homard et la crème fraîche. Mélangez bien.

6. Avec l'écumoire, retirez les tronçons de homard de la casserole. Tenez-les au chaud.

7. Versez le contenu du bol dans la casserole où se trouve la sauce de cuisson du homard. Chauffez 3 minutes. Pour servir, nappez les tronçons de homard avec cette sauce et saupoudrez de persil haché.

Homard flambé

Préparation : 20 mn
Cuisson : 25 mn

Pour 4 personnes
2 homards de 750 g chacun
1/2 tasse d'huile d'olive
2 oignons
2 gousses d'ail
1/4 de tasse de cognac
3 cuillerées à soupe de concentré de tomate
1 cuillerée à dessert d'extrait de viande
1/4 de cuillerée à café de safran
1/2 tasse de vin blanc sec
2 cuillerées à soupe de moutarde
2 cuillerées à soupe de persil haché
1 cuillerée à café de sel
Poivre noir fraîchement moulu

1. Pelez les oignons et hachez-les. Pelez les gousses d'ail et coupez-les en fines lamelles.

2. Coupez les homards de la façon suivante : le corps en 3 morceaux, les pattes en 2. Vous pourrez, pour cette recette, cuire les homards avec ou sans leur carapace selon le goût.

3. Faites chauffer l'huile dans une casserole ou dans une sauteuse. Jetez-y les morceaux de homard. Faites saisir sur feu vif pendant 5 minutes. Retirez les homards et également la moitié de l'huile.

4. Faites revenir, pendant 5 minutes, ail et oignons dans l'huile restant dans la sauteuse ou dans la casserole. Remettez ensuite les morceaux de crustacés.

5. Chauffez le cognac, versez-le dans la sauteuse et flambez-le. Salez et poivrez.

6. Mélangez le concentré de tomate, l'extrait de viande, le vin et le safran. Ajoutez cette préparation au jus de la sauteuse. Couvrez et faites cuire à feu doux 15 minutes.

7. Disposez les morceaux de homard dans le plat de service chaud. En remuant la sauce, ajoutez-lui la moutarde et le persil bien mélangés. Nappez les morceaux de homard avec cette sauce.

Homard flambé au curry

Préparation : 10 mn
Cuisson : 20 mn

Pour 4 personnes

2 homards de 800 g chacun
100 g de beurre
1 cuillerée à soupe de curry en poudre
200 g de crème fraîche épaisse
1/2 tasse à café de cognac
Quelques feuilles d'estragon haché
Sel

1. Coupez les homards en deux dans le sens de la longueur.

2. Chauffez le beurre dans une grande sauteuse. Faites revenir les demi-homards, à feu assez vif, pendant 15 minutes environ, en les retournant et en les arrosant avec le beurre. Salez.

3. Pendant ce temps, battez ensemble la crème fraîche et le curry. Mettez le mélange dans un récipient placé au bain-marie, de façon qu'il chauffe sans bouillir.

4. Lorsque les homards sont cuits, disposez-les dans un plat. Parsemez-les d'estragon haché. Arrosez-les avec le beurre de cuisson, puis avec le cognac, et flambez. Servez accompagné de la sauce au curry.

Homard au four

Préparation : 15 mn
Cuisson : 25 mn

Pour 4 personnes

2 homards de 750 g chacun
1 cuillerée à soupe de moutarde
1 cuillerée à soupe de persil haché
2 pincées d'origan
3 cuillerées à soupe d'huile
40 g de beurre fondu
3 cuillerées à soupe de chapelure
Quartiers de citron
Sel, poivre

1. Fendez les homards en deux dans le sens de la longueur. Otez la veine noire et l'estomac.

2. Placez les demi-homards côte à côte dans un plat à four légèrement huilé, la carapace en dessous.

3. Mélangez la moutarde avec du poivre, du sel, le persil, l'origan, 2 cuillerées à soupe d'huile, le beurre fondu, et versez sur les homards. Saupoudrez de chapelure. Arrosez avec le reste d'huile.

4. Mettez à four chaud (th. 6) et laissez cuire pendant 25 minutes. Servez avec des quartiers de citron.

Homard grillé

Préparation : 10 mn
Cuisson : 20 à 25 mn

Pour 6 personnes
3 homards de 750 g environ chacun
6 pincées de paprika
3 cuillerées à soupe d'huile
Sel, poivre

1. Fendez dans le sens de la longueur les homards encore vivants. Assaisonnez-les avec le sel, le poivre et le paprika. Arrosez-les d'huile.

2. Mettez sur le gril du côté carapace, retournez au bout de 5 minutes et poursuivez la cuisson sur le côté chair pendant 5 minutes. Comptez 20 à 25 minutes de cuisson totale en retournant toutes les 5 minutes.

Homard à la nage

Préparation : 20 mn
Cuisson : 40 mn

Pour 4 personnes
2 homards de 800 g chacun
1 oignon
2 carottes
1 blanc de poireau
1 bouquet garni
1 piment rouge
1 verre de vin blanc sec
50 g de beurre
1 bol de mayonnaise
1 cuillerée à café de moutarde
1 cuillerée à café de cerfeuil haché
Sel

1. Pelez l'oignon et émincez-le. Nettoyez les carottes et coupez-les en rondelles. Lavez le blanc de poireau et coupez-le en rondelles.

2. Préparez le court-bouillon en faisant cuire les légumes dans 1 litre 1/2 d'eau, avec le vin, le beurre, le piment, le bouquet garni et du sel, pendant 20 minutes.

3. Plongez les homards dans le court-bouillon et faites-les cuire pendant 20 minutes. Laissez-les refroidir dans le bouillon.

4. Pour servir, coupez les homards en deux dans le sens de la longueur. Décorez-les avec les légumes du court-bouillon. Accompagnez d'une sauce mayonnaise à laquelle vous aurez mélangé la moutarde et le cerfeuil haché.

Homard en ramequins

Préparation : 30 mn
Cuisson : 35 mn

Pour 4 personnes

1 homard vivant de 1 kg
2 l de court-bouillon bien épicé
1 bol de sauce Béchamel
1 tasse de crème fraîche
1 jaune d'œuf
1 petit verre de calvados

1. Chauffez le court-bouillon. Quand il bout, plongez-y le homard et laissez bouillir 25 minutes. Laissez le homard refroidir dans le court-bouillon.

2. Égouttez-le. Retirez-le de sa carapace. Décortiquez pattes et pinces. Coupez toutes ces chairs en dés.

3. Versez le calvados dans la sauce Béchamel. Ajoutez la crème et le jaune d'œuf. Mélangez bien. Ajoutez enfin les dés de homard.

4. Réchauffez à petit feu sans laisser bouillir. Servez dans des ramequins.

Homard en sauce rose

Préparation : 20 mn
Cuisson : 35 mn

Pour 4 personnes

4 homards de 350 g chacun environ
2 cuillerées à soupe d'huile
130 g de beurre
1 verre de vin blanc sec
1 cuillerée à soupe de moutarde
Quelques brins de persil
Sel, poivre

Pour la sauce

100 g de beurre
20 g de farine
2 jaunes d'œufs
1 cuillerée à café de coulis de tomate
Le jus de 1/2 citron
Sel, poivre

1. Placez les homards dans un plat à four. Badigeonnez-les d'huile et faites-les cuire 15 minutes (th. 7). Décortiquez-les en laissant les queues entières.

2. Dans une sauteuse, faites revenir les homards 5 minutes dans 50 grammes de beurre, puis ajoutez le vin blanc, du sel et du poivre. Laissez cuire 10 minutes. Retirez les homards de la sauteuse et trempez-les dans le reste du beurre fondu additionné de la moutarde. Réservez le jus de cuisson. Repassez les homards au four (th. 7), sous le gril, 10 minutes environ.

3. Préparez la sauce : faites fondre 20 grammes de beurre. Ajoutez la farine, remuez, versez 10 centilitres d'eau et le jus de cuisson des homards, et laissez épaissir, en tournant. Hors du feu, ajoutez les jaunes d'œufs délayés dans un peu d'eau froide, le reste du beurre coupé en morceaux, le coulis de tomate, du sel, du poivre et le jus de citron. Battez la sauce au fouet, au bain-marie, jusqu'à ce qu'elle soit homogène. Servez-la bien chaude, avec les homards, en décorant de brins de persil.

Homard en sauce rouge

Préparation : 30 mn
Cuisson : 40 mn

Pour 4 personnes

2 homards de 750 g chacun
12 clams
1/4 de tasse d'huile d'olive
2 gousses d'ail
1/4 de tasse de cognac
1 kg de tomates
1/2 verre à café de paprika
2 pincées d'origan
1 cuillerée à soupe de persil haché
Sel
Croûtons frits

1. Grattez et lavez les clams à l'eau courante.

2. Lavez les homards. Détachez les pattes et broyez-les. Fendez le corps des homards en deux dans le sens de la longueur ; ôtez le boyau noir et l'estomac, coupez chaque moitié en 2 morceaux par le travers.

3. Pelez les gousses d'ail.

4. Faites chauffer l'huile dans une casserole ou dans une sauteuse. Mettez-y les morceaux de homard, carapace en haut. En même temps, mettez les gousses d'ail. Dès qu'elles sont brunes, retirez-les avec une écumoire et jetez-les.

5. Après 8 minutes de cuisson, ajoutez le cognac, couvrez et laissez cuire 2 minutes. Ajoutez les tomates, que vous aurez plongées 1 minute dans l'eau bouillante pour les peler, coupées grossièrement, le sel, le paprika et l'origan ; cuisez encore à feu moyen 15 minutes. Ajoutez les clams, couvrez et laissez cuire encore 10 minutes. Versez avec des croûtons frits.

Hot fish

Préparation : 5 mn
Cuisson : 12 mn

Pour 4 personnes

8 petites sardines à l'huile
4 petits pains au lait
2 oignons
1 noix de beurre
1 cuillerée à café de moutarde forte
Sel, poivre

1. Pelez les oignons et hachez-les finement.

2. Faites fondre le beurre dans une poêle et mettez-y les oignons hachés. Laissez-les blondir (mais non roussir) 5 ou 6 minutes. Salez et poivrez.

3. Ouvrez chaque petit pain en deux et tartinez l'intérieur avec un peu de moutarde, puis avec la purée d'oignons au beurre.

4. Égouttez les sardines, retirez leur arête centrale. Disposez-les deux par deux dans les petits pains que vous refermez ensuite.

5. Faites chauffer 6 minutes à four moyen.

Huîtres en ballottines de chou

Préparation : 15 mn
Cuisson : 15 mn

Pour 4 personnes
16 grosses huîtres
16 grandes feuilles de chou
250 g de saumon frais
60 g de beurre
40 g de crème fraîche
Sel, poivre

1. Plongez les feuilles de chou dans de l'eau en ébullition, pendant 5 minutes. Égouttez-les et posez-les à plat sur un plan de travail.

2. Décoquillez les huîtres.

3. Hachez finement le saumon. Salez et poivrez.

4. Répartissez le hachis de saumon sur les feuilles de chou. Posez 1 huître dessus et refermez chaque feuille autour de la garniture.

5. Mettez les ballottines dans un plat à four.

6. Chauffez ensemble, à feu doux, le beurre et la crème, avec du sel et du poivre. Versez sur les ballottines et passez au four (th. 7) pendant 10 minutes. Servez chaud, dans le plat de cuisson.

Huîtres à la bordelaise

Préparation : 20 mn
Cuisson : 10 mn

Pour 4 personnes
24 huîtres
6 saucisses chipolatas
50 g de beurre

1. Ouvrez les huîtres. Disposez-les dans un plat contenant, si possible, de la glace pilée.

2. Dans une poêle, faites bien dorer au beurre les chipolatas. Coupez-les en quatre dans l'épaisseur pour avoir 24 morceaux. Disposez-les sur un plat de service chaud. Allumez sur la table un chauffe-plats. Posez dessus les chipolatas pour qu'elles ne refroidissent pas. Placez à côté le plat d'huîtres. On mange alternativement un morceau de chipolata brûlant et une huître fraîche.

Huîtres au cerfeuil

Préparation : 30 mn
Cuisson : 10 mn

Pour 4 personnes
24 huîtres
150 g de beurre
3 gousses d'ail
3 échalotes
3 cuillerées à soupe de cerfeuil haché
Sel, poivre

1. Ouvrez les huîtres et jetez les coquilles du dessus.

2. Pelez les gousses d'ail ; hachez-les finement.

3. Pelez les échalotes ; hachez-les finement.

4. Pétrissez le beurre avec l'ail, les échalotes, le cerfeuil, le sel et le poivre.

5. Disposez les huîtres dans un plat allant au four. Garnissez-les avec le beurre aux herbes.

6. Mettez à four chaud, près du gril, pendant 10 minutes. Servez bien chaud.

Huîtres au champagne

Préparation : 15 mn
Cuisson : 10 mn

Pour 4 personnes
24 huîtres creuses
100 g de crème fraîche épaisse
1 verre de champagne
Gros sel
Poivre

1. Ouvrez les huîtres. Détachez-les de leurs coquilles. Recueillez et filtrez leur eau à travers un linge fin placé dans une passoire.

2. Disposez les coquilles vides dans un plat allant au four en les calant sur un lit de gros sel.

3. Remettez les huîtres dans les coquilles.

4. Fouettez la crème avec le champagne. Poivrez légèrement.

5. Versez cette sauce sur les huîtres dans les coquilles. Faites cuire 10 minutes au four (th. 7-8). Servez très chaud.

Huîtres et coques au beurre de paprika

Préparation : 30 mn
Trempage : 3 h pour les coques
Cuisson : 10 mn

Pour 4 personnes

16 grosses huîtres creuses
1 kg de coques
3 tomates
1 verre de vin blanc
80 g de beurre
1/2 cuillerée à café de paprika
Sel
Gros sel
Quelques pluches de cerfeuil

1. Faites dégorger les coques à l'eau salée pendant 3 heures, puis lavez-les à grande eau. Mettez-les dans une casserole, à feu vif, avec le vin blanc. Couvrez. Lorsque tous les coquillages sont bien ouverts, égouttez-les et décoquillez-les.

2. Ouvrez les huîtres et décoquillez-les. Gardez les coquilles creuses.

3. Ébouillantez et pelez les tomates ; coupez-les en petits dés.

4. Garnissez les coquilles vides d'huîtres, de coques et des dés de tomate.

5. Chauffez le beurre, à feu doux, avec un peu de sel et de paprika. Répartissez-le dans les coquilles.

6. Couvrez la lèchefrite du four d'une couche de gros sel. Calez-y les huîtres garnies. Passez au four (th. 7) 5 minutes environ. Servez aussitôt, en décorant de pluches de cerfeuil.

Huîtres au four

Préparation : 30 mn
Cuisson : 10 mn

Pour 4 personnes

24 grosses huîtres
80 g de beurre
1 bouquet de persil
1/2 citron

1. Hachez le persil.

2. Coupez le beurre en petits dés. En l'écrasant avec une fourchette, mêlez-le au persil. Opérez dans une assiette chaude pour que le beurre soit ramolli. Ajoutez 1 cuillerée à café de jus de citron.

3. Ouvrez les huîtres. Répartissez dans chacune d'elles le beurre persillé. Passez 8 à 10 minutes au four chaud.

Huîtres au gratin

Préparation : 15 mn
Cuisson : 15 mn

Pour 4 personnes
24 grosses huîtres
1 verre de vin blanc
40 g de farine
65 g de beurre
1/2 verre de lait
60 g de crème fraîche
2 kiwis
Sel, poivre

1. Ouvrez les huîtres et décoquillez-les. Mettez-les dans une casserole avec le vin blanc. Chauffez et retirez du feu à ébullition. Égouttez les huîtres, en réservant le vin.

2. Chauffez le beurre. Ajoutez la farine, remuez, puis versez le lait et 1/2 verre de vin blanc. Tournez jusqu'à ce que la sauce épaississe. Salez, poivrez et incorporez la crème.

3. Disposez les huîtres dans un plat à gratin et nappez-les de sauce. Mettez au four (th. 7) 10 minutes et servez aussitôt. Décorez de lamelles de kiwi.

Huîtres gratinées au fromage

Préparation : 20 mn
Cuisson : 15 mn

Pour 4 personnes
16 huîtres creuses
60 g de beurre
40 g de farine
120 g de crème fleurette
50 g de fromage râpé
Cerfeuil
Gros sel
Sel, poivre

1. Ouvrez les huîtres et décoquillez-les. Réservez les coquilles creuses.

2. Faites fondre le beurre à feu doux. Ajoutez la farine, remuez vivement, puis versez la crème. Salez et poivrez. Tournez jusqu'à ce que la sauce épaississe, puis incorporez le fromage râpé.

3. Mettez les huîtres dans les coquilles et nappez-les de sauce au fromage.

4. Mettez-les dans un plat à four, au fond duquel vous aurez étalé une couche de gros sel afin de les caler.

5. Passez sous le gril pendant 5 minutes. Parsemez de cerfeuil haché ou ciselé. Servez aussitôt.

Huîtres à la marinière

Préparation : 45 mn
Cuisson : 20 mn

Pour 4 personnes
16 grosses huîtres
250 g de bigorneaux
1 bouquet garni
2 verres de vin blanc sec
1 cuillerée à soupe d'oignon haché
50 g de farine
40 g de crème fraîche
1 jaune d'œuf
6 grains de poivre
Sel, poivre

1. Lavez les bigorneaux à grande eau. Mettez-les dans une casserole, avec le bouquet garni, du sel et les grains de poivre. Couvrez d'eau et faites cuire 5 minutes à partir de l'ébullition. Égouttez et décoquillez les bigorneaux.

2. Ouvrez les huîtres et décoquillez-les. Filtrez leur eau et faites-y pocher les huîtres pendant 3 minutes. Réservez au chaud, au bain-marie.

3. Chauffez le vin avec l'oignon, du sel et du poivre. Laissez bouillir, à feu doux, 7 à 8 minutes. Filtrez.

4. Délayez la farine dans la crème. Ajoutez le jaune d'œuf et mélangez bien. Incorporez au vin blanc filtré, puis chauffez jusqu'à ébullition, en fouettant.

5. Égouttez les huîtres. Mettez-les dans un plat creux, nappez-les de sauce et garnissez de bigorneaux. Servez bien chaud. Vous pouvez accompagner d'une macédoine de légumes.

Huîtres panées

Préparation : 10 mn
Cuisson : 5 mn

Pour 6 personnes
6 douzaines d'huîtres
100 g de beurre
5 cuillerées à soupe de chapelure
2 œufs
1 bol de sauce tomate
Sel, poivre

1. Ouvrez les huîtres. Sortez-les de leur coquille. Salez-les légèrement et poivrez-les.

2. Battez les œufs avec du sel et du poivre dans une assiette creuse. Passez les huîtres dans les œufs battus, puis dans la chapelure.

3. Faites-les dorer au beurre chaud dans une poêle en évitant qu'il ne noircisse.

4. Dressez sur un plat et nappez de sauce tomate chaude.

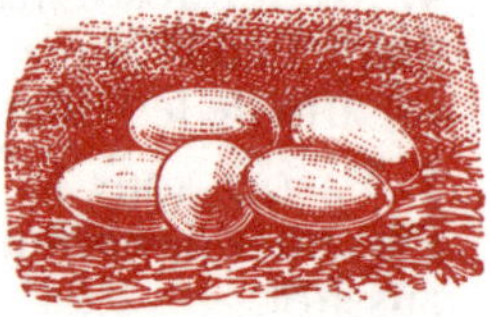

Huîtres panées sauce moutarde

Préparation : 30 mn
Cuisson : 10 mn

Pour 4 personnes
24 huîtres
60 g de farine
2 œufs
Chapelure
80 g de beurre
2 cuillerées à soupe de moutarde à l'estragon
60 g de crème fraîche
Le jus de 1/2 citron
Quelques brins de persil
Sel, poivre

1. Ouvrez les huîtres et décoquillez-les.

2. Battez les œufs avec du sel et du poivre dans une assiette creuse. Passez les huîtres dans la farine, puis dans les œufs et la chapelure. Faites-les cuire à la poêle, à feu moyen, dans le beurre. Elles doivent être bien dorées des deux côtés.

3. Pendant ce temps, mélangez la moutarde avec le jus de citron, puis ajoutez la crème fraîche petit à petit, en battant au fouet. Chauffez cette sauce sans la laisser bouillir.

4. Servez les huîtres panées avec la sauce. Saupoudrez de persil haché. Vous pouvez accompagner de haricots verts fins cuits *al dente*.

Huîtres en paupiettes

Préparation : 25 mn
Cuisson : 20 mn

Pour 4 personnes
24 grosses huîtres
24 tranches fines de bacon
12 tranches fines de fromage fondu
5 tomates
3 échalotes
2 cuillerées à soupe d'huile
40 g de beurre
Sel, poivre

1. Ébouillantez et pelez les tomates ; coupez-les en petits dés. Pelez et hachez les échalotes ; faites-les blondir dans l'huile. Ajoutez les tomates, du sel et du poivre. Laissez cuire, à feu doux, 15 minutes.

2. Ouvrez les huîtres et décoquillez-les.

3. Coupez les tranches de fromage en deux.

4. Enveloppez chaque huître dans une 1/2 tranche de fromage et 1 tranche de bacon. Enroulez et maintenez avec une pique en bois.

5. Faites revenir les paupiettes dans le beurre pendant 3 à 4 minutes.

6. Versez la fondue de tomates dans un plat et posez les paupiettes dessus. Servez chaud.

Huîtres aux petits pois et sauce crémée

Préparation : 35 mn
Cuisson : 20 mn

Pour 4 personnes

24 grosses huîtres creuses
1,5 kg de petits pois
50 g de beurre
40 g de crème fraîche
Sel, poivre

1. Écossez les petits pois. Faites-les cuire, tout juste couverts d'eau et avec un peu de sel, à feu doux. Au bout de 20 minutes, égouttez-les.

2. Ouvrez les huîtres et décoquillez-les. Réservez leur eau ainsi que les coquilles creuses. Filtrez l'eau.

3. Passez au mixer les trois quarts des petits pois, avec la crème et un peu de poivre. Ajoutez le jus des huîtres à cette purée, puis chauffez-la, à feu doux, avec le reste de beurre coupé en petits morceaux.

4. Répartissez la sauce obtenue dans les demi-coquilles. Posez les huîtres dessus. Écrasez légèrement les petits pois réservés et parsemez-en chaque huître. Servez aussitôt.

Huîtres sauce au cidre

Préparation : 25 mn
Cuisson : 25 mn

Pour 4 personnes

24 grosses huîtres
3 échalotes
100 g de céleri-rave
1 oignon moyen
1 verre de cidre
70 g de beurre
50 g de crème
Sel, poivre

1. Ouvrez les huîtres et décoquillez-les. Filtrez leur eau et faites-y pocher les huîtres pendant 3 minutes.

2. Pelez le céleri-rave et coupez-le en petits dés. Faites-les cuire à l'eau bouillante salée pendant 10 minutes. Égouttez.

3. Pelez puis hachez les échalotes et l'oignon. Chauffez le beurre et faites-y blondir ce hachis. Mouillez avec le cidre, salez, poivrez et laissez réduire de moitié. Ajoutez la crème. Chauffez sans laisser bouillir.

4. Mettez les huîtres dans un plat et nappez-les de la sauce. Passez au four (th. 6) et servez aussitôt. Garnissez de céleri-rave.

Huîtres sauce Mornay

Préparation : 40 mn
Cuisson : 25 mn

Pour 6 personnes
3 douzaines d'huîtres creuses
1 verre 1/2 de champagne
Pour la sauce Mornay
60 g de beurre + 1 noix
40 g de farine
1 verre de lait
1 verre de crème fraîche
1 jaune d'œuf
70 g de fromage râpé
Sel, poivre

1. Décoquillez les huîtres. Gardez leur eau. Faites chauffer le champagne et l'eau des huîtres. Pochez-les 5 minutes dans ce liquide sans laisser bouillir. Égouttez et filtrez le jus de cuisson. Faites-le bouillir 5 minutes à feu vif, sans couvrir, pour le faire réduire de moitié.

2. Préparez la sauce Mornay – la base est une sauce Béchamel : dans une casserole, faites fondre 60 grammes de beurre à feu doux. Ajoutez la farine et tournez rapidement. Versez le lait froid d'un seul coup. Continuez à remuer jusqu'à épaississement. Salez et poivrez. Retirez du feu.

3. Battez le jaune d'œuf avec la crème et le liquide de cuisson des huîtres. Ajoutez 2 cuillerées de sauce Béchamel sans cesser de remuer, puis versez dans la casserole et remettez sur le feu. Faites bouillir 2 à 3 minutes, puis ajoutez le fromage râpé. Mélangez bien. Retirez du feu et faites fondre à la surface 1 noix de beurre, pour éviter que ne se forme une « peau ».

4. Nettoyez les coquilles. Garnissez le fond de sauce Mornay. Posez dans chacune 1 huître. Recouvrez de sauce et passez au four (th. 7-8), juste le temps de gratiner. Servez aussitôt.

Huîtres sauce rose

Préparation : 25 mn

Pour 4 personnes
32 huîtres
1 petite tasse de mayonnaise
1 grosse cuillerée de crème fraîche
1 cuillerée à soupe de concentré de tomate
2 cuillerées à soupe de rhum
Poivre fraîchement moulu

1. Retirez les huîtres de leurs coquilles. Mettez-les dans un saladier.

2. Mélangez la mayonnaise, la crème, le concentré de tomate, le rhum et le poivre.

3. Ajoutez cette sauce aux huîtres. Mélangez bien. Mettez au frais. Pour servir, répartissez dans des coupes individuelles.

Huîtres au sauternes

Préparation : 25 mn
Cuisson : 25 mn

Pour 4 personnes

16 grosses huîtres creuses
1 oignon
1 carotte
1 tomate
1 cuillerée à soupe d'huile
1 verre 1/2 de sauternes
1 cuillerée à dessert de farine
70 g de beurre
Gros sel
Sel, poivre

1. Pelez et émincez l'oignon. Nettoyez la carotte et émincez-la en rondelles. Épluchez et coupez la tomate en dés. Faites revenir ces légumes dans l'huile, à feu doux, avec du sel et du poivre. Mouillez avec le sauternes, couvrez et laissez cuire, à feu très doux, 10 minutes. Filtrez. Faites réduire cette sauce du tiers, à feu assez vif, sans couvrir.

2. Avec une fourchette, écrasez le beurre avec la farine. Mettez le mélange dans la sauce au sauternes et tournez, sur feu doux, 2 à 3 minutes, pour faire épaissir la sauce.

3. Ouvrez les huîtres et décoquillez-les. Mettez-les dans les coquilles creuses et nappez-les de sauce.

4. Couvrez la lèchefrite du four d'une couche de gros sel, pour y caler les huîtres. Passez-les au four (th. 7) 5 à 7 minutes. Servez aussitôt.

Huîtres à la tartare

Préparation : 20 mn
Cuisson : 10 mn

Pour 4 personnes

2 douzaines d'huîtres
1 tube 1/2 de mayonnaise
2 échalotes
1 bouquet de fines herbes
1 cuillerée à soupe de câpres
1 cuillerée à soupe de moutarde
1 cuillerée à soupe d'huile
4 cornichons
Le jus de 1 citron
Poivre

1. Sortez les huîtres de leurs coquilles. Plongez-les pendant 5 minutes dans un peu d'eau salée en ébullition. Égouttez-les. Posez-les sur un torchon.

2. Pelez les échalotes. Hachez-les ainsi que les fines herbes. Coupez les cornichons en fines lamelles.

3. Mettez les huîtres dans un saladier avec l'huile, du poivre, le jus de citron, les fines herbes, les échalotes, les câpres, les cornichons et la moutarde. Ajoutez la mayonnaise et mélangez bien le tout ; pour servir, répartissez cette préparation dans les coquilles d'huîtres bien lavées et séchées. Servez froid.

Huîtres tièdes à la vapeur

Préparation : 15 mn
Cuisson : 10 mn

Pour 4 personnes
15 huîtres creuses
1 grosse poignée d'algues
1 bouquet de ciboulette
4 échalotes
6 cuillerées à soupe de vinaigre de vin
Sel, poivre

1. Pelez et hachez finement les échalotes. Mettez-les dans une saucière avec le vinaigre, du sel et du poivre.

2. Ouvrez les huîtres et jetez la coquille supérieure.

3. Portez à ébullition 1 litre 1/2 d'eau dans le compartiment inférieur d'un cuit-vapeur ou d'un couscoussier.

4. Tapissez d'algues le panier perforé. Posez les huîtres dessus. Dès que l'eau bout, placez le panier sur le cuit-vapeur. Couvrez et laissez cuire 5 minutes. Mettez les huîtres sur un plat. Parsemez-les de ciboulette coupée aux ciseaux. Servez-les tièdes, avec le vinaigre aux échalotes.

Julienne au lard

Préparation : 20 mn
Cuisson : 50 mn

Pour 4 personnes
4 darnes de julienne de 180 g chacune
2 oignons
125 g de lard maigre
3 cuillerées à soupe de farine
80 g de beurre
1 verre de vin blanc
100 g de crème fraîche
1 cuillerée à soupe de vinaigre de vin
Sel, poivre

1. Pelez les oignons, émincez-les.

2. Coupez le lard en petits dés.

3. Chauffez 50 grammes de beurre dans une cocotte, mettez-y à dorer les oignons et les lardons pendant 6 à 7 minutes ; retirez-les avec une écumoire et remplacez-les par les darnes de julienne que vous aurez passées dans la farine, salées et poivrées. Faites-les cuire 10 minutes en les retournant à mi-cuisson. Retirez-les de la cocotte avec une écumoire et tenez-les au chaud.

4. Dans la cocotte, sur feu doux, mettez le restant du beurre. Quand il est fondu, ajoutez la farine, tournez vivement avec une cuiller de bois. Quand la farine a absorbé tout le beurre, ajoutez le vin blanc et 1/2 verre d'eau. Faites cuire cette sauce en la tournant sans cesse pendant 8 à 10 minutes, puis ajoutez-lui la crème et le vinaigre. Mélangez bien le tout.

5. Remettez le poisson dans la cocotte ainsi que le lard et les oignons. Laissez mijoter sans faire bouillir pendant 15 minutes. Servez le tout ensemble sur un plat chaud.

Koulibiac au saumon

Préparation : 1 h
+ 6 h de repos
pour la pâte
Cuisson : 35 mn

Pour 6 personnes

Pour la pâte
250 g de farine
10 g de levure de boulanger
250 g de beurre
3 pincées de sel
1 cuillerée à café de sucre
3 œufs
2 tasses à café de lait

Pour la sauce
Le jus de 1 citron
1 cuillerée à dessert de persil haché
125 g de beurre

Pour la pâte :

1. Mettez dans un saladier 60 grammes de farine. Faites un trou au centre et mettez-y la levure dissoute dans une 1/2 tasse à café de lait tiède. Mélangez avec une cuiller en bois pour obtenir une pâte assez molle et très lisse, le levain. Formez-en une boule dans l'épaisseur de laquelle vous donnerez deux coups de ciseaux en croix. Placez cette pâte dans du lait tiède.

2. Versez le reste de la farine dans un saladier. Faites un trou au centre et mettez-y le sucre, le sel puis les œufs entiers. Mélangez en battant avec une fourchette. Ajoutez de l'eau si c'est nécessaire.

3. Ajoutez-lui le levain (sans le lait dans lequel il baigne), et 175 grammes de beurre fondu mais pas chaud.

4. Versez cette pâte sur une planche à pâtisserie ou sur une table farinée et travaillez-la avec les mains, en la repliant constamment sur elle-même jusqu'à ce qu'elle ne colle plus.

5. Coupez la pâte en deux avec vos mains. Mettez 75 grammes de beurre dans vos mains pour le ramollir en pâte. Mettez une couche de ce beurre ramolli sur l'un des deux morceaux de pâte, placez l'autre pardessus et rompez de nouveau la pâte en deux pour recommencer à la beurrer. Renouvelez l'opération jusqu'à ce qu'il n'y ait plus de beurre et que la pâte soit parfaitement lisse. Farinez-la, couvrez d'un linge et placez le tout dans un endroit tiède pendant 2 heures. Elle doublera de volume.

6. 2 heures plus tard, remettez la pâte sur la table et tassez-la avec les paumes des mains. Reformez la boule que vous remettez au tiède sous un linge pendant 2 nouvelles heures au bout desquelles vous recommencerez l'opération qui est à faire trois fois en tout. Mettez la pâte au frais jusqu'à utilisation.

Pour la garniture
300 g de filets de merlan
300 g de saumon frais ou surgelé
2 cuillerées à soupe de persil haché
2 œufs durs
1 jaune d'œuf cru
1 noix de beurre
Sel, poivre
2 oignons
1 jaune d'œuf

Pour la garniture :

7. Faites cuire à l'eau salée et poivrée les filets de poisson. Comptez 15 minutes dans l'eau frissonnante.

8. Hachez les filets bien égouttés.

9. Hachez finement les oignons.

10. Dans une sauteuse, faites chauffer le beurre. Quand il commence à grésiller, jetez-y les poissons et les oignons, faites-les revenir pendant 5 à 8 minutes en tournant sans cesse et sans laisser roussir les oignons. Hachez le tout ensemble grossièrement.

11. Versez le hachis dans un saladier, ajoutez-lui le persil haché et les œufs durs coupés en petits dés. Poivrez, salez si c'est nécessaire. Mélangez.

12. Posez la pâte sur une planche farinée, rompez-la avec les mains, puis reformez une boule. Avec le rouleau à pâtisserie, étendez-la en forme de rectangle de 1,5 cm d'épaisseur. Prélevez un morceau de pâte pour en faire les croisillons qui décorent le dessus du Koulibiac.

13. Posez au centre de la pâte, sur la longueur, la farce que vous venez de préparer. Avec un pinceau trempé dans de l'eau, mouillez les bords de la pâte.

14. Enveloppez la farce dans la pâte et façonnez-la en forme de pâté long, dont vous soudez les bords en appuyant bien avec le bout des doigts.

15. Avec la pâte mise de côté, faites des petits boudins allongés que vous disposez en croisillons sur le dessus du pâté. Pour qu'il dore bien à la cuisson, enduisez sa surface de jaune d'œuf battu passé avec un pinceau. Sur le dessus du koulibiac, au milieu, faites un trou gros comme le petit doigt. Vous y introduirez une carte de visite roulée sur elle-même : la vapeur s'échappera en cours de cuisson.

16. Mettez le koulibiac à four chaud (th. 8) et laissez-le cuire 35 minutes environ. Servez chaud avec du beurre fondu, du jus de citron et du persil haché. Salez et poivrez.

Lamproie en civet à la bordelaise

Préparation : 20 mn
Cuisson : 40 mn

Pour 4 personnes

1 kg de lamproie coupée en 8 morceaux
100 g de lardons
1 oignon
2 carottes
1/2 pied de céleri
4 échalotes
200 g de champignons de Paris
2 cuillerées à soupe d'huile
50 cl de bordeaux rouge
1 petit verre d'armagnac
120 g de beurre
50 g de farine
Sel, poivre
Croûtons frits aillés

1. Nettoyez et émincez les légumes. Faites-les revenir dans 30 grammes de beurre dans une cocotte.

2. Farinez les morceaux de lamproie. Saisissez-les à la poêle dans 50 grammes de beurre, 5 minutes de chaque côté. Arrosez avec l'armagnac et flambez.

3. Ajoutez les morceaux de poisson dans la cocotte. Mouillez avec le vin rouge chauffé. Salez et poivrez. Couvrez. Laissez cuire 20 minutes à feu doux.

4. Nettoyez et émincez les champignons.

5. Faite dorer les lardons avec l'huile dans une sauteuse. Ajoutez les champignons, du sel et du poivre. Faites cuire 10 minutes.

6. Égouttez les morceaux de poisson. Ajoutez-les dans la sauteuse. Filtrez la sauce de cuisson. Versez-la dans la sauteuse.

7. Écrasez 40 grammes de beurre et 30 grammes de farine ensemble avec une fourchette. Mettez ce beurre manié dans la sauce. Laissez bouillir doucement 10 minutes et servez avec des croûtons frits aillés.

Langouste à l'avocat

Préparation : 20 mn
Cuisson : 35 mn

Pour 6 personnes

3 langoustes moyennes
2 avocats
150 g de crème fraîche
2 sachets de court-bouillon
Le jus de 1 citron
40 g de beurre
50 g de gruyère râpé
Sel, poivre

1. Préparez le court-bouillon selon le mode d'emploi. Plongez-y les langoustes pendant 20 minutes. Laissez légèrement tiédir. Retirer la chair et coupez-la en dés en conservant les carapaces.

2. Ouvrez les avocats en deux. Retirez le noyau et coupez la pulpe du fruit en dés. Mélangez les dés d'avocats et de langoustes. Ajoutez la crème fraîche et le jus de citron. Poivrez et salez.

3. Remplissez les carapaces avec cette préparation. Parsemez de noisettes de beurre. Saupoudrez de gruyère râpé et faites gratiner 10 minutes à feu vif.

Langouste en civet

Préparation : 25 mn
Cuisson : 45 mn

Pour 4 personnes
1 langouste de 1,2 kg environ
1/2 l de moules nettoyées
150 g de crevettes décortiquées
3 gousses d'ail
3 cuillerées à soupe d'huile
1/2 verre de calvados
50 cl de crème fraîche
Estragon haché
Sel, poivre

1. Mettez les moules dans une casserole sur feu vif pendant 8 à 10 minutes, pour les faire ouvrir. Décoquillez-les.

2. Cuisez la langouste 20 minutes à l'eau bouillante salée. Laissez-la refroidir dans son eau de cuisson.

3. Coupez-la en deux dans le sens de la longueur, puis chaque moitié en deux. Retirez les chairs des carapaces et des pattes.

4. Pelez les gousses d'ail ; hachez-les.

5. Chauffez l'huile dans une poêle. Faites-y dorer les chairs de langouste, puis ajoutez le hachis d'ail, le calvados et flambez. Salez et poivrez. Ajoutez enfin la crème, les moules et les crevettes, mélangez bien et laissez cuire à petit feu, sans couvrir, une dizaine de minutes avant de servir. Saupoudrez d'estragon haché.

Langouste farcie

Préparation : 20 mn
Cuisson : 1 h 10

Pour 4 personnes
1 langouste de 1,5 kg
2 oignons
2 carottes
1 bouquet garni
1/4 de verre de vin blanc
300 g de champignons de Paris en conserve
4 échalotes
2 cuillerées à soupe d'huile
1 cuillerée à dessert de curry en poudre
Sel, poivre

1. Pelez les oignons. Nettoyez les carottes. Mettez-les, avec le bouquet garni, du sel et du poivre, dans 2 litres d'eau. Faites bouillir 30 minutes. Plongez la langouste dans ce court-bouillon. Laissez-la cuire 20 minutes et égouttez.

2. Ouvrez la langouste en deux et coupez la chair en gros dés. Réservez les carapaces.

3. Pelez et hachez les échalotes. Faites-les blondir dans l'huile, puis ajoutez la langouste et saupoudrez de curry. Mouillez avec le vin blanc. Salez. Faites cuire, à couvert et à feu doux, 10 minutes.

4. Ajoutez les champignons hachés. Cuisez encore 5 minutes.

5. Garnissez les carapaces de la langouste avec cette farce. Arrosez d'un peu d'huile et passez au four, près du gril, 7 à 8 minutes.

Langouste au gratin

Préparation : 15 mn
Cuisson : 45 mn

Pour 4 personnes
2 langoustes fraîches de 1,25 kg environ
4 noix de beurre
Sel, poivre

Pour la sauce
1 noix de beurre
2 verres 1/2 à moutarde de lait froid
3 cuillerées à soupe de gruyère râpé
2 cuillerées à café de moutarde douce
Sel, poivre
1 grosse cuillerée à soupe de farine

1. Partagez les langoustes en deux dans le sens de la longueur, à l'aide d'un grand couteau.

2. A l'aide d'un couteau à lame mince, détachez légèrement la chair des langoustes des parois des carapaces mais sans la retirer. Placez les moitiés de langoustes dans un plat allant au four, la carapace étant au fond.

3. Faites juste fondre dans une petite casserole 2 noix de beurre. Salez ce beurre fondu avec 3 pincées de sel, poivrez avec 1 bonne pincée de poivre. Versez le beurre fondu sur les langoustes. Mettez le plat à four moyen pendant 15 minutes.

4. Pendant ce temps, préparez la sauce : faites fondre 1 noix de beurre dans une casserole. Saupoudrez avec la farine, tournez vivement avec une cuiller en bois pour mélanger, mais sans laisser prendre couleur.

5. Ajoutez le lait petit à petit dans la casserole, sans cesser de tourner le mélange pour éviter la formation de grumeaux. Quand vous avez mis tout le lait, ajoutez le gruyère râpé, la moutarde, 3 pincées de sel et 2 cuillerées de poivre.

6. Vos langoustes ont cuit pendant 15 minutes ; sortez le plat du four et nappez les langoustes avec la sauce. Parsemez de quelques noisettes de beurre et remettez sous le grilloir quelques minutes, jusqu'à ce que la sauce soit bien gratinée.

Langouste grillée au beurre blanc

Préparation : 30 mn
Cuisson : 30 mn

Pour 6 personnes

3 langoustes moyennes
200 g de beurre
3 échalotes
3 cuillerées à soupe de vinaigre de vin blanc
Sel, poivre

1. Fendez les langoustes vivantes en deux dans le sens de la longueur. Rangez-les dans un plat creux et arrosez-les avec 75 grammes de beurre préalablement fondu. Salez et poivrez. Placez sur le gril chaud et laissez cuire 15 minutes à feu assez vif en arrosant en cours de cuisson.

2. Pendant ce temps, hachez finement les échalotes. Mettez-les dans une casserole avec le vinaigre. Ajoutez 1 cuillerée à soupe d'eau chaude.

3. Portez au bain-marie et ajoutez le restant du beurre par petites quantités, en fouettant jusqu'à ce qu'il devienne onctueux et léger. Servez les langoustes avec ce beurre blanc.

Langouste grillée au porto

Préparation : 10 mn
Cuisson : 20 mn

Pour 4 personnes

2 langoustes vivantes de 750 g chacune
200 g de beurre
6 cuillerées à soupe de porto blanc sec
20 g de poivre noir en grains
2 pincées de paprika
2 pincées de poivre de Cayenne
Sel

1. Plongez les langoustes vivantes dans de l'eau bouillante salée, additionnée du poivre en grains. Laissez bouillir 2 minutes.

2. Égouttez les langoustes et fendez-les en deux, dans le sens de la longueur. Réservez-les au chaud.

3. Faites fondre le beurre dans une casserole, à feu doux, sans le laisser colorer. Ajoutez le porto blanc, le poivre de Cayenne et le paprika. Mélangez bien.

4. Mettez les demi-langoustes dans un plat à four. Nappez-les de sauce, en la faisant bien pénétrer entre la chair et la carapace. Mettez au four, sous le gril, 10 minutes environ, jusqu'à ce qu'elles soient bien dorées. Servez très chaud.

Langouste à l'italienne

Préparation : 5 mn
Cuisson : 35 mn

Pour 4 personnes

2 sachets de queues de langoustes surgelées
1 sachet de court-bouillon instantané
1 petite brioche
1/2 verre de lait
1 petit pot de beurre de crevette
125 g de champignons de Paris (en boîte)
1 noix de beurre

Pour la sauce Béchamel

1 verre 1/2 à moutarde de lait
2 cuillerées à soupe rases de farine
30 g de beurre ou de margarine
Sel, poivre

1. Préparez la béchamel : faites fondre le beurre dans une casserole, saupoudrez de farine. Tournez jusqu'à ce qu'elle soit bien absorbée par le beurre, puis ajoutez le lait froid en une seule fois, sans cesser de tourner la sauce. Salez et poivrez ; laissez épaissir sur feu doux pendant 5 minutes.

2. Chauffez le court-bouillon préparé selon le mode d'emploi. Plongez-y les queues de langoustes non dégelées, laissez cuire 8 à 10 minutes. Égouttez-les, décortiquez-les et coupez-les en 3 ou 4 morceaux chacune.

3. Émiettez la brioche dans le lait, puis ajoutez la béchamel, le pot de beurre de crevette et 1/2 à 1 verre du court-bouillon. Maintenez au chaud sur feu très doux.

4. Égouttez les champignons. Faites-les sauter dans une sauteuse avec 1 noix de beurre ou de margarine. Ajoutez-les à la sauce. Pour servir, nappez les morceaux de langouste avec la sauce.

Langouste mayonnaise

Préparation : 15 mn
Cuisson : 20 mn

Pour 4 personnes

1 langouste de 1,5 kg
1 sachet de court-bouillon instantané
Quelques feuilles de laitue
2 tomates
50 g d'olives noires

1. Préparez le court-bouillon selon le mode d'emploi. Chauffez jusqu'à ébullition. Plongez la langouste. Laissez cuire 20 minutes. Sortez la langouste de son court-bouillon et laissez-la refroidir.

2. Lavez les tomates, essuyez-les et coupez-les en tranches.

3. Dans un plat long, disposez quelques feuilles de laitue bien lavées et séchées. Posez dessus la langouste étendue. Entourez avec les tranches de tomate et les olives ; maintenez au frais.

Pour la mayonnaise
2 jaunes d'œufs
1 forte cuillerée à café de moutarde blanche
50 cl d'huile
Vinaigre
Sel, poivre

4. Préparez la mayonnaise. Dans un grand bol, posez les jaunes d'œufs. Ajoutez la moutarde, 1 pincée de sel, 1 filet de vinaigre. Commencez à battre au petit fouet en ajoutant l'huile goutte à goutte. Montez la mayonnaise en ajoutant l'huile petit à petit. Quand la mayonnaise est presque terminée, ajoutez encore quelques gouttes de vinaigre et poivrez. Servez la langouste avec la mayonnaise en saucière.

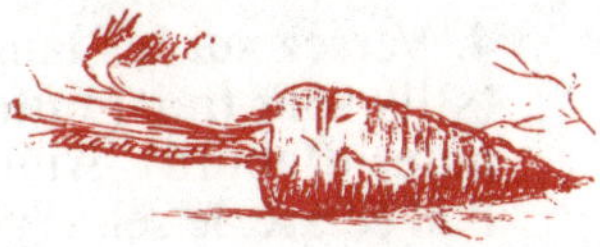

Langouste aux petits légumes

Préparation : 30 mn
Cuisson : 1 h

Pour 4 personnes

1 langouste de 1,2 kg environ
4 grosses langoustines
1/2 bouteille de bordeaux rouge
1 petit verre d'armagnac
1 carotte
2 oignons
1 blanc de poireau
1 tomate
1 cuillerée à soupe d'huile
120 g de beurre
Sel, poivre

1. Plongez la langouste dans de l'eau salée en ébullition, pendant 8 minutes. Égouttez-la. Cuisez les langoustines, dans la même eau, 3 minutes. Égouttez-les.

2. Décortiquez la langouste et coupez-la en tranches. Recueillez le corail et les parties crémeuses.

3. Dans une sauteuse, chauffez l'huile et 50 grammes de beurre. Faites-y colorer les médaillons de langouste, puis arrosez avec l'armagnac et flambez.

4. Ajoutez les légumes émincés. Faites-les blondir et mouillez avec le vin. Salez, poivrez et laissez cuire 15 minutes, à feu vif. Retirez les médaillons de langouste de la sauteuse et faites réduire la sauce de moitié. Filtrez-la, puis remettez-la dans la sauteuse, avec la langouste. Couvrez et laissez cuire encore 15 minutes.

5. Décortiquez les langoustines. Remettez-les dans la sauteuse, avec les parties crémeuses et le corail. Cuisez encore 15 minutes, puis incorporez le reste de beurre à la sauce. Servez très chaud.

Langouste aux petits pois

Préparation : 15 mn
Cuisson : 15 mn

Pour 4 personnes

2 langoustes de 600 g chacune
1 gros oignon
3 tomates (ou 1 cuillerée à soupe de concentré dilué dans un peu d'eau)
1 verre de vin blanc sec
1 kg de petits pois frais ou en conserve
1 bouquet garni (avec fenouil, laurier et persil)
2 gousses d'ail
1 pincée de safran
2 cuillerées à soupe d'huile
Sel, poivre

1. Coupez les langoustes en deux dans le sens de la longueur. Hachez l'oignon et les tomates.

2. Chauffez l'huile dans une cocotte. Mettez oignon et tomates dans l'huile chaude, et remuez quelques instants sur feu assez vif pour faire colorer.

3. Ajoutez dans la cocotte les langoustes que vous ferez bien saisir. Lorsque l'eau des tomates s'est évaporée, ajoutez le vin blanc et 1 litre d'eau froide.

4. Versez sur les langoustes les petits pois (s'ils sont frais, faites-les blanchir 10 minutes d'abord). Ajoutez le bouquet garni, l'ail écrasé, le sel, le poivre et le safran. Laissez cuire à feu vif et à couvert, 15 minutes.

5. Rangez les langoustes sur un plat et versez dessus toute la sauce avec les petits pois. Servez bien chaud.

Langouste sauce au citron

Préparation : 20 mn
Cuisson : 1 h

Pour 4 personnes

2 langoustes de 900 g chacune
8 carottes
2 oignons
50 cl de vin blanc
1 bouquet garni
2 petits-suisses
1 cuillerée à dessert de raifort râpé
1 cuillerée à soupe de fines herbes hachées
Le jus de 2 citrons
Quelques feuilles de salade
Sel, poivre

1. Nettoyez les carottes et pelez les oignons. Mettez-les dans 1 litre 1/2 d'eau, avec le vin blanc, le bouquet garni, du sel et du poivre. Faites bouillir 30 minutes, puis plongez les langoustes dans le court-bouillon. Faites cuire 30 minutes et laissez tiédir le bouillon. Égouttez les langoustes.

2. Décortiquez les langoustes et coupez la chair en médaillons. Disposez-les sur un lit de salade.

3. Mélangez les petits-suisses avec le raifort et les fines herbes. Diluez avec le jus de citron. Salez, puis battez la sauce au fouet. Servez froid.

Langoustines en beignets

Préparation : 20 mn
+ 1 h de repos
pour la pâte
Cuisson : 10 mn

Pour 4 personnes
1 kg de langoustines crues ou 20 queues de langoustines surgelées
6 cuillerées à soupe de farine
1 œuf entier + 2 blancs
1 cuillerée à soupe d'huile
3/4 de verre de bière
Sel
Huile de friture
Pour la sauce
2 jaunes d'œufs durs
1/2 cuillerée à café de moutarde
1/2 cuillerée à café de vinaigre
1/2 verre d'huile
2 cuillerées à soupe de fines herbes hachées
Sel, poivre

1. Préparez la pâte à beignets : mettez dans un saladier la farine, 1 pincée de sel, l'huile et 1 œuf. Mélangez puis ajoutez petit à petit la bière pour obtenir une pâte assez épaisse ; laissez reposer 1 heure.

2. Décortiquez les langoustines dont vous n'utiliserez que les queues.

3. Préparez la sauce tartare : passez les jaunes d'œufs à la moulinette à grille fine. Travaillez-les à la cuiller de bois pour en faire une pâte lisse, ajoutez la moutarde et le vinaigre, du sel et du poivre. Mélangez vigoureusement et versez l'huile par petits filets. Ajoutez les fines herbes hachées.

4. Battez les 2 blancs d'œufs en neige, ajoutez-les à la pâte à beignets et mélangez.

5. Plongez les queues de langoustines dans la pâte, puis dans l'huile de friture bien chaud. Laissez cuire 6 à 7 minutes. Enlevez à l'écumoire. Égouttez bien et servez accompagné de la sauce.

Langoustines au beurre de basilic

Préparation : 10 mn
Cuisson : 8 mn

Pour 4 personnes
16 grosses langoustines
80 g de beurre
6 branches de basilic
1 gousse d'ail

1. Coupez les langoustines crues en deux dans le sens de la longueur.

2. Effeuillez les branches de basilic. Pelez la gousse d'ail.

3. Pilez l'ail avec le basilic, puis mixez la purée obtenue avec le beurre ramolli.

4. Tartinez la chair des demi-langoustines de beurre de basilic.

5. Mettez-les sur un plat à four. Faites cuire au four (th. 7) 8 minutes. Servez dès la sortie du four.

Langoustines au beurre d'échalotes

Préparation : 15 mn
Cuisson : 15 mn

Pour 4 personnes
16 grosses langoustines
2 cuillerées à soupe d'huile
80 g de beurre
8 échalotes
Quelques brins de persil
Sel, poivre

1. Pelez les échalotes et émincez-les ; plongez-les 3 minutes dans de l'eau en ébullition. Passez-les au mixer, avec le beurre ramolli et un peu de sel. Réservez au bain-marie.

2. Coupez les langoustines crues en deux dans le sens de la longueur. Mettez-les dans un plat à four, côté carapace au-dessous. Salez et poivrez. Arrosez d'huile. Faites cuire sous le gril du four pendant 5 minutes, puis retournez les langoustines et poursuivez la cuisson 5 minutes.

3. Retournez à nouveau les langoustines et nappez-les de beurre d'échalotes. Faites cuire sous le gril encore 5 minutes. Poivrez au moulin au moment de servir. Décorez de persil.

Langoustines aux endives

Préparation : 20 mn
Cuisson : 15 mn

Pour 4 personnes
16 langoustines
4 endives
50 g de beurre
Le jus de 1/2 citron
10 brins de ciboulette
60 g de crème fraîche
Sel, poivre

1. Plongez les langoustines 5 minutes dans de l'eau en ébullition. Égouttez-les ; décortiquez-les.

2. Coupez la base des endives. Effeuillez-les. Faites-les cuire pendant 10 minutes dans une sauteuse, à feu doux, dans le beurre avec le jus de citron, du sel et du poivre. Trois minutes avant la fin de la cuisson, ajoutez les langoustines, juste pour les chauffer.

3. Coupez finement les brins de ciboulette avec des ciseaux. Mélangez-les à la crème fraîche.

4. Mettez les endives dans un plat de service. Posez les langoustines dessus. Servez avec la crème à la ciboulette.

Langoustines au fenouil

Préparation : 10 mn
Cuisson : 1 h 10

Pour 6 personnes
1 kg de langoustines
6 bulbes de fenouil pas trop gros
50 g de beurre
1 cuillerée à café d'apéritif anisé
1 sachet de court-bouillon instantané
Sel, poivre

1. Lavez les fenouils. Retirez les feuilles abîmées. Faites-les cuire 1 heure à l'eau bouillante salée. Égouttez-les.

2. Pendant que les fenouils cuisent, préparez le court-bouillon suivant le mode d'emploi. Plongez-y les langoustines et faites-les cuire 10 minutes. Égouttez-les et décortiquez-les.

3. Dans une poêle, faites fondre le beurre. Ajoutez les fenouils coupés en morceaux, l'apéritif anisé. Salez et poivrez. Mélangez bien.

4. Ajoutez les langoustines. Couvrez et laissez mijoter 10 minutes. Servez chaud.

Langoustines à la fondue de tomates

Préparation : 10 mn
Cuisson : 30 mn

Pour 4 personnes
16 langoustines
5 tomates
1 oignon
2 cuillerées à soupe d'huile d'olive
80 g de petits lardons
Quelques feuilles de basilic
Sel, poivre

1. Ébouillantez et pelez les tomates ; coupez-les en morceaux, en les épépinant.

2. Épluchez l'oignon et émincez-le finement.

3. Plongez les lardons 3 minutes dans de l'eau bouillante. Égouttez-les. Dans une sauteuse, faites blondir les lardons et l'oignon dans l'huile. Ajoutez les tomates, du sel et du poivre. Laissez cuire 10 minutes.

4. Mettez les langoustines dans la sauteuse et faites cuire encore 15 minutes, en remuant plusieurs fois.

5. Retirez les langoustines de la sauteuse. Versez la fondue de tomates et les lardons dans un plat. Posez les langoustines dessus. Décorez de feuilles de basilic et servez aussitôt.

Langoustines au lard

Préparation : 35 mn
Cuisson : 50 mn

Pour 4 personnes
16 grosses langoustines
6 grosses pommes de terre
16 tranches fines de lard
3 oignons
12 petits oignons nouveaux
4 cuillerées à soupe d'huile d'olive
40 g de beurre
1/2 tasse de sauce de soja
Sel

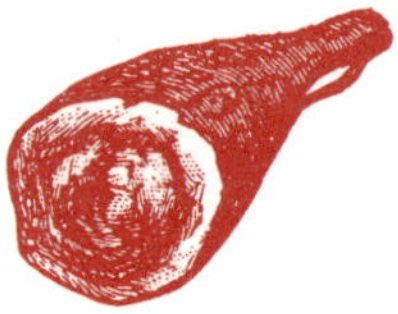

1. Faites cuire 4 pommes de terre dans leur peau, à la vapeur, pendant 25 minutes.

2. Pelez les autres pommes de terre et émincez-les en tranches très fines.

3. Pelez et émincez les oignons. Faites-les revenir, avec les tranches de pommes de terre, dans 1 cuillerée à soupe d'huile, avec un peu de sel.

4. Épluchez les oignons nouveaux. Cuisez-les dans le beurre, avec 2 cuillerées à soupe d'eau, pendant 10 minutes.

5. Plongez les langoustines dans de l'eau salée en ébullition, pendant 5 minutes. Égouttez-les et décortiquez-les.

6. Faites blondir les tranches de lard à la poêle, dans 1 cuillerée à soupe d'huile. Entourez chaque langoustine avec 1 tranche de lard.

7. Pelez les pommes de terre cuites à la vapeur. Écrasez-les à la fourchette, avec 2 cuillerées à soupe d'huile et du sel.

8. Disposez des petits tas de purée dans un plat à four. Posez les langoustines dessus. Ajoutez les rondelles de pommes de terre et les oignons rissolés. Garnissez d'oignons nouveaux. Arrosez de sauce de soja et chauffez quelques minutes au four avant de servir.

Langoustines au porto

Préparation : 20 mn
Cuisson : 25 mn

Pour 4 personnes
16 langoustines
4 carottes
250 g d'épinards
2 tomates
80 g de beurre
60 g de crème fraîche

1. Décortiquez les langoustines.

2. Nettoyez les carottes ; coupez-les en dés.

3. Lavez les épinards.

4. Ébouillantez et pelez les tomates ; coupez-les en dés.

5. Faites cuire ensemble les carottes et les épinards à la vapeur, pendant 10 minutes. Salez.

1 verre 1/2 de porto blanc
1 jaune d'œuf
Sel, poivre

6. Préparez la sauce : mettez le porto et la crème dans une petite casserole sur feu doux. Laissez réduire de moitié. Ajoutez 40 grammes de beurre coupé en morceaux. Quand il est fondu, retirez la casserole du feu et mélangez le jaune d'œuf à la sauce en fouettant. Tenez au chaud au bain-marie.

7. Chauffez 40 grammes de beurre dans une sauteuse. Faites revenir ensemble les langoustines, les carottes, les épinards et les tomates pendant 6 à 7 minutes. Salez et poivrez. Servez bien chaud accompagné de la sauce au porto.

Langoustines à la sauce des gourmets

Préparation : 20 mn
Cuisson : 35 mn

Pour 4 personnes
16 langoustines
10 champignons de Paris
2 carottes
2 oignons
1 verre de bordeaux blanc
1 cuillerée à soupe de cognac
1 jaune d'œuf
120 g de beurre
Sel, poivre

1. Nettoyez les champignons et coupez-les en quatre. Faites-les cuire dans 30 grammes de beurre pendant 10 minutes.

2. Décortiquez les langoustines.

3. Nettoyez les carottes et pelez les oignons, puis hachez-les grossièrement. Faites revenir les légumes dans 40 grammes de beurre. Ajoutez le vin, le cognac, du sel et du poivre. Laissez cuire, à feu doux, pendant 10 minutes.

4. Filtrez la sauce dans une casserole. Ajoutez les langoustines et faites cuire 5 minutes à petits frémissements. Retirez les langoustines de la sauce et mettez-les sur un plat chaud.

5. Hors du feu, ajoutez à la sauce le reste du beurre coupé en morceaux et le jaune d'œuf. Chauffez 1 à 2 minutes, en fouettant. Nappez les langoustines de cette sauce. Garnissez avec les champignons de Paris. Vous pouvez aussi servir avec des girolles ou des trompettes de la mort.

Langoustines sautées

Préparation : 5 mn
Cuisson : 8 mn

Pour 4 personnes

1 kg de petites langoustines
2 cuillerées à soupe de persil haché
1 petit verre à liqueur de rhum
3 cuillerées à soupe d'huile d'arachide
Sel, poivre

1. Dans une grande poêle, faites chauffer l'huile. Mettez-y à revenir les langoustines entières dans leur carapace. Laissez cuire en retournant de temps en temps, pendant 7 à 8 minutes : salez et poivrez.

2. Arrosez de rhum, flambez, saupoudrez de persil haché et mélangez. Servez bien chaud.

Langoustines sautées aux girolles

Préparation : 20 mn
Cuisson : 20 mn

Pour 4 personnes

16 langoustines
300 g de girolles
1 cuillerée à soupe de fines herbes hachées
100 g de petites crevettes décortiquées
120 g de beurre
2 cuillerées à soupe d'huile
3 cuillerées à soupe de crème fraîche
Sel, poivre

1. Nettoyez les girolles en les laissant entières. Mettez-les dans une casserole sur feu vif avec un peu de sel, jusqu'à ce qu'elles aient rendu toute leur eau.

2. Décortiquez les langoustines.

3. Passez les crevettes au mixer avec la crème, 80 grammes de beurre ramolli, du sel et du poivre. Ajoutez les fines herbes et mettez au bain-marie.

4. Chauffez ensemble le reste du beurre et l'huile. Faites revenir les girolles 6 minutes en les remuant. Ajoutez les langoustines. Poursuivez la cuisson pendant 4 minutes.

5. Mettez dans un plat et arrosez avec la sauce crevette aux herbes.

Légumes à l'anchoïade

Préparation : 20 mn
Cuisson : 30 mn

Pour 6 personnes
250 g de carottes
3 poivrons rouges
3 poivrons verts
250 g de haricots verts
1 boîte de cœurs d'artichauts
1 concombre
250 g de filets d'anchois à l'huile
3 gousses d'ail
10 cl d'huile d'olive
1 filet de vinaigre
Sel
Gros sel
Basilic

1. Épluchez les carottes et les haricots verts. Faites-les cuire séparément dans de l'eau bouillante salée, pendant 20 à 25 minutes. Égouttez-les.

2. Blanchissez les poivrons pendant 5 minutes à l'eau bouillante, épépinez-les, coupez-les en lamelles.

3. Lavez le concombre, coupez-le en tranches sans le peler, saupoudrez-le avec un peu de gros sel et laissez-le dégorger pendant la préparation de la sauce.

4. Égouttez les cœurs d'artichauts.

5. Épluchez l'ail ; pilez dans un mortier l'ail, les anchois et les feuilles de basilic jusqu'à ce que la sauce soit onctueuse ; ajoutez l'huile et un filet de vinaigre.

6. Égouttez les rondelles de concombre et pressez-les dans un linge fin pour en extraire tout le liquide.

7. Présentez les légumes coupés sur un plateau et la sauce dans le mortier.

Lieu à la choucroute

Préparation : 15 mn
Cuisson : 45 mn

Pour 6 personnes
1 kg de lieu
1 kg de choucroute cuite
6 saucisses plates
50 cl de vin blanc sec
6 tranches minces de lard fumé
1 oignon
50 g de beurre ou de margarine
Thym, laurier
Moutarde
Sel, poivre

1. Bardez le morceau de lieu avec les tranches de lard fumé et ficelez.

2. Épluchez et émincez l'oignon. Faites-le revenir dans le corps gras. Faites ensuite dorer le poisson. Ajoutez 1 verre de vin blanc, le thym, le laurier. Salez et poivrez. Couvrez. Faites cuire à feu moyen pendant 45 minutes.

3. Pendant ce temps, réchauffez doucement la choucroute dans le restant de vin blanc.

4. Faites dorer les saucisses à la poêle, sans corps gras.

5. Dans le plat de service, disposez le poisson au centre. Entourez avec la choucroute et les saucisses. Servez avec de la moutarde forte.

Lieu ou capitaine à l'espagnole

Préparation : 25 mn
Cuisson : 20 mn

Pour 6 personnes

6 tranches de lieu noir ou de capitaine
50 cl de jus de tomate
3 échalotes
1 gousse d'ail
1 cuillerée à soupe de Maïzena
50 g de beurre
3 cuillerées à soupe d'huile d'olive
1 tomate
1/2 citron
1 oignon
1 poivron
Farine
Sel, poivre

1. Épluchez la tomate et coupez-la en dés. Lavez le poivron, retirez-en les pépins et coupez-le en fines lamelles. Pelez l'oignon, émincez-le. Coupez le citron en petits morceaux.

2. Farinez les tranches de poisson. Faites fondre la matière grasse dans une poêle. Faites dorer les tranches de poisson, 7 à 8 minutes de chaque côté. Salez et poivrez.

3. Pendant ce temps, émincez les échalotes et l'ail. Faites-les revenir dans l'huile d'olive. Ajoutez la Maïzena en saupoudrant puis, petit à petit, le jus de tomate, en tournant doucement à la spatule jusqu'à ébullition. Salez et poivrez.

4. Servez les tranches de poisson avec la sauce en saucière et, à part sur un plat, les dés de tomate, d'oignon, de citron et les lamelles de poivron.

Lieu à l'estragon

Préparation : 10 mn
Cuisson : 20 mn

Pour 6 personnes

6 tranches de lieu
150 g de lard fumé
1 bouquet d'estragon
Le jus de 2 citrons
75 g de beurre
Sel, poivre

1. Lavez l'estragon. Hachez-le.

2. Faites fondre le beurre dans une poêle. Mettez les tranches de lieu. Arrosez-les avec le jus de citron. Ajoutez l'estragon haché. Salez et poivrez. Couvrez et laissez cuire 20 minutes à feu doux.

3. Pendant ce temps, faites dorer le lard fumé coupé en dés. Ajoutez-le au poisson.

Lieu à la niçoise

Préparation : 25 mn
Cuisson : 30 mn

Pour 6 personnes
6 tranches de lieu
750 g de tomates
100 g d'olives vertes dénoyautées
100 g d'olives noires de Nice dénoyautées
4 cuillerées à soupe d'huile d'olive
1 verre de vin blanc sec
3 gousses d'ail
Anchois
Sel, poivre

1. Plongez les tomates 30 secondes dans l'eau bouillante, pelez-les et coupez-les en quartiers. Faites-les cuire doucement à la poêle, dans l'huile d'olive, pendant 10 minutes.

2. Posez les tranches de lieu sur le lit de tomates. Ajoutez l'ail émincé, les olives vertes et noires. Salez et poivrez. Mouillez avec le vin blanc. Couvrez et laissez mijoter 20 minutes.

3. Ajoutez les anchois au moment de servir.

Lieu aux olives

Préparation : 20 mn
Cuisson : 20 mn

Pour 6 personnes
6 tranches de lieu jaune
3 œufs
100 g d'olives noires
3 tranches de pain de mie
75 g de beurre ou de margarine
2 cuillerées à soupe de crème fraîche
Farine
Sel, poivre

1. Dénoyautez les olives. Émincez-les. Farinez les tranches de poisson. Faites fondre 50 grammes de beurre ou de margarine dans une poêle. Faites-y dorer le poisson, 7 à 8 minutes de chaque côté.

2. Pendant ce temps, cassez les œufs dans une terrine. Salez et poivrez. Battez à la fourchette comme pour une omelette. Ajoutez les olives.

3. Faites fondre le reste de beurre ou de margarine dans une poêle. Versez le mélange et tournez, à feu doux, à la cuiller de bois, comme pour des œufs brouillés. Ajoutez la crème fraîche en fin de cuisson.

4. Servez les tranches de lieu avec la brouillade d'olives sur des demi-tranches de pain de mie rôties.

Lieu au piment

Préparation : 20 mn
Cuisson : 40 mn

Pour 6 personnes
6 tranches de lieu
6 gousses d'ail
3 oignons
500 g de tomates
1/2 verre d'huile
Piment de Cayenne
Sel, poivre

1. Épluchez les oignons et émincez-les finement. Épluchez les gousses d'ail et pilez-les au mortier. Pelez, épépinez et coupez les tomates en quartiers.

2. Faites chauffer l'huile dans une cocotte, faites dorer doucement oignons, ail et tomates pendant 25 minutes environ.

3. Ajoutez 1 bonne pointe de couteau de piment de Cayenne, puis les tranches de poisson. Salez et poivrez ; couvrez et laissez cuire le tout 15 minutes environ.

Limandes à la grenobloise

Préparation : 15 mn
Cuisson : 20 mn

Pour 6 personnes
3 limandes moyennes
125 g de beurre ou de margarine
1 œuf dur
1 verre de lait
40 g de farine
2 cuillerées à soupe de vinaigre
1 cuillerée à soupe de câpres
Sel, poivre

1. Faites ébarber et vider les limandes par le poissonnier.

2. Salez et poivrez les poissons. Passez-les dans le lait, puis dans la farine. Faites chauffer 50 grammes de corps gras dans une poêle et faites dorer les poissons, 7 à 8 minutes de chaque côté. Tenez-les au chaud.

3. Pelez l'œuf dur et hachez-le.

4. Faites fondre le restant du corps gras et laissez-le légèrement brunir. Hors du feu, ajoutez petit à petit le vinaigre, puis l'œuf dur haché et les câpres. Versez aussitôt sur les poissons.

Limandes à l'orientale

Préparation : 15 mn
Cuisson : 25 mn

Pour 6 personnes
6 limandes
750 g de tomates
250 g de champignons de Paris
1 verre d'huile d'olive
2 gousses d'ail
1 citron
Anis en grains
Anchois
Sel, poivre

1. Videz, nettoyez et lavez les limandes.

2. Épluchez les tomates après les avoir plongées 1 minute dans l'eau chaude. Coupez-les en morceaux. Coupez le pied terreux des champignons. Lavez-les, essuyez-les et coupez-les en lamelles. Épluchez les gousses d'ail. Coupez le citron en fines rondelles.

3. Dans un grand plat à four, disposez un lit de tomates, un lit de champignons puis les rondelles de citron et les limandes se chevauchant. Arrosez avec l'huile d'olive. Ajoutez l'ail émincé. Saupoudrez avec les grains d'anis. Salez et poivrez. Faites cuire 25 minutes à four moyen. Décorez au moment de servir avec des anchois roulés.

Lotte à l'américaine

Préparation : 10 mn
Cuisson : 40 à 50 mn

Pour 4 personnes
750 g de lotte
1 verre d'huile d'olive
2 cuillerées à soupe de cognac
50 cl de vin blanc sec
2 cuillerées à soupe de concentré de tomate
2 oignons
2 gousses d'ail
50 g de farine
1/2 verre de bouillon
Sel, poivre

1. Essuyez la lotte, coupez-la en morceaux, passez ceux-ci dans la farine.

2. Dans une sauteuse, faites chauffer l'huile. Déposez les morceaux de lotte, faites-les rapidement dorer. Ajoutez le cognac, flambez. Réservez les morceaux de lotte sur une assiette.

3. Ajoutez dans le jus de cuisson le vin blanc, le bouillon, le concentré de tomate, les oignons et l'ail finement hachés. Salez et poivrez largement. Laissez cuire doucement et réduire pendant 30 minutes.

4. Remettez les morceaux de lotte dans la sauce et laissez mijoter environ 15 minutes. Le poisson doit rester ferme. Servez sur un plat chaud.

Lotte à la crème fraîche

Préparation : 10 mn
Cuisson : 25 mn

Pour 4 personnes
800 g de lotte coupée en 8 morceaux
60 g de beurre
1 citron
1 verre à liqueur d'eau-de-vie
50 g de crème fraîche épaisse
Sel, poivre
Cerfeuil, ciboulette, tomate

1. Pelez le citron à vif et coupez-le en tranches en retirant les pépins.

2. Chauffez le beurre dans une cocotte. Mettez les morceaux de lotte, le citron, l'eau-de-vie, du sel et du poivre. Couvrez. Laissez cuire 20 minutes à petit feu en remuant de temps en temps.

3. Ajoutez alors la crème fraîche et mélangez bien. Faites chauffer quelques minutes sans laisser bouillir.

4. Versez le poisson et sa sauce dans un plat creux. Parsemez de cerfeuil et de ciboulette ciselée. Décorez de morceaux de tomate et servez très chaud. Vous pouvez accompagner de petites pommes de terre cuites à la vapeur.

Lotte au curry

Préparation : 15 mn
Cuisson : 20 mn

Pour 4 personnes
800 g de lotte coupée en morceaux
300 g d'oignons
2 gousses d'ail
1 grosse pomme
1 bouquet garni
1/2 verre d'huile d'olive
2 cuillerées à soupe de curry en poudre
1 verre de vin blanc
50 g de crème fraîche
Sel, poivre

1. Pelez et hachez l'ail, les oignons et la pomme.

2. Chauffez l'huile. Faites revenir vivement la lotte, puis ajoutez le hachis préparé, le bouquet et saupoudrez de curry. Remuez. Mouillez avec le vin, salez, poivrez et couvrez. Laissez cuire 15 minutes.

3. Égouttez la lotte. Mettez sur un plat chaud. Filtrez la sauce de cuisson. Mélangez-lui la crème, chauffez quelques secondes et nappez de cette sauce les morceaux de lotte. Servez soit avec du riz, soit avec des bulbes de fenouil cuits à l'eau.

Lotte à l'effilochée de poireaux

Préparation : 15 mn
Cuisson : 50 mn

Pour 4 personnes
800 g de lotte
8 blancs de poireaux
80 g de beurre
2 cuillerées à soupe d'huile
1 carotte
2 oignons
1 pincée de muscade
1 verre de vin blanc
30 g de crème fraîche
Sel, poivre

1. Émincez les oignons et la carotte. Faites revenir à l'huile. Ajoutez la lotte, la muscade, le sel, le poivre et le vin blanc. Couvrez. Laissez mijoter 30 minutes.

2. Nettoyez les poireaux. Émincez-les dans le sens de la longueur. Mettez-les dans une sauteuse avec le beurre, du sel et du poivre. Couvrez. Faites cuire 20 minutes en remuant de temps en temps.

3. Ajoutez la crème aux poireaux. Mélangez. Versez dans un plat. Posez dessus la lotte coupée en tranches et arrosée avec le jus de cuisson.

Lotte aux févettes en sauce cresson

Préparation : 15 mn
Cuisson : 35 mn

Pour 4 personnes
4 tranches de lotte de 200 g environ chacune
200 g de févettes écossées
1 oignon
1 aubergine
1 courgette
2 tomates
3 cuillerées à soupe d'huile
1 petite botte de cresson
40 g de crème fraîche
Sel, poivre

1. Faites revenir l'oignon haché, dans 1 cuillerée d'huile. Ajoutez les févettes et les autres légumes coupés en dés. Mouillez d'eau à mi-hauteur. Salez, poivrez et laissez cuire 20 minutes à feu doux.

2. Pendant ce temps, cuisez les tranches de lotte à la poêle dans le reste d'huile, pendant 10 à 15 minutes, en retournant. Salez et poivrez.

3. Lavez et effeuillez le cresson. Ébouillantez les feuilles ; passez-les au mixer avec la crème ; salez et poivrez. Servez la lotte avec la garniture de légumes et la sauce cresson.

Lotte au gratin

Préparation : 30 mn
Cuisson : 45 mn

Pour 4 personnes

800 g de lotte
1 verre de vin blanc
3 oignons
40 g de beurre
2 cuillerées à soupe de chapelure
6 branches de persil
Sel, poivre

1. Allumez le four. Nettoyez le poisson.

2. Pelez les oignons, hachez-les. Lavez le persil, hachez les feuilles.

3. Dans un plat à four, faites un lit d'oignons et de persil, posez le poisson dessus. Salez et poivrez-le. Parsemez de noisettes de beurre et de chapelure. Arrosez avec le vin blanc.

4. Mettez à four bien chaud et laissez cuire 45 minutes en arrosant à trois ou quatre reprises en cours de cuisson. Servez très chaud.

Lotte au lard

Préparation : 10 mn
Cuisson : 40 mn

Pour 4 personnes

4 tranches de lotte de 200 g environ chacune
150 g de lard maigre
80 g de beurre
3 cuillerées à soupe de farine
2 oignons
2 verres de vin blanc
1/2 tasse de crème fraîche
1 cuillerée à soupe de vinaigre
Sel, poivre

1. Pelez les oignons, coupez-les en lamelles minces, coupez le lard en petits dés.

2. Salez et poivrez les tranches de lotte, passez-les dans 2 cuillerées de farine.

3. Dans une cocotte, faites fondre 50 grammes de beurre, mettez-y à dorer doucement, pendant 5 à 6 minutes, les lamelles d'oignon et les dés de lard. Retirez-les dès qu'ils sont dorés.

4. Dans la même cocotte et dans le même beurre, mettez à cuire les tranches de lotte 5 minutes de chaque côté. Quand elles sont cuites, retirez-les, tenez-les au chaud.

5. Ajoutez dans la cocotte 30 grammes de beurre. Dès qu'il est fondu, versez la farine, tournez vivement avec une cuiller en bois. Quand le beurre a absorbé toute la farine, ajoutez le vin blanc et 1 verre d'eau, du sel et du poivre. Tournez sans arrêt pendant 7 à 8 minutes sur feu assez vif, de façon à obtenir une sauce onctueuse à laquelle vous ajouterez la crème et le vinaigre. Mélangez bien.

6. Dans cette sauce, mettez les tranches de lotte, les oignons et le lard ; laissez mijoter très doucement 10 minutes environ sans laisser bouillir. Servez bien chaud.

Lotte Newburg

Préparation : 5 mn
Cuisson : 20 mn

Pour 4 personnes
4 tranches de lotte de 160 g chacune
1 verre de porto blanc sec
1 verre à liqueur de cognac
125 g de crème fraîche
2 jaunes d'œufs
50 g de beurre
Sel, poivre

1. Dans une sauteuse, faites dorer doucement les morceaux de lotte avec du beurre.

2. Faites flamber avec le cognac. Mouillez avec le porto. Laissez bouillir quelques minutes. Mettez la crème fraîche. Mélangez bien avec le porto. Salez et poivrez. Laissez mijoter et réduire doucement 15 minutes.

3. Liez avec les jaunes d'œufs. Laissez chauffer sans bouillir en tournant pour épaissir. Servez.

Cette recette peut se faire avec une langouste. Faites-la cuire au court-bouillon. Décortiquez-la, coupez-la en morceaux que vous ferez revenir dans le beurre.

Lotte des pêcheurs

Préparation : 20 mn
Cuisson : 35 mn

Pour 4 personnes
800 g de lotte
3 oignons
12 carottes
4 pommes de terre
2 cuillerées à soupe d'huile
1 bouquet garni
1 verre de vin blanc
Sel, poivre

1. Pelez et émincez les oignons. Épluchez les pommes de terre ; coupez-les en fines rondelles. Nettoyez les carottes ; coupez-les également en rondelles.

2. Disposez ces légumes en couches superposées dans un plat allant au four. Salez au fur et à mesure. Glissez le bouquet garni dans les légumes.

3. Posez la lotte par-dessus. Salez et poivrez au moulin. Arrosez d'huile et de vin blanc. Couvrez de papier aluminium et mettez au four (th. 7) pendant 35 minutes, en arrosant à plusieurs reprises avec le jus de cuisson. Servez très chaud dans le plat.

Lotte aux petits oignons

Préparation : 25 mn
Cuisson : 25 mn

Pour 4 personnes
1,2 kg de lotte
1 kg de petits oignons blancs
1 bouquet garni
1 cuillerée à soupe de vinaigre
150 g de beurre
2 citrons
Sel, poivre

1. Pelez les petits oignons. Faites-les cuire 20 minutes dans l'eau bouillante salée. Égouttez-les.

2. Coupez la lotte en 8 morceaux. Mettez-les dans une casserole avec le bouquet garni. Couvrez-les d'eau froide. Ajoutez le vinaigre, le sel et le poivre. Mettez sur le feu. Faites cuire à feu moyen pendant 15 minutes. Égouttez les morceaux de lotte.

3. Mettez-les dans une casserole avec les petits oignons et le beurre. Faites revenir sur feu vif pendant quelques minutes. Servez bien chaud avec des quartiers de citron.

Lotte au poivre vert

Préparation : 5 mn
Cuisson : 15 mn

Pour 6 personnes
6 tranches de lotte
40 g de beurre ou de margarine
1 petit pot de crème fraîche
1 verre à liqueur de whisky
1 cuillerée à café de poivre vert
Farine
Sel
Cresson

1. Farinez légèrement les tranches de poisson.

2. Faites fondre le corps gras dans une poêle et mettez à dorer les tranches de lotte, 5 minutes environ de chaque côté, salez. Réservez.

3. Versez le whisky dans la poêle. Laissez chauffer. Flambez. Ajoutez le poivre vert et la crème fraîche. Mélangez en tournant. Mettez le poisson dans la sauce. Laissez chauffer 2 à 3 minutes.

4. Disposez dans le plat de service tenu au chaud. Nappez avec la sauce. Décorez avec du cresson.

Lotte à la provençale

Préparation : 10 mn
Cuisson : 20 mn

Pour 4 personnes
800 g de lotte coupée en tranches minces
3 cuillerées à soupe d'huile
1 oignon
3 tomates
2 anchois
2 pincées de farine
1 verre de vin blanc
1 cuillerée à café de câpres
Sel, poivre
Ciboulette

1. Pelez et hachez l'oignon. Ébouillantez et pelez les tomates. Coupez-les en petits morceaux.

2. Pilez les anchois.

3. Chauffez l'huile dans une sauteuse. Faites revenir vivement les tranches de lotte. Retirez-les. Mettez dans la sauteuse l'oignon, les tomates, les anchois, du sel et du poivre. Saupoudrez de farine. Remuez. Mouillez avec le vin. Faites cuire 10 minutes. Remettez les tranches de lotte, ajoutez les câpres, chauffez 5 minutes en remuant. Servez le plat chaud parsemé de ciboulette coupée aux ciseaux.

Lotte à la ratatouille

Préparation : 10 mn
Cuisson : 15 mn

Pour 6 personnes
1 kg de lotte
1 grosse boîte ou 2 paquets de ratatouille surgelée
1 petit pot de crème fraîche
1 verre de cognac
30 g de farine
1 verre d'huile
Sel, poivre

1. Faites couper la lotte en tranches assez minces par le poissonnier.

2. Farinez les tranches. Chauffez l'huile et mettez à revenir les tranches de poisson des deux côtés. Flambez avec le cognac. Salez et poivrez. Couvrez et laissez cuire pendant 10 minutes environ.

3. Pendant ce temps, chauffez la ratatouille. Lorsqu'elle est bien chaude, disposez-la dans le plat de service. Posez dessus les morceaux de poisson. Ajoutez la crème fraîche au jus de cuisson. Nappez le plat avec la sauce.

Lotte rôtie aux épices

Préparation : 10 mn
Cuisson : 30 mn

Pour 4 personnes

1 morceau de lotte non « désossé » de 1,2 kg environ
4 gousses d'ail
6 cuillerées à soupe d'huile
2 dosettes de safran
1 cuillerée à soupe de graines de cumin
1 orange
2 citrons
Sel, poivre

1. Pelez les gousses d'ail. Piquez-les dans la lotte.

2. Râpez le zeste de l'orange et pressez le fruit.

3. Brossez les citrons ; coupez-les en quartiers.

4. Mettez le poisson dans un plat allant au four. Salez et poivrez-le. Parsemez-le de zeste d'orange râpé, de graines de cumin et de safran. Arrosez avec le jus d'orange, l'huile et 4 cuillerées à soupe d'eau. Entourez de quartiers de citron et faites cuire au four (th. 7) pendant 30 minutes, en arrosant plusieurs fois en cours de cuisson. Servez dès la sortie du four, accompagné de riz ou de pâtes fraîches.

Lotte au safran

Préparation : 10 mn
Cuisson : 35 mn

Pour 4 personnes

800 g de lotte
3 gousses d'ail
2 oranges
2 dosettes de safran en poudre
1 pincée de filaments de safran
2 cuillerées à soupe d'huile d'olive
Sel, poivre

1. Brossez et lavez les oranges. Râpez le zeste. Pressez les fruits.

2. Pelez les gousses d'ail ; coupez-les en quatre et piquez-les dans la lotte.

3. Mettez-la dans un plat allant au four. Salez et poivrez au moulin. Parsemez de zeste d'orange râpé, de safran en poudre et en filaments. Arrosez d'huile et de jus d'orange.

4. Faites cuire au four (th. 7) pendant 35 minutes, en arrosant à plusieurs reprises. Pour servir, coupez le morceau de lotte en tranches et présentez-les dans la sauce de cuisson. Vous pouvez accompagner de pâtes fraîches ou d'une ratatouille de légumes.

Lotte à la sauce aux bulots

Préparation : 20 mn
Cuisson : 40 mn

Pour 4 personnes

8 tranches de lotte de 200 g chacune
12 bulots
1 sachet de court-bouillon
2 courgettes
2 tomates
150 g de petits pois écossés
2 citrons
8 feuilles d'estragon
7 cuillerées à soupe d'huile
1 cuillerée à soupe de sauce soja
Sel, poivre

1. Préparez le court-bouillon. A ébullition, plongez-y les bulots. Laissez cuire 5 minutes et égouttez-les. Décoquillez les bulots ; coupez la chair en lamelles fines. Mettez-les dans une saucière avec 1 citron pelé à vif et émincé en fines tranches, le jus du deuxième citron, l'estragon, 6 cuillerées d'huile, la sauce soja, du sel et du poivre.

2. Coupez les courgettes et les tomates en rondelles. Cuisez-les 10 minutes à la poêle dans 1 cuillerée d'huile.

3. Faites cuire les petits pois 15 minutes dans un peu d'eau salée.

4. Mettez les tranches de lotte dans une casserole. Couvrez-les d'eau froide, salez. Laissez cuire à petit feu, 10 minutes à partir de l'ébullition. Égouttez-les. Disposez-les sur un plat avec les légumes. Servez avec la sauce aux bulots.

Lotte sauce crevettes

Préparation : 25 mn
Cuisson : 25 mn

Pour 6 personnes

1,5 kg de lotte coupée en tronçons de 2 cm environ
200 g de crevettes roses décortiquées
500 g de tomates
6 échalotes
2 gousses d'ail
10 brins de persil
10 branches d'estragon
1 bouquet garni
10 cl d'huile d'olive
1 petit verre de cognac
1 morceau d'écorce d'orange
1/2 bouteille de vin blanc sec
Sel, poivre

1. Ébouillantez, pelez et épépinez les tomates. Coupez-les en petits morceaux.

2. Pelez et hachez les échalotes. Épluchez les gousses d'ail et écrasez-les.

3. Hachez l'estragon et le persil.

4. Chauffez l'huile dans une sauteuse. Mettez-y à revenir ensemble les morceaux de lotte et les crevettes, en les remuant. Dès que la lotte a pris couleur, ajoutez les échalotes et laissez-les tout juste blondir. Mouillez alors avec le cognac et flambez. Ajoutez l'ail, les tomates, l'écorce d'orange, l'estragon, le persil, le bouquet garni et le vin blanc. Salez et poivrez. Couvrez et laissez cuire à feu doux pendant 15 minutes.

5. Égouttez la lotte. Mettez-la dans un plat chaud. Filtrez la sauce au chinois en écrasant bien les crevettes et les différents ingrédients. Nappez-en les morceaux de lotte.

Lotte à la sauce tomate

Préparation : 5 mn
Cuisson : 20 mn

Pour 4 personnes
1,2 kg de lotte en un seul morceau
1 sachet de court-bouillon
2 petites boîtes de sauce tomate
100 g de gruyère râpé
60 g de beurre

1. Préparez le court-bouillon en suivant le mode d'emploi indiqué sur le sachet. Faites cuire la lotte 10 minutes dans ce court-bouillon frissonnant.

2. Égouttez-la ; mettez-la dans un plat allant au four. Parsemez de noisettes de beurre.

3. Nappez de sauce tomate. Saupoudrez de gruyère râpé. Passez 10 minutes à four chaud pour gratiner.

Macaronis en salade de thon

Préparation : 5 mn
Cuisson : 10 mn

Pour 4 personnes
300 g de macaronis coupés
2 tomates fermes
2 œufs durs
1 boîte de thon (120 g)
12 olives noires
12 olives farcies aux anchois
4 cuillerées à soupe d'huile
Sel, poivre

1. Cuisez les macaronis 10 minutes à grande eau bouillante salée.

2. Pendant ce temps, coupez les tomates et les œufs durs en quartiers. Ouvrez la boîte de thon.

3. Égouttez les macaronis. Laissez-les refroidir. Ajoutez-leur tomates, œufs durs, thon, olives et huile. Poivrez. Mélangez et servez froid.

Maquereaux boulonnaise

Préparation : 15 mn
Cuisson : 40 mn

Pour 4 personnes

4 maquereaux
2 verres de vin blanc
Sel, poivre
4 poireaux
50 g de beurre
100 g de crème
Persil

1. Lavez les filets des maquereaux et pochez-les 5 minutes dans le vin.

2. Faites cuire au beurre, dans une sauteuse, les poireaux coupés en tronçons.

3. Lorsque les poireaux sont cuits (30 minutes environ), ajoutez le vin qui a servi à pocher les filets et la crème. Faites bouillir et rectifiez l'assaisonnement en sel et poivre. Servez les filets chauds sur les poireaux, parsemés de persil.

Maquereaux au cumin en papillotes

Préparation : 15 mn
Cuisson : 20 mn

Pour 6 personnes

6 maquereaux
1 cuillerée à café de cumin en poudre
6 gousses d'ail
Le jus de 1 citron
1/2 verre d'huile
Sel, poivre

1. Nettoyez les poissons, videz-les, séchez-les, assaisonnez-les de sel et de poivre.

2. Pelez les gousses d'ail et pilez-les.

3. Mélangez l'huile, le jus de citron, le cumin et les gousses d'ail pilées.

4. Badigeonnez les maquereaux avec cette préparation.

5. Enveloppez chaque poisson dans une feuille de papier d'aluminium en formant une papillote et mettez à cuire sur le gril, assez près des braises, pendant 20 minutes environ, en retournant deux ou trois fois en cours de cuisson.

Maquereaux aux échalotes

Préparation : 10 mn
Cuisson : 20 mn

Pour 6 personnes

12 petits maquereaux
50 g de beurre ou de margarine
1 verre 1/2 de vin blanc sec
4 échalotes
1 cuillerée à soupe de farine
1 cuillerée à soupe de moutarde
Sel, poivre

1. Coupez la tête des maquereaux. Enlevez l'arête centrale en fendant les poissons d'un côté sur toute la longueur (ou demandez au poissonnier de le faire).

2. Épluchez, lavez, hachez les échalotes. Faites-les cuire doucement dans le corps gras. Lorsqu'elles ont blondi, saupoudrez avec la farine. Mouillez avec le vin blanc et un peu d'eau. Salez et poivrez. Laissez mijoter 10 minutes.

3. Faites griller les maquereaux sur un gril bien chaud.

4. Au moment de servir, ajoutez la moutarde à la sauce.

5. Déposez les maquereaux grillés sur un plat. Nappez avec la sauce et servez bien chaud.

Maquereaux au four

Préparation : 15 mn
Cuisson : 20 mn

Pour 4 personnes

4 maquereaux de 250 g chacun
3 oignons
60 g de beurre
3 cuillerées à soupe d'huile
1 citron
10 grains de poivre
Sel

1. Nettoyez et videz les maquereaux. Incisez-les sur le dessus.

2. Hachez finement 2 oignons. Mettez ce hachis à l'intérieur des poissons, ainsi que le beurre.

3. Coupez le troisième oignon en rondelles. Coupez également le citron.

4. Disposez les poissons côte à côte dans un plat allant au four. Salez, parsemez de grains de poivre. Ajoutez les rondelles de citron et d'oignon. Arrosez d'huile. Couvrez de papier aluminium.

5. Faites cuire au four (th. 7) pendant 20 minutes en arrosant deux ou trois fois avec la sauce de cuisson. Servez bien chaud dans le plat. Vous pouvez accompagner d'une salade de pommes de terre.

Maquereaux grillés

Préparation : 10 mn
Cuisson : 15 mn

Pour 6 personnes
6 petits maquereaux de 140 g chacun
2 cuillerées à soupe d'huile

1. Mettez le gril à chauffer.

2. Videz les maquereaux. Fendez-les sur toute leur longueur (sur le ventre et sur le dos) pour en séparer les deux moitiés. Retirez l'arête.

3. Assaisonnez et badigeonnez d'huile des deux côtés.

4. Posez sur le gril bien chaud et laissez cuire 7 à 8 minutes de chaque côté.

5. Disposez sur un plat. Servez aussitôt.

Maquereaux aux groseilles

Préparation : 20 mn
Cuisson : 20 mn

Pour 4 personnes
4 maquereaux de 140 g environ chacun
400 g de groseilles
2 oignons blancs
2 gousses d'ail
30 g de beurre
1 cuillerée à soupe de sucre en poudre
20 cl de vin blanc sec
2 branches de thym
Sel, poivre

1. Nettoyez les maquereaux et disposez-les dans un plat beurré allant au four.

2. Passez les groseilles au mixer. Recueillez et filtrez le jus.

3. Hachez finement ail et oignons. Faites-les cuire au beurre à feu doux, sans les laisser prendre couleur. Au bout de 3 minutes, ajoutez le sucre, le vin blanc, le jus de groseilles, du sel et du poivre.

4. Versez ce liquide sur les poissons. Parsemez de thym et faites cuire au four (th. 7) pendant 20 minutes environ. Servez dans le plat de cuisson.

Maquereaux en marinade

Préparation : 15 mn
Marinade : 24 h
Cuisson : 30 mn

Pour 4 personnes

8 petits maquereaux
50 cl de vinaigre blanc
1 oignon
1 carotte
4 échalotes
1 branche de céleri
1 bouquet garni
8 grains de poivre
1 citron
Sel

1. Pelez et émincez l'oignon, la carotte, les échalotes. Mettez-les dans le vinaigre. Ajoutez le céleri, le bouquet garni, le poivre. Faites bouillir cette marinade à feu très doux pendant 30 minutes, sans couvrir.

2. Nettoyez les maquereaux. Rangez-les côte à côte sur un plat. Salez-les. Recouvrez-les avec la marinade. Laissez macérer pendant au moins 24 heures dans un endroit frais. Servez avec une garniture de rondelles de citron.

Maquereaux à la normande

Préparation : 15 mn
Cuisson : 20 mn

Pour 4 personnes

4 maquereaux moyens
4 petits oignons
2 cuillerées à café de persil haché
2 cuillerées à café de poudre d'estragon
200 g de champignons
4 cuillerées à soupe de crème fraîche
100 g de beurre
Sel, poivre

1. Pelez et hachez les oignons. Nettoyez les champignons, coupez-les en lamelles.

2. Dans un plat allant au four, mettez la moitié du beurre, les oignons hachés, le persil, l'estragon et les champignons coupés en fines lamelles. Ajoutez les poissons vidés ; salez, poivrez et disposez le beurre en petits morceaux sur le tout.

3. Mettez à four chaud. Après 15 minutes de cuisson, nappez de crème fraîche. Laissez cuire 5 minutes encore et servez.

Maquereaux à l'oseille

Préparation : 10 mn
Cuisson : 20 mn

Pour 4 personnes
4 maquereaux
12 feuilles d'oseille
40 g de beurre
Sel, poivre

1. Lavez les feuilles d'oseille, épongez-les et beurrez-les.

2. Videz et nettoyez les poissons, séchez-les dans un torchon. Salez et poivrez-les à l'intérieur et à l'extérieur.

3. Enveloppez chaque maquereau dans 3 feuilles d'oseille, le côté beurré contre le poisson.

4. Faites cuire à four moyennement chaud (th. 6-7) pendant 20 minutes.

Maquereaux en papillotes

Préparation : 15 mn
Cuisson : 18 mn

Pour 6 personnes
6 maquereaux moyens
100 g de beurre
40 g de persil
2 cuillerées à soupe d'huile
Sel, poivre

1. Videz, nettoyez les maquereaux, fendez-les sur toute la longueur pour lever les filets. Salez, poivrez et badigeonnez d'huile.

2. Faites chauffer le gril. Déposez-y les filets, faites cuire à feu vif, 7 à 8 minutes, sur chaque face.

3. Pétrissez le beurre avec le persil finement haché. Salez et poivrez.

4. Disposez 6 rectangles de papier d'aluminium un peu plus longs que les filets et de deux fois leur largeur. Allumez le four.

5. Posez un filet sur chaque feuille d'aluminium, tartinez de beurre persillé, couvrez avec un second filet, fermez la feuille de papier d'aluminium.

6. Placez les papillotes sur la plaque du four et passez à four chaud pendant 2 à 3 minutes.

7. Servez aussitôt sur un plat très chaud.

Maquereaux à la provençale

Préparation : 20 mn
Cuisson : 20 mn

Pour 4 personnes
4 maquereaux de 250 g chacun
2 oignons
2 gousses d'ail
3 tomates
4 filets d'anchois
12 olives noires dénoyautées
1 citron 1/2
70 g de beurre
4 cuillerées à soupe d'huile
3 cuillerées à soupe de vin blanc
Sel, poivre

1. Nettoyez les maquereaux. Retirez les têtes.

2. Coupez 1 citron en rondelles.

3. Hachez grossièrement l'ail, les oignons et les olives. Coupez les tomates en dés en les épépinant et les anchois en petits morceaux. Mettez le tout dans un plat allant au four. Posez dessus les maquereaux côte à côte. Salez légèrement et poivrez. Placez sur chacun 1/2 rondelle de citron et 40 grammes de beurre coupé en morceaux. Arrosez avec le vin et l'huile.

4. Faites cuire au four (th. 7) pendant 20 minutes, en arrosant de temps en temps avec le jus de cuisson. Au moment de servir, mélangez-lui le reste du beurre ramolli et le jus du demi-citron. Servez bien chaud.

Maquereaux sauce moutarde

Préparation : 15 mn
Cuisson : 15 mn

Pour 6 personnes
6 maquereaux moyens
3 cuillerées à soupe d'huile
Sauce moutarde

1. Lavez, parez les maquereaux, fendez-les sur toute la longueur pour retirer l'arête. Badigeonnez les filets avec l'huile.

2. Faites chauffer le gril. Déposez les moitiés de maquereaux, faites-les griller sur chaque face de 7 à 8 minutes.

3. Servez sur un plat chaud avec la sauce moutarde.

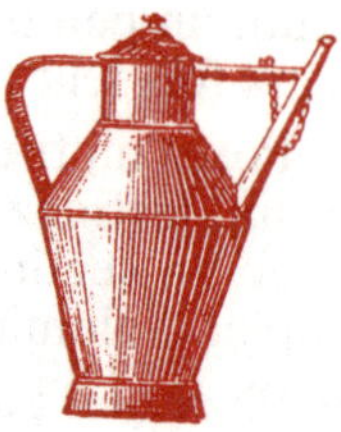

Maquereaux à la sauce tomate

Préparation : 15 mn
Cuisson : 30 mn

Pour 6 personnes
6 gros maquereaux
2 cuillerées à soupe d'huile
4 oignons
1 gousse d'ail
8 branches de persil
1 boîte de tomates de 500 g
2 cuillerées à soupe d'eau
Sel, poivre

1. Pelez les oignons, coupez-les en lamelles fines. Pelez la gousse d'ail et coupez-la également en lamelles fines.

2. Lavez les poissons, levez-en les filets. Séchez-les dans un papier absorbant.

3. Chauffez l'huile dans une poêle, mettez-y à revenir les oignons, l'ail et le persil haché pendant 5 minutes.

4. Ajoutez les tomates, l'eau, le sel, le poivre et faites cuire encore 5 minutes.

5. Ajoutez les poissons dans la poêle, couvrez et cuisez 10 minutes. Retournez alors les filets de maquereaux et laissez-les cuire encore 10 minutes. Servez ces filets chauds ou froids avec leur sauce de cuisson.

Marmite dieppoise

Préparation : 25 mn
Cuisson : 40 mn

Pour 6 personnes
6 tranches de turbot
6 tranches de lotte
6 langoustines
6 noix de coquilles Saint-Jacques
6 filets de sole
1/2 l de moules
24 crevettes décortiquées
2 oignons
3 tomates
1 blanc de poireau
3 cuillerées à soupe d'huile
1 tasse de sauce Béchamel
1/2 tasse de crème fraîche
2 pincées de fenouil en poudre
1/4 de cuillerée à café de curry
Sel, poivre de Cayenne

1. Mettez les moules dans une casserole sur feu vif pendant 7 à 8 minutes. Quand elles sont ouvertes, enlevez-leur la moitié d'une coquille. Filtrez le jus de cuisson et réservez-le.

2. Pelez les oignons ; nettoyez le blanc de poireau. Hachez-le. Plongez les tomates dans l'eau bouillante ; pelez-les ; coupez-les en morceaux.

3. Chauffez l'huile dans un faitout. Mettez-y les oignons, le poireau et les tomates. Laissez cuire 15 minutes. Ajoutez alors 2 litres d'eau froide, du sel et du poivre. Sans attendre que l'eau bouille, plongez-y les poissons, les langoustines et les coquilles Saint-Jacques. Laissez cuire 5 minutes à partir de l'ébullition. Retirez du feu.

4. Chauffez la sauce Béchamel. Ajoutez-lui le fenouil, le curry, la crème fraîche et le jus de cuisson des moules.

5. Délayez cette sauce dans le bouillon des poissons. Chauffez. Versez dans une soupière. Ajoutez les moules et les crevettes. Servez dans des assiettes à soupe.

Matelote d'anguille

Préparation : 1 h
Cuisson : 50 mn

Pour 6 personnes
3 anguilles vivantes de 500 g chacune
220 de beurre
50 cl de vin rouge
2 échalotes
2 gros oignons
20 petits oignons
1 bouquet garni
2 gousses d'ail
30 g de lard de poitrine
400 g de champignons de Paris
1 cuillerée à soupe de farine
12 triangles de pain de mie
Sel, poivre

1. Pour les écorcher facilement, il faut tuer (assommer) les anguilles au dernier moment. L'écorchage se pratique de la manière suivante : incisez la peau tout autour, près de la tête ; rabattez légèrement cette peau de façon à pouvoir la prendre avec un linge et arrachez-la en tirant d'un coup brusque. Videz ensuite les anguilles. Coupez les barbes, les nageoires et les queues. Lavez, essuyez et coupez en tronçons de 6 à 7 centimètres.

2. Pelez les petits oignons. Nettoyez les champignons.

3. Épluchez les gros oignons et émincez-les. Pelez les échalotes et les gousses d'ail.

4. Mettez-les dans une sauteuse ou dans une cocotte, avec le lard et le bouquet garni. Posez dessus les tronçons d'anguille. Mouillez avec le vin. Salez et poivrez. Faites cuire à petits bouillons 20 minutes.

5. Pendant ce temps, cuisez les petits oignons dans 50 grammes de beurre, à feu moyen, en les remuant et sans les laisser dorer. Au bout de 10 minutes, ajoutez les champignons. Salez, poivrez et poursuivez la cuisson environ 15 minutes.

6. Égouttez les anguilles. Réservez-les. Réduisez le vin de cuisson d'un tiers, en faisant bouillir à feu vif. Remettez ensuite les anguilles dans la cocotte avec les oignons et les champignons, et laissez mijoter à feu très doux, le temps d'écraser à la fourchette 50 grammes de beurre avec la farine. Mettez ce beurre manié dans la cocotte. Mélangez.

7. Retirez la cocotte du feu. Ajoutez 80 grammes de beurre coupé en petits morceaux. Mélangez de nouveau. Versez le tout dans un plat creux chauffé. Garnissez avec les triangles de pain dorés au beurre.

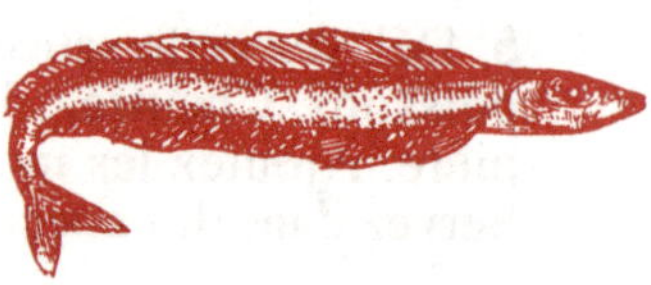

Matelote d'anguille au cidre

Préparation : 25 mn
Cuisson : 25 mn

Pour 4 personnes
1 anguille de 1 kg
2 carottes
3 oignons
1 l de cidre
1 bouquet garni
1 verre de crème
250 g de petits oignons
1 morceau de sucre
60 g de beurre
1 poignée d'oseille
Sel, poivre

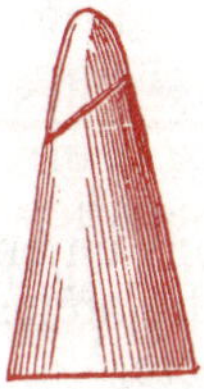

1. Pelez les petits oignons. Faites-les cuire à feu doux pendant 15 minutes avec 25 centilitres d'eau, du sel, le sucre et 1 noix de beurre.

2. Hachez grossièrement l'oseille. Faites-la cuire 5 minutes dans le beurre, à feu moyen. Salez.

3. Coupez l'anguille en morceaux de 10 centimètres de long environ.

4. Pelez les oignons et les carottes, coupez-les en petits dés.

5. Mettez les morceaux d'anguille dans une casserole avec les oignons, les carottes, du sel et du poivre. Mouillez avec le cidre. Ajoutez le bouquet garni. Mettez sur le feu et faites bouillir pendant 15 minutes. Puis égouttez les tronçons d'anguille et tenez-les au chaud. Laissez le jus de cuisson sur le feu et faites-le réduire à feu vif, à gros bouillons. Quand il ne reste plus que la moitié du liquide, ajoutez la crème, chauffez 2 ou 3 minutes et filtrez cette sauce. Ajoutez-lui les petits oignons et l'oseille. Pour servir, mettez les tronçons d'anguille sur un plat et arrosez-les avec la sauce aux petits oignons et à l'oseille.

Matelote de congre ou de grenadier

Préparation : 25 mn
Cuisson : 40 mn

Pour 4 personnes
1 kg de congre
ou de grenadier
3 carottes
2 oignons
300 g de petits oignons
1 bouquet garni
50 cl de cidre

1. Coupez le poisson en morceaux (de 5 centimètres environ). Pelez-les, roulez-les dans la farine.

2. Chauffez 1 noix de beurre à la poêle, mettez-y à revenir rapidement, pendant 5 à 6 minutes, les morceaux de poisson.

3. Pelez les carottes, coupez-les en tronçons. Pelez les oignons, émincez-les ; pelez la gousse d'ail et coupez-la en petits dés.

3 cuillerées à soupe de concentré de tomate
25 cl de crème fraîche
1 petit verre de calvados
1 gousse d'ail
3 cuillerées à soupe de farine
1 morceau de sucre
30 g de beurre
Sel, poivre

4. Dans une cocotte, mettez les oignons, les carottes, l'ail et le bouquet garni ; placez par-dessus les morceaux de poisson, arrosez avec le calvados et flambez. Mouillez ensuite avec le cidre, ajoutez le concentré de tomate, salez et poivrez. Mettez sur feu doux et laissez mijoter pendant 30 minutes.

5. Pendant ce temps, pelez les petits oignons, et faites-les cuire dans une casserole avec 25 centilitres d'eau, 1 noix de beurre et le sucre jusqu'à réduction complète du liquide.

6. Le poisson étant cuit, mettez-le sur un plat de service, parsemez-le de petits oignons, filtrez le jus de cuisson qui se trouve dans le plat, ajoutez-lui la crème, puis nappez-en le poisson. Servez bien chaud.

Matelote de Honfleur

Préparation : 45 mn
Cuisson : 50 mn

Pour 8 personnes
350 g de lotte
300 g de saumonette
1 dorade
1 grondin
1 sole de 350 g
1 limande de 300 g
1 carrelet de 400 g
1 calamar
2 l de moules
4 oignons
6 pommes de terre
1 bouteille de cidre
1 branchette de thym
1 feuille de laurier
6 branches de persil
Sel, poivre

1. Préparez tous les poissons en enlevant, dans la mesure du possible, les arêtes. Videz le calamar de sa poche d'encre.

2. Mettez les moules dans une casserole sur feu moyen pendant 7 à 8 minutes pour les faire ouvrir, puis décoquillez-les.

3. Pelez les oignons, coupez-les en lamelles minces ; pelez les pommes de terre, coupez-les en tranches.

4. Faites cuire les pommes de terre à l'eau bouillante salée 10 minutes, égouttez-les.

5. Coupez les poissons en gros morceaux et le calamar en lanières.

6. Dans le fond d'une cocotte, mettez les oignons émincés, les tranches de pommes de terre, puis dessus les poissons et le calamar. Salez et poivrez. Ajoutez le thym, le laurier, les branches de persil et mouillez à hauteur avec le cidre. Couvrez et faites cuire sur feu assez vif – la préparation doit bouillonner – pendant 30 minutes.

7. Cinq minutes avant la fin de la cuisson, ajoutez les moules et servez bien chaud.

Melon aux crevettes

Préparation : 30 mn
Réfrigération : 4 h

Pour 6 personnes
3 melons
300 g de crevettes bouquet décortiquées
1/2 tasse de mayonnaise
1 cuillerée à soupe de curry
1/2 cœur de céleri
1/2 tasse de vinaigrette
1/2 tasse de crème fraîche
Le jus de 1/2 citron

1. Hachez finement le céleri.

2. Dans un saladier, mettez les crevettes, la mayonnaise, le céleri, le curry, la crème et le jus de citron. Placez dans le réfrigérateur, 4 à 5 heures, la sauce ainsi obtenue.

3. Au moment de servir, ouvrez les melons en deux, enlevez les graines et formez avec la chair des petites boules, à l'aide d'une cuiller spéciale. Assaisonnez ces boules avec la sauce.

4. Ajoutez le melon au contenu du saladier. Mélangez bien et servez.

Merlans au citron en papillotes

Préparation : 10 mn
Cuisson : 25 mn

Pour 4 personnes
4 merlans de 200 g environ chacun
2 cuillerées à café d'écorce de citron râpée
2 citrons
Sel, poivre

1. Nettoyez les poissons. Déposez chacun d'eux sur une feuille de papier d'aluminium. Salez, poivrez, saupoudrez d'écorce de citron râpée.

2. Enveloppez chaque poisson dans son papier en formant une grosse papillote.

3. Faites cuire à four bien chaud 20 à 25 minutes. Servez dans les papillotes avec des quartiers de citron.

Merlans en colère

Préparation : 10 mn
Cuisson : 10 mn

Pour 4 personnes
4 merlans de 250 g chacun
50 cl de bière
100 g de farine
8 branches de persil frisé
2 citrons
Huile de friture
Sel, poivre

1. Nettoyez et videz les merlans. Faites-les tremper dans la bière pendant 10 minutes environ. Égouttez-les, épongez-les avec du papier absorbant. Salez et poivrez-les, puis passez-les dans la farine.

2. Courbez chaque merlan de façon à glisser la queue dans la mâchoire ; refermez pour que les dents maintiennent le tout.

3. Chauffez l'huile de friture. Plongez-y les merlans et laissez-les dorer pendant quelques minutes en les retournant. Égouttez-les avec une écumoire, posez-les sur du papier absorbant puis sur un plat chauffé.

4. Plongez les bouquets de persil 3 secondes dans l'huile de friture. Égouttez-les, puis garnissez-en les merlans. Accompagnez de quartiers de citron.

Merlans au court-bouillon sauce ravigote

Préparation : 25 mn
Cuisson : 45 mn pour le court-bouillon + 5 mn pour les poissons

Pour 6 personnes
6 beaux merlans

Pour le court-bouillon
2 l d'eau
1 verre de vinaigre
2 carottes
2 oignons
2 clous de girofle
Persil, thym, laurier
Sel, poivre

Pour la sauce
1 cuillerée de vinaigre
3 cuillerées d'huile
Fines herbes hachées
1 œuf
Sel, poivre

1. Préparez le court-bouillon. Dans le mélange d'eau et de vinaigre, mettez les carottes en rondelles, les oignons émincés, les aromates ; salez et poivrez. Faites cuire 45 minutes, puis laissez refroidir.

2. Videz et nettoyez les merlans.

3. Faites cuire l'œuf dur. Écalez-le sous l'eau froide, séparez le blanc du jaune. Pilez ce jaune dans un bol. Incorporez progressivement l'huile comme pour une mayonnaise, puis le vinaigre et les fines herbes ; salez et poivrez.

4. Mettez les merlans dans le court-bouillon. Amenez à ébullition. Dès les premiers frémissements, retirez les poissons.

5. Servez sur un plat chaud avec, à part, la sauce ravigote.

Merlans à la dieppoise

Préparation : 35 mn
Cuisson : 30 mn

Pour 4 personnes

4 merlans
1 verre de vin blanc
300 g de champignons
1/2 l de moules
75 g de beurre
Sel, poivre

1. Mettez les moules dans une casserole sur feu assez vif et faites-les cuire sans couvrir pendant 10 minutes environ, jusqu'à ce qu'elles soient toutes ouvertes. Décoquillez-les, filtrez leur jus de cuisson et réservez.

2. Nettoyez les champignons, hachez-les grossièrement, faites-les cuire dans le vin blanc, avec sel et poivre, pendant 7 à 8 minutes ; égouttez-les et conservez le jus de cuisson que vous mélangez à celui des moules.

3. Nettoyez les poissons ; fendez-les tout le long du dos, de façon à pouvoir enlever l'arête.

4. Remplissez-les avec les moules et les champignons.

5. Mettez-les dans un plat allant au four, arrosez-les avec le jus de cuisson des moules et des champignons, parsemez-les de noisettes de beurre et faites-les cuire 20 minutes à four assez chaud (th. 7).

Merlans frits

Préparation : 10 mn
Cuisson : 10 mn

Pour 6 personnes

6 beaux merlans
50 g de farine
50 g de beurre
ou de matière grasse
Sel, poivre
2 citrons

1. Videz les poissons, lavez et épongez-les. Avec la pointe d'un couteau, faites plusieurs entailles légères de chaque côté. Roulez-les dans la farine.

2. Faites chauffer le beurre dans une grande poêle. Déposez les poissons. Faites-les dorer à feu moyen 5 minutes sur chaque face. Salez et poivrez.

3. Servez sur un plat chaud, en décorant chaque poisson avec 1 rondelle de citron.

Merlans frits aux pamplemousses

Préparation : 15 mn
Cuisson : 10 mn

Pour 4 personnes

4 merlans de 250 g chacun
2 pamplemousses
40 g de farine
1/2 verre d'huile
50 g de beurre
Le jus de 1 citron
Sel, poivre

1. Pelez les pamplemousses à vif en retirant toute la peau blanche. Détachez les tranches et pelez-les également. Enlevez les pépins. Disposez les tranches sur un plat.

2. Nettoyez et videz les merlans. Salez et poivrez-les. Passez-les dans la farine.

3. Chauffez l'huile dans une grande poêle. Faites frire les merlans à feu moyen pendant 10 minutes environ, en les retournant pour bien les dorer sur chaque face.

4. Posez les merlans sur les tranches de pamplemousse.

5. Faites fondre le beurre à feu doux. Ajoutez-lui le jus de citron, du sel et du poivre. Versez cette sauce sur les merlans et servez aussitôt.

Merlans au gratin

Préparation : 20 mn
Cuisson : 25 mn

Pour 4 personnes

4 merlans
200 g de champignons
4 échalotes
1/2 verre de vin blanc
Le jus de 1/2 citron
1 cuillerée à soupe de chapelure
40 g de beurre
Sel, poivre

1. Nettoyez les poissons, retirez l'arête centrale.

2. Pelez les échalotes, hachez-les.

3. Nettoyez les champignons, coupez-les en lamelles minces.

4. Beurrez un plat allant au four. Mettez dans le fond les échalotes et les champignons, posez par-dessus les poissons, salez et poivrez. Arrosez avec le vin blanc et le jus de citron. Saupoudrez de chapelure et parsemez de noisettes de beurre.

5. Faites cuire à four assez chaud (th. 7) pendant 25 minutes. Servez dans le plat de cuisson.

Merlans grillés

Préparation : 15 mn
Cuisson : 15 mn

Pour 6 personnes
6 beaux merlans
3 cuillerées à soupe d'huile

Pour la sauce
70 g de beurre
40 g de farine
2 jaunes d'œufs
Le jus de 1/2 citron
1 cuillerée à soupe de moutarde
Sel, poivre

1. Écaillez, videz, nettoyez les merlans. Fendez-les sur toute la longueur, retirez l'arête. Enduisez les filets d'huile sur chaque face.

2. Faites chauffer le gril. Déposez les moitiés de merlans, faites-les griller sur chaque face 7 à 8 minutes.

3. Dans une casserole, faites fondre 50 grammes de beurre. Mélangez la farine. Mouillez progressivement avec 50 centilitres d'eau chaude. Salez, poivrez, continuez à remuer jusqu'au premier bouillon. Ajoutez les jaunes d'œufs. Hors du feu, ajoutez le jus de citron, 20 grammes de beurre ramolli et la moutarde.

4. Dressez les merlans sur un plat chaud, arrosez avec la sauce moutarde.

Merlans grillés aux échalotes

Préparation : 15 mn
Marinade : 1 h
Cuisson : 15 mn

Pour 6 personnes
6 merlans
1 verre 1/2 d'huile
10 échalotes
12 branches de persil
Sel, poivre

1. Nettoyez les poissons, videz-les et essuyez-les avec du papier absorbant. S'ils contiennent de la laitance ou des œufs, vous pouvez les laisser à l'intérieur des poissons. Pratiquez deux ou trois incisions sur chaque côté avec un couteau, de façon à faciliter la cuisson.

2. Pelez les échalotes, hachez-les finement.

3. Lavez le persil, hachez les feuilles.

4. Préparez une marinade avec l'huile, le persil, les échalotes hachées, du sel et du poivre.

5. Faites mariner les merlans dans cette préparation pendant au moins 1 heure.

6. Au moment de les faire cuire, égouttez-les, placez-les sur le gril assez près des braises et, en cours de cuisson, arrosez-les à plusieurs reprises avec la marinade.

Merlans à la lyonnaise

Préparation : 20 mn
Cuisson : 35 mn

Pour 6 personnes
6 merlans
1 kg de pommes de terre
3 oignons
1 verre de vin blanc sec
50 g de beurre
3 branchettes de thym
Persil
Sel, poivre

1. Faites vider les merlans par votre poissonnier. Lavez-les et épongez-les.

2. Cuisez les pommes de terre dans de l'eau bouillante salée, pendant 20 minutes. Pelez-les. Coupez-les en rondelles.

3. Dans un plat à four, faites un lit de pommes de terre et d'oignons émincés. Posez les poissons dessus. Disposez le reste de pommes de terre et d'oignons autour des merlans. Ajoutez le vin blanc, le thym effeuillé. Parsemez de noisettes de beurre. Salez, poivrez, cuisez 15 minutes à four chaud (th. 8). Saupoudrez de persil haché au moment de servir.

Merlu aux mange-tout

Préparation : 20 mn
Cuisson : 40 mn

Pour 6 personnes
1,2 kg de merlu coupé en 6 morceaux
750 g de haricots mange-tout
6 tranches de pain de campagne
2 oignons
2 tomates
3 cuillerées à soupe d'huile
1 cuillerée à café de graines de fenouil
1 cuillerée à café de graines d'anis
Sel, poivre

1. Équeutez les haricots, lavez et égouttez-les. Épluchez, lavez et émincez les oignons. Lavez, pelez les tomates, coupez-les en quartiers.

2. Chauffez l'huile dans un poêlon. Faites-y blondir les oignons émincés. Ajoutez les quartiers de tomates, le fenouil, l'anis et les mange-tout. Salez et poivrez. Versez 1 litre d'eau bouillante.

3. Après 15 minutes, ajoutez le poisson et chauffez jusqu'à ébullition. Laissez cuire encore 15 minutes à feu vif.

4. Faites griller les tranches de pain de campagne. Mettez-les dans le fond des assiettes à soupe. Recouvrez avec les légumes surmontés de tranches de poisson. Arrosez avec le bouillon.

Millefeuilles de barbue

Préparation : 20 mn
Cuisson : 35 mn

Pour 4 personnes
450 g de filets de barbue
400 g de pâte feuilletée
40 g de beurre
150 g de champignons de Paris
2 échalotes
1 verre de vin blanc
2 jaunes d'œufs
75 g de crème fraîche
Sel, poivre
Lamelles de truffes (facultatif)

1. Étalez la pâte sur 4 millimètres environ d'épaisseur. Découpez ces abaisses en 8 rectangles de 8 × 6 centimètres. Superposez-les pour obtenir 4 millefeuilles. Posez-les sur la plaque du four humectée, d'un peu d'eau. Passez du jaune d'œuf à la surface. Avec un petit couteau pointu, formez les couvercles en incisant légèrement la pâte aux deux tiers de son épaisseur. Faites cuire 12 à 15 minutes au four (th. 7).

2. Nettoyez et hachez les champignons. Pelez et hachez les échalotes. Coupez les filets de barbue en 8 morceaux.

3. Chauffez le beurre dans une sauteuse. Mettez-y le poisson, les échalotes, les champignons, le vin, du sel et du poivre. Couvrez. Laissez cuire doucement 15 minutes.

4. Battez la crème avec les œufs. Mélangez au contenu de la sauteuse et retirez du feu.

5. Enlevez les couvercles des millefeuilles. Remplissez ces derniers de la garniture et de sa sauce. Remettez les couvercles. Passez 5 minutes au four (th. 7) et servez chaud. Vous pouvez ajouter à la garniture des lamelles de truffes.

Morue à la cherbourgeoise

Préparation : 20 mn
Cuisson : 1 h 05

Pour 4 personnes
700 g de filets de morue dessalée
700 g de pommes de terre
4 oignons
1 tasse de crème
75 g de beurre
Sel

1. Cuisez les pommes de terre 25 minutes à l'eau bouillante salée. Égouttez. Pelez-les.

2. Pelez les oignons ; hachez-les.

3. Mettez les filets de morue dans une casserole avec de l'eau froide. Placez sur le feu. Éteignez dès que l'ébullition commence à se produire. Égouttez. Conservez l'eau de cuisson.

4. Mettez dans une casserole 50 centilitres de cette eau avec les oignons. Laissez cuire 15 minutes sans couvrir. Ajoutez la morue et les pommes de terre. Laissez cuire encore 10 minutes. Ajoutez enfin le beurre et la crème, chauffez 5 minutes et servez.

Morue au court-bouillon

Préparation : 5 mn
Dessalage : 12 h
Cuisson : 10 mn

Pour 4 personnes
600 g de morue salée (sèche ou en filets)
125 g de beurre
2 échalotes hachées
Le jus de 1/2 citron
Persil

1. Faites dessaler la morue dans l'eau froide pendant 12 heures en changeant plusieurs fois l'eau.

2. Mettez la morue dans une casserole après avoir enlevé les petites peaux, couvrez d'eau froide. Portez sur le feu. Dès le premier frémissement, retirez la casserole du feu. La morue ne doit pas bouillir, elle durcirait. Laissez pocher 10 minutes dans l'eau bouillante.

3. Mélangez à la fourchette, dans une assiette, le beurre avec le persil et les échalotes hachés très finement. Ajoutez le jus de citron. Travaillez pour rendre l'ensemble bien homogène.

4. Égouttez la morue soigneusement. Disposez-la sur un plat chaud. Parsemez de beurre manié.

Morue à la crème

Préparation : 20 mn
Dessalage : 12 h
Cuisson : 20 mn

Pour 4 personnes
500 g de filets de morue

Pour la sauce
80 g de crème fraîche
40 g de beurre
40 g de farine
50 cl d'eau
Sel, poivre

1. Faites dessaler la morue dans de l'eau froide pendant 12 heures, en renouvelant l'eau plusieurs fois.

2. Mettez la morue dans une casserole et recouvrez d'eau froide. Portez à feu moyen ; retirez du feu dès que l'eau frémit ; laissez pocher pendant 10 minutes. Égouttez.

3. Préparez la sauce blanche. Faites fondre le beurre dans une casserole et ajoutez-lui la farine, en l'incorporant parfaitement. Versez l'eau froide en une seule fois et tournez constamment, avec une cuiller en bois, jusqu'à ce que la sauce atteigne la consistance voulue. Ajoutez la crème fraîche, salez et poivrez.

4. Effeuillez la morue dans la sauce, laissez mijoter 5 minutes à petit feu.

Morue aux échalotes

Préparation : 20 mn
Cuisson : 25 mn

Pour 4 personnes
750 g de filets de morue dessalée
400 g d'échalotes
3 cuillerées à soupe de farine
75 g de beurre
Sel

1. Pelez les échalotes. Hachez-les finement.

2. Mettez les filets de morue dans une casserole avec de l'eau froide. Placez sur le feu. Éteignez dès que se produit l'ébullition. Attendez 10 minutes. Égouttez les filets de morue. Épongez-les. Passez-les dans la farine.

3. Chauffez le beurre dans une poêle sur feu doux. Mettez-y la morue et les échalotes. Salez légèrement. Laissez cuire 15 minutes environ.

Morue aux épinards

Préparation : 15 mn
Dessalage : 12 h
Cuisson : 30 mn

Pour 4 personnes
750 g de morue salée
1 kg d'épinards
50 g de beurre
50 g de crème fraîche
Poivre

1. Faites dessaler la morue à l'eau froide pendant 12 heures, en renouvelant l'eau plusieurs fois.

2. Égouttez la morue, mettez-la dans une casserole d'eau froide et faites chauffer. Lorsque l'eau commence à frémir, baissez le feu et laissez la morue pendant 10 minutes dans l'eau frissonnante. Égouttez-la.

3. Lavez et équeutez les épinards. Faites-les cuire à grande eau bouillante pendant 10 minutes. Égouttez-les.

4. Dans une cocotte, faites fondre le beurre. Quand il commence à grésiller, ajoutez les épinards et laissez-les revenir à feu vif pendant 2 à 3 minutes. Poivrez et ajoutez la crème fraîche.

5. Posez les filets de morue sur les épinards et couvrez la cocotte. Laissez chauffer pendant 5 minutes et servez.

Morue frite à la toulonnaise

Préparation : 20 mn
Dessalage : 24 h
Cuisson : 30 mn

Pour 6 personnes
800 g à 1 kg de morue séchée ou salée
Farine
Huile pour friture

Pour la sauce
1 gros oignon
4 cuillerées à soupe d'huile d'olive
1 grosse cuillerée de farine
2 gousses d'ail
1 cuillerée à soupe de concentré de tomate
1 bouquet garni (thym, laurier, persil, fenouil)
1 grosse cuillerée à soupe de câpres
100 g d'olives noires
50 cl de vin rouge
Sel, poivre

1. Enlevez la peau et les arêtes de la morue ; coupez-la en morceaux réguliers ; faites-la dessaler pendant 24 heures, en renouvelant l'eau plusieurs fois.

2. Épluchez l'oignon, émincez-le finement. Faites chauffer l'huile dans une casserole et mettez-y l'oignon à roussir légèrement ; saupoudrez avec la farine et, dès qu'elle blondit, mouillez à petits coups avec le vin rouge et autant d'eau bouillante ; délayez bien et faites bouillir ; assaisonnez de poivre, de très peu de sel, ajoutez les gousses d'ail, le bouquet garni, les olives et la purée de tomate. Laissez bouillir doucement jusqu'à ce que la sauce réduise de moitié et devienne assez épaisse.

3. Pendant ce temps, égouttez la morue ; passez les morceaux dans la farine et faites-les frire dans une poêle. Retirez-les et mettez-les dans la sauce. Ajoutez les câpres. Laissez mijoter 10 minutes environ et servez.

Morue à la moutarde

Préparation : 5 mn
Dessalage : 12 h
Cuisson : 15 mn

Pour 4 personnes
800 g de filets de morue salée
100 g de beurre
2 cuillerées à soupe de moutarde aromatisée
Le jus de 1 citron

1. Faites dessaler les filets de morue pendant 12 heures, en renouvelant l'eau plusieurs fois.

2. Mettez les filets dans une casserole d'eau froide, non salée ; chauffez et laissez cuire 15 minutes dans l'eau à peine frissonnante. Égouttez les filets.

3. Faites chauffer le beurre dans une poêle. Quand il grésille, ajoutez la moutarde et le jus de citron. Mélangez bien. Mettez les filets de morue dans cette sauce. Chauffez 3 minutes et servez.

Morue au muscadet

Préparation : 25 mn
Dessalage : 12 h
Cuisson : 1 h 15

Pour 4 personnes
500 g de filets de morue salée
600 g de pommes de terre
150 g de beurre
2 oignons
3 verres de muscadet

1. Faites dessaler la morue pendant 12 heures dans l'eau fraîche, en renouvelant l'eau plusieurs fois. Égouttez.

2. Mettez la morue dans une grande casserole avec les pommes de terre épluchées, coupées en quartiers. Saupoudrez avec les oignons hachés. Couvrez avec le muscadet. Ajoutez le beurre en petits morceaux.

3. Faites cuire à petit feu pendant 1 h 15. Servez aussitôt.

Morue à la niçoise

Préparation : 25 mn
Dessalage : 3 jours
Cuisson : 1 h 30

Pour 6 personnes
1,3 kg de morue salée
750 g de pommes de terre
4 grosses tomates
3 oignons
4 gousses d'ail
2 douzaines d'olives noires de Nice non dénoyautées
1 bouquet garni (persil, céleri, thym, laurier)
1/2 verre d'huile
Poivre

1. Mettez la morue à dessaler dans l'eau froide pendant 3 jours. Changez l'eau deux fois par jour.

2. Égouttez la morue, coupez-la en morceaux.

3. Pelez et épépinez les tomates. Épluchez les oignons, émincez-les.

4. Dans un poêlon, faites chauffer l'huile et mettez-y les oignons émincés à revenir légèrement. Ajoutez les tomates et laissez-les rendre leur eau. Mettez alors les morceaux de morue, les gousses d'ail et le bouquet garni. Poivrez et couvrez d'eau bouillante. Laissez mijoter 45 minutes.

5. Ajoutez alors les olives et les pommes de terre épluchées et coupées en grosses rondelles. Laissez cuire doucement encore 30 minutes. Au moment de servir, retirez le bouquet garni et servez dans le poêlon.

Morue aux olives

Préparation : 20 mn
Trempage : 12 h
Marinade : 2 h
Cuisson : 15 mn

Pour 4 personnes

600 g de filets de morue salée
1 oignon
1 cuillerée à soupe de vinaigre
100 g d'olives noires dénoyautées
4 filets d'anchois
2 gousses d'ail
50 g de câpres
4 cuillerées à soupe d'huile d'olive
2 cuillerées à soupe de jus de citron
2 cuillerées à soupe de persil haché

1. Faites dessaler la morue à l'eau froide pendant 12 heures, en renouvelant celle-ci plusieurs fois.

2. Pelez l'oignon. Pelez les gousses d'ail et coupez-les en minces lamelles.

3. Mettez les filets de morue, l'oignon entier et le vinaigre dans l'eau froide, et faites chauffer jusqu'à ce que le liquide commence à bouillir. Laissez cuire dans l'eau frissonnante pendant 10 minutes. Égouttez, laissez refroidir et coupez les filets de morue en lamelles.

4. Mélangez les olives avec les anchois coupés en petits morceaux, les lamelles d'ail et les câpres. Ajoutez l'huile, le jus de citron et le persil. Versez cette sauce sur le poisson. Laissez mariner au réfrigérateur pendant au moins 2 heures avant de servir.

Morue à la paysanne

Préparation : 20 mn
Cuisson : 45 mn

Pour 4 personnes

700 g de filets de morue
250 g de petites pommes de terre
150 g de carottes
150 g de petits champignons de Paris
150 g de lard gras
2 gros oignons
8 cuillerées à soupe d'huile
Persil
Sel, poivre

1. Plongez les filets de morue bien dessalée pendant 20 minutes dans de l'eau frissonnante, en prenant garde de ne pas la laisser bouillir. Réservez-la dans son eau de cuisson.

2. Pendant ce temps, faites cuire 15 minutes, à l'eau bouillante salée, les pommes de terre épluchées et coupées en dés et les carottes grattées et détaillées en dés ou en rondelles.

3. Nettoyez et lavez les champignons. Coupez le lard en dés. Épluchez et coupez les oignons en rondelles.

4. Faites cuire à l'huile les pommes de terre, les carottes, les champignons bien égouttés et le lard coupé en dés. Ajoutez ensuite les oignons, puis la morue égouttée et effeuillée en gros morceaux. Salez et poivrez. Laissez cuire le tout 10 minutes encore. Avant de servir, saupoudrez de persil haché.

Morue des pêcheurs fécampois

Préparation : 15 mn
Cuisson : 35 mn

Pour 4 personnes
700 g de filets de morue dessalée
700 g de pommes de terre
1 bol de crème
Sel

1. Cuisez les pommes de terre 25 minutes à l'eau bouillante salée. Égouttez. Pelez. Tenez au chaud.

2. Mettez les filets de morue dans une casserole avec de l'eau froide. Placez sur le feu. Éteignez dès que l'ébullition commence à se produire. Attendez 10 minutes. Égouttez la morue. Disposez-la sur un plat ; entourez-la avec les pommes de terre. Nappez de crème fraîche.

Morue à la portugaise

Préparation : 15 mn
Dessalage : 10 h
Cuisson : 45 mn

Pour 4 personnes
500 g de filets de morue salée
5 cuillerées à soupe d'huile + 1 filet
1 verre à moutarde de riz
3 cuillerées à soupe de concentré de tomate
1 sachet de court-bouillon de poisson
2 gousses d'ail
2 tomates
1 cuillerée à soupe de chapelure
3 cuillerées à soupe de crème fraîche
Sel, poivre

1. Faites dessaler les filets de morue à l'eau froide pendant 12 heures, en renouvelant l'eau plusieurs fois.

2. Préparez le court-bouillon selon le mode d'emploi inscrit sur le sachet. Laissez-le refroidir, puis plongez-y les filets. Chauffez jusqu'à ébullition, réduisez le feu et laissez cuire dans le court-bouillon frissonnant pendant 10 minutes.

3. Faites chauffer les 5 cuillerées d'huile dans une casserole et jetez-y le riz. Tournez vivement avec une cuiller en bois, pour les grains de riz soient bien imprégnés de matière grasse. Mouillez-le avec 2 verres du court-bouillon où a cuit la morue. Poivrez, couvrez et laissez cuire sur feu doux jusqu'à ce que tout le liquide ait été absorbé.

4. Coupez les tomates en deux. Hachez finement l'ail. Dans un plat allant au four, posez les 4 moitiés de tomates recouvertes du hachis d'ail. Arrosez-les d'un filet d'huile et saupoudrez de chapelure. Faites gratiner à four très chaud 8 minutes.

5. Dans une petite casserole, mettez le concentré de tomate, délayez-le avec la crème, salez, poivrez et faites chauffer sans laisser bouillir.

6. Dressez le riz en couronne. Disposez au centre les filets de morue, nappez de sauce. Décorez avec les tomates.

Morue à la provençale

Préparation : 20 mn
Dessalage : 12 h
Cuisson : 20 mn

Pour 4 personnes
500 g de filets de morue salée
500 g de tomates
3 oignons
1 gousse d'ail
125 g d'olives noires
1/2 verre à moutarde d'huile d'olive
Poivre

1. Faites dessaler la morue à l'eau fraîche pendant 12 heures.

2. Après avoir mis la morue à l'eau froide dans une casserole, amenez à frémissement, retirez du feu, laissez pocher 10 minutes.

3. Dans un poêlon, faites chauffer l'huile, placez-y les oignons coupés en rondelles, l'ail haché, les tomates lavées coupées en morceaux. Laissez fondre le tout. Ajoutez les olives noires et poivrez.

4. La morue bien égouttée, effeuillez-la dans la sauce. Laissez mijoter doucement pendant 10 minutes. Servez sur un plat chaud.

Mouclade saintongeaise

Préparation : 30 mn
Cuisson : 10 mn

Pour 6 personnes
6 l de moules
2 gousses d'ail
3 branches de persil
100 g de beurre
100 g de crème fraîche
1 pincée de curry
Poivre

1. Nettoyez et lavez les moules. Faites-les ouvrir sur feu vif dans une grande casserole. Décoquillez-les. Filtrez leur jus.

2. Pelez les gousses d'ail. Hachez-les avec le persil. Écrasez ce hachis avec le beurre.

3. Mettez à feu doux le jus des moules, le beurre aillé et persillé et les moules. Ajoutez le curry et le poivre. Remuez. Laissez mijoter 5 minutes et ajoutez la crème fraîche. Mélangez. Chauffez et servez.

Moules au basilic

Préparation : 25 mn
Cuisson : 8 mn

Pour 6 personnes
1,5 l de moules nettoyées
2 gousses d'ail
1 grosse poignée de feuilles de basilic
6 cuillerées à soupe d'huile
Sel, poivre

1. Mettez les moules sur feu vif dans une grande casserole. Couvrez et laissez chauffer 7 à 8 minutes, pour que les moules s'ouvrent.

2. Enlevez à chaque moule la partie vide de la coquille.

3. Hachez ensemble l'ail et le basilic. Ajoutez l'huile, du sel et du poivre. Mélangez.

4. Disposez les moules sur un plat de service. Posez sur chacune d'elles du hachis au basilic. Servez froid.

Moules au beurre anisé

Préparation : 30 mn
Cuisson : 10 mn

Pour 4 personnes
2 l de moules
25 cl de vin blanc
4 échalotes
150 g de beurre
1/2 verre de liqueur d'anis
1 gros bouquet de persil plat
Sel, poivre

1. Grattez et lavez les moules.

2. Chauffez le vin blanc dans une grande cocotte. A ébullition, mettez les moules, couvrez et faites cuire 5 minutes jusqu'à ce qu'elles soient ouvertes.

3. Retirez-les de la cocotte avec une écumoire et enlevez à chacune la partie supérieure de la coquille.

4. Pelez les échalotes. Mettez-les dans le mixer avec le persil, le beurre ramolli, la liqueur d'anis, du sel et du poivre. Mixez pour obtenir une pâte homogène.

5. Disposez les moules dans un plat allant au four. Déposez sur chacune 1 cuillerée de la pâte préparée au mixer. Passez au four (th. 6) pendant 5 à 6 minutes. Servez aussitôt.

Moules au beurre d'herbes

Préparation : 20 mn
Cuisson : 15 mn

Pour 4 personnes
2 l de moules
25 cl de vin blanc sec
5 échalotes
60 g de beurre
40 g de crème fraîche
1 cuillerée à dessert de persil et de ciboulette hachés
Poivre

1. Lavez et grattez les moules.

2. Pelez et hachez les échalotes.

3. Dans une grande cocotte, faites revenir les échalotes avec 25 grammes de beurre. Ajoutez le vin blanc, les moules et poivrez au moulin. Faites ouvrir les moules à feu vif pendant 5 minutes. Égouttez-les et retirez les coquilles du dessus. Mettez-les dans un plat tenu au chaud.

4. Filtrez le jus de cuisson. Faites-le réduire d'un tiers environ à feu vif. Ajoutez-lui le reste du beurre, la crème et les herbes hachées. Arrosez les moules avec cette sauce. Servez aussitôt.

Moules à la bordelaise

Préparation : 25 mn
Cuisson : 25 mn

Pour 4 personnes
2 l de grosses moules
1 carotte
1 oignon
2 tomates
1/2 verre de bordeaux rouge
Le jus de 1/2 citron
50 g de beurre
1 cuillerée à soupe de persil haché
Sel, poivre

1. Nettoyez la carotte. Pelez l'oignon et les tomates. Coupez ces légumes en tout petits dés. Faites cuire 15 minutes à feu doux, à couvert, avec le vin, du sel et du poivre.

2. Lavez et grattez les moules. Mettez-les dans une grande cocotte sur feu vif, avec 1 verre d'eau, pour les faire ouvrir. Retirez les coquilles du dessus. Mettez les moules dans un plat allant au four.

3. Ajoutez aux légumes cuits le jus de citron et le beurre. Mélangez. Répartissez cette sauce sur les moules. Parsemez de persil haché. Passez 5 minutes au four (th. 8). Servez aussitôt.

Moules à la crème

Préparation : 30 mn
Cuisson : 15 mn

Pour 4 personnes
2 l de moules
150 g de crème fraîche
1 bouquet de persil
1 verre de cidre
Sel, poivre

1. Nettoyez les moules. Mettez-les dans une casserole sur feu vif avec du sel, du poivre et le cidre. Couvrez. Laissez cuire 10 minutes, en secouant la casserole de temps en temps.

2. Pendant ce temps, hachez le persil.

3. Retirez les « couvercles » des moules. Tenez-les au chaud. Filtrez leur jus de cuisson.

4. Ajoutez la crème à ce jus. Chauffez sans laisser bouillir. Versez sur les moules. Saupoudrez de persil haché.

Moules à la dieppoise

Préparation : 20 mn
Cuisson : 5 mn

Pour 4 personnes
2,5 l de moules nettoyées
120 g de beurre
25 cl de vin blanc
4 échalotes

1. Pelez et hachez les échalotes. Hachez le persil.

2. Mettez la moitié du beurre dans une casserole sur feu moyen avec le hachis d'échalotes, le thym, le laurier, le vin, le sel et le poivre. Lorsque le vin bouillonne, ajoutez les moules et laissez-les ouvrir en agitant fréquemment la casserole.

1 branchette de thym
1 feuille de laurier
1 bouquet de persil
Le jus de 1 citron
Sel, poivre

3. Retirez les moules avec une écumoire ; tenez-les au chaud. Filtrez le jus de cuisson ; ajoutez le jus de citron et le restant du beurre. Servez les moules arrosées de cette sauce et saupoudrées de persil haché.

Moules frites

Préparation : 25 mn
Cuisson : 15 mn

Pour 4 personnes

2 l de moules nettoyées
2 œufs
3 cuillerées à soupe de farine
4 cuillerées à soupe de chapelure
Huile de friture
Sel, poivre
2 citrons

1. Placez les moules dans une casserole sur feu vif. Faites-les sauter dans la casserole 10 minutes environ, pour les faire ouvrir. Décortiquez-les. Épongez-les pour les sécher.

2. Battez les œufs avec du sel et du poivre.

3. Passez les moules dans la farine puis dans les œufs battus et, enfin, dans la chapelure.

4. Chauffez l'huile de friture. Quand il est à point, plongez-y les moules 3 à 4 minutes. Servez-les brûlantes et dorées avec des quartiers de citron.

Moules à l'italienne

Préparation : 25 mn
Cuisson : 30 mn

Pour 4 personnes

2 l de moules
1 oignon
4 gousses d'ail
6 cuillerées à soupe d'huile d'olive
1 poivron rouge
4 tomates
1/2 cuillerée à café de paprika
Sel, poivre

1. Coupez le poivron et les tomates en dés. Faites-les mijoter à petit feu 20 minutes dans une cocotte, avec 2 cuillerées à soupe d'huile, du sel et du poivre. En fin de cuisson, saupoudrez de paprika et mélangez bien.

2. Pendant ce temps, lavez et grattez les moules. Faites-les ouvrir à feu vif avec les gousses d'ail pelées mais entières, l'oignon pelé et détaillé en rondelles, et 1 verre d'eau. Égouttez-les. Décoquillez-les.

3. Ajoutez-les aux légumes dans la cocotte. Remuez et laissez cuire le tout ensemble pendant 5 minutes. Servez très chaud.

Moules au jambon de Bayonne

Préparation : 25 mn
Cuisson : 10 mn

Pour 4 personnes
2 l de grosses moules
1 bouquet garni
120 g de jambon de Bayonne en une seule tranche
6 échalotes
1 cuillerée à soupe de chapelure blanche
80 g de beurre
1 cuillerée à soupe d'huile
Sel, poivre

1. Coupez le jambon de Bayonne en dés. Retirez le gras. Réservez-le.

2. Pelez et hachez très finement les échalotes.

3. Faites fondre doucement le gras de jambon dans une poêle. Ajoutez les échalotes et laissez-les blondir.

4. Lavez et grattez les moules. Faites-les ouvrir à feu vif dans une grande cocotte avec le bouquet garni et 1 verre d'eau. Égouttez-les. Décoquillez-les. Gardez les coquilles du dessous.

5. Mixez ensemble les échalotes, le beurre ramolli, la chapelure, le sel et le poivre. Répartissez cette préparation dans les coquilles. Posez les moules dessus.

6. Faites revenir les dés de jambon 3 minutes à l'huile. Parsemez-en les moules. Servez chaud.

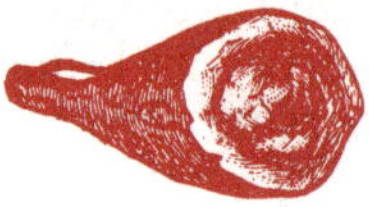

Moules marinière

Préparation : 20 mn
Cuisson : 25 mn

Pour 4 personnes
4 l de moules
40 g de beurre ou de margarine
2 échalotes
1 verre de vin blanc
1 cuillerée à café de farine
Persil haché
Sel, poivre

1. Grattez et lavez soigneusement les moules.

2. Dans le fond d'une grande casserole, mettez la moitié du beurre, les échalotes hachées, le vin blanc, le poivre.

3. Ajoutez les moules, couvrez et mettez sur feu vif. Laissez cuire pendant quelques minutes ; tournez les moules dans le récipient, deux ou trois fois pendant la cuisson.

4. Les moules sont ouvertes. Retirez-les de la casserole avec l'écumoire de façon à garder le jus de cuisson. Mettez les moules dans un plat creux et filtrez le jus de cuisson à travers une passoire fine.

5. Dans une assiette à soupe, malaxez avec une fourchette la farine et le restant du beurre.

6. Remettez dans une casserole le jus de cuisson filtré. Ajoutez la préparation beurre et farine et chauffez sur feu doux. Laissez bouillir un instant : la sauce épaissit légèrement. Salez, poivrez fortement et versez sur les moules ; saupoudrez de persil haché et servez aussitôt.

Moules à la mayonnaise

Préparation : 30 mn
Cuisson : 6 mn

Pour 6 personnes
3 l de moules
2 carottes
1 oignon
60 g de beurre
1 bouquet garni (persil, thym, laurier)

Pour la mayonnaise
1 jaune d'œuf
1 verre d'huile
1 cuillerée à café de moutarde
Le jus de 1 citron
Sel, poivre

1. Pelez les carottes et découpez-les en rondelles. Épluchez et émincez l'oignon. Nettoyez bien les moules.

2. Dans une casserole placée sur feu vif, mettez à revenir 2 minutes dans le beurre les rondelles de carotte et l'oignon émincé. Ajoutez les moules et le bouquet garni. Faites ouvrir les moules, toujours sur feu vif, pendant 6 minutes environ.

3. Égouttez les moules et laissez-les refroidir.

4. Pendant ce temps, préparez la mayonnaise. Mettez dans un bol la moutarde, le jus de citron et le jaune d'œuf. Salez et poivrez généreusement. Mélangez bien. Versez l'huile en filet sur ces ingrédients, de préférence avec un fouet, sans cesser de tourner. Si besoin est, ajoutez de temps en temps 1 cuillerée à café d'eau tiède pour faire « tenir » la mayonnaise.

5. Débarrassez les moules de leurs coquilles et mélangez-les doucement à la mayonnaise.

6. Répartissez dans des ramequins individuels et tenez au frais jusqu'au moment de servir.

Moules à la normande

Préparation : 10 mn
Cuisson : 15 mn

Pour 4 personnes
2,5 l de moules nettoyées
1 oignon
2 échalotes
1 verre de vin blanc
50 g de beurre
1 tasse de crème fraîche
1 jaune d'œuf
Sel, poivre

1. Pelez l'oignon, émincez-le. Pelez les échalotes ; hachez-les.

2. Mettez-les dans une casserole sur feu vif, avec les moules, le vin blanc et du poivre pendant 10 minutes environ, en agitant fréquemment la casserole. Quand les moules sont ouvertes, ajoutez le beurre.

3. Mélangez le jaune d'œuf à la crème ; salez. Versez dans la casserole et chauffez 2 ou 3 minutes sans laisser bouillir.

Moules au naturel

Préparation : 10 mn
Cuisson : 15 mn

Pour 4 personnes
3 l de moules nettoyées
6 branches de persil
1 feuille de laurier
3 échalotes
2 cuillerées à soupe de vinaigre
Sel, poivre

1. Mettez les moules dans une casserole sur feu vif avec 1/2 verre d'eau, du sel, du poivre, le persil, le laurier, les échalotes hachées et le vinaigre.

2. Agitez la casserole sur feu vif, jusqu'à ce que les moules soient toutes ouvertes. Servez-les.

Moules Parmentier

Préparation : 20 mn
Cuisson : 35 mn

Pour 4 personnes
1 l de moules
6 pommes de terre
25 cl de lait
2 tomates
3 échalotes

1. Épluchez les pommes de terre. Coupez-les en rondelles aussi fines que possible, avec un robot de préférence.

2. Ébouillantez et pelez les tomates. Détaillez-les en petits dés.

3. Pelez et hachez les échalotes.

4. Dans un plat allant au four, disposez les pommes de terre en couches, en les parse-

30 g de beurre
1 verre de vin blanc
40 g de crème fraîche
Sel, poivre

mant d'échalotes et de tomates. Salez et poivrez. Arrosez avec le lait. Ajoutez quelques noisettes de beurre et faites cuire au four (th. 6) pendant 25 minutes.

5. Pendant ce temps, lavez et grattez les moules. Faites-les ouvrir sur feu vif avec le vin blanc, du sel et du poivre, pendant 5 minutes. Décoquillez-les. Filtrez le jus. Faites-le réduire d'un tiers. Ajoutez-lui la crème et remettez les moules dans cette sauce.

6. Servez le gratin de pommes de terre couvert de moules et arrosé avec la sauce crémée.

Moules au safran

Préparation : 25 mn
Cuisson : 35 mn

Pour 4 personnes

2 l de moules
2 oignons
1 dosette de safran
1 cuillerée à café de concentré de tomate
1 gousse d'ail
1 bouquet garni
1 verre de vin blanc
50 g de beurre
Sel, poivre

1. Pelez et hachez les oignons. Faites-les blondir au beurre. Saupoudrez de safran, remuez, ajoutez la gousse d'ail non épluchée, le bouquet garni, 50 centilitres d'eau, le concentré de tomate, du sel et du poivre. Couvrez et laissez bouillir à petit feu pendant 30 minutes. Tournez cette sauce de temps en temps.

2. Lavez et grattez les moules. Mettez-les dans une grande cocotte avec le vin blanc. Couvrez. Laissez sur feu vif jusqu'à ce que toutes les moules soient ouvertes.

3. Égouttez-les. Retirez les coquilles du dessus. Disposez-les dans un plat. Nappez de sauce au safran. Servez aussitôt.

Moules à la sauce moutarde

Préparation : 20 mn
Cuisson : 15 mn

Pour 4 personnes

2 l de moules
1 verre de vin blanc
30 g de farine
80 g de beurre
2 jaunes d'œufs
1 cuillerée à soupe de moutarde
2 cuillerées à soupe de crème fraîche
Le jus de 1/2 citron
Sel, poivre

1. Lavez et grattez les moules. Chauffez le vin blanc dans une grande cocotte. A ébullition, mettez les moules, du sel et du poivre. Couvrez. Laissez-les s'ouvrir pendant 5 minutes. Égouttez-les. Retirez à chacune la coquille du dessus. Disposez les moules dans un plat allant au four. Filtrez leur jus de cuisson.

2. Chauffez 50 grammes de beurre. Ajoutez la farine, remuez vivement et versez le jus de cuisson des moules et 1 verre 1/2 d'eau. Tournez jusqu'à épaississement. Hors du feu, mélangez à la préparation les jaunes d'œufs, la moutarde, la crème, le jus de citron, du sel et du poivre. Fouettez. Remettez à feu doux et ajoutez enfin le reste du beurre.

3. Nappez les moules de sauce moutarde. Passer 5 minutes au four (th. 8). Servez aussitôt.

Moules à la sauce à l'oseille

Préparation : 15 mn
Cuisson : 15 mn

Pour 4 personnes

2 l de moules nettoyées
1 botte d'oseille
50 g de beurre
Sel, poivre

1. Mettez les moules dans unc grande casserole à feu vif, pour les faire ouvrir. Secouez la casserole plusieurs fois pendant les 4 à 5 minutes nécessaires à l'ouverture des coquillages.

2. Égouttez et filtrez l'eau rendue à la cuisson. Décoquillez les moules. Arrosez-les avec cette eau.

3. Nettoyez l'oseille et émincez-la en fines lanières. Mettez-la dans une casserole avec le beurre, du sel et du poivre, à feu vif, jusqu'à ce que l'oseille forme une purée.

4. Ajoutez les moules. Mélangez et chauffez pendant 3 minutes avant de servir.

Moules à la trouvillaise

Préparation : 10 mn
Cuisson : 30 mn

Pour 4 personnes
2 l de moules nettoyées
1 oignon
60 g de beurre
1/2 verre de vinaigre de vin
1 verre de vin blanc
1 tasse de crème fraîche
2 cuillerées à soupe de persil haché
Sel, poivre

1. Pelez l'oignon, hachez-le finement.

2. Faites fondre le beurre sur feu vif. Mettez-y l'oignon haché, le vinaigre et le vin. Laissez bouillir fortement 5 minutes, puis ajoutez-y les moules. Secouez la casserole en laissant cuire 10 minutes environ. Les moules sont alors ouvertes ; salez et poivrez-les.

3. Retirez les moules de la casserole et tenez-les au chaud.

4. Laissez bouillonner leur jus de cuisson jusqu'à ce qu'il ait réduit des deux tiers. Ajoutez alors la crème et mélangez bien.

5. Versez cette sauce sur les moules ; saupoudrez de persil haché et servez.

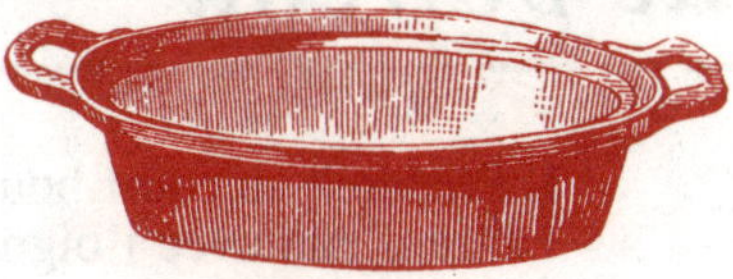

Moules vinaigrette

Préparation : 20 mn
Cuisson : 15 mn

Pour 4 personnes
2 l de moules nettoyées
2 cuillerées à soupe de vinaigre
4 cuillerées à soupe d'huile
1 échalote
1 poignée de fines herbes (persil, cerfeuil, ciboulette)
Sel, poivre

1. Lavez les moules déjà grattées. Mettez-les dans une casserole et laissez-les s'ouvrir sur feu vif. Dès que les moules sont ouvertes, retirez la casserole du feu et décoquillez-les.

2. Pelez les échalotes. Hachez-les finement. Lavez les fines herbes. Hachez-les également.

3. Dans un saladier, préparez une sauce en délayant vinaigre, sel, huile et poivre. Ajoutez-y les moules décoquillées et parsemez de hachis d'échalote et de fines herbes. Mélangez bien. Servez tiède ou froid.

Mousse de poisson

Préparation : 20 mn
Réfrigération : 3 h
Cuisson : 45 mn

Pour 4 personnes

1 kg de filets de poissons variés (grondin, sole, congre, etc.)
25 cl de crème fraîche
4 blancs d'œufs
25 g de beurre
1 tasse de sauce normande (voir recette p. 12)
Sel, poivre

1. Salez et poivrez les filets. Pilez-les en leur ajoutant petit à petit les blancs d'œufs montés en neige.

2. Passez cette préparation à la moulinette et mettez la purée obtenue dans le réfrigérateur pendant 3 heures.

3. Travaillez la purée avec la cuiller en bois en lui ajoutant petit à petit la crème fraîche.

4. Beurrez un moule à soufflé, versez-y la préparation.

5. Faites cuire à four doux au bain-marie pendant 45 minutes. Servez dans le plat de cuisson ou démoulez et servez avec la sauce normande réchauffée au bain-marie.

Mousse de truite au blanc de poireau

Préparation : 20 mn
Cuisson : 55 mn

Pour 4 personnes

2 truites de 500 g chacune
1 oignon
1 branche de céleri
1 verre de vin blanc
40 g de crème fraîche
3 œufs
Le jus de 1/2 citron
2 poireaux
100 g de beurre
Sel, poivre
Cerfeuil

1. Préparez un court-bouillon : faites bouillir 1 litre d'eau avec l'oignon, le vin, le céleri, du sel et du poivre, pendant 20 minutes.

2. Nettoyez et videz les truites. Plongez-les dans le court-bouillon. Laissez cuire 10 minutes à petits bouillons. Égouttez-les. Épluchez-les. Retirez les arêtes. Passez la chair au mixer avec la crème et 3 jaunes d'œufs. Ajoutez délicatement les blancs battus en neige. Mettez au frais.

3. Nettoyez les poireaux. Émincez les blancs en rondelles. Gardez quelques feuilles vertes. Faites cuire le tout à petit feu dans 30 grammes de beurre.

4. Beurrez 4 ramequins. Mettez au fond des blancs de poireaux et du vert sur les parois. Remplissez de mousse de truite. Faites cuire au bain-marie, au four (th. 4-5) 25 minutes.

5. Mettez le reste des poireaux, blanc et vert, dans une casserole avec 60 grammes de beurre, du sel, du poivre et le jus de citron. Laissez fondre sans faire noircir. Ajoutez les pluches de cerfeuil. Servez avec la mousse.

Mulet à l'anis

Préparation : 10 mn
Cuisson : 25 à 30 mn

Pour 6 personnes
1 mulet de 1,5 kg environ
3 fenouils
3 belles tomates
100 g de crème fraîche
70 g de beurre
3 cuillerées à soupe d'apéritif anisé
Sel, poivre

1. Nettoyez, lavez, épongez le poisson.

2. Épluchez les fenouils. Éliminez les parties fibreuses ; lavez-les et coupez-les en quatre. Lavez les tomates et coupez-les en deux.

3. Graissez un grand plat à four. Disposez le poisson. Entourez avec les fenouils et les tomates. Salez et poivrez. Parsemez de petits morceaux de beurre. Faites cuire à four assez chaud pendant 30 minutes.

4. Au moment de servir, arrosez avec l'apéritif anisé. Flambez et ajoutez la crème fraîche. Servez très chaud.

Mulet à la grecque

Préparation : 30 mn + 30 mn de dégorgement des concombres
Cuisson : 30 mn

Pour 4 personnes
1 mulet de 1 kg
2 concombres
1 cuillerée à soupe de vinaigre
1 jaune d'œuf
100 g d'huile d'olive
80 g de crème fraîche
Le jus de 1/2 citron
1 bouquet garni
24 olives noires dénoyautées
1 oignon
Sel, poivre
Quelques feuilles de salade verte

1. Dans un récipient de forme allongée (poissonnière), mettez 1 litre 1/2 d'eau froide. Salez, poivrez, ajoutez le bouquet garni, l'oignon et le vinaigre. Mettez sur le feu et laissez chauffer puis bouillir pendant 20 minutes environ.

2. Pendant ce temps, videz, écaillez et lavez le poisson en le laissant entier.

3. Le liquide ayant bouilli, retirez la poissonnière du feu et laissez refroidir le court-bouillon qu'elle contient.

4. Pelez les concombres, coupez-les en rondelles minces. Salez et laissez-les dégorger pendant 30 minutes.

5. Pendant ce temps, préparez une mayonnaise. Mettez dans le fond d'un bol le jaune d'œuf et du sel. Mélangez bien en tournant avec une cuiller en bois ou en battant avec un fouet. Versez ensuite l'huile petit à petit, en très mince filet, tout en tournant sans cesse le mélange. Quand la mayonnaise est prise, ajoutez le jus de citron puis la crème fraîche. Poivrez, mélangez bien le tout.

6. Plongez le mulet dans le bouillon refroidi et mettez la poissonnière sur le feu. Ne la couvrez pas. Laissez cuire le poisson pendant 10 minutes dans l'eau frémissante.

7. Égouttez les concombres, épongez-les avec un torchon. Mélangez-les à la sauce.

8. Égouttez le poisson, mettez-le sur un plat, entourez-le des concombres avec leur sauce et décorez avec les olives noires et les feuilles de salade. Servez froid.

Mulet au gros sel

Préparation : 5 mn
Cuisson : 1 h

Pour 4 personnes

1 mulet de 1 kg
1 kg de gros sel

1. Allumez le four (th. 5-6).

2. Lavez le poisson sans l'écailler ni le vider. Séchez-le dans du papier absorbant.

3. Dans un grand plat à four, faites un lit avec la moitié du sel et couchez le poisson dessus. Enfouissez-le sous le reste du sel.

4. Enfournez et laissez cuire à feu moyen pendant 1 heure environ. Retirez-le alors. Cassez le sel pris en croûte, en tapant d'un coup sec avec une grosse cuiller en bois.

5. Dégagez le poisson dont la peau est restée collée sur la croûte de sel ; mettez-le sur un plat chaud et servez aussitôt.

Mulet sauce exotique

Préparation : 10 mn
Cuisson : 15 mn

Pour 4 personnes

1 mulet de 1 kg
1 sachet de court-bouillon instantané
2 cuillerées à café de vinaigre
4 cuillerées à soupe d'huile
1/2 cuillerée à café de sel
1/4 de cuillerée à café de poivre de Cayenne

1. Préparez le court-bouillon instantané selon le mode d'emploi.

2. Plongez le poisson (nettoyé et vidé) dans le court-bouillon froid. Chauffez. Arrêtez la cuisson quand le liquide commence à frémir. Laissez-y le mulet pendant que vous préparez la sauce.

3. Mélangez huile, vinaigre, sel et poivre de Cayenne. Servez en même temps que le poisson chaud, tiède ou froid.

Nouilles aux anchois

Préparation : 5 mn
Cuisson : 15 mn

Pour 4 personnes
400 g de petites nouilles plates
12 filets d'anchois
5 cuillerées à soupe d'huile d'olive
Sel, poivre

1. Faites cuire les pâtes à grande eau bouillante salée.

2. Les pâtes étant cuites, égouttez-les soigneusement, mettez-les dans un plat ; ajoutez les filets d'anchois et l'huile, poivrez, mélangez bien le tout et servez.

Si vous utilisez des filets d'anchois salés, n'oubliez pas de les faire dessaler avant de les utiliser.

Si vous prenez des filets d'anchois à l'huile en boîte, vous pouvez ajouter aux pâtes l'huile qui est dans la boîte des anchois.

Œufs aux anchois

Préparation : 15 mn
Cuisson : 15 mn

Pour 6 personnes
6 œufs
12 filets d'anchois
60 g de beurre
3 cuillerées à soupe de crème fraîche
Le jus de 1 citron
Quelques brins de persil
Sel

1. Faites durcir les œufs 10 minutes à l'eau bouillante salée.

2. Refroidissez-les quelques minutes dans l'eau et écalez-les.

3. Coupez les œufs dans le sens de la longueur et retirez avec précaution les jaunes en vous aidant d'une petite cuiller.

4. Pilez les jaunes dans un mortier avec les anchois, le persil et la moitié du beurre. Mélangez pour obtenir une pâte homogène et ajoutez le jus de citron.

5. Allumez le four (th. 8).

6. Disposez les demi-œufs dans un plat à gratin beurré. Remplissez-les avec la farce aux anchois et nappez-les de crème.

7. Passez au four 5 minutes pour faire gratiner et servez aussitôt.

Œufs à l'antiboise

Préparation : 20 mn

Pour 4 personnes
4 œufs durs
4 anchois
Le jus de 1 citron
4 feuilles de laitue

1. Écalez les œufs. Coupez-les en deux dans le sens de la longueur. Enlevez les jaunes, passez-les au mixer.

2. Pilez les anchois pour les réduire en pâte. Mélangez cette pâte à la purée de jaunes d'œufs. Ajoutez le jus de citron.

3. Remplissez les moitiés d'œufs avec cette préparation. Posez sur des feuilles de laitue.

Œufs brouillés aux crevettes

Préparation : 5 mn
Cuisson : 12 mn

Pour 4 personnes
8 œufs
75 g de crème fraîche
100 g de crevettes décortiquées
100 g de beurre
Sel, poivre

1. Cassez les œufs dans une petite casserole à revêtement anti-adhésif. Placez-la sur feu très doux en remuant constamment avec une spatule de bois et en ajoutant, petit à petit, le beurre coupé en morceaux.

2. Dès que les œufs commencent à prendre, ajoutez vivement la crème et les crevettes, du sel et du poivre. Continuez à remuer jusqu'à ce que le mélange soit presque cuit.

3. Retirez du feu lorsque les œufs sont encore moelleux.

4. Servez aussitôt.

Œufs brouillés aux moules

Préparation : 35 mn
Cuisson : 25 mn

Pour 4 personnes
8 œufs
30 moules
100 g de beurre
1 verre de vin blanc
1 oignon
Sel, poivre

1. Pelez l'oignon, émincez-le.

2. Mettez les moules dans une casserole sur feu vif, avec le vin blanc et l'oignon. Faites-les cuire pendant 10 minutes environ. Décoquillez-les.

3. Cassez les œufs dans un saladier, battez-les (moins que pour une omelette), avec sel et poivre.

4. Dans une casserole au bain-marie, versez les œufs et faites-les cuire en les tournant sans arrêt et en ajoutant peu à peu le beurre coupé en petits morceaux. A mi-cuisson, ajoutez les moules et faites cuire pendant 10 minutes.

Œufs en coques d'oursins

Préparation : 20 mn
Cuisson : 8 mn

Pour 4 personnes

8 gros oursins
8 œufs
8 cuillerées à café de crème fraîche
Sel, poivre

1. Décalottez les oursins avec des ciseaux, aux deux tiers de leur hauteur. Préservez vos mains avec des gants ou un torchon. Prélevez les languettes de corail. Lavez et essuyez soigneusement l'intérieur des coques. Mettez dans le fond de chaque coque 1 cuillerée à café de crème fraîche. Cassez 1 œuf dessus. Salez légèrement et poivrez au moulin.

2. Garnissez avec les languettes de corail. Couvrez de papier aluminium et faites cuire 8 minutes au four (th. 7). Servez avec des mouillettes de pain beurré.

Œufs durs à la bavaroise

Préparation : 15 mn
Cuisson : 15 mn

Pour 6 personnes

1 boîte de miettes de thon à la tomate
6 œufs
3 oignons moyens
2 tomates
2 cuillerées à soupe d'huile
Persil
Sel, poivre de Cayenne

1. Faites cuire les œufs 10 minutes à l'eau bouillante salée. Gardez-les au chaud.

2. Lavez, épluchez les oignons. Émincez-les. Lavez les tomates. Coupez chacune en 8 morceaux.

3. Faites chauffer l'huile. Mettez-y à revenir les oignons émincés.

4. Ajoutez les tomates. Laissez fondre doucement. Ajoutez sel et poivre de Cayenne.

5. Lorsque le mélange est bien « fondu », ajoutez les miettes de thon. Tenez au chaud.

6. Épluchez les œufs durs. Coupez-les en deux. Disposez-les dans un plat. Recouvrez de sauce. Parsemez le dessus avec un hachis de persil. Servez aussitôt.

Œufs durs aux crevettes

Préparation : 20 mn

Pour 4 personnes

4 œufs durs
40 petites crevettes décortiquées
2 cuillerées à soupe de ketchup
1 yaourt nature
1/2 cuillerée à soupe de moutarde

1. Écalez les œufs, coupez-les en deux dans le sens de la longueur. Enlevez les jaunes. Passez-les au mixer.

2. Mélangez le ketchup avec la moutarde et le yaourt pour obtenir une sauce onctueuse.

3. Mettez les crevettes dans la sauce. Garnissez les moitiés de blancs d'œufs durs avec cette préparation. Saupoudrez des jaunes. Servez froid.

Œufs durs à la normande

Préparation : 25 mn
Cuisson : 20 mn

Pour 4 personnes

8 œufs
1 l de moules
125 g de champignons
1 tasse de sauce normande pour poissons (voir recette p. 12)
Sel

1. Faites cuire les œufs pendant 10 minutes à l'eau bouillante salée, enlevez les coquilles et coupez-les en deux dans le sens de la longueur.

2. Dans un plat allant au four, mettez la moitié des œufs.

3. Mettez les moules dans une casserole sur feu vif pendant 10 minutes, faites-les ouvrir et décoquillez-les.

4. Nettoyez les champignons et hachez-les grossièrement.

5. Sur la couche d'œufs, mettez les moules et le hachis de champignons. Déposez par-dessus la seconde moitié des œufs et nappez avec la sauce normande pour poisson.

6. Faites dorer à four vif pendant 7 à 8 minutes. Servez dans le plat de cuisson.

Œufs en gelée au saumon fumé

Préparation : 20 mn
Refroidissement : 2 h
Cuisson : 10 mn

Pour 6 personnes
6 œufs
1 sachet de gelée en poudre
2 cuillerées à soupe de vinaigre blanc
2 tranches de saumon fumé

1. Mettez dans une casserole 1 litre d'eau additionnée de vinaigre blanc. Chauffez jusqu'à ébullition.

2. Cassez chaque œuf dans une tasse. Faites-les glisser un par un dans cette eau bouillante. Couvrez la casserole et retirez-la du feu. Comptez 3 minutes pour pocher les œufs et prenez-les délicatement avec une écumoire. Déposez-les sur un torchon.

3. Pendant que les œufs refroidissent, préparez la gelée selon les indications portées sur le sachet. Laissez-la tiédir et versez-en 0,5 cm au fond de 6 petits moules ronds.

4. Laissez refroidir (au besoin, trempez le fond dans l'eau froide pour que ce soit plus rapide) et posez au fond de chaque moule un tiers de tranche de saumon fumé.

5. Déposez dessus 1 œuf poché ; recouvrez délicatement de gelée à peine tiède.

6. Laissez prendre la gelée dans le réfrigérateur pendant environ 2 heures.

7. Démoulez les œufs bien froids en trempant 5 secondes dans l'eau chaude le fond des moules, et disposez-les en marguerite sur un plat. Tenez au froid jusqu'au moment de servir.

Œufs au plat à la normande

Préparation : 30 mn
Cuisson : 10 mn

Pour 4 personnes
8 œufs
8 cuillerées à soupe de crème fraîche
24 huîtres
Sel, poivre

1. Ouvrez les huîtres et recueillez l'eau que contiennent les coquilles, filtrez-la.

2. Prenez des petits plats individuels et, au fond de chacun d'eux, mettez 2 cuillerées à soupe de crème, du sel et du poivre. Déposez sur la crème des huîtres et un peu de leur eau filtrée.

3. Cassez les œufs sur les huîtres et faites cuire 10 minutes au four. Servez dans le plat de cuisson.

Œufs pochés aux crevettes

Préparation : 10 mn
Cuisson : 25 mn

Pour 4 personnes
4 œufs
50 g de beurre
1 gousse d'ail
1 cuillerée à soupe de farine
2 cuillerées à soupe de concentré de tomate
Quelques brins de persil
1 verre de xérès
1/2 tasse de crème fraîche
1 cuillerée à soupe de sauce Worcestershire
50 g de crevettes roses
4 cuillerées à soupe de vinaigre
Sel, poivre

1. Épluchez l'ail et hachez le persil lavé.

2. Mettez à chauffer le beurre dans une petite casserole et faites-y brunir l'ail. Retirez la gousse et mettez à la place la farine qui sera absorbée par la matière grasse et formera un roux brun, auquel vous ajouterez le concentré de tomate et le persil haché. Mouillez avec le xérès, la crème et la sauce Worcestershire.

3. Laissez épaissir en remuant fréquemment et décortiquez entre-temps les crevettes. Ajoutez-les à la sauce et laissez encore mijoter 5 minutes. Rectifiez au besoin l'assaisonnement.

4. Chauffez de l'eau contenant le vinaigre et maintenez-la frissonnante. Cassez chaque œuf dans une tasse. Faites-le glisser, en inclinant la tasse, au ras de l'eau et laissez 3 minutes. Sortez de l'eau avec une écumoire.

5. Dressez les œufs sur un plat et versez la sauce dessus. Servez bien chaud.

Omble chevalier aux asperges

Préparation : 30 mn
Cuisson : 50 mn

Pour 4 personnes
8 filets d'omble chevalier de 80 g chacun
1 kg d'asperges
20 cl de vin blanc
60 g de beurre
2 feuilles de brick
80 g de crème fraîche
1 œuf dur
1 cuillerée à soupe de fines herbes hachées
Sel, poivre

1. Nettoyez les asperges. Ne gardez que les parties vertes. Cuisez-les 20 minutes à la vapeur. Réservez 8 asperges. Passez les autres au mixer. Ajoutez à la purée obtenue la crème, du sel et du poivre.

2. Rangez les filets de poisson dans une sauteuse. Arrosez-les avec le vin blanc ; ajoutez 30 grammes de beurre et faites cuire à petit feu pendant 6 minutes. Retirez du feu.

3. Découpez les feuilles de brick en triangle. Badigeonnez-les de 30 grammes de beurre fondu et faites-les cuire à 5 à 6 minutes sur la plaque du four (th. 6).

4. Chauffez la mousse d'asperges. Mettez-la au centre du plat de service. Entourez de triangles de brick. Disposez autour les filets de poisson. Arrosez avec le liquide de cuisson du poisson. Garnissez de pointes d'asperges, de fines herbes et d'œuf dur écrasé.

Omble chevalier aux cèpes

Préparation : 20 mn
Cuisson : 30 mn

Pour 4 personnes
2 ombles chevaliers de 600 g chacun
400 g de cèpes
1 verre 1/2 de vin blanc sec
1 cuillerée à soupe de ciboulette et de persil ciselés
2 belles échalotes
70 g de beurre
Sel, poivre

1. Salez et poivrez les poissons. Glissez à l'intérieur les herbes ciselées.

2. Pelez et hachez les échalotes. Faites-les blondir dans 1 noix de beurre. Ajoutez le vin blanc. Laissez bouillir doucement pendant 10 minutes sans couvrir.

3. Nettoyez les cèpes. Coupez-les en lamelles épaisses.

4. Mettez les poissons dans un plat allant au four. Entourez-les de cèpes. Arrosez-les avec le vin blanc aux échalotes. Parsemez de lamelles de beurre. Couvrez de papier aluminium et faites cuire 20 minutes au four (th. 6). Environ 5 minutes avant la fin de la cuisson, retirez le papier. Servez accompagné de pommes de terre en papillotes.

Omelette aux coques

Préparation : 30 mn
Cuisson : 10 mn

Pour 4 personnes

8 œufs
1 bol de coques
60 g de beurre
Sel, poivre

1. Mettez les coques dans une casserole sur feu vif pour les faire ouvrir, pendant 10 minutes environ. Retirez-les de leurs coquilles.

2. Dans un saladier, battez en omelette les œufs, avec du sel et du poivre.

3. Faites fondre le beurre à la poêle et faites-y cuire l'omelette. Lorsque les œufs ont commencé à prendre, ajoutez les coques, puis achevez la cuisson comme pour une omelette ordinaire.

Omelette aux crevettes

Préparation : 10 mn
Cuisson : 10 mn

Pour 4 personnes

8 œufs
180 g de crevettes roses décortiquées
60 g de beurre
3 cuillerées à soupe de sauce crevette (voir recette p. 10)
Sel, poivre

1. Battez les œufs en omelette dans un saladier, avec du sel et du poivre.

2. Faites fondre le beurre dans une poêle, mettez-y les crevettes et continuez la cuisson comme pour une omelette ordinaire.

3. Faites glisser l'omelette dans un plat en la roulant et nappez-la avec la sauce crevette.

Omelette aux huîtres

Préparation : 10 mn
Cuisson : 15 mn

Pour 4 personnes

8 œufs
8 huîtres
1 cuillerée à soupe de sauce normande pour poissons (voir recette p. 12)
60 g de beurre
Sel, poivre

1. Ouvrez les huîtres, décoquillez-les, faites-les cuire dans très peu d'eau bouillante salée et poivrée, pendant 5 minutes, égouttez-les soigneusement. Mélangez-les à la sauce normande.

2. Dans un saladier, battez les œufs avec du sel et du poivre.

3. Chauffez le beurre dans une poêle, mettez-y les œufs battus. Quand les œufs commencent à prendre, ajoutez les huîtres et continuez la cuisson comme pour une omelette ordinaire. Pour servir, faites-la glisser sur un plat en la roulant sur elle-même.

Omelette aux laitances

Préparation : 10 mn
Cuisson : 15 mn

Pour 4 personnes
200 g de laitances de hareng
8 œufs
1 cuillerée à soupe de farine
2 cuillerées à soupe d'huile
50 g de beurre
1 pincée de paprika
1 cuillerée à soupe de vinaigre
Sel, poivre

1. Salez légèrement les laitances et passez-les dans la farine.

2. Chauffez le beurre dans une petite poêle et faites dorer les laitances à feu moyen, pendant 5 à 6 minutes, en les retournant. Retirez du feu.

3. Battez 5 œufs entiers et 3 jaunes avec du sel et du poivre. Ajoutez les 3 blancs battus en neige très ferme.

4. Chauffez l'huile dans une grande poêle. Versez la préparation d'œufs et laissez prendre en omelette. Quand le fond est pris, posez dessus la moitié des laitances. Terminez la cuisson de l'omelette et faites-la glisser sur un plat en la roulant. Garnissez avec le reste de laitances.

5. Chauffez leur jus de cuisson avec le paprika et le vinaigre. Versez sur l'omelette.

Omelette aux moules

Préparation : 30 mn
Cuisson : 20 mn

Pour 4 personnes
8 œufs
1 l de moules
60 g de beurre
1 oignon
Sel, poivre

1. Pelez l'oignon, émincez-le.

2. Dans une casserole sur feu vif, mettez les moules et faites-les ouvrir pendant 10 minutes environ. Décoquillez-les.

3. Faites-les revenir dans un petit morceau de beurre avec l'oignon émincé, pendant 6 à 7 minutes.

4. Battez les œufs en omelette dans un saladier avec du sel et du poivre.

5. Chauffez le beurre dans la poêle, versez-y les œufs battus. Quand ils commencent à prendre, versez les moules dessus et poursuivez la cuisson comme pour une omelette ordinaire. Faites glisser sur le plat de service en la repliant.

Omelette normande

Préparation : 15 mn
Cuisson : 20 mn

Pour 4 personnes
8 œufs
150 g de crevettes
150 g de champignons
3 cuillerées à soupe de sauce normande (voir recette p. 12)
60 g de beurre
Sel, poivre

1. Nettoyez les champignons, coupez-les en lamelles très minces, faites-les cuire 10 minutes dans 20 grammes de beurre avec du sel et du poivre.

2. Mélangez les champignons et les crevettes, liez-les avec la sauce normande.

3. Battez les œufs dans un saladier avec du sel et du poivre.

4. Chauffez le reste du beurre dans la poêle, versez les œufs battus. Lorsqu'ils commencent à prendre, versez dessus les champignons et les crevettes à la sauce normande ; poursuivez la cuisson comme pour une omelette ordinaire.

Omelette aux queues d'écrevisses

Préparation : 30 mn
Cuisson : 30 mn

Pour 4 personnes
16 écrevisses moyennes
2 cuillerées à soupe d'huile
80 g de beurre
30 g de farine
25 cl de lait
8 œufs
1 pointe de muscade
60 g de crème fraîche
2 pincées de paprika
Sel, poivre

1. Faites sauter les écrevisses à la poêle, dans l'huile, 10 minutes environ. Laissez-les refroidir et décortiquez-les.

2. Faites fondre, à feu doux, 40 grammes de beurre. Ajoutez la farine, remuez vivement, puis versez le lait et mélangez jusqu'à épaississement. Salez, poivrez et parfumez à la muscade.

3. Séparez les jaunes des blancs d'œufs. Montez les blancs en neige. Battez les jaunes et ajoutez-les à la préparation précédente ainsi que les blancs en neige.

4. Faites cuire en omelette, à la poêle, dans le reste du beurre, à feu doux, 7 à 8 minutes.

5. Mettez l'omelette sur un plat. Garnissez avec les queues d'écrevisses. Servez avec la crème fraîche additionnée du paprika et chauffée au bain-marie.

Omelette Saint-Pierre

Préparation : 5 mn
Cuisson : 8 mn

Pour 4 personnes

8 œufs
1 boîte de 250 g de thon à l'huile
2 cuillerées à soupe de crème fraîche
2 cuillerées à soupe de lait
60 g de beurre
Sel, poivre

1. Cassez les œufs dans un saladier. Ajoutez le lait, du sel et du poivre, et battez le tout avec une fourchette sans faire mousser le mélange.

2. Ouvrez la boîte de thon et versez son contenu, y compris l'huile, dans une petite casserole. Ajoutez la crème fraîche et mettez à chauffer sur feu doux.

3. Mettez le beurre dans la poêle. Faites chauffer sur feu moyen. Lorsque le beurre est chaud, versez-y les œufs battus avec le lait. Laissez prendre sur feu vif pendant 3 ou 4 minutes. Mélangez le fond avec une fourchette pour que l'omelette cuise au centre. Dès qu'elle est un peu sèche sur les bords, versez sur l'omelette la préparation de thon et de crème. Étalez-la. Faites glisser l'omelette garnie sur un plat en la pliant en deux. Servez très chaud.

Omelette au thon

Préparation : 10 mn
Cuisson : 10 mn

Pour 4 personnes

4 œufs
1 cuillerée à soupe de persil haché
200 g de thon en miettes, égoutté de son huile
1 gousse d'ail
2 cuillerées à soupe d'huile
Sel, poivre

1. Pelez la gousse d'ail et coupez-la en lamelles fines.

2. Dans un bol, battez les œufs avec du sel, du poivre, le persil, l'ail et le thon.

3. Faites chauffer l'huile dans une poêle et versez-y la préparation. Faites cuire à feu doux pendant 5 minutes sur chaque face. Servez bien chaud.

Omelette aux tomates et aux anchois

Préparation : 10 mn
Cuisson : 15 mn

Pour 4 personnes

3 tomates
6 œufs
50 g de beurre
1/2 gousse d'ail
2 cuillerées à soupe de farine
6 filets d'anchois dessalés
Sel, poivre

1. Plongez les tomates dans l'eau bouillante. Retirez-les aussitôt, pelez-les, coupez-les en dés. Hachez l'ail.

2. Dans une casserole, sur feu vif, faites chauffer la moitié du beurre. Quand il commence à grésiller, jetez-y les morceaux de tomate et l'ail. Salez et poivrez. Laissez cuire sur feu moyen pendant 10 minutes, en remuant plusieurs fois.

3. Battez les œufs et la farine avec une fourchette, dans un saladier. Salez, poivrez légèrement. Mettez dans une poêle, sur feu vif, le restant du beurre. Quand le beurre est chaud, versez-y les œufs. Laissez prendre sur feu vif pendant 2 ou 3 minutes. Mélangez le fond avec une fourchette pour que l'omelette cuise même au centre.

4. Quand les bords de l'omelette sont déjà secs et l'intérieur encore un peu baveux, versez dessus les tomates et les filets d'anchois. Faites glisser l'omelette sur un plat en la pliant en deux.

Ormeaux à la bretonne

Préparation : 20 mn
Cuisson : 1 h 05

Pour 4 personnes

8 gros ormeaux
50 cl de court-bouillon
12 petits oignons
3 cuillerées à soupe d'huile
100 g de beurre
1 citron
10 brins de ciboulette

1. Détachez les ormeaux de leur coquille. Lavez-les à plusieurs eaux. Piquez-les à coups de fourchette répétés et rapprochés, pour attendrir leur chair ferme.

2. Chauffez l'huile dans une cocotte. Faites revenir les ormeaux, puis couvrez-les à hauteur de court-bouillon. Couvrez. Laissez cuire 45 minutes. Ajoutez alors les petits oignons. Poursuivez la cuisson 15 minutes.

3. Égouttez les ormeaux. Coupez-les en tranches. Passez-les 3 minutes, dans 40 grammes de beurre, à la poêle. Servez parsemé de ciboulette et accompagné de beurre citronné. Vous pouvez garnir de girolles.

Paella

Préparation : 1 h
+ 1 ou 2 h pour faire dégorger les calamars
Cuisson : 1 h

Pour 8 à 10 personnes

1 grand bol de riz non glacé
1,5 kg de poissons et de fruits de mer divers (calamars, seiches, langoustes, grosses crevettes, turbot, colin, lotte...)
2 l de moules ou de coques
1 kg de poulet coupé en morceaux (ou lapin, porc, canard)
Quelques cuisses de grenouilles (facultatif)
1 kg de légumes mélangés (petits pois, flageolets, haricots verts, maïs frais)
2 gros artichauts (ou 8 petits)
750 g de tomates fraîches (ou 5 cuillerées à soupe de concentré de tomate)
4 gros oignons
4 gousses d'ail
3 ou 4 piments verts doux
3 petits piments de Cayenne
1 bouquet garni (dans une mousseline)
1 pincée de feuilles de safran
Sel, poivre
1 verre d'huile d'olive

1. Quelques heures à l'avance, préparez les calamars et faites-les dégorger. Battez-les, lavez et épongez-les. Coupez-les en tronçons.

2. Faites chauffer quelques cuillerées d'huile dans une poêle, et faites-y revenir les calamars. Retirez-les quand ils sont colorés. Si vous désirez ajouter de la langouste, faites-la revenir dans la même huile (après l'avoir pochée dans de l'eau bouillante, puis décortiquée et coupée en rondelles). Maintenez tous ces morceaux au chaud.

3. Épluchez et hachez finement les oignons et l'ail. Coupez les piments verts en lanières. Pelez et épépinez les tomates (ou délayez le concentré dans 3 cuillerées à soupe d'eau chaude).

4. Faites revenir, dans une autre poêle, les morceaux de viande dans l'huile restante et tenez-les au chaud.

5. Versez les 2 huiles de cuisson dans une poêle à paella, et mettez-y à revenir le hachis d'oignons et d'ail. Ajoutez ensuite les piments verts et les tomates. Laissez cuire jusqu'à ce que vous obteniez une crème. Remuez alors à la spatule en bois et replacez dans cette sauce les calamars et autres poissons, la viande et les flageolets préalablement trempés dans l'eau froide. Mouillez de 10 verres d'eau chaude. Ajoutez le bouquet garni et les piments de Cayenne, attachés à un fil qui les reliera à l'anse de la cocotte. Poivrez et salez avec parcimonie. Couvrez et laissez bouillir 30 minutes.

6. Ensuite, ajoutez les fonds d'artichauts crus (citronnés et coupés en quatre), ainsi que les haricots verts coupés en morceaux. Laissez bouillir encore 15 minutes.

7. Ajoutez les petits pois écossés et les grains de maïs. Goûtez alors la sauce et retirez les piments de Cayenne. Recouvrez et posez sur le couvercle les feuilles de safran, pour les dessécher.

8. D'autre part, grattez et lavez les moules. Faites-les ouvrir à grand feu dans une sauteuse non couverte, en les faisant sauter

quelques minutes. Débarrassez-les de leurs coquilles et laissez reposer l'eau qu'elles ont rendue avant de la filtrer. Remettez ensuite les moules dedans pour les maintenir chaudes.

9. Dès que les petits pois sont cuits, ajoutez les moules et leur eau, et rectifiez l'assaisonnement. Laissez reprendre l'ébullition et ajoutez alors le bol de riz, soigneusement lavé et égoutté. Ne remuez plus, et laissez cuire à découvert, à gros bouillons, jusqu'à ce que le riz affleure à 1,5 cm de la surface du liquide.

10. A ce moment, éteignez le feu et replacez le couvercle pour laisser gonfler le riz. Servez dès que le riz a absorbé toute la sauce. (Si la préparation est un peu collante, rajoutez simplement un peu d'eau chaude et secouez légèrement mais vivement la poêle.)

Pain de brochet sauce au cidre

Préparation : 20 mn
Cuisson : 1 h

Pour 4 personnes

500 g de chair de brochet
110 g de beurre
40 g de farine
25 cl de crème fraîche
3 jaunes d'œufs
60 g de fromage râpé
1 pincée de muscade
1 oignon
1 verre de cidre
1 cuillerée à soupe de concentré de tomate
1 cuillerée à café de moutarde
Sel, poivre

1. Préparez, avec 40 grammes de beurre, la farine, 25 centilitres d'eau et la crème fraîche, une sauce Béchamel. Ajoutez-lui le fromage râpé, la muscade, les jaunes d'œufs.

2. Passez le poisson au mixer. Mélangez-le à la préparation précédente. Versez dans un moule rond beurré. Faites cuire 30 minutes au bain-marie, au four (th. 6).

3. Préparez la sauce au cidre : faites cuire à feu doux l'oignon haché, dans 20 grammes de beurre. Mouillez avec le cidre. Ajoutez sel, poivre, concentré de tomate et moutarde. Mélangez. Laissez bouillir jusqu'à réduction de moitié. Hors du feu, ajoutez le reste du beurre.

4. Démoulez le pain. Servez avec la sauce et des légumes de saison cuits à la vapeur.

Pain de colin

Préparation : 15 mn
Refroidissement : 2 à 3 h

Pour 4 personnes
200 g de purée de pommes de terre
1 boîte de colin au naturel
1 cuillerée à soupe de concentré de tomate
1 pincée de piment en poudre
1 verre à moutarde de lait
2 jaunes d'œufs
Sel

1. Émiettez la chair du colin.

2. Mélangez la purée de pommes de terre, le colin, le piment en poudre et le lait.

3. Dans un bol, délayez les jaunes d'œufs avec le concentré de tomate.

4. Ajoutez à la préparation. Salez. Versez dans un moule. Tassez bien. Mettez au frais 2 à 3 heures. Démoulez pour servir.

Pain perdu à l'anchois

Préparation : 5 mn
Cuisson : 10 mn

Pour 4 personnes
4 tranches de pain de mie
1 tube de pâte d'anchois
3 œufs
Huile

1. Tartinez les tranches de pain avec la pâte d'anchois.

2. Passez-les dans les œufs battus.

3. Mettez-les dans un plat allant au four. Arrosez d'huile. Passez à four très chaud (th. 8) pendant 10 minutes.

Pain de poisson froid

Préparation : 10 mn
Cuisson : 30 mn

Pour 4 personnes

1 boîte de thon blanc au naturel (300 g environ)
600 g de pommes de terre
1 cuillerée à soupe de persil haché
3 cuillerée à soupe d'huile
1 cuillerée à soupe de vinaigre
1 cuillerée à soupe de moutarde
2 cornichons
Sel, poivre

1. Faites bouillir les pommes de terre dans l'eau salée pendant 20 à 30 minutes, suivant leur qualité. Égouttez-les, pelez-les et passez-les en purée.

2. Égouttez le thon et écrasez-le en purée avec une fourchette. Mélangez-le aux pommes de terre. Ajoutez le persil haché, du sel et du poivre.

3. Versez dans un moule à soufflé. Mettez dans le réfrigérateur jusqu'au moment de servir avec une vinaigrette préparée avec l'huile, le vinaigre, la moutarde et les cornichons coupés en lamelles.

Pain de poisson à la tomate

Préparation : 15 mn
Cuisson : 50 mn

Pour 4 personnes

600 g de filets de poisson blanc
100 g de mie de pain
1 tasse de lait
4 œufs
1 pointe de couteau de safran
1 boîte de sauce tomate
1 noix de beurre
Sel, poivre

1. Faites tremper la mie de pain dans le lait tiède.

2. Coupez le poisson en morceaux. Passez-les à la moulinette ou au hachoir.

3. Mélangez le poisson, la mie de pain essorée, les jaunes d'œufs, le sel, le poivre et le safran.

4. Battez les blancs d'œufs en neige très ferme. Ajoutez-les au mélange.

5. Beurrez un moule. Tassez-y la préparation. Faites cuire au bain-marie, dans le four, pendant 50 minutes.

6. Démoulez pour servir nappé de sauce tomate.

Pain de saumon soufflé

Préparation : 30 mn
Cuisson : 35 mn

Pour 6 personnes
375 g de saumon
1 l de court-bouillon (voir recette p. 7)
150 g de mie de pain
1 tasse de lait
30 g de beurre
Sel, poivre
2 boîtes de sauce tomate

Pour la sauce Béchamel
50 g de beurre
1 cuillerée à soupe de farine
2 œufs
Sel, poivre

1. Placez le saumon dans une casserole. Couvrez du court-bouilllon froid. Mettez à chauffer, et laissez cuire le poisson dans le court-bouillon à peine frémissant pendant 5 minutes.

2. Faites tremper la mie de pain dans le lait. Retirez la peau et les arêtes du saumon cuit au court-bouillon. Effeuillez la chair.

3. Pressez la mie de pain trempée, mélangez-la à la chair de poisson et passez le tout à la moulinette, salez et poivrez.

4. Préparez une sauce Béchamel épaisse : dans une casserole, faites fondre 50 grammes de beurre, ajoutez la farine, délayez jusqu'à ce que le mélange devienne mousseux. A ce moment, versez d'un seul coup 1 verre d'eau froide, tout en mélangeant vivement ; continuez de tourner jusqu'à épaississement de la sauce. Salez et poivrez. Hors du feu, ajoutez les jaunes d'œufs.

5. Versez la sauce Béchamel dans le mélange mie de pain et poisson. Mêlez intimement.

6. Battez les blancs d'œufs en neige très ferme et incorporez-les à la pâte. Beurrez un moule cannelé ou un moule à soufflé avec 30 grammes de beurre. Remplissez le moule aux trois quarts de sa hauteur avec la préparation.

7. Passez au four (th. 7) jusqu'à ce que le pain arrive au bord du moule et que sa surface soit dorée.

8. Démoulez et servez arrosé d'une sauce tomate.

Paloudes au beurre d'olives

Préparation : 30 mn
Cuisson : 10 mn

Pour 4 personnes
32 palourdes
2 gousses d'ail
3 cuillerées à soupe de persil haché
100 g d'olives noires dénoyautées
100 g de beurre
6 filets d'anchois
Poivre

1. Lavez les palourdes à plusieurs eaux. Ouvrez-les et enlevez les coquilles du dessus. Détachez la chair des coquilles du dessous. Remettez-la dans les coquilles. Disposez-les dans un plat allant au four.

2. Pelez les gousses d'ail, hachez-les.

3. Mixez ensemble le beurre ramolli, les gousses d'ail, les olives noires, les filets d'anchois, le persil. Poivrez.

4. Remplissez les coquilles de ce beurre d'olives.

5. Passez au four (th. 8) pendant 10 minutes environ. Servez aussitôt.

Palourdes au muscadet

Préparation : 20 mn
Cuisson : 40 mn

Pour 4 personnes
24 grosses palourdes
1 branche de fenouil
1 morceau d'écorce d'orange
1 cuillerée à soupe de vinaigre
1 oignon
1 gousse d'ail
75 cl de muscadet
100 g de beurre
Sel
Poivre en grains
Persil

1. Lavez les palourdes à plusieurs eaux.

2. Pelez l'ail et l'oignon.

3. Chauffez 25 centilitres d'eau avec le muscadet, le fenouil, l'écorce d'orange, l'oignon, l'ail, le vinaigre, le sel et le poivre en grains.
Laissez bouillir sans couvrir pendant 30 minutes.

4. Plongez les palourdes dans ce court-bouillon. Quand elles sont toutes ouvertes, égouttez-les avec une écumoire. Mettez-les dans un plat.

5. Prélevez 2 louches de court-bouillon. Faites fondre dedans le beurre coupé en morceaux. Versez sur les palourdes. Décorez de persil. Servez bien chaud.

Pamplemousses au crabe

Préparation : 15 mn

Pour 4 personnes

1 boîte de crabe
2 pamplemousses
Le jus de 1 citron
2 cuillerées à soupe de crème fraîche
Poivre

1. Coupez les pamplemousses en deux. Avec un couteau spécial à lame courbe finement dentelée, détachez la pulpe des fruits en prenant garde de ne pas entamer l'écorce. Dans un saladier, coupez la pulpe des fruits en cubes. Réservez les écorces.

2. Nettoyez le crabe, enlevez les cartilages, filaments, peaux et émiettez-le dans le saladier. Mélangez pamplemousses et crabe. Poivrez. Arrosez de jus de citron, mélangez à nouveau.

3. Garnissez chaque écorce de pamplemousse avec cette préparation. Déposez dessus 1/2 cuillerée à soupe de crème fraîche. Mettez au frais jusqu'au moment de servir.

Pamplemousses aux crevettes

Préparation : 15 mn
Réfrigération : 1 h

Pour 4 personnes

4 pamplemousses
2 tomates
250 g de crevettes décortiquées
50 g de crème fraîche
Le jus de 1 citron
Sel
2 cuillerées à soupe de ketchup
1/2 cuillerée à café de sauce Worcester
12 crevettes roses

1. Coupez chaque pamplemousse horizontalement aux deux tiers de sa hauteur. Évidez-le et réservez la chair.

2. Coupez-la en petits morceaux. Faites de même pour les tomates.

3. Préparez la sauce : dans un saladier, mélangez crème fraîche, jus de citron, ketchup et sauce Worcester. Salez légèrement.

4. Versez crevettes, morceaux de tomates et de pamplemousses dans la sauce. Remuez.

5. Garnissez l'intérieur des pamplemousses avec ce mélange. Décorez avec les crevettes roses. Mettez au frais 1 heure avant de servir.

Pamplemousses au saumon

Préparation : 15 mn

Pour 4 personnes

2 gros pamplemousses
150 g de saumon fumé
50 g d'œufs de saumon
1 tasse de mayonnaise au citron
50 g de crème fraîche
Brins d'aneth
Poivre

1. Coupez les pamplemousses en deux. Évidez-les soigneusement en recueillant la chair. Épluchez-la en enlevant la fine peau qui recouvre les tranches, les filaments blancs et les pépins. Détaillez en morceaux. Mettez-les dans un petit saladier.

2. Émincez le saumon fumé en minces lanières. Mettez-les dans le saladier ainsi, que les brins d'aneth. Poivrez au moulin et remuez.

3. Fouettez la crème fraîche et mélangez-la à la mayonnaise. Ajoutez cette sauce aux morceaux de pamplemousses et remuez.

4. Répartissez cette préparation dans les demi-écorces évidées. Décorez avec les œufs de saumon. Mettez dans le réfrigérateur jusqu'au moment de servir.

Pamplemousses au thon

Préparation : 25 mn

Pour 6 personnes

6 pamplemousses moyens
500 g de fromage blanc à 20 % de matière grasse
400 g environ de thon au naturel
Fines herbes
6 olives noires
1 petite tomate
Sel, poivre

1. Coupez un chapeau aux pamplemousses. Otez la chair. Réservez-la pour préparer des jus de fruits.

2. Ouvrez la boîte de thon. Égouttez-le. Écrasez-le finement avec une fourchette. Mélangez soigneusement thon écrasé, fromage blanc, fines herbes hachées. Salez. Poivrez fortement.

3. Remplissez les pamplemousses avec ce mélange. Posez 1 olive noire sur le dessus. Taillez de petites lamelles de tomate pour compléter la décoration.

Paupiettes de lotte

Préparation : 20 mn
Cuisson : 30 mn

Pour 4 personnes
800 g de lotte
1 poignée de mie de pain
6 champignons de Paris
1/2 tasse de lait
1 poignée de feuilles d'oseille
2 oignons
1 jaune d'œuf
80 g de beurre
1 verre de vin blanc
Sel, poivre

1. Demandez à votre poissonnier un morceau de lotte dans la partie la plus large du poisson et faites-le couper en tranches de 1 centimètre environ d'épaisseur.

2. Allumez le four. Faites tremper la mie de pain dans du lait et essorez-la. Hachez finement les oignons, les champignons et l'oseille crus. Mélangez le tout et ajoutez le jaune d'œuf, du sel et du poivre, pour obtenir une farce.

3. Déposez 1 cuillerée de cette farce sur chacune des tranches de lotte. Roulez-les comme des paupiettes et maintenez-les roulées soit avec du fil, soit en les piquant avec des petits bâtonnets de bois.

4. Placez les paupiettes de lotte dans un plat à gratin. Arrosez-les de vin blanc. Parsemez de petits morceaux de beurre, saupoudrez de sel, de poivre et mettez à cuire pendant 30 minutes environ, à four doux. Pour servir, déficelez les paupiettes de lotte, et accompagnez-les d'une garniture de riz créole ou de pommes à l'anglaise, le tout arrosé de la sauce de cuisson au vin blanc.

Paupiettes de merlan

Préparation : 20 mn
Cuisson : 1 h

Pour 4 personnes
12 beaux filets de merlan
60 g de crème fraîche
30 g de beurre
1 cuillerée à soupe de fines herbes hachées
1 cuillerée à soupe de farine
Sel, poivre

1. Préparez le fumet de poisson : nettoyez les carottes ; coupez-les en rondelles. Pelez et hachez les échalotes. Faites bouillir à feu doux pendant 30 minutes le vin additionné de 1 verre d'eau avec les parures, têtes et arêtes de poissons, l'oignon, les carottes, les échalotes, le bouquet garni, du sel et du poivre. Filtrez et remettez sur le feu pour faire réduire de moitié. Laissez refroidir.

2. Passez au mixer 4 filets de merlan avec sel et poivre. Mélangez la crème fraîche et les fines herbes à la purée obtenue.

Pour le fumet de poisson
Les parures, les arêtes et les têtes des poissons
2 carottes
1 oignon piqué de 1 clou de girofle
3 échalotes
1 bouquet garni
2 verres de vin blanc sec
Sel, poivre

3. Étalez les autres filets de merlan bien à plat, recouvrez-les de farce et roulez-les. Maintenez avec une petite pique en bois.

4. Rangez les paupiettes côte à côte dans un plat allant au four. Arrosez-les avec le fumet de poisson. Mettez au four (th. 7) 20 minutes.

5. Pendant ce temps, préparez un beurre manié en écrasant ensemble avec une fourchette le beurre et la farine.

6. Égouttez les paupiettes de leur jus de cuisson. Versez celui-ci dans une petite casserole. Ajoutez le beurre manié. Faites cuire 3 minutes à feu doux en tournant. Nappez les paupiettes de cette sauce et servez avec du riz.

Paupiettes de merlan au roquefort

Préparation : 15 mn
Cuisson : 30 mn

Pour 4 personnes
4 filets de merlan (600 g environ)
100 g de roquefort
1 cuillerée à soupe de chapelure
1 citron
4 cuillerées à café de gruyère râpé
150 g de fromage blanc maigre
Sel, poivre

1. Déposez les filets dans une assiette. Pressez le citron dessus. Salez et poivrez.

2. Dans un bol, mélangez bien le fromage blanc et le roquefort finement émietté. Tartinez les filets de merlan avec la moitié de cette préparation. Repliez-les en trois sur eux-mêmes (en portefeuille) pour enfermer la farce.

3. Déposez-les dans un plat à gratin, l'extrémité du filet contre le fond du plat. Étalez dessus le reste de la préparation au fromage. Parsemez de gruyère râpé et de chapelure. Mettez à four moyen (th. 6) pendant 25 à 30 minutes.

Pilaf de coquillages

Préparation : 15 mn
Cuisson : 35 mn

Pour 4 personnes
300 g de riz
1 cuillerée à soupe d'huile, de beurre ou de margarine
1 l de moules
1 l de coques
1 petite cuillerée à café de safran
Bouquet garni

1. Après les avoir nettoyées et lavées, faites ouvrir les moules et les coques sur feu vif.

2. Pour chaque verre de riz, comptez 1 1/2 verre de liquide : eau des coquillages et, au besoin, court-bouillon tamisé. Conservez ce liquide au chaud. Dans une casserole, faites chauffer doucement le beurre, versez le riz sec (s'il a été lavé, épongez-le), remuez jusqu'à ce que le riz ait absorbé la graisse, sans laisser prendre couleur. Mouillez avec le liquide bouillant, ajoutez le safran et le bouquet garni, couvrez bien et rétablissez l'ébullition. Laissez cuire à faible ébullition jusqu'à absorption complète du liquide. Le riz est alors cuit.

3. Otez le bouquet garni et servez le riz en couronne, en plaçant au centre les fruits de mer.

Pilaf de langoustines à l'ananas

Préparation : 10 mn
Cuisson : 40 mn

Pour 6 personnes
24 langoustines
1 sachet de court-bouillon instantané
300 g de riz
4 cuillerées à soupe d'huile
1/4 d'une boîte de brisures d'ananas
1 oignon

Pour la sauce
60 g de farine
50 g de beurre
4 échalotes
1 verre de vin blanc sec
1 cuillerée à café de curry
Sel, poivre

1. Chauffez l'huile dans une casserole. Ajoutez le riz. Faites légèrement dorer sans cesser de remuer. Mouillez avec 75 centilitres d'eau ou de bouillon. Couvrez. Laissez cuire doucement jusqu'à ce que le liquide soit absorbé (environ 20 minutes).

2. Pendant ce temps, préparez le court-bouillon selon le mode d'emploi, en y ajoutant du poivre fraîchement moulu et l'oignon coupé en morceaux. Plongez-y les langoustines. Faites cuire pendant 10 minutes.

3. Préparez la sauce. Épluchez, lavez, hachez les échalotes. Faites-les blondir dans le beurre. Ajoutez la farine. Mouillez avec le vin blanc et 1 verre 1/2 de court-bouillon préalablement filtré.

4. Ajoutez le curry et l'ananas. Salez et poivrez. Laissez cuire 2 minutes à feu doux.

Pissaladière

Préparation : 10 mn
Cuisson : 1 h

Pour 4 personnes
250 g de pâte à pain
1 kg d'oignons
100 g d'olives noires de Nice
3 ou 4 cuillerées à café de crème d'anchois ou 10 filets d'anchois à l'huile
3 cuillerées à soupe d'huile d'olive
Sel, poivre

1. Faites chauffer un peu d'huile dans une sauteuse et mettez-y les oignons émincés à cuire doucement et à couvert pendant 30 minutes environ, sans qu'ils prennent couleur. Salez et poivrez.

2. Pendant ce temps, avec les mains huilées, aplatissez et étalez la pâte à pain. Foncez-en une tourtière également huilée ou une plaque de four. Piquez la pâte avec une fourchette.

3. Mélangez la crème d'anchois à la purée d'oignons. Si vous utilisez des anchois, écrasez-les à la fourchette. Tapissez la pâte avec la purée ; parsemez d'olives noires et arrosez avec le reste de l'huile.

4. Faites cuire à four moyen 30 minutes.

Pizza aux anchois

Préparation : 20 mn
Cuisson : 25 mn

Pour 6 personnes
1 tasse 1/2 de farine
1/2 paquet de levure
1 cuillerée à café de sel
80 g de beurre
1 œuf
400 g de tomates
1/2 tasse d'huile d'olive
2 boîtes de filets d'anchois
4 pincées d'origan en poudre
250 g de fromage de mozzarella
Sel
Poivre noir

1. Faites fondre la levure dans 1/3 de tasse d'eau tiédie.

2. Sur une surface légèrement farinée, mettez la farine, le beurre coupé en petits morceaux, le sel. Pétrissez à la main.

3. Mélangez l'œuf et la levure avec son eau.

4. Ajoutez ce mélange à la pâte de farine et de beurre. Continuez à pétrir. Si la pâte est trop sèche, ajoutez-lui un peu d'eau. Il faut qu'elle soit souple et homogène. Mettez-la en boule, placez-la dans un bol huilé, couvrez-la avec une serviette et laissez-la reposer dans un endroit chaud pendant 2 heures.

5. Après ce temps de repos, coupez la pâte en deux parties égales, étalez chaque morceau de pâte pour qu'il puisse garnir une tourtière de 20 centimètres de diamètre.

6. Plongez les tomates 1 minute dans de l'eau bouillante, pelez-les, coupez-les en deux.

7. Recouvrez le fond des tourtières garnies de pâte avec les morceaux de tomate, assaisonnez de sel et de poivre, arrosez d'huile d'olive, disposez les anchois sur les tomates, saupoudrez d'origan et mettez à cuire à four chaud (th. 8) pendant 20 minutes.

8. Sortez les pizzas du four, parsemez-les de fromage de mozzarella coupé en lamelles minces et repassez au four jusqu'à ce que le dessus soit doré et le fromage fondu, pendant 5 minutes environ. Servez chaud.

Poisson au citron vert

Préparation : 20 mn
Marinade : 3 h
Cuisson : 15 mn

Pour 6 personnes

6 tranches de poisson (lieu, cabillaud, colin)
3 oignons
10 citrons verts
2 poivrons
1 verre d'huile
Thym, laurier, coriandre, gingembre
Sel, poivre

1. Préparez la marinade avec le jus des citrons verts, les oignons épluchés et coupés en rondelles, les poivrons finement émincés, l'huile, le thym, le laurier, le sel, le poivre, le gingembre et la coriandre (8 graines).

2. Mettez les tranches de poisson dans cette marinade pendant 3 heures.

3. Égouttez les tranches de poisson et faites-les dorer des deux côtés sur un gril préalablement chauffé.

4. Versez la marinade dans une casserole et portez-la à ébullition. Ajoutez les tranches de poisson. Couvrez et laissez cuire, à feu doux, 10 minutes. Servez le poisson avec sa sauce de cuisson.

Poisson cru mariné à la tahitienne

Préparation : 15 mn
Marinade : 3 h

Pour 6 personnes

1 kg de filets de poisson (thon, dorade, merlan, maquereau)
Le jus de 4 citrons
2 verres d'huile d'olive
Poivre

1. Détaillez le poisson en filets de 3,5 cm de large et de 0,5 cm d'épaisseur. Disposez-les dans un plat creux.

2. Arrosez-les avec le jus de citron et laissez-les mariner au minimum 1 heure.

3. Ajoutez alors l'huile d'olive et du poivre fraîchement moulu en bonne quantité. Laissez mariner de nouveau pendant 2 heures.

Poisson pané au curry

Préparation : 10 mn
Cuisson : 5 mn

Pour 4 personnes
4 filets de poisson blanc (600 g environ)
2 œufs
2 cuillerées à café de curry en poudre
2 cuillerées à soupe de farine
2 tasses de chapelure
80 g de beurre
Sel, poivre

1. Battez les œufs en omelette dans une assiette, avec sel et poivre.

2. Aplatissez les filets avec la lame d'un couteau. Salez et poivrez-les ; saupoudrez-les de curry. Passez-les successivement dans la farine, les œufs battus et la chapelure.

3. Faites chauffer le beurre dans une poêle. Déposez-y les filets. Faites-les cuire, sur feu moyen, 4 à 5 minutes de chaque côté. Servez aussitôt.

Poivrons fourrés aux crevettes

Préparation : 20 mn
Cuisson : 15 mn

Pour 6 personnes
160 g de roquefort
2 cuillerées à soupe d'huile d'olive
50 g de noix
300 g de carottes râpées
150 g de riz
150 g de crevettes décortiquées
6 poivrons
Le jus de 1 citron

1. Coupez le haut des poivrons. Enlevez les graines de l'intérieur.

2. Faites cuire le riz 15 minutes dans de l'eau bouillante salée. Égouttez-le.

3. Épluchez et râpez les carottes. Écrasez le roquefort à la fourchette.

4. Pilez les noix (ou passez-les au mixer). Mélangez avec le roquefort. Ajoutez peu à peu l'huile d'olive et, enfin, le jus de citron. Versez les carottes, le riz et les crevettes dans la sauce.

5. Fourrez les poivrons avec ce mélange.

Pommes de terre à la scandinave

Préparation : 15 mn
Cuisson : 25 mn

Pour 6 personnes

6 belles pommes de terre à chair ferme
1 pamplemousse
1 boîte d'œufs de saumon
2 petits-suisses
10 cl d'huile d'olive
Le jus de 1 citron
Cerfeuil, ciboulette
Sel, poivre

1. Faites cuire les pommes de terre dans de l'eau salée. Égouttez et épluchez-les.

2. Pelez à vif le pamplemousse, détaillez-le en dés.

3. Coupez les pommes de terre en deux. A l'aide d'une petite cuiller, creusez-en légèrement l'intérieur. Garnissez le creux avec les dés de pamplemousse et les œufs de saumon.

4. Écrasez les petits-suisses. Ajoutez le jus de citron, l'huile d'olive, du sel et du poivre.

5. Nappez les pommes de terre avec la sauce. Parsemez de ciboulette et de cerfeuil hachés.

Potage au colin

Préparation : 10 mn
Cuisson : 15 mn

Pour 4 personnes

1 boîte de colin au naturel
1 tasse de crème fraîche
1 cuillerée à soupe de concentré de tomate
1/2 cuillerée à café de safran
5 gousses d'ail
1 cuillerée à soupe d'huile
Sel, poivre

1. Pelez les gousses d'ail, laissez-les entières.

2. Ouvrez la boîte de colin. Ne l'égouttez pas.

3. Dans une casserole, faites chauffer l'huile. Dès qu'elle commence à grésiller, jetez-y les gousses d'ail et le poisson avec le jus. Faites-les revenir pendant 2 minutes, tout en détachant, avec la pointe d'une fourchette, les morceaux de poisson de façon à les émietter.

4. Ajoutez dans la casserole 1 litre d'eau. Poivrez, salez, couvrez la casserole. Laissez chauffer jusqu'à ébullition.

5. Dans un bol, délayez ensemble la crème fraîche, le concentré de tomate et le safran.

6. Quand l'eau commence à bouillir dans la casserole, versez-y le contenu du bol. Laissez chauffer 2 minutes et servez aussitôt.

Potage au crabe

Préparation : 25 mn
Cuisson : 1 h

Pour 4 personnes
4 tomates
1 gros crabe
100 g de lard gras
1 gousse d'ail
2 oignons
1 cuillerée à soupe de farine
Sel, poivre

1. Sortez de la carapace toute la chair du crabe. Coupez-la en petits morceaux.

2. Pelez les oignons. Émincez-les.

3. Plongez les tomates dans de l'eau bouillante. Pelez-les. Coupez-les en quatre.

4. Pelez la gousse d'ail.

5. Faites chauffer le lard gras, sur feu doux, dans une grande casserole. Quand il est fondu, mettez le crabe, les oignons, les tomates, l'ail. Salez et poivrez. Faites revenir sur feu plus vif, en tournant pendant 5 à 7 minutes. Saupoudrez de farine et tournez vivement.

6. Versez aussitôt dessus 1 litre d'eau chaude et laissez cuire doucement, avec couvercle, pendant 50 minutes. Servez très chaud après avoir décortiqué le crabe que vous remettez dans le potage.

Potage minute

Préparation : 5 mn
Cuisson : 10 mn

Pour 6 personnes
200 g de thon au naturel
1 sachet de potage au poulet
4 cuillerées à soupe de crème fraîche
3 feuilles de laitue
Cerfeuil

1. Préparez le potage au poulet comme indiqué sur le mode d'emploi.

2. Lavez et séchez les feuilles de laitue. Coupez-les en lamelles.

3. Égouttez le thon et émiettez-le.

4. Ajoutez au potage terminé les morceaux de thon et la crème fraîche.

5. Disposez les lamelles de laitue au fond de la soupière. Versez le potage dessus. Saupoudrez de cerfeuil haché. Servez aussitôt. Vous pouvez accompagner de croûtons dorés au beurre.

Poulpe à la monégasque

Préparation : 30 mn
Cuisson : 3 h

Pour 6 personnes

1 poulpe de 1,8 kg environ
3 cuillerées à soupe d'huile d'olive
1 oignon émincé
2 gousses d'ail hachées
1 bouquet garni (persil, thym, laurier)
1 bon verre de cognac
1 cuillerée à soupe de farine
5 ou 6 tomates
1 cuillerée à café de concentré de tomate
1 verre de vin blanc sec
Sel, poivre

1. La veille, achetez le poulpe et pendez-le toute la nuit, les tentacules vers le bas pour l'attendrir.

2. Le jour même, retirez le bec, les yeux et les entrailles, et battez-le contre une pierre pour rendre sa chair moins dure. Lavez et séchez dans un papier absorbant. Coupez-le en bandes. Mettez-les à chauffer 5 minutes dans une casserole, sans rien d'autre, pour leur faire rendre leur eau. Égouttez.

3. Dans une large poêle, faites chauffer l'huile d'olive et ajoutez-y l'oignon, l'ail hachés, puis le bouquet garni et le poulpe. Laissez cuire 5 minutes pour que le poulpe se colore. Versez le cognac et flambez.

4. Quand la flamme est tombée, saupoudrez de farine, ajoutez les tomates en morceaux, le concentré de tomate et le vin blanc. Mélangez bien et, si le poulpe n'est pas couvert, ajoutez encore un peu d'eau.

5. Salez et poivrez. Laissez cuire doucement pendant 3 heures, avec un couvercle, jusqu'à ce que le poulpe soit tendre. Retirez le bouquet garni et versez dans le plat de service.

Poulpe à la tomate

Préparation : 20 mn
Cuisson : 1 h 15

Pour 4 personnes

600 g de poulpe
2 carottes
1 gros oignon
3 tomates
1 verre de vin blanc sec
4 cuillerées à soupe d'huile d'olive
Sel, poivre
Persil

1. Nettoyez le poulpe en retirant la poche d'encre, les yeux, le bec et les parties noires. Lavez à grande eau, puis plongez pendant 5 minutes dans 1 litre d'eau salée en ébullition. Égouttez et coupez en morceaux.

2. Nettoyez les carottes ; coupez-les en rondelles. Pelez et émincez l'oignon. Détaillez les tomates en gros dés, en retirant les graines.

3. Chauffez l'huile dans une sauteuse. Faites revenir les morceaux de poulpe pendant 5 minutes, puis ajoutez le vin blanc, 1 verre d'eau, les légumes, du sel et du poivre. Couvrez. Laissez cuire 1 heure à petit feu. Servez décoré avec des bouquets de persil.

Praires farcies à l'échalote

Préparation : 30 mn
Cuisson : 10 mn

Pour 4 personnes
24 praires
6 échalotes
175 g de beurre
120 g de mie de pain
1 tasse de lait
50 g de parmesan râpé
2 cuillerées à soupe de persil haché
Sel, poivre

1. Lavez les praires à plusieurs eaux ; ouvrez-les. Retirez les coquilles du dessus. Mettez les coquilles pleines sur un plat allant au four.

2. Faites tremper la mie de pain dans le lait.

3. Pelez et hachez finement les échalotes. Mixez-les avec le beurre ramolli, la mie de pain essorée, le fromage râpé et le persil haché. Salez et poivrez au moulin.

4. Garnissez les coquilles de cette préparation.

5. Passez au four, sous le gril, pendant environ 10 minutes. Servez aussitôt.

Praires ou palourdes farcies

Préparation : 25 mn
Cuisson : 8 mn

Pour 4 personnes
36 praires
200 g de beurre
10 gousses d'ail
1 bouquet de persil

1. Hachez finement l'ail et le persil. Mêlez-les au beurre en écrasant le tout avec une fourchette.

2. Ouvrez les coquillages. Égouttez-les bien. Remplissez-les avec le beurre préparé. Passez-les à four vif (th. 8) pendant 7 à 8 minutes.

Praires ou palourdes farcies froides

Préparation : 35 mn

Pour 4 personnes
32 palourdes ou praires
1 bol de mayonnaise

1. Ouvrez les coquillages et faites égoutter l'eau qu'ils contiennent.

2. Remplissez-les de mayonnaise. Servez froid.

Pruneaux au crabe

Préparation : 20 mn

Pour 4 personnes

24 pruneaux
1 boîte de crabe (190 g)
2 cuillerées à café de moutarde
50 g de beurre ramolli

1. Enlevez les filaments et émiettez la chair du crabe. Mélangez avec le beurre ramolli et la moutarde, de manière à former une pâte épaisse.

2. Faites gonfler les pruneaux à la vapeur et dénoyautez-les.

3. Farcissez chaque pruneau avec le mélange crabe-beurre-moutarde.

Quenelles de brochet au gratin

Préparation : 20 mn
Réfrigération : 2 h
Cuisson : 35 mn

Pour 4 personnes

350 g de chair de brochet épluché et désarêté
1 blanc d'œuf + 1 œuf entier
50 g de crème fraîche épaisse
50 g de mie de pain fraîche
1 cuillerée à café d'estragon haché
1 cuillerée à café de persil haché
30 g de farine
40 g de beurre
1 petit pot de beurre d'écrevisses
Sel, poivre

1. Passez ensemble au mixer le poisson, le blanc d'œuf et l'œuf entier, la crème, la mie de pain, les herbes hachées, le sel et le poivre, pour obtenir une farce fine et homogène. Mettez au réfrigérateur pendant au moins 2 heures.

2. Façonnez cette farce en forme de 4 grosses quenelles. Disposez-les dans un plat allant au four. Mouillez d'eau chaude à hauteur. Couvrez de papier aluminium. Faites cuire au four (th. 7) 20 minutes. Videz l'eau du plat ; laissez-y les quenelles.

3. Préparez une béchamel avec le beurre, la farine, 2 verres d'eau, du sel et du poivre. Quand la sauce a épaissi, mélangez-lui le beurre d'écrevisses et versez-la sur les quenelles. Faites-les gratiner au four, près du gril, 7 à 8 minutes.

Quenelles de brochet sauce bourguignonne

Préparation : 40 mn
Cuisson : 35 mn

Pour 4 personnes

600 g de chair de brochet
200 g de beurre
230 g de farine
6 œufs
25 cl de lait
1 pincée de muscade
3 échalotes
1 bouquet garni
50 cl de vin rouge
Sel, poivre

1. Préparez la sauce : faites cuire à feu doux les échalotes hachées dans 30 grammes de beurre. Mouillez avec le vin, ajoutez le bouquet garni. Laissez réduire de moitié. Mélangez alors à la sauce 70 grammes de beurre écrasé à la fourchette avec 10 grammes de farine. Remettez 3 minutes à feu doux pour faire épaissir. Salez et poivrez. Tenez au bain-marie.

2. Préparez une panade : chauffez le lait avec le reste du beurre, et du sel ; à ébullition, versez la farine en mélangeant vivement jusqu'à ce que la pâte se détache de la casserole.

3. Mixez la chair de brochet avec sel, poivre et muscade. Mélangez à la panade. Ajoutez les œufs. Repassez au mixer.

4. A l'aide de 2 cuillers humectées d'eau, formez les quenelles. Faites-les pocher 10 minutes à l'eau bouillante, à petits frémissements. Égouttez et posez sur du papier absorbant. Mettez sur un plat chaud et nappez de sauce.

Quiche aux crevettes

Préparation : 10 mn + 1 h de repos pour la pâte
Cuisson : 40 mn

Pour 6 personnes

200 g de farine
100 g de beurre
6 œufs
250 g de crevettes décortiquées
2 tasses de lait
Sel, poivre

1. Faites cuire 3 œufs pendant 10 minutes à l'eau bouillante salée. Égouttez-les. Enlevez les coquilles. Coupez les œufs en rondelles.

2. Préparez une pâte brisée en mélangeant farine, beurre coupé en morceaux, sel, en les pressant entre les paumes de vos mains pour obtenir une pâte granuleuse. Ajoutez-lui 1/2 verre d'eau. Pétrissez vivement. Formez une boule que vous garderez 1 heure au frais.

3. Battez ensemble les 3 autres œufs et le lait. Salez et poivrez.

4. Étalez la pâte. Garnissez-en une tourtière beurrée. Disposez sur le fond les rondelles d'œufs durs et les crevettes. Versez dessus le mélange lait et œufs.

5. Faites cuire 40 minutes à four chaud (th. 7). Servez chaud ou tiède.

Quiche aux fruits de mer

Préparation : 30 mn
Cuisson : 1 h

Pour 6 personnes
300 g de pâte brisée
1,5 l de moules nettoyées
125 g de crevettes décortiquées
20 huîtres
2 oignons
2 échalotes
1 verre de vin blanc sec
250 g de crème fraîche
3 œufs
Beurre
1 pincée de muscade
Sel, poivre

1. Étalez la pâte brisée sur 3 millimètres environ d'épaisseur, garnissez-en un moule à tarte beurré, piquez le fond avec les dents d'une fourchette et laissez reposer 45 minutes. Puis faites cuire à four chaud (th. 7) pendant 10 minutes. Retirez du four.

2. Pelez les échalotes et les oignons, hachez-les grossièrement. Mettez-les dans une casserole sur feu vif avec les moules, le vin blanc, du sel et du poivre. Agitez la casserole pendant 10 minutes environ, pour ouvrir les moules. Retirez-les du feu et décoquillez-les. Conservez leur jus de cuisson.

3. Ouvrez les huîtres, mettez-les dans très peu d'eau à peine salée et faites-les cuire à faibles frémissements pendant 5 minutes. Égouttez-les.

4. Sur le fond de tarte qui a cuit 10 minutes, mettez les moules, les huîtres et les crevettes. Nappez avec la crème fraîche à laquelle vous aurez ajouté le jus de la cuisson des moules et les œufs battus, du sel, du poivre et la muscade. Mettez à cuire à four chaud (th. 7) pendant 30 minutes. Servez chaud.

Quiche au thon

Préparation : 10 mn
Cuisson : 20 mn

Pour 6 personnes

1 fond de tarte de 20 cm de diamètre
1 boîte de 200 g environ de thon au naturel
100 g d'olives vertes
1 verre 1/2 de lait
3 œufs
Sel, poivre

1. Ouvrez la boîte de thon. Égouttez-le. Répartissez-le en morceaux. Disposez-le sur le fond de tarte.

2. Dénoyautez les olives. Ajoutez-les au thon.

3. Battez les œufs dans un saladier. Ajoutez le lait ; salez et poivrez.

4. Versez sur les olives et le thon.

5. Mettez à four chaud pendant 20 à 25 minutes (th. 7).

Ragoût de chien

Préparation : 15 mn
Cuisson : 1 h 05

Pour 4 personnes

1 chien de mer de 1 kg
80 g de beurre
2 oignons
1 gousse d'ail
1 feuille de laurier
1 branchette de thym
500 g de pommes de terre
50 cl de vin blanc
Sel, poivre

1. Coupez le chien de mer en morceaux de 5 centimètres environ. Salez et poivrez.

2. Chauffez la moitié du beurre dans une poêle. Mettez-y à cuire les morceaux de poisson pendant 10 minutes environ, en les retournant en cours de cuisson.

3. Pelez les oignons, coupez-les en lamelles minces.

4. Chauffez le restant du beurre dans une cocotte, mettez-y à dorer les oignons. Ajoutez les morceaux de poisson, l'ail, la branchette de thym, la feuille de laurier et les pommes de terre pelées et coupées en lamelles minces. Mouillez avec le vin blanc et couvrez.

5. Faites cuire à four moyen (th. 6) pendant 45 minutes.

Ragoût de poisson aux pruneaux

Préparation : 15 mn
+ 2 h de trempage
des pruneaux
Cuisson : 30 mn

Pour 6 personnes
1 kg de dorade
(ou autre poisson ferme)
1 paquet de 300 g
de pruneaux
1 oignon émincé
4 tomates
4 cuillerées à soupe
d'huile
1 cuillerée à café
de piment doux
6 graines de coriandre
Sel, poivre

1. Faites tremper les pruneaux 2 heures à l'avance.

2. Coupez le poisson en 6 morceaux. Émincez l'oignon.

3. Faites chauffer l'huile dans une cocotte. Faites-y revenir légèrement les morceaux de poisson, ainsi que l'oignon. Assaisonnez avec le piment doux (ou à défaut du paprika). Salez et poivrez. Ajoutez la coriandre et les tomates pelées, épépinées et coupées en quartiers. Couvrez la cocotte et laissez cuire pendant 15 minutes.

4. Ajoutez les pruneaux égouttés et continuez la cuisson, à feu doux, pendant encore 15 minutes. Servez bien chaud.

Raie au beurre noir

Préparation : 10 mn
Cuisson : 20 mn

Pour 4 personnes
500 à 700 g de raie
(en un seul morceau)
1 oignon
Quelques brins de persil
4 cuillerées à soupe
de vinaigre
50 g de beurre
Sel

1. Mettez la raie dans une grande poêle et couvrez-la d'eau. Ajoutez l'oignon émincé, la moitié du persil, du sel, et 2 cuillerées de vinaigre.

2. Portez lentement à ébullition et laissez frémir 15 à 20 minutes sur feu très doux.

3. Sortez la raie sans jeter l'eau de cuisson : vous poserez sur la poêle le plat de service ainsi maintenu au chaud. Posez la raie sur une planche pour la débarrasser de sa peau et de ses cartilages et partagez-la en quatre.

4. Mettez la raie dans le plat de service et saupoudrez du reste du persil haché.

5. Mettez sur feu vif une petite poêle avec le beurre. Retirez du feu dès qu'il commence à brunir (le beurre noir est à peine plus foncé que le beurre noisette) et versez-le sur le poisson. Ajoutez dans la poêle sur le feu 2 cuillerées de vinaigre, versez sur le poisson et servez immédiatement.

Raie à la crème

Préparation : 15 mn
Cuisson : 30 mn

Pour 6 personnes
1 kg de raie
250 g de champignons de Paris
125 g de beurre ou de margarine
1 petit pot de crème fraîche
2 jaunes d'œufs
50 g de farine
Sel, poivre

1. Faites couper la raie en filets par le poissonnier. Passez-les dans la farine. Cuisez-les à feu doux dans 75 grammes de beurre pendant 10 minutes.

2. Mettez-les ensuite dans un plat à four.

3. Coupez le pied sableux des champignons. Lavez et essuyez-les. Coupez-les en deux et faites-les revenir à la poêle dans le restant de beurre. Salez et poivrez.

4. Garnissez les filets de raie avec les champignons.

5. Versez dans la poêle la crème fraîche, en tournant bien, sur feu doux. Hors du feu, ajoutez les jaunes d'œufs. Salez et poivrez. Nappez la raie avec la sauce et passez 10 minutes à four chaud.

Raie à la florentine

Préparation : 20 mn
Cuisson : 20 mn

Pour 6 personnes
6 petites raies
1 verre de lait
Farine
50 g de beurre
1 boîte d'épinards en branches
1 petit pot de crème fraîche
Sel, poivre

1. Égouttez les épinards.

2. Épongez les poissons. Passez-les dans le lait salé et poivré, puis dans la farine.

3. Faites-les cuire 10 minutes à la poêle, dans le beurre. Pendant ce temps, chauffez les épinards avec la crème fraîche. Servez les raies sur les épinards.

Raie frite

Préparation : 10 mn
Cuisson : 7 à 8 mn

Pour 4 personnes

2 raies de 800 g chacune
25 cl de lait
2 cuillerées à soupe de farine
2 citrons
Huile de friture
Sel

1. Plongez les raies dans l'eau bouillante, pour pouvoir enlever facilement la peau. Coupez-les ensuite en deux. Trempez-les dans le lait puis dans la farine, après les avoir égouttées.

2. Chauffez l'huile de friture. Faites-y cuire les moitiés de raies pendant 7 à 8 minutes. Égouttez-les soigneusement, salez-les et servez avec des quartiers de citron.

Raie frite à la provençale

Préparation : 10 mn
Cuisson : 12 mn

Pour 6 personnes

6 petites raies
4 cuillerées à soupe d'huile
50 g de beurre
1 petit bouquet de persil
3 gousses d'ail
Farine, sel, poivre

1. Lavez et essuyez les raies. Farinez-les. Faites chauffez l'huile et le beurre dans une poêle. Saisissez les poissons 1 minute de chaque côté. Cuisez-les ensuite 5 minutes sur chaque face. Salez et poivrez.

2. Quatre minutes avant la fin de la cuisson, saupoudrez avec l'ail et le persil finement hachés.

Raie au fromage

Préparation : 10 mn
Cuisson : 25 mn

Pour 4 personnes

1 kg de raie épluchée
75 cl de lait
200 g de gruyère râpé
1 gousse d'ail
1 branchette de thym
1 feuille de laurier
Sel, poivre

1. Mettez la raie dans une casserole avec le lait froid, la branchette de thym, le laurier, la gousse d'ail, du sel et du poivre. Faites cuire 7 à 8 minutes à partir de l'ébullition.

2. Égouttez la raie et réservez son lait de cuisson.

3. Saupoudrez le fond d'un plat allant au four avec la moitié du gruyère râpé, mettez la raie dessus, recouvrez-la de fromage râpé et arrosez-la avec 1 tasse de lait de cuisson.

4. Faites dorer à four chaud (th. 8) pendant 10 minutes environ.

Raie marinée

Préparation : 5 mn
Cuisson : 20 mn

Pour 6 personnes

1,5 kg de raie en morceaux
2 cuillerées à soupe de farine
1 verre d'huile d'olive
200 g d'oignons hachés
1 gousse d'ail hachée
1 g de safran
Sel, poivre
Herbes aromatiques hachées (sauge, romarin, feuilles de laurier)
50 cl de vinaigre de vin blanc

1. Assaisonnez les morceaux de raie avec du sel et du poivre. Couvrez légèrement de farine, puis faites-les dorer à la poêle dans de l'huile d'olive bien chaude.

2. Lorsqu'ils sont dorés, sortez-les et mettez-les dans une terrine.

3. Faites chauffer 4 cuillerées à soupe environ d'huile d'olive, ajoutez l'oignon, l'ail, le safran, les herbes et 1 pincée de sel.

4. Quand ils commencent à se colorer, versez le vinaigre. Faites réduire du tiers sur feu vif.

5. Versez la marinade chaude sur le poisson dans la terrine. Gardez-le au frais pendant 48 heures, avant de servir froid.

Raie au roquefort

Préparation : 10 mn
Cuisson : 15 mn

Pour 6 personnes

1,2 kg de raie
1 sachet de court-bouillon
75 g de roquefort
Le jus de 1 citron
1 petit pot de crème fraîche
1 laitue
Persil
Sel, poivre

1. Préparez le court-bouillon selon le mode d'emploi. Plongez-y la raie. Portez à ébullition et laissez frémir 10 minutes.

2. Écrasez le roquefort à la fourchette. Ajoutez la crème fraîche et le jus de citron. Salez et poivrez.

3. Égouttez le poisson. Retirez la peau. Posez-le dans le plat de service sur un lit de laitue. Arrosez avec la sauce. Saupoudrez avec le persil haché finement.

Ce plat peut également se manger froid.

Raie à la sauce rose

Préparation : 10 mn
Cuisson : 15 mn

Pour 6 personnes
1,25 kg de raie
1 sachet de court-bouillon instantané
40 g de beurre
3 cuillerées à soupe de farine
25 cl de lait
1 petit pot de crème fraîche
3 cuillerées à soupe de ketchup
3 cuillerées à soupe de câpres
Sel, poivre

1. Préparez le court-bouillon selon le mode d'emploi ; plongez-y le poisson. Chauffez jusqu'à ébullition et laissez frémir durant 10 minutes.

2. Pendant ce temps, faites une sauce Béchamel avec le beurre, la farine et le lait. Ajoutez en tournant le ketchup, les câpres puis la crème fraîche. Salez et poivrez. Couvrez et tenez au chaud.

3. Égouttez le poisson. Retirez la peau. Placez-le dans le plat de service bien chaud. Nappez avec la sauce.

Raie au vin rouge

Préparation : 10 mn
Cuisson : 15 mn

Pour 4 personnes
1 kg de raie
1 sachet de court-bouillon
50 cl de vin rouge
16 petits oignons au vinaigre
Poivre

1. Préparez le court-bouillon en suivant le mode d'emploi indiqué sur le sachet.

2. Versez le vin dans le court-bouillon encore chaud. Laissez refroidir.

3. Plongez la raie dans le court-bouillon. Remettez-le sur le feu. Quand le liquide commence à frémir, arrêtez la cuisson et attendez 6 à 7 minutes avant d'égoutter le poisson. Placez-le sur un plat tenu au chaud.

4. A feu vif, faites réduire d'un tiers une louche de court-bouillon. Hors du feu, ajoutez-lui les petits oignons et le poivre. Versez cette sauce sur le poisson. Servez chaud.

Raie à la vinaigrette

Préparation : 10 mn
Cuisson : 10 mn

Pour 6 personnes

1,6 kg de raie
1 bouquet garni (persil, thym, laurier)
1 oignon
5 cuillerées à soupe d'huile d'olive
2 cuillerées à soupe de vinaigre
2 cuillerées à soupe de câpres
Sel, poivre

1. Mettez la raie dans une casserole. Couvrez-la d'eau froide. Salez. Ajoutez l'oignon pelé et coupé en quatre et le bouquet garni.

2. Mettez sur le feu sans couvercle. Dès que l'eau frémit, réduisez le feu et laissez cuire 10 minutes à petits frémissements, sans bouillir.

3. Pendant la cuisson du poisson, mélangez dans un bol l'huile, le vinaigre, les câpres, un peu de sel et de poivre.

4. Égouttez le poisson et mettez-le dans un plat chaud.

5. Versez la vinaigrette sur la raie encore chaude et servez aussitôt.

Rascasse ou chapon à l'ail

Préparation : 20 mn
Cuisson : 20 mn

Pour 4 personnes

2 rascasses de 500 g chacune ou 1 chapon
12 gousses d'ail
3 oignons
3 cuillerées à soupe d'huile d'olive
Persil
Sel, poivre

1. Écaillez, videz et lavez le(s) poisson(s).

2. Pelez les oignons.

3. Chauffez 2 litres d'eau dans un faitout, jetez-y les oignons puis, 3 minutes après, le(s) poisson(s).

4. Laissez cuire 10 minutes, puis égouttez. Enlevez la peau et les arêtes. Placez les filets sur un plat et laissez refroidir.

5. Pendant ce temps, pilez les gousses d'ail épluchées. Pilez aussi les filets et les oignons. Mélangez bien le tout. Assaisonnez de sel et de poivre.

6. Chauffez l'huile dans une poêle. Lorsqu'elle est chaude, ajoutez la purée. Écrasez à la fourchette comme une galette ; retournez et faites dorer l'autre côté.

7. Déposez la préparation dans une terrine. Tassez bien. Décorez avec du persil. Servez froid.

Rascasse ou chapon au four

Préparation : 20 mn
Cuisson : 45 mn

Pour 6 personnes
1,5 kg de rascasse ou de chapon en tranches
1 kg de pommes de terre
2 gros oignons coupés en lamelles
3 ou 4 feuilles de laurier
1 brin de persil haché
2 verres d'huile d'olive
Sel, poivre de Cayenne

1. Pelez les pommes de terre et coupez-les en tranches. Couvrez le fond d'un plat à four avec une couche de pommes de terre et d'oignons ; utilisez la moitié de la quantité prévue. Mettez les feuilles de laurier, les tranches de poisson puis le restant des pommes de terre et des oignons. Saupoudrez de sel, de poivre de Cayenne, de persil et versez l'huile d'olive sur le tout.

2. Cuisez à four doux (th. 5) pendant 45 minutes environ. Servez chaud dans le plat de cuisson.

Raviolis de pétoncles

Préparation : 40 mn + 20 mn de repos pour la pâte
Cuisson : 15 mn

Pour 4 personnes
1 kg de pétoncles
1 œuf
100 g de crème fraîche
70 g de beurre
1/2 dosette de safran
Sel, poivre

Pour la pâte
4 tasses de farine
3 œufs
1 pincée de sel

1. Préparez la pâte à raviolis : mélangez la farine et le sel dans un saladier. Faites un trou au centre, mettez-y les œufs et 3 cuillerées à soupe d'eau froide. Travaillez avec les doigts pour former une boule. Laissez reposez 20 minutes sous un linge.

2. Lavez les pétoncles à plusieurs eaux. Faites-les ouvrir à la vapeur. Décoquillez-les. Mettez-en 6 de côté et hachez finement le reste. Ajoutez à ce hachis 1 œuf, du sel et du poivre. Mélangez bien.

3. Étalez la pâte sur 2 à 3 millimètres d'épaisseur. Découpez-la en cercles de 10 centimètres de diamètre. Déposez au centre 1 petite cuillerée de hachis. Fermez les raviolis en les repliant. Soudez les bords en les pinçant. Cuisez-les 5 minutes à l'eau bouillante salée.

4. Passez les pétoncles entiers à la poêle 5 minutes, dans 30 grammes de beurre.

5. Battez la crème avec le safran en la chauffant doucement.

6. Égouttez les raviolis. Assaisonnez-les avec la crème au safran et le reste du beurre. Poivrez au moulin. Décorez avec les pétoncles entiers. Servez aussitôt.

Rillettes aux deux poissons

Préparation : 15 mn
Réfrigération : 2 h

Pour 4 personnes
1 maquereau fumé de 250 g environ
1 boîte de miettes de thon à l'huile de 200 g
100 g de beurre
3 échalotes
Le jus de 1 citron
Ciboulette

1. Pelez et hachez finement les échalotes.

2. Épluchez le maquereau et retirez les arêtes. Mettez la chair dans un plat creux. Ajoutez-lui les miettes de thon et leur huile, les échalotes hachées, le jus de citron, le beurre ramolli et coupé en morceaux.

3. Écrasez le tout avec une fourchette ou passez au mixer à puissance moyenne, afin de ne pas réduire en purée trop fine. Mettez au frais pendant au moins 2 heures.

4. Pour servir, passez au four des tranches de baguette sans les faire dorer. Tartinez-les de rillettes et parsemez de ciboulette finement coupée aux ciseaux.

Riz cantonais au poisson

Préparation : 15 mn
Cuisson : 35 mn

Pour 6 personnes
250 g de riz
6 filets de merlan
100 g de crevettes roses
10 g de champignons noirs séchés
20 g de champignons parfumés
3 œufs
1/4 de boîte de petits pois
50 g de saindoux
3 cuillerées à soupe de nuoc-mam
1 piment rouge
Sel, poivre

1. Coupez les filets de merlan en lamelles.

2. Faites tremper 15 minutes dans de l'eau tiède les champignons noirs et les champignons parfumés.

3. Cuisez le riz 20 minutes dans de l'eau bouillante salée ; égouttez-le.

4. Dans 25 grammes de saindoux, chauffé dans une poêle, faites revenir le poisson. Ajoutez les crevettes, les champignons égouttés, le riz et les petits pois. Assaisonnez et maintenez au chaud.

5. Avec les œufs, préparez une omelette et faites-la cuire à la poêle dans le reste de saindoux. Ensuite, coupez-la en fines lamelles et ajoutez-les au plat de riz tenu au chaud.

6. Servez avec la sauce cantonaise : versez dans un bol le nuoc-mam, coupé avec 1 cuillerée à soupe d'eau, et ajoutez le piment rouge haché.

Riz au crabe

Préparation : 20 mn
Cuisson : 25 mn

Pour 4 personnes

1 grosse boîte de crabe
125 g de pois gourmands
1 poivron rouge
180 g de riz
4 échalotes
3 cuillerées à soupe d'huile
1/2 dosette de safran
Sel, poivre

1. Effilez les pois gourmands. Cuisez-les 15 minutes à l'eau bouillante salée. Égouttez-les.

2. Faites griller le poivron. Enlevez la peau. Coupez la chair en lanières.

3. Faites cuire le riz 20 minutes à l'eau bouillante salée ; égouttez.

4. Pelez et hachez les échalotes.

5. Ouvrez la boîte de crabe. Conservez le jus. Décortiquez la chair du crabe.

6. Chauffez l'huile dans une poêle, à feu doux. Faites blondir les échalotes. Ajoutez le crabe, saupoudrez de safran, mouillez avec le jus et remuez pendant 2 minutes. Salez et poivrez.

7. Disposez le riz dans un plat. Couvrez avec les légumes et le crabe. Arrosez avec la sauce de cuisson. Servez frais.

Riz aux crevettes

Préparation : 10 mn
Cuisson : 30 mn

Pour 4 personnes

250 g de riz
30 g de beurre
2 cuillerées à soupe d'huile d'olive
1 gousse d'ail
1 verre de vin rouge
200 g de crevettes cuites, décortiquées
50 g de fromage râpé
Sel, poivre blanc

1. Pelez la gousse d'ail et coupez-la en lamelles minces.

2. Faites chauffer le beurre et l'huile dans une sauteuse. Mettez-y le riz et l'ail à dorer pendant 5 minutes environ, sans cesser de remuer. Ajoutez le vin et laissez cuire à feu doux jusqu'à ce qu'il soit complètement absorbé par le riz.

3. Ajoutez 2 verres d'eau bouillante, couvrez et laissez cuire à feu doux pendant 15 minutes.

4. Ajoutez les crevettes, du sel et du poivre. Remuez. Couvrez la sauteuse et faites cuire à feu doux pendant 10 minutes. Incorporez le fromage râpé, mélangez et servez.

Rougets au basilic

Préparation : 25 mn
Cuisson : 25 mn

Pour 4 personnes
4 rougets de 200 g environ chacun

Pour le court-bouillon
50 cl de vin blanc
2 carottes
2 oignons
1 cuillerée à soupe de gros sel
6 branches de persil
1 branche de céleri
1/2 blanc de poireau
1/2 feuille de laurier
1 petite branche de thym
2 clous de girofle
2 graines de coriandre
1/2 orange
1/2 citron
1 cuillerée à soupe de gros sel

Pour la sauce
25 cl d'huile
20 feuilles de basilic
4 branches de persil
2 branches d'estragon
4 brins de cerfeuil
2 brins de ciboulette
1 gousse d'ail écrasée
Le jus de 1 citron
Sel, poivre

Pour la garniture
4 rondelles d'orange
4 rondelles de citron

1. Grattez les carottes et coupez-les en rondelles de 0,5 cm environ. Pelez les oignons, coupez-les en rondelles. Coupez également en rondelles le blanc de poireau.

2. Lavez puis hachez ensemble les feuilles de basilic, les branches de persil, les brins de ciboulette, les branches d'estragon et le cerfeuil.

3. Préparez le court-bouillon : versez dans une grande casserole ou dans une poissonnière le vin blanc et 25 centilitres d'eau. Ajoutez les carottes, les oignons, le poireau, le gros sel, le persil, le céleri, le poivre en grains, les clous de girofle, les graines de coriandre, l'orange, le citron, le thym et le laurier. Faites chauffer et bouillir doucement pendant 15 minutes à partir de l'ébullition. Laissez complètement refroidir.

4. Plongez alors dans le court-bouillon les rougets, chacun enveloppé dans du papier d'aluminium. Chauffez jusqu'à ébullition. Retirez alors la casserole du feu immédiatement et laissez les rougets 15 minutes dans le court-bouillon.

5. Pendant ce temps, préparez une sauce au basilic : mettez dans un bol le basilic, le persil, l'estragon, le cerfeuil, la ciboulette hachés, la gousse d'ail écrasée, le jus de citron. Délayez avec l'huile. Ajoutez 1 petite cuillerée à café de sel fin, donnez 3 tours de moulin à poivre et mélangez bien.

6. Pour servir, sortez les rougets du papier d'aluminium, disposez-les dans un plat. Décorez avec les rondelles de citron et d'orange. Servez-les chauds, tièdes ou froids, accompagnés de la sauce au basilic.

Rougets au beurre d'ail

Préparation : 15 mn
Cuisson : 20 mn

Pour 4 personnes
4 rougets barbets de 250 g chacun
8 gousses d'ail
160 g de beurre
2 citrons
Sel, poivre

1. Pelez les gousses d'ail et plongez-les pendant 5 minutes dans de l'eau en ébullition. Égouttez-les, écrasez-les au pilon ou passez-les au mixer pour les réduire en purée fine. Mixez cette purée avec 100 grammes de beurre et un peu de sel. Mettez au bain-marie, pour ramollir, et chauffez pendant que vous faites cuire les rougets.

2. Poêlez les rougets dans le reste du beurre pendant 10 minutes environ, en les retournant pour bien les faire dorer. Salez et poivrez.

3. Servez les rougets bien chauds avec le beurre d'ail et des quartiers de citron. Vous pouvez accompagner de petits croûtons dorés au beurre garnis de morceaux de foie des rougets passés 1 minute à la poêle, ou des tomates concassées.

Rougets aux champignons

Préparation : 15 mn
Cuisson : 50 mn

Pour 4 personnes
900 g de rougets
250 g de champignons de Paris
1/2 verre de vin blanc
1 cuillerée à soupe de fines herbes hachées
1 bouquet garni
Sel, poivre

1. Nettoyez et écaillez les rougets. Mettez-les dans une cocotte, avec sel, poivre, bouquet garni et vin blanc. Posez sur feu doux, couvrez et laissez cuire 20 minutes.

2. Nettoyez les champignons. Coupez-les en fines lamelles. Mettez-les dans une casserole. Couvrez-les tout juste d'eau chaude, salez, mettez sur feu moyen et laissez cuire 10 minutes. Versez-les alors dans la cocotte où les rougets cuisent depuis 20 minutes et laissez le tout ensemble encore 15 ou 20 minutes. Servez chaud saupoudré de fines herbes hachées.

Rougets aux fenouils

Préparation : 20 mn
Cuisson : 35 mn

Pour 6 personnes

6 beaux rougets
1 kg de fenouils
1 verre d'huile d'olive
Anis en grains
Sel, poivre

1. Nettoyez les fenouils. Faites-les cuire 5 minutes à l'eau bouillante salée. Égouttez-les. Coupez-les en quatre.

2. Videz les rougets, lavez-les et essuyez-les.

3. Posez les poissons dans un plat à four. Entourez-les avec les fenouils. Arrosez avec l'huile d'olive. Salez, poivrez, saupoudrez de graines d'anis.

4. Cuisez à four chaud pendant 3 minutes environ.

Rougets au four

Préparation : 20 mn
Cuisson : 20 mn

Pour 4 personnes

8 rougets
de taille moyenne
3 cuillerées à soupe
d'huile d'olive
1 citron
1 cuillerée à soupe
de vinaigre de vin
2 gousses d'ail
2 oignons
4 échalotes
1 bouquet de persil
Thym, laurier
Sel, poivre

1. Choisissez des rougets bien frais, nettoyez-les, videz-les en ayant soin de remettre le foie à l'intérieur. Lavez les poissons.

2. Pelez et lavez oignons, échalotes, persil et gousses d'ail. Hachez le tout finement.

3. Éparpillez la moitié de ce hachis dans un plat rectangulaire allant au four. Placez dessus les rougets côte à côte, aspergez de vinaigre de vin, salez et poivrez ; effeuillez un peu de thym, ajoutez la feuille de laurier. Recouvrez du reste de hachis et arrosez d'huile d'olive. Faites cuire à four chaud 20 minutes. Servez dans le plat de cuisson, entouré de quartiers de citron.

Rougets grillés à l'anis

Préparation : 15 mn
Marinade : 30 mn
Cuisson : 10 mn

Pour 6 personnes

12 petits rougets de roche (ou 1 kg à 1,2 kg)
25 cl d'huile d'olive
2 brindilles de thym
1 cuillerée à soupe de graines de fenouil
2 cuillerées à soupe de Ricard
1/2 yaourt
Le jus de 1/2 citron
Sel, poivre
Branches de fenouil

1. Videz et lavez les rougets. Mettez les foies de côté (la partie rouge qui se trouve dans les intérieurs).

2. Mettez les poissons à mariner pendant 30 minutes avec la moitié de l'huile d'olive, le thym effeuillé et les graines de fenouil.

3. Faites ensuite griller les poissons sur un feu de braise recouverte si possible de rameaux de fenouil sec. A défaut, vous pouvez les faire cuire dans un plat à four sur des branches de fenouil, pendant 7 à 8 minutes, à feu modéré. Salez et poivrez.

4. Pendant ce temps, préparez la sauce : ajoutez au yaourt le jus de citron et le restant d'huile d'olive en montant au batteur, puis le Ricard, et, lorsque les rougets sont cuits, les foies écrasés à la fourchette. Servez très chaud.

Rougets grillés au beurre d'anchois

Préparation : 10 mn
Cuisson : 15 mn

Pour 6 personnes

12 rougets de taille moyenne
12 anchois dessalés
150 g de beurre
1 cuillerée à soupe d'huile d'olive
Le jus de 1 citron

1. Lavez et grattez les rougets. Ne les videz pas. Essuyez-les bien avec du papier absorbant. Enduisez-les d'huile avec un pinceau ou avec le bout de vos doigts.

2. Mettez-les à griller dans le four ou sur les braises du barbecue. Comptez 7 à 8 minutes de cuisson sur chaque côté.

3. Pendant la cuisson des rougets, préparez le beurre d'anchois ; coupez les anchois en petits morceaux et écrasez-les avec une fourchette pour obtenir une purée. Ajoutez-lui le beurre coupé en petits morceaux et travaillez le tout avec la fourchette pendant plusieurs minutes. Ajoutez enfin le jus de citron. Vous servirez les rougets accompagnés de ce beurre d'anchois.

Rougets grillés à la crème d'anchois

Préparation : 10 mn
Cuisson : 15 mn

Pour 6 personnes

6 rougets
6 branches de fenouil
4 cuillerées à soupe d'huile
4 cuillerées à soupe de crème d'anchois
Sel, poivre

1. Nettoyez les rougets. Il n'est pas indispensable de les vider. Épongez-les avec un papier absorbant, salez-les légèrement et poivrez-les.

2. Tartinez l'extérieur et l'intérieur de chaque rouget de crème d'anchois.

3. Glissez à l'intérieur de chaque rouget 1 branche de fenouil.

4. Arrosez les poissons d'huile et mettez-les sur le gril, où vous les laisserez cuire assez près des braises pendant 15 minutes, en retournant à mi-cuisson.

Rougets grillés aux herbes

Préparation : 10 mn
Cuisson : 12 à 15 mn

Pour 6 personnes

6 rougets
4 cuillerées à soupe d'herbes de Provence
2 cuillerées à soupe d'huile
Sel, poivre

1. Nettoyez les rougets. Il n'est pas indispensable de les vider. Séchez-les dans un papier absorbant.

2. Mettez l'huile dans une assiette creuse et roulez chaque poisson dans l'huile de façon à bien l'en imbiber.

3. Passez ensuite les poissons huilés dans les herbes de Provence qui vont adhérer à la chair du poisson.

4. Mettez sur le gril assez près des braises et faites cuire pendant 12 à 15 minutes, en retournant à mi-cuisson. Salez et poivrez.

Rougets à la livournaise

Préparation : 10 mn
Cuisson : 30 mn

Pour 4 personnes
4 rougets de 200 g chacun environ
3 tomates
3 oignons
1 gousse d'ail
1 verre de vin blanc
3 cuillerées à soupe d'huile
8 olives vertes
8 olives noires
Sel, poivre

1. Ébouillantez et pelez les tomates ; coupez-les en petits morceaux. Épluchez et hachez les oignons et l'ail.

2. Dans une poêle, chauffez 1 cuillerée à soupe d'huile. Faites-y revenir le hachis d'oignons et d'ail, puis ajoutez les tomates, le vin blanc, du sel et du poivre. Laissez cuire 10 minutes, à découvert, en remuant plusieurs fois.

3. Versez cette préparation dans un plat à four. Posez les rougets nettoyés dessus. Salez. Arrosez avec le reste d'huile, puis ajoutez les olives. Faites cuire 20 minutes au four (th. 7). Servez très chaud.

Rougets marinés Saint-Hospice

Préparation : 30 mn
Marinade : 2 jours
Cuisson : 40 mn

Pour 4 personnes
12 petits rougets de roche (ou sardines, ou maquereaux)
Huile d'olive
Sel

Pour la marinade
1 l de vinaigre blanc
1 oignon
1 carotte
2 échalotes
2 clous de girofle
1 petite branche de céleri
2 brins de persil
Thym, laurier
Poivre

1. Rincez les rougets sans les vider. Essuyez-les, saupoudrez-les de sel fin, laissez-les au frais pendant 2 ou 3 heures.

2. Préparez la marinade. Dans une casserole, mettez le vinaigre, tous les légumes émincés, les aromates. Portez à ébullition, baissez le feu, laissez cuire pendant 30 minutes. Faites refroidir.

3. Essuyez les rougets pour enlever l'excédent de sel. Faites-les griller 4 minutes de chaque côté. Rangez-les dans une terrine, couvrez avec la marinade froide. Laissez mariner pendant 2 jours.

4. Au bout de ce temps, égouttez les rougets, jetez la marinade. Remettez les rougets dans la terrine, couvrez avec l'huile d'olive. Placez au frais. Dégustez après quelques heures de macération.

Rougets à l'orientale

Préparation : 15 mn
Cuisson : 20 mn

Pour 4 personnes
1 kg de petits rougets
2 verres de vin blanc
150 g de tomates
3 branches de persil
1 branchette de thym
1 feuille de laurier
8 graines de coriandre
1 pointe de couteau de safran
1/2 verre d'huile
1 citron
Sel, poivre

1. Nettoyez et écaillez les rougets. Rangez-les tête-bêche dans un plat allant au feu. Arrosez-les avec le vin et l'huile.

2. Ajoutez les tomates coupées chacune en 8 morceaux et les épices. Salez et poivrez.

3. Mettez sur le feu.Couvrez le plat. Laissez cuire doucement pendant 20 minutes. Servez froid dans le plat de cuisson, avec des quartiers de citron.

Rougets panés

Préparation : 25 mn
Cuisson : 15 mn

Pour 4 personnes
20 petits rougets de roche
1 tasse de farine
2 œufs
1 tasse de chapelure
Huile de friture
Sel, poivre

1. Essuyez les rougets avec du papier absorbant : cela suffit pour enlever leurs fines écailles.

2. Passez-les dans la farine, puis dans les œufs battus avec du sel et du poivre, et, enfin, dans la chapelure. Renouvelez alors l'opération.

3. Plongez les rougets, quatre par quatre, dans l'huile de friture bien chaude. Laissez-les dorer 3 minutes. Égouttez-les au fur et à mesure et posez-les sur du papier absorbant. Servez avec des quartiers de citron ou une mayonnaise à la moutarde.

Rougets en papillotes « baumanière »

Préparation : 15 mn
Cuisson : 20 mn

Pour 6 personnes
6 rougets de roche (environ 1 kg en tout)
6 très fines tranches de filet de porc légèrement fumé
6 feuilles de laurier
2 cuillerées à soupe d'huile

1. Allumez le four (th. 5).

2. Écaillez les rougets si vous ne l'avez pas fait faire par le poissonnier, mais ne les videz pas.

3. Découpez pour chaque rouget 1 carré de papier d'aluminium suffisamment grand pour en faire une papillote et huilez-le grassement. Au milieu de chaque feuille, posez 1 feuille de laurier puis, par-dessus, 1 rouget et encore par-dessus 1 tranche de porc.

4. Refermez les papillotes sans trop serrer le contenu et mettez-les dans un plat à gratin bien graissé. Mettez au four 20 minutes, en retournant les poissons toutes les 5 minutes. Servez les poissons dans leur papillote ; ouvrez-les délicatement pour ne pas les déchirer.

Roulades de merlan aux crevettes

Préparation : 20 mn
Cuisson : 15 mn

Pour 4 personnes
4 gros filets de merlan
3 cuillerées à soupe de mie de pain fraîche
4 échalotes
1 cuillerée à soupe de fines herbes hachées
12 crevettes roses décortiquées
1 œuf
80 g de beurre
1/2 verre de vin blanc
50 g de crème fraîche
Sel, poivre

1. Pelez et hachez les échalotes.

2. Mélangez la mie de pain, 40 grammes de beurre ramolli, les échalotes, l'œuf, les fines herbes, le sel et le poivre.

3. Étalez les filets de merlan. Déposez sur chacun 1 cuillerée de cette farce et 3 crevettes. Enroulez et maintenez avec des piques.

4. Rangez les roulades dans un plat allant au four. Salez et poivrez légèrement. Parsemez du reste de beurre coupé en lamelles. Arrosez avec le vin blanc.

5. Faites cuire au four (th. 7) 15 minutes. Délayez la crème dans le jus de cuisson et servez avec des épinards au beurre ou une purée de céleri.

Roulades de merlan farcies

Préparation : 20 mn
Cuisson : 20 mn

Pour 4 personnes
4 gros filets de merlan
200 g de champignons de Paris
30 g de farine
80 g de beurre
25 cl de lait
30 g de crème fraîche
1 petit pot de beurre de crevettes
1/2 verre de vin blanc
8 crevettes bouquets
Sel, poivre

1. Nettoyez les champignons ; mixez-les.

2. Préparez une sauce Béchamel : faites fondre 40 grammes de beurre, ajoutez la farine, remuez puis versez le lait et tournez jusqu'à épaississement. Ajoutez à cette sauce la crème, le beurre de crevettes et les champignons, du sel et du poivre. Mélangez bien.

3. Étalez les filets. Répartissez cette farce dessus et enroulez-les. Maintenez avec du fil de cuisine.

4. Mettez les roulades dans un plat allant au four avec le reste du beurre et le vin. Faites cuire au four (th. 7) pendant 20 minutes. Servez garni de crevettes bouquets.

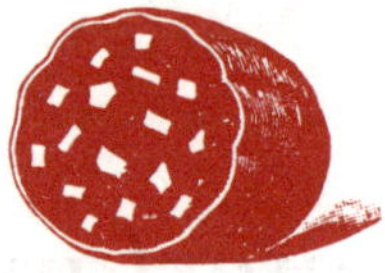

Roulades de rascasse aux herbes

Préparation : 15 mn
Cuisson : 20 mn

Pour 4 personnes
4 filets de rascasse de 180 g chacun
3 cuillerées à soupe de fines herbes hachées
1 cuillerée à soupe de crème d'anchois
2 cuillerées à soupe de crème fraîche
50 g de beurre
1 verre de vin blanc
Quelques feuilles de laitue
Sel, poivre

1. Mélangez les fines herbes, la crème d'anchois, la crème fraîche, un peu de sel et du poivre.

2. Répartissez cette farce sur les filets de rascasse. Roulez-les en paupiettes et maintenez avec des piques.

3. Mettez les paupiettes dans un plat à four. Parsemez de noisettes de beurre, puis mouillez avec le vin blanc. Salez légèrement et poivrez au moulin. Couvrez avec du papier aluminium et faites cuire 20 minutes au four (th. 7). Servez sur un lit de feuilles de laitue ; arrosez avec le jus de cuisson.

Roussette au cidre

Préparation : 15 mn
Cuisson : 40 mn

Pour 4 personnes
800 g de roussette coupée en tronçons
3 oignons
60 g de beurre
30 g de farine
75 cl de cidre
Quelques feuilles de cresson
Sel, poivre

1. Pelez et émincez les oignons. Faites-les blondir au beurre, dans une cocotte.

2. Ajoutez les morceaux de poisson et faites-les légèrement dorer. Retirez-les de la cocotte ainsi que les oignons.

3. Incorporez la farine au beurre de cuisson, puis versez le cidre petit à petit, en remuant. Salez et poivrez. Remettez la roussette et les oignons dans la cocotte. Couvrez et faites cuire au four (th. 6) pendant 30 minutes. Servez le poisson dans sa sauce et décorez avec les feuilles de cresson. Vous pouvez accompagner de pommes de terre ou d'une purée de cresson : blanchissez celui-ci, mixez-le, puis ajoutez de la crème fraîche, du sel et du poivre.

Roussette aux herbes

Préparation : 10 mn
Cuisson : 20 mn

Pour 6 personnes
1 kg de roussette ou chien de mer
1 sachet de court-bouillon instantané
60 g de beurre
Persil
Estragon
1 bouquet de cerfeuil
Le jus de 1 citron
Sel, poivre

1. Préparez le court-bouillon suivant le mode d'emploi. Plongez-y le poisson. Portez à ébullition et laissez frémir 10 minutes. Égouttez.

2. Faites fondre le beurre au bain-marie.

3. Hachez les herbes. Ajoutez-les au beurre ainsi que le jus de citron. Salez et poivrez. Versez dans une saucière. Servez le poisson chaud accompagné de cette sauce.

Roussette à l'italienne

Préparation : 10 mn
Cuisson : 20 mn

Pour 6 personnes
1,25 kg de roussette
1 sachet de parmesan
2 œufs
Chapelure
Paprika
Sel, poivre
Huile pour friture

1. Faites couper la roussette en tronçons par votre poissonnier.

2. Épongez les morceaux. Roulez-les successivement dans le parmesan, les œufs battus et la chapelure.

3. Faites chauffer l'huile de friture. Lorsqu'il est chaud mais non fumant, plongez-y les morceaux de poisson et surveillez la cuisson, car ils doivent être cuits à cœur et dorés.

4. Égouttez. Posez sur un papier absorbant. Salez, poivrez et saupoudrez de paprika.

Saint-pierre aux artichauts

Préparation : 15 mn
Cuisson : 45 mn

Pour 4 personnes
700 g de filets de saint-pierre
4 artichauts
12 échalotes
25 cl de vin blanc
40 g de beurre
60 g de crème fraîche
Le zeste de 1 orange
Persil haché
Sel, poivre

1. Faites cuire les artichauts 25 minutes à l'eau bouillante salée. Effeuillez-les et ne gardez que les fonds.

2. Pelez les échalotes et laissez-les entières. Faites les blondir dans une sauteuse, avec le beurre. Ajoutez les filets de poisson, le vin blanc, le zeste d'orange, du sel et du poivre. Laissez cuire à petits frémissements pendant 15 minutes.

3. Égouttez les filets de poisson. Disposez-les sur un plat préalablement chauffé. Faites réduire le liquide de cuisson d'un tiers. Ajoutez la crème fraîche et les fonds d'artichauts. Laissez chauffer 3 à 4 minutes, à feu doux.

4. Garnissez le poisson avec les fonds d'artichauts et nappez de sauce. Parsemez de persil haché.

Saint-pierre cocktail

Préparation : 15 mn
+ 2 h de repos au frais
Cuisson : 18 mn

Pour 6 personnes

3 filets de saint-pierre
12 langoustines
2 pommes
1 cœur de laitue
100 g de crème fraîche
3 cuillerées à soupe de ketchup
1 cuillerée à soupe de whisky
1 sachet de court-bouillon
Sel, poivre

1. Préparez le court-bouillon selon le mode d'emploi. Plongez-y les langoustines 10 minutes. Retirez-les puis, dans ce même court-bouillon, faites pocher les filets de poisson 6 à 8 minutes. Égouttez et laissez tiédir.

2. Décortiquez les langoustines, coupez-les en morceaux. Coupez les filets de poisson en dés ainsi que les pommes pelées et épépinées.

3. Mélangez la crème fraîche, le ketchup et le whisky. Salez et poivrez. Lavez la salade, hachez finement les feuilles.

4. Dans des coupes individuelles, versez un peu de sauce (ketchup, crème, whisky) ; ajoutez 1 lit de langoustines, puis la laitue, les pommes et les dés de poisson, pour terminer. Arrosez avec le restant de sauce et servez très frais.

Saint-pierre aux courgettes

Préparation : 15 mn
Cuisson : 35 mn

Pour 4 personnes

800 g de filets de saint-pierre
2 courgettes
5 cuillerées à soupe d'huile
2 gousses d'ail
2 oignons
200 g de champignons de Paris
Cresson
Sel, poivre

1. Pelez et hachez les oignons et l'ail. Nettoyez et hachez les champignons. Mélangez.

2. Étalez ce hachis dans un plat à four. Posez les filets de poisson dessus. Salez, poivrez, arrosez avec l'huile et ajoutez 1/2 tasse d'eau. Faites cuire au four (th. 7) pendant 20 minutes, en arrosant de temps en temps.

3. Durant ce temps, lavez et essuyez les courgettes. Coupez-les en très fines rondelles. Faites-les cuire 10 minutes à la vapeur, puis mettez-les sur les filets de saint-pierre et poursuivez la cuisson, au four, 5 à 6 minutes.

4. Servez le poisson et les courgettes sur un plat, en décorant de feuilles de cresson. Accompagnez de la sauce de cuisson.

Saint-pierre à l'estragon

Préparation : 5 mn
Marinade : 2 h
Cuisson : 10 mn

Pour 4 personnes
1 kg de filets de saint-pierre
Le jus de 2 citrons
1 botte d'estragon
1/2 verre d'huile
Sel, poivre

1. Mettez les filets de saint-pierre dans un plat creux. Couvrez-les de feuilles d'estragon. Arrosez-les de jus de citron. Laissez mariner au moins 2 heures.

2. Enduisez les filets d'huile.

3. Faites griller les filets à feu très vif, 5 minutes de chaque côté. Servez-les chauds, salés et poivrés, arrosés du jus de la marinade.

Saint-pierre à la parisienne

Préparation : 20 mn
Cuisson : 20 mn

Pour 4 personnes
4 filets de saint-pierre
500 g de petits pois
250 g de champignons de Paris
2 citrons
60 g de beurre
3 cuillerées à soupe de farine
1/2 verre de lait
3 cuillerées à soupe d'huile
Ail
Persil haché
Sel, poivre

1. Passez les filets de poisson dans du lait, puis dans la farine et mettez-les à frire pendant 15 minutes environ dans 30 grammes de beurre et l'huile.

2. Nettoyez les champignons, coupez-les en lamelles et passez-les dans le restant du beurre, après les avoir arrosés du jus de 1 citron. Assaisonnez, ajoutez 1 pointe d'ail.

3. Quand l'eau rendue par les champignons s'est évaporée, mettez le persil haché.

4. Faites chauffer les petits pois à feu doux. Égouttez-les ; sur le plat de service, alternez filets de poisson, champignons, petits pois. Décorez de rondelles de citron.

Saint-pierre Parmentier

Préparation : 15 mn
Cuisson : 30 mn

Pour 2 personnes

1 saint-pierre de taille moyenne
4 belles pommes de terre
50 g de beurre
1 verre de vin blanc sec
2 citrons coupés en rondelles
Quelques branches de persil
Sel, poivre

1. Allumez le four (th. 5-6) et faites fondre le beurre.

2. Videz et écaillez le poisson, lavez-le et séchez-le dans du papier absorbant.

3. Graissez un plat à gratin de la taille du poisson et tapissez-en le fond avec la moitié des pommes de terre pelées et coupées en rondelles fines.

4. Posez alors le poisson, assaisonnez de sel et de poivre, et arrosez avec la moitié du beurre fondu. Couvrez avec les rondelles de citron, 1 nouvelle couche de pommes de terre, du sel et du poivre, et enfin le reste du beurre fondu. Versez le vin sur le tout.

5. Mettez à four moyen 30 à 35 minutes en veillant qu'il reste toujours du liquide au fond du plat (ajoutez un peu d'eau au besoin) et en arrosant souvent.

6. A la sortie du four, saupoudrez de persil haché et servez immédiatement.

Saint-pierre aux pommes de terre croustillantes

Préparation : 20 mn
Cuisson : 25 mn

Pour 4 personnes

4 filets de saint-pierre de 180 g chacun
800 g de pommes de terre
1 sachet de court-bouillon
120 g de beurre
4 cuillerées à soupe d'huile
Le jus de 1 citron
Ciboulette
Sel, poivre

1. Pelez et lavez les pommes de terre. Coupez-les en fines rondelles ; faites-les cuire à la poêle, dans l'huile, 10 minutes, en les retournant délicatement. Salez et poivrez en fin de cuisson.

2. Préparez le court-bouillon selon le mode d'emploi. Plongez-y les filets de poisson et laissez-les cuire 5 minutes, à petits frémissements. Égouttez-les. Faites-les légèrement dorer à la poêle dans 40 grammes de beurre.

3. Faites fondre, à feu doux, le reste du beurre. Ajoutez le jus de citron et la ciboulette coupée aux ciseaux. Poivrez au moulin.

4. Disposez les pommes de terre sur un plat. Posez les filets de saint-pierre dessus. Arrosez avec le beurre citronné.

Saint-pierre en ramequins aux truffes

Préparation : 10 mn
Cuisson : 25 mn

Pour 6 personnes
3 filets de saint-pierre
1 petite boîte de truffes
50 g de beurre
50 cl de vin blanc sec
Sel, poivre

1. Coupez les filets de saint-pierre en deux.

2. Mettez 1 noisette de beurre dans le fond de chaque ramequin. Faites fondre 2 minutes au bain-marie.

3. Disposez ensuite les truffes, coupées en lamelles, et 1/2 filet de saint-pierre. Recouvrez avec le vin blanc. Salez et poivrez. Faites cuire doucement 20 minutes environ au bain-marie.

Saint-pierre sauce poulette

Préparation : 20 mn
Cuisson : 25 mn

Pour 4 personnes
800 g de filets de saint-pierre
200 g de petits champignons de Paris ou de girolles
90 g de beurre
60 g de crème fraîche
2 jaunes d'œufs
Le jus de 1 citron
1/2 verre de vin blanc
1 bouquet garni
Sel, poivre

1. Nettoyez les champignons. Dans une poêle, faites-les sauter 10 minutes dans 40 grammes de beurre, avec du sel et du poivre. Réservez.

2. Faites pocher les filets de poisson 5 minutes dans 1 litre d'eau frémissante additionnée du vin, du bouquet garni, de sel et de poivre. Laissez-les dans l'eau de cuisson, dont vous prélevez un petit bol.

3. Délayez les jaunes d'œufs avec la crème. Ajoutez, en battant, le bol d'eau de cuisson du poisson. Chauffez à feu doux, sans cesser de tourner, en incorporant 50 grammes de beurre coupé en petits morceaux et le jus de citron. Laissez épaissir cette sauce poulette, sans cesser de tourner. Incorporez-lui les champignons et leur jus de cuisson.

4. Égouttez les filets. Mettez-les dans un plat de service et nappez avec la sauce poulette aux champignons. Vous pouvez accompagner de petites carottes sautées au beurre.

Salade aux anchois

Préparation : 20 mn
Cuisson : 25 mn

Pour 4 personnes

250 g de pommes de terre à chair ferme
2 tomates
200 g de haricots verts
8 olives noires
8 anchois
1 poignée d'herbes : cerfeuil, persil, estragon, 3 ou 4 feuilles d'épinards
1 cuillerée à soupe de câpres
3 œufs durs
1/2 verre d'huile
1 filet de vinaigre
Sel, poivre

1. Cuisez les pommes de terre 25 minutes à l'eau bouillante salée.

2. Pendant ce temps, ébouillantez et pelez les tomates. Coupez-les en petits dés.

3. Faites cuire les haricots verts 8 minutes à gros bouillons. Salez à mi-cuisson.

4. Faites bouillir dans 25 centilitres d'eau bouillante salée les herbes et les feuilles d'épinards pendant 2 minutes. Égouttez-les. Passez-les au mixer avec les câpres et 2 œufs durs. Ajoutez l'huile petit à petit en tournant comme pour une mayonnaise. Poivrez et terminez par le filet de vinaigre.

5. Pelez les pommes de terre. Détaillez-les en gros dés. Mélangez-les aux haricots et aux tomates. Assaisonnez avec la sauce. Décorez avec les filets d'anchois, les olives et le dernier œuf dur écrasé à la fourchette.

Salade antiboise

Préparation : 10 à 20 mn

Pour 4 personnes

4 tranches de poisson cuit (merlan, congre, baudroie ou autre poisson blanc) ou un reste de poisson
1 cuillerée à soupe de câpres
4 ou 5 cornichons
1 petit concombre
4 pommes de terre bouillies de taille moyenne
1 petite betterave
4 ou 5 filets d'anchois à l'huile
4 ou 5 cuillerées d'huile
1 ou 2 cuillerées de vinaigre ou de jus de citron
Sel, poivre

1. Préparez un assaisonnement dans un grand saladier avec l'huile, le vinaigre ou le citron, le sel et le poivre. Épluchez également tous les légumes.

2. Coupez le poisson en petits carrés que vous placez dans le saladier, et ajoutez à la suite les câpres égouttées, les cornichons en rondelles, les légumes et les anchois en tout petits tronçons (de la taille d'un dé à coudre). Mélangez délicatement le tout et servez frais.

Salade Armelle

Préparation : 20 mn
+ 30 mn pour faire dégorger le concombre

Pour 6 personnes

400 g environ de thon au naturel
1 concombre
300 g de carottes
Le jus de 1 citron
100 g de crème fraîche
Persil haché
Poivre, gros sel

1. Lavez le concombre. Essuyez-le. Otez les deux extrémités (ne l'épluchez pas). Coupez-le en tranches fines que vous mettez à dégorger avec du gros sel pendant 30 minutes.

2. Lavez et grattez les carottes. Râpez-les et arrosez-les de jus de citron.

3. Lavez et hachez le persil.

4. Ouvrez la boîte de thon. Égouttez-le et divisez-le en petits morceaux.

5. Rincez et épongez les tranches de concombre. Disposez-les autour d'un plat. Mettez au centre les morceaux de thon, et, entre les deux, les carottes râpées.

6. Poivrez la crème fraîche, battez-la légèrement et arrosez-en le contenu du plat. Saupoudrez de persil haché.

Salade d'automne

Préparation : 20 mn
Cuisson : 5 à 8 mn

Pour 6 personnes

500 à 600 g de lotte
1 concombre
1 boîte de macédoine de légumes (500 g)
1 boîte de maïs (500 g)
1 petite botte de radis
150 g de noix décortiquées
1/2 sachet de court-bouillon instantané
Vinaigrette bien relevée

1. Préparez le court-bouillon selon le mode d'emploi. Faites pocher la lotte coupée en morceaux pendant 5 à 8 minutes. La chair doit rester bien ferme. Égouttez et laissez refroidir.

2. Épluchez et lavez les radis. Coupez-les en rondelles ainsi que le concombre lavé et non pelé.

3. Ouvrez la boîte de maïs et la boîte de macédoine. Égouttez, passez sous l'eau fraîche et égouttez de nouveau.

4. Versez la vinaigrette dans le fond du saladier, puis répartissez les divers ingrédients. Saupoudrez avec les noix passées à la moulinette. Servez bien frais.

Salade d'avocats au crabe

Préparation : 20 mn

Pour 4 personnes
3 avocats
1 citron
1 boîte de crabe de 250 g
1 échalote
30 g de crème fraîche
Quelques gouttes de sauce anglaise
1 jaune d'œuf
1/2 verre d'huile
Sel, poivre
Feuilles de salade

1. Ouvrez la boîte de crabe. Jetez le jus. Retirez les cartilages. Mettez la chair dans un bol. Arrosez-la avec le jus de 1/2 citron.

2. Coupez les avocats en deux. Épluchez-les. Enlevez les noyaux. Détaillez la chair de 2 avocats 1/2 en lamelles épaisses. Arrosez-les de jus de citron.

3. Passez au mixer la chair du demi-avocat restant pour la réduire en purée fine. Ajoutez-lui l'échalote finement hachée et la sauce anglaise.

4. Mettez le jaune d'œuf dans un bol avec sel et poivre. Versez l'huile petit à petit en tournant pour obtenir une mayonnaise. Mélangez-lui la crème fraîche et la purée d'avocat.

5. Disposez les feuilles de salade, les tranches d'avocat et les morceaux de crabe sur un plat. Servez avec la sauce à l'avocat.

Salade bretonne

Préparation : 20 mn
Cuisson : 25 mn

Pour 4 personnes
150 g de riz
1 l de moules
1 l de coques
100 g de crevettes roses décortiquées
2 tomates
Huile, vinaigre
Sel, poivre
Sauce salade en pot
Estragon, ciboulette, cerfeuil

1. Faites cuire le riz à l'eau bouillante salée, en vérifiant qu'il reste un peu croquant. Égouttez, passez sous l'eau froide. Assaisonnez avec une vinaigrette mélangée de sauce-salade.

2. Dans une grande casserole, faites ouvrir moules et coques à feu vif. Retirez-les de leurs coquilles ; dans l'égouttoir, passez à l'eau froide pour rafraîchir et enlever le sable qui peut rester.

3. Dans le saladier, mettez le riz bien assaisonné, les moules, les coques, les crevettes. Remuez délicatement.

4. Lavez les tomates et les fines herbes. Coupez les tomates en rondelles, disposez-les autour du saladier. Saupoudrez le centre avec les fines herbes.

Salade de cabillaud

Préparation : 30 mn
Cuisson : 8 mn

Pour 6 personnes
6 filets de cabillaud
500 g de haricots verts (cuits ou en boîte)
1 chicorée frisée
4 tomates
1/2 botte de radis
3 œufs durs
1 sachet de court-bouillon
1 cuillerée à soupe de moutarde forte
2 cuillerées à soupe de vinaigre
8 cuillerées à soupe d'huile (d'olive, de préférence)
Sel, poivre

1. Préparez le court-bouillon selon le mode d'emploi. Faites pocher les filets de cabillaud roulés sur eux-mêmes et maintenus par un bâtonnet. Égouttez-les et laissez-les refroidir.

2. Épluchez la chicorée frisée et les radis.

3. Lavez les tomates et coupez-les en quartiers.

4. Égouttez et rincez les haricots verts, s'ils sont en boîte.

5. Coupez en deux les œufs durs.

6. Dans un saladier, répartissez les haricots verts, les quartiers de tomate, les œufs durs, les radis, la chicorée frisée et les filets de poisson.

7. Préparez la vinaigrette avec l'huile, la moutarde, le sel et le poivre et versez-la sur la salade.

Salade de cabillaud mariné

Préparation : 20 mn
Marinade : 10 h
Cuisson : 15 mn

Pour 4 personnes
600 g de cabillaud
1/2 verre d'huile
2 cuillerées à soupe de vinaigre de vin
1/2 verre de vin blanc
1 gousse d'ail
1 feuille de laurier
1 brindille de thym
Sel, poivre

Pour la garniture
1 orange
Feuilles d'épinards
100 g de groseilles

1. Mettez le morceau de cabillaud dans un plat allant au four. Mouillez avec 1/2 verre d'eau. Faites cuire pendant 15 minutes au four (th. 7).

2. Laissez refroidir, puis coupez le poisson en tranches assez fines. Mettez-les dans un plat creux. Arrosez avec l'huile, le vinaigre et le vin blanc. Ajoutez la gousse d'ail pilée et écrasée sous la lame d'un couteau, le thym, le laurier, le sel et le poivre du moulin. Laissez mariner pendant 10 à 12 heures dans le bas du réfrigérateur, en remuant de temps en temps.

3. Pour servir, égouttez les morceaux de poisson et disposez-les sur un lit de feuilles d'épinards crus ou de salade. Ajoutez les dés d'orange pelée à vif et les groseilles égrenées.

Salade de champignons aux crevettes

Préparation : 15 mn

Pour 6 personnes
500 g de champignons
250 g de crevettes roses décortiquées
1 bol de mayonnaise
Vinaigre

1. Nettoyez les champignons sans les peler, coupez le pied sableux, rincez-les une dernière fois dans l'eau vinaigrée, puis séchez-les soigneusement et coupez-les en lamelles.

2. Coupez les crevettes en petits morceaux. Réservez-en 8 ou 10, que vous garderez entières.

3. Mélangez champignons, morceaux de crevettes et mayonnaise. Décorez avec les crevettes entières. Servez bien froid.

Salade de chou-fleur au thon

Préparation : 20 mn

Pour 6 personnes
1 chou-fleur moyen
300 g de thon au naturel
3 tomates moyennes
18 radis
Persil, estragon
1 petit tasse de vinaigrette

1. Épluchez et lavez le chou-fleur. Divisez-le en petits bouquets.

2. Lavez les tomates. Coupez-les en quartiers.

3. Lavez les radis. Épluchez et coupez-les en quatre dans le sens de la longueur.

4. Ouvrez la boîte de thon. Égouttez-le et divisez-le en petits morceaux.

5. Disposez thon, chou-fleur, tomates et radis dans un saladier. Saupoudrez de persil et d'estragon hachés. Arrosez de vinaigrette. Mélangez et servez froid.

Salade de coquillages au concombre

Préparation : 40 mn
+ 12 h de trempage
pour les coques
Cuisson : 15 mn

Pour 4 personnes

12 grosses moules
12 coques
8 grosses huîtres
8 langoustines
1 verre de vin blanc
1 bouquet garni
1 concombre
5 cuillerées à soupe de crème fraîche
Quelques gouttes de sauce Tabasco
Sel, poivre
Persil

1. Faites dégorger les coques pendant 12 heures dans de l'eau froide.

2. Nettoyez les moules. Faites-les ouvrir sur feu vif. Décoquillez-les.

3. Ouvrez les huîtres. Décoquillez-les

4. Chauffez le vin blanc avec 2 verres d'eau, le bouquet garni, du sel et du poivre. A ébullition, mettez les coques. Égouttez au bout de 5 minutes de cuisson. Retirez les coquilles du dessus.

5. Plongez les langoustines 5 minutes dans de l'eau salée en ébullition. Égouttez-les et décortiquez-les.

6. Pelez le concombre, ouvrez-le en deux dans la longueur, retirez les graines et coupez la chair en dés. Plongez-les 5 minutes dans de l'eau en ébullition. Égouttez et passez au mixer. Ajoutez la crème fraîche, le Tabasco, du sel et du poivre. Mélangez bien.

7. Mettez tous les fruits de mer dans un plat. Parsemez de feuilles de persil. Servez froid avec la sauce au concombre.

Salade aux coquilles Saint-Jacques

Préparation : 15 mn
Cuisson : 10 mn

Pour 6 personnes

24 noix de coquilles Saint-Jacques et leur corail
1 sachet de court-bouillon instantané
1 poignée de salade de Trévise

1. Nettoyez les salades, égouttez-les à fond.

2. Préparez le court-bouillon selon le mode d'emploi.

3. Placez les noix de coquilles Saint-Jacques et leur corail dans le court-bouillon froid. Laissez-les cuire 10 minutes à partir du moment où le court-bouillon sera frémissant. Pendant cette cuisson, maintenez le court-bouillon à très petit feu pour qu'il reste à peine frémissant.

1 poignée de chicorée frisée
1 poignée de mâche
4 cuillerées à soupe d'huile
2 cuillerées à soupe de vinaigre de xérès ou de vin
Sel, poivre

4. Égouttez les noix de saint-jacques et leur corail. Posez-les sur un linge sec jusqu'à refroidissement.

5. Coupez alors chaque noix en trois dans le sens de l'épaisseur.

6. Dans un saladier, préparez une vinaigrette avec huile, vinaigre, sel et poivre. Ajoutez les salades, les tranches de coquilles Saint-Jacques et leur corail. Mélangez bien avant de servir.

Salade de coquilles Saint-Jacques au foie gras

Préparation : 20 mn
Cuisson : 8 mn

Pour 4 personnes
6 noix de coquilles Saint-Jacques et leur corail
200 g de foie gras cru
25 g de beurre
6 cuillerées à soupe de porto
300 g de mâche
Sel, poivre

1. Coupez les noix de coquilles Saint-Jacques en deux dans le sens de l'épaisseur.

2. Émincez le foie gras en tranches fines.

3. Lavez et essorez la mâche. Disposez-la sur un plat de service.

4. Chauffez le beurre à feu doux dans une poêle. Dès qu'il est fondu, ajoutez les saint-jacques. Salez et poivrez. Couvrez la poêle. Laissez cuire 3 à 4 minutes en surveillant (les saint-jacques ne doivent pas dorer).

5. Retirez-les de la poêle avec une écumoire et mettez-les sur la mâche.

6. Toujours à feu doux, passez les tranches de foie gras à la poêle, 1 minute environ de chaque côté, juste le temps de les tiédir. Poivrez légèrement. Posez-les dans le plat avec les saint-jacques.

7. Versez le porto dans la poêle. Faites bouillir à feu vif 1 minute en raclant le fond de la poêle et arrosez le contenu du plat de cette sauce.

Salade de coquilles Saint-Jacques au jambon

Préparation : 20 mn
Cuisson : 5 mn

Pour 4 personnes

6 noix de saint-jacques
Le jus de 1 citron
4 cuillerées à soupe de vin blanc sec
10 g de beurre
2 tranches de jambon de Bayonne
4 endives
1/2 tasse de vinaigrette
10 brins de ciboulette
Salade frisée
Sel, poivre

1. Lavez les endives. Coupez les feuilles en lanières.

2. Émincez le jambon en lanières.

3. Mettez les noix de saint-jacques dans une casserole avec le jus de citron, le vin blanc, le beurre, le sel et le poivre. Chauffez à feu doux et laissez frémir 3 minutes, puis ajoutez le jambon et cuisez encore 2 minutes.

4. Disposez les feuilles de salade sur un plat. Couvrez avec les endives. Posez dessus les noix de saint-jacques tièdes avec le jambon et le jus de cuisson. Arrosez avec la vinaigrette et parsemez de ciboulette ciselée. Mélangez délicatement.

Salade de coquilles Saint-Jacques aux ris de veau

Préparation : 30 mn + 12 h pour faire dégorger les ris
Cuisson : 45 mn

Pour 4 personnes

400 g de ris de veau
2 cuillerées à soupe de vinaigre
6 noix de saint-jacques et leur corail
4 blancs de poireaux
1 avocat bien mûr
40 g de beurre
7 cuillerées à soupe d'huile
Le jus de 1 citron
1 cuillerée à soupe de fines herbes hachées
Salade de mâche et de Trévise
Sel, poivre

1. Faites tremper les ris de veau pendant 12 heures dans de l'eau froide vinaigrée. Égouttez-les ; retirez les parties rougeâtres. Faites cuire les ris 40 minutes, à l'eau bouillante salée. Égouttez-les, enlevez la peau qui les enveloppe. Laissez-les refroidir et coupez-les en tranches minces.

2. Lavez les poireaux. Coupez-les en huit dans le sens de la longueur. Faites-les cuire 10 minutes à la poêle, dans le beurre.

3. Pelez l'avocat. Passez la chair au mixer. Mélangez-la avec 6 cuillerées d'huile, le jus de citron, du sel et du poivre. Assaisonnez les salades avec la moitié de cette sauce. Mettez sur un plat, avec les poireaux émincés.

4. Coupez les saint-jacques en deux dans le sens de l'épaisseur. Faites-les revenir 3 à 4 minutes dans le reste d'huile, ainsi que les ris de veau. Salez et poivrez.

5. Mettez le tout dans le plat et parsemez de fines herbes. Servez avec le reste de sauce.

Salade de coquillettes au thon

Préparation : 10 mn
Cuisson : 10 mn

Pour 6 personnes
400 g environ de thon au naturel
1 bol de coquillettes cuites
3 tranches de jambon
2 œufs
1 poivron vert
6 gros cornichons
1 tasse de vinaigrette
Sel

1. Faites cuire les œufs 10 minutes à l'eau bouillante salée. Laissez-les refroidir.

2. Lavez le poivron. Coupez-le en lamelles minces en éliminant les graines.

3. Ouvrez la boîte de thon. Divisez le thon en morceaux moyens.

4. Coupez les tranches de jambon en petites lamelles.

5. Épluchez les œufs durs. Hachez-les grossièrement. Hachez de la même manière les cornichons.

6. Dans un saladier, disposez les coquillettes, les morceaux de thon, les lamelles de jambon et de poivron. Arrosez de vinaigrette. Mélangez. Saupoudrez du hachis d'œufs durs et de cornichons. Servez froid.

Salade au crabe

Préparation : 10 mn
Cuisson : 10 mn

Pour 4 personnes
1 boîte de crabe
4 cœurs de palmier
2 œufs
2 poivrons doux, rouges si possible
100 g d'olives noires
2 cuillerées à soupe d'huile
1 cuillerée à soupe de vinaigre
1 cuillerée à café de moutarde forte
Sel, poivre de Cayenne

1. Mettez les œufs à durcir 10 minutes dans une casserole d'eau bouillante légèrement salée. Sortez-les, enlevez les coquilles et découpez-les en quartiers.

2. Coupez les cœurs de palmier en gros tronçons. Détaillez les poivrons en fines lamelles.

3. Préparez la vinaigrette avec l'huile, la moutarde, le vinaigre, du sel et du poivre.

4. Égouttez le crabe, débarrassez-le de ses cartilages. Réservez les plus beaux morceaux pour décorer le dessus du plat. Arrosez le reste du crabe avec la moitié de la vinaigrette et mélangez.

5. Pour servir, disposez dans un grand plat creux la chair de crabe, les quartiers d'œufs durs, les lamelles de poivron, les cœurs de palmier, les olives noires et les beaux morceaux du crabe. Versez dessus le reste de la vinaigrette et servez bien frais.

Salade de crevettes aux asperges

Préparation : 30 mn
Cuisson : 20 mn

Pour 4 personnes
250 g de crevettes roses décortiquées
8 asperges blanches
8 asperges vertes
200 g de haricots verts
Sel

Pour la sauce
2 jaunes d'œufs
100 g de beurre
1 petite orange
1/2 citron
Sel, poivre
Persil

1. Nettoyez les asperges ; ne gardez que les pointes. Cuisez-les 10 minutes à l'eau bouillante salée, puis égouttez-les.

2. Effilez les haricots. Faites-les cuire 10 minutes à l'eau bouillante. Salez à mi-cuisson ; égouttez.

3. Préparez la sauce : râpez une partie du zeste de l'orange. Pressez le fruit. Mettez au bain-marie un petit récipient contenant les jaunes d'œufs, 2 cuillerées à soupe d'eau froide, 1 cuillerée à café de jus de citron, du sel et du poivre. Battez au fouet électrique jusqu'à ce que le mélange épaississe. Hors du feu, ajoutez le beurre ramolli par petits morceaux, pour lier la sauce. Ajoutez enfin le jus et le zeste de l'orange.

4. Disposez les légumes et les crevettes sur un plat. Arrosez avec un peu de sauce tiède et servez le reste en saucière. Décorez de brins de persil.

Salade de crevettes aux fruits exotiques

Préparation : 30 mn

Pour 4 personnes
20 grosses crevettes
2 petits ananas
3 échalotes
2 bananes
12 noix de cajou
1 bol de mayonnaise
6 feuilles de menthe
8 brins de ciboulette
Le jus de 1 citron
Sel, poivre

1. Coupez les ananas en deux. Évidez-les. Détaillez la chair en petits dés. Mettez-les dans un saladier.

2. Pelez les bananes. Coupez-les également en dés. Ajoutez-les à l'ananas.

3. Épluchez et hachez les échalotes. Coupez les brins de ciboulette avec des ciseaux. Mettez le tout dans le saladier, ainsi que les noix de cajou et les feuilles de menthe. Salez et poivrez au moulin. Arrosez du jus de citron. Remuez. Ajoutez la mayonnaise. Mélangez bien. Remplissez les moitiés d'ananas avec cette salade.

5. Posez dessus les crevettes dans leur carapace ou décortiquées. Servez frais.

Salade de crevettes sauce au thon

Préparation : 25 mn

Pour 4 personnes

300 g de crevettes décortiquées
1 petit concombre
2 tomates
Le jus de 1 citron
1 laitue
1 petite boîte de miettes de thon à l'huile
4 cuillerées à soupe d'huile
2 cuillerées à soupe de crème fraîche
Sel, poivre
Feuilles de laitue

1. Pelez le concombre ; coupez-le en dés.

2. Ébouillantez et épluchez les tomates ; coupez-les en dés.

3. Mettez ces légumes dans un saladier avec les crevettes. Salez et poivrez. Arrosez avec le jus de citron et remuez.

4. Passez au mixer les miettes de thon et leur huile. Ajoutez l'huile et la crème fraîche. Mixez de nouveau 2 ou 3 secondes.

5. Versez cette sauce dans le saladier. Mélangez délicatement. Garnissez 4 coupes de feuilles de laitue. Remplissez avec la salade de crevettes. Servez bien frais.

Salade dieppoise

Préparation : 15 mn
Cuisson : 5 mn

Pour 4 personnes

1 kg de moules nettoyées
150 g de crevettes décortiquées
1 sachet de court-bouillon
1 œuf
1/2 verre d'huile
Le jus de 1 citron
Sel, poivre

1. Préparez le court-bouillon selon le mode d'emploi. Lorsqu'il atteint l'ébullition, jetez-y les moules. Faites-les cuire pendant 5 minutes, puis égouttez et décoquillez-les.

2. Préparez la mayonnaise avec l'œuf, l'huile, le jus de citron, du sel et du poivre.

3. Mélangez les moules avec les crevettes. Ajoutez la mayonnaise et remuez. Servez bien frais.

Salade d'écrevisses et de poulet

Préparation : 30 mn
Cuisson : 20 mn

Pour 4 personnes

8 écrevisses
200 g de blancs de volaille
1/2 cube de bouillon de volaille
120 g de champignons de Paris
3 œufs durs
2 tomates
1 petit cœur de chou blanc
1 tasse de mayonnaise
Le jus de 1 citron
2 cuillerées à soupe d'huile
Sel, poivre
Feuilles de laitue

1. Préparez 50 centilitres de bouillon avec le cube. Chauffez jusqu'à ébullition. Plongez-y les blancs de volaille 10 minutes. Égouttez-les, émincez-les en lamelles.

2. Cuisez les écrevisses 5 minutes à grande eau bouillante salée. Égouttez-les.

3. Nettoyez et émincez les champignons.

4. Ébouillantez et pelez les tomates ; coupez-les en tranches.

5. Détaillez le chou en fines lanières. Plongez-les 5 minutes dans de l'eau salée en ébullition. Égouttez.

6. Épluchez les œufs durs. Coupez-les en quartiers.

7. Mettez les lanières de chou au centre d'un plat. Entourez de feuilles de laitue émincées, des champignons et des tomates. Arrosez d'huile et de jus de citron. Poivrez au moulin. Disposez sur le dessus les écrevisses que vous pouvez présenter dans leur carapace ou décortiquées. Ajoutez les blancs de volaille et les œufs durs. Servez bien frais accompagné de la mayonnaise.

Salade à l'espagnole

Préparation : 30 mn
Cuisson : 25 mn

Pour 4 personnes

1 l de moules
12 langoustines
200 g de calamars
150 g de chorizo
1 poivron jaune ou rouge
1 gros oignon doux

1. Nettoyez les moules. Faites-les ouvrir dans une casserole sur feu vif. Vous pouvez retirer ou laisser les coquilles.

2. Coupez les calamars en morceaux. Faites-les revenir 10 minutes environ dans 1 cuillerée d'huile en remuant plusieurs fois. Salez et poivrez.

3. Plongez les langoustines 5 minutes dans de l'eau salée et poivrée en ébullition. Égouttez.

6 cuillerées à soupe d'huile d'olive
2 cuillerées à soupe de vinaigre à l'estragon
Sel, poivre
Feuilles d'estragon

4. Coupez le poivron en petits dés.

5. Pelez et émincez l'oignon.

6. Coupez le chorizo en rondelles.

7. Préparez la vinaigrette avec le reste de l'huile, le vinaigre, le sel et le poivre.

8. Mélangez tous les ingrédients. Assaisonnez avec la vinaigrette. Remuez. Parsemez de feuilles d'estragon. Servez froid.

Salade exotique au thon

Préparation : 25 mn

Pour 6 personnes
400 g environ de thon au naturel
3 bananes
2 pamplemousses
2 avocats
1 petite tasse de riz cuit
1 cuillerée à soupe de câpres
1 cuillerée à soupe de vinaigre
4 cuillerées à soupe d'huile d'olive
1 cuillerée à café de moutarde
Sel, poivre, Tabasco

1. Épluchez les pamplemousses. Otez les peaux blanches. Coupez-les en rondelles au-dessus d'un bol en recueillant le jus.

2. Pelez les bananes. Coupez-les en rondelles. Ajoutez-les aux morceaux de pamplemousse. Épluchez les avocats et coupez-les en dés. Ajoutez-les également au mélange.

3. Ouvrez la boîte de thon. Égouttez-le ; divisez-le en morceaux pas trop gros.

4. Faites une vinaigrette relevée avec le vinaigre, l'huile, la moutarde, le sel, le poivre et le Tabasco.

5. Mélangez le riz froid, les morceaux de thon, les fruits, les câpres. Arrosez de vinaigrette. Mélangez bien et servez froid.

Salade de filets de sole en poivronade

Préparation : 20 mn
Cuisson : 20 mn

Pour 4 personnes

4 gros filets de sole
1/2 verre de vin blanc sec
1 bouquet garni
2 poivrons rouges
1 gousse d'ail
6 cuillerées à soupe d'huile
Le jus de 1 citron
Sel, poivre
Feuilles de chêne

1. Faites cuire les poivrons 15 minutes au four (th. 5), en les retournant. Retirez la peau grillée ; ouvrez les poivrons et retirez les graines. Coupez la chair en lamelles. Mettez-en la moitié de côté.

2. Passez l'autre moitié et la gousse d'ail pelée au mixer, pour obtenir une purée. Délayez-la avec l'huile et le jus de citron. Salez et poivrez. Mettez au frais.

3. Coupez les filets de sole en bâtonnets. Plongez-les dans le vin blanc additionné de 1 verre d'eau, du bouquet garni, de sel et de poivre. Chauffez et laissez cuire 3 minutes à partir de l'ébullition. Égouttez. Servez frais avec la salade et la sauce poivronade.

Salade de filets de truite

Préparation : 30 mn
Marinade : 45 mn
Cuisson : 40 mn

Pour 4 personnes

700 g de filets de truite rose
2 artichauts
250 g de haricots verts
1 bouquet de ciboulette
12 olives vertes dénoyautées
1 œuf dur
2 citrons verts
1/2 verre d'huile d'olive
Sel, poivre

1. Coupez les filets de truite en petits dés. Mettez-les dans un plat creux et arrosez du jus de 1 citron vert. Placez dans le réfrigérateur et laissez mariner 45 minutes.

2. Pendant ce temps, faites cuire les artichauts à grande eau bouillante salée pendant 40 minutes.

3. Effilez les haricots verts. Cuisez-les 15 minutes à l'eau bouillante. Salez à mi-cuisson. Égouttez-les ; détaillez-les en dés.

4. Émincez la ciboulette. Hachez grossièrement les olives vertes. Écrasez l'œuf dur avec une fourchette. Mettez le tout dans un bol. Ajoutez l'huile, le jus du deuxième citron, du sel et du poivre. Battez cette sauce quelques secondes.

5. Mettez dans un saladier le poisson, les artichauts et les haricots verts. Arrosez avec la sauce et mélangez délicatement. Pour servir, répartissez dans des coupes individuelles et accompagnez de tranches de baguette grillée.

Salade des gourmets

Préparation : 40 mn
Cuisson : 30 mn

Pour 4 personnes
16 écrevisses
2 tranches de 75 g de foie gras de canard
150 g de céleri-rave
200 g de pointes d'asperges
1 poivron rouge
4 petites tomates
2 fonds d'artichauts en conserve
4 cuillerées à soupe d'huile
1 cuillerée à soupe de vinaigre
Feuilles de frisée et de Trévise
Sel, poivre
Persil

1. Plongez les écrevisses pendant 5 minutes dans de l'eau salée en ébullition. Laissez-les refroidir dans l'eau de cuisson.

2. Coupez le céleri-rave en petits bâtonnets. Cuisez-les 10 minutes à l'eau bouillante salée. Égouttez.

3. Cuisez les asperges 10 minutes à l'eau bouillante. Salez à mi-cuisson. Égouttez.

4. Ébouillantez et pelez les tomates. Laissez-les entières.

5. Émincez les fonds d'artichauts.

6. Coupez en fines lamelles les tranches de foie gras.

7. Détaillez le poivron en anneaux. Faites-les revenir 3 minutes à la poêle dans 1 cuillerée d'huile.

8. Égouttez et décortiquez les écrevisses.

9. Préparez une vinaigrette avec le reste de l'huile, le vinaigre, du sel et du poivre.

10. Étalez les feuilles de salade sur un plat. Disposez dessus les écrevisses, le foie gras et les légumes. Placez les tomates au centre. Décorez d'un petit bouquet de persil. Arrosez avec la vinaigrette. Servez frais.

Salade de haddock aux pissenlits

Préparation : 15 mn
Cuisson : 15 mn

Pour 4 personnes
500 g de filets de haddock
350 g de pissenlits

1. Lavez et essorez les pissenlits. Disposez-les sur un plat.

2. Coupez en bâtonnets les filets de haddock. Faites-les légèrement dorer à la poêle dans 2 cuillerées à soupe d'huile. Retirez-les avec une écumoire et mettez-les sur les pissenlits.

4 cuillerées à soupe d'huile
2 cuillerées à soupe de vinaigre
1 cuillerée à soupe de fines herbes hachées
Poivre

3. Ajoutez dans la poêle les fines herbes hachées. Chauffez 1 minute en remuant, puis versez le vinaigre, remuez encore quelques secondes avant de terminer cette sauce en lui mélangeant l'huile et du poivre du moulin.

4. Versez sur les bâtonnets de haddock et les pissenlits. Servez aussitôt.

Salade de harengs

Préparation : 10 mn
Cuisson : 30 mn

Pour 4 personnes
4 filets de harengs gras marinés
1 betterave cuite
1 pomme golden
1 œuf
1 oignon
2 pommes de terre
2 cuillerées à soupe d'huile
1 cuillerée à soupe de vinaigre
Sel, poivre

1. Faites cuire les pommes de terre à l'eau bouillante salée pendant 20 minutes. Épluchez-les et coupez-les en dés.

2. Faites durcir l'œuf 10 minutes dans la même eau que les pommes de terre. Otez sa coquille et coupez-le en rondelles.

3. Pelez la betterave, la pomme et l'oignon et coupez-les en dés.

4. Coupez les harengs en lanières.

5. Mettez le tout dans un saladier. Arrosez avec l'huile et le vinaigre. Poivrez, salez légèrement et mélangez bien.

Salade de harengs aux pissenlits

Cuisson : 15 mn
Marinade : 2 h

Pour 4 personnes
400 g de pissenlits
4 filets de harengs fumés

1. Préparez une vinaigrette avec l'huile, le vinaigre, la moutarde, du sel et du poivre.

2. Coupez les harengs en tronçons de 3 centimètres et mettez-les dans la vinaigrette. Laissez mariner pendant 2 heures.

3. Nettoyez les pissenlits. Mélangez-les aux

3 cuillerées à soupe d'huile
1 cuillerée à soupe de vinaigre
2 cuillerées à soupe de moutarde
Sel, poivre

harengs marinés et à leur sauce. Tournez bien le tout et servez. Vous pouvez accompagner cette salade de croûtons de pain frottés d'ail.

Salade de homard à l'huile de noix

Préparation : 30 mn
Cuisson : 20 mn

Pour 4 personnes
2 homards de 500 g environ chacun
1 sachet de court-bouillon
200 g de mâche
150 g de haricots verts
100 g de champignons de Paris
1 betterave cuite
80 g de noix pilées
Cerfeuil

Pour la sauce
15 cl de vin blanc
2 cuillerées à soupe d'échalote finement hachée
4 cuillerées à soupe d'huile de noix
Sel, poivre

1. Préparez le court-bouillon selon le mode d'emploi. Plongez-y les homards et faites-les cuire 10 minutes à faible ébullition. Laissez-les ensuite tiédir 20 minutes environ dans le court-bouillon.

2. Lavez les feuilles de mâche. Épluchez la betterave ; coupez-la en dés. Nettoyez les champignons ; émincez-les. Effilez les haricots ; cuisez-les 10 minutes à l'eau bouillante en salant à mi-cuisson. Égouttez.

3. Égouttez les homards et décortiquez-les. Coupez les queues en médaillons et sortez la chair des pinces.

4. Disposez les légumes sur un plat. Posez dessus les morceaux de homard. Parsemez de noix pilées. Décorez de cerfeuil.

5. Préparez la sauce : faites bouillir le vin avec l'échalote, jusqu'à réduction des deux tiers. Filtrez. Ajoutez l'huile, du sel et du poivre. Servez cette sauce avec le homard.

Salade d'huîtres et de volaille au jus d'agrumes

Préparation : 20 mn
Cuisson : 15 mn

Pour 4 personnes

8 grosses huîtres grasses
4 blancs de poulet
250 g de salade mélangée
2 échalotes
2 cuillerées à soupe de vinaigre de xérès
50 g de beurre
1 orange
2 1/2 citrons
40 g de crème fraîche
Sel, poivre

1. Lavez la salade. Essorez-la bien et disposez-la sur un plat.

2. Ouvrez les huîtres. Décoquillez-les.

3. Détaillez les blancs de poulet en lanières. Arrosez-les du jus de 1/2 citron.

4. Chauffez le beurre dans une sauteuse. Faites cuire les blancs de poulet à feu vif 10 minutes, en les retournant. Salez et poivrez.

5. Ajoutez les huîtres et 2 cuillerées à soupe d'eau ; poursuivez la cuisson pendant 5 minutes.

6. Retirez les blancs et les huîtres avec une écumoire et mettez-les dans le plat, sur la salade.

7. Versez le vinaigre dans la sauteuse, chauffez 2 minutes en remuant. Arrosez le contenu du plat avec ce jus.

8. Pelez et hachez les échalotes. Saupoudrez-en les blancs de poulet et les huîtres.

9. Pressez l'orange et les 2 citrons restants. Battez la crème fraîche avec ces jus, du sel et du poivre. Servez cette sauce à part.

Salade de langouste sauce rose

Préparation : 30 mn
Cuisson : 30 mn

Pour 4 personnes
1 langouste de 1,2 kg environ
1 sachet de court-bouillon
2 fonds d'artichauts en boîte
3 tomates
200 g de haricots verts
1 bol de mayonnaise
2 cuillerées à soupe de ketchup
Le jus de 1/2 citron
Sel
Feuilles de salade

1. Préparez le court-bouillon selon le mode d'emploi. Chauffez-le jusqu'à ébullition. Plongez-y la langouste, faites-la cuire à petits bouillons pendant 20 minutes. Laissez-la refroidir dans le liquide.

2. Effilez les haricots. Cuisez-les 10 minutes à l'eau bouillante en salant à mi-cuisson. Égouttez.

3. Ébouillantez et pelez les tomates. Coupez-les en tranches.

4. Émincez les fonds d'artichauts en lamelles.

5. Égouttez la langouste. Fendez la carapace dans le sens de la longueur. Sortez la queue ; coupez-la en tranches.

6. Disposez-les sur un plat avec les légumes. Garnissez avec la carapace et des feuilles de salade.

7. Battez la mayonnaise avec le ketchup. Ajoutez le jus de citron. Servez cette sauce à part.

Salade de langoustines aux girolles

Préparation : 15 mn
Cuisson : 20 mn

Pour 4 personnes
16 langoustines
200 g de girolles
100 g de cresson
100 g de Trévise
2 cuillerées à soupe de sauce soja
5 cuillerées à soupe d'huile
Le jus de 1 citron
Sel, poivre

1. Plongez les langoustines 5 minutes dans de l'eau salée en ébullition. Égouttez-les et décortiquez-les.

2. Nettoyez les girolles. Mettez-les dans une casserole à feu vif pour leur faire rendre leur eau. Arrosez-les ensuite de 1 cuillerée à soupe d'huile et laissez cuire 10 minutes. Salez et poivrez.

3. Disposez les salades sur un plat. Posez dessus les langoustines et les girolles.

4. Mélangez le reste de l'huile, la sauce soja et le jus de citron. Arrosez le contenu du plat avec cette sauce. Servez froid.

Salade de langoustines aux légumes croquants

Préparation : 25 mn
Cuisson : 40 mn

Pour 4 personnes
16 langoustines
1 sachet de court-bouillon pour poisson
400 g de haricots verts fins
1 chou-fleur
4 cuillerées à soupe d'huile d'olive
1 cuillerées à soupe de basilic ciselé
1 dosette de safran
Sel

1. Mettez le basilic dans l'huile d'olive. Laissez mariner pendant que vous faites cuire les langoustines et les légumes.

2. Préparez le court-bouillon selon le mode d'emploi. Chauffez-le jusqu'à ébullition. Plongez-y les langoustines pendant 5 minutes. Égouttez-les, décortiquez-les. Gardez 3 cuillerées à soupe de court-bouillon.

3. Détaillez le chou-fleur en bouquets. Lavez-les. Mettez-les dans une casserole. Couvrez d'eau froide, salez. Chauffez à feu vif. Laissez cuire 12 minutes à partir de l'ébullition. Égouttez.

4. Effilez les haricots. Lavez-les. Jetez-les dans 1 litre d'eau en ébullition. Ne couvrez pas. Égouttez au bout de 8 minutes de cuisson. Salez à mi-cuisson.

5. Disposez les légumes et les langoustines dans un plat.

6. Délayez le safran dans les 3 cuillerées de court-bouillon. Versez sur le contenu du plat. Arrosez d'huile au basilic. Servez froid.

Salade de langoustines au riz

Préparation : 15 mn
Cuisson : 25 mn

Pour 4 personnes
16 langoustines
150 g de riz
2 tomates
1 poivron
1 cuillerée à soupe d'huile
8 olives noires dénoyautées
8 olives vertes dénoyautées
80 g d'amandes effilées
1 bol de mayonnaise
Sel, poivre, cerfeuil

1. Faites cuire le riz 15 minutes à l'eau bouillante salée. Égouttez.

2. Plongez les langoustines 5 minutes dans de l'eau salée en ébullition. Égouttez-les et décortiquez-les.

3. Coupez le poivron en lanières. Faites-les revenir 5 minutes dans l'huile en remuant. Salez et poivrez.

4. Coupez les tomates en quartiers.

5. Mettez le riz dans un plat. Disposez dessus les langoustines, le poivron, les tomates, les olives et les amandes. Assaisonnez avec la mayonnaise et décorez de cerfeuil.

Salade de lotte aux asperges

Préparation : 25 mn
Cuisson : 35 mn

Pour 4 personnes
800 g de filet de lotte
1 sachet de court-bouillon
150 g de riz
12 asperges vertes
200 g de girolles
1/2 poivron vert
1/2 poivron rouge
1/2 concombre
1 laitue
3 tomates
6 cuillerées d'huile
1 dosette de safran
Sel, poivre

1. Nettoyez les girolles. Mettez-les dans une casserole sur feu vif pour leur faire rendre leur eau. Ajoutez alors 1 cuillerée d'huile et du sel. Laissez cuire 7 à 8 minutes en remuant.

2. Faites cuire le riz 15 minutes à l'eau bouillante salée. Égouttez.

3. Préparez le court-bouillon. A ébullition, plongez-y la lotte. Égouttez au bout de 15 minutes de cuisson et coupez en morceaux.

4. Nettoyez les asperges. Cuisez-les 10 minutes à la vapeur.

5. Coupez les poivrons en lamelles. Faites-les revenir dans 2 cuillerées d'huile, environ 5 minutes. Salez.

6. Pelez le concombre. Émincez-le.

7. Pelez les tomates ; détaillez la chair en petits dés. Faites cuire 10 minutes à feu doux avec du sel et du poivre. Ajoutez l'huile et le safran.

8. Disposez le riz, le poisson et les légumes sur un lit de feuilles de laitue. Arrosez avec la sauce tomate. Servez froid.

Salade marine de printemps

Préparation : 45 mn
Cuisson : 20 mn

Pour 4 personnes
4 noix de coquilles Saint-Jacques
12 crevettes décortiquées
4 petits calamars
12 moules
8 praires
1 petit pot d'œufs de saumon

1. Faites ouvrir les moules à feu vif. Vous pouvez les décoquiller ou les présenter dans leurs coquilles.

2. Nettoyez les calamars. Coupez-les en morceaux. Mettez-les à revenir 10 minutes dans l'huile. Égouttez-les.

3. Nettoyez les noix de saint-jacques. Mettez-les dans une casserole avec 1/2 verre d'eau, du sel et du poivre. Chauffez jusqu'à ébullition. Laissez cuire 5 minutes et égouttez.

1 botte de radis
1 cuillerée à soupe d'huile
Feuilles de salade
1 bol de mayonnaise
1 cuillerée à café de moutarde
1 cuillerée à dessert de concentré de tomate
1 cuillerée à café de vinaigre
Sel, poivre

4. Ouvrez les praires. Vous pouvez les décoquiller ou les présenter telles quelles.

5. Nettoyez les radis. Fendez-les en forme de fleur.

6. Lavez les feuilles de salade. Mettez-les sur un plat. Disposez dessus les saint-jacques, les crevettes, les moules, les calamars, les praires et les radis. Décorez d'œufs de saumon.

7. Mélangez à la mayonnaise la moutarde, le concentré de tomate, le vinaigre. Battez au fouet électrique. Servez cette sauce avec la salade marine.

Salade de morue aux févettes

Préparation : 25 mn
Dessalage : 24 h
Cuisson : 25 mn

Pour 4 personnes

800 g de morue salée
3 tomates
750 g de petites fèves
3 jaunes d'œufs durs
2 cuillerées à soupe de vinaigre
2 cuillerées à soupe de ciboulette ciselée
1 verre d'huile d'olive
Sel, poivre
Persil

1. Faites tremper la morue pendant 24 heures en renouvelant l'eau.

2. Plongez la morue dans de l'eau à faible ébullition. Laissez cuire 15 minutes à petit feu. Égouttez et coupez en morceaux.

3. Écossez les fèves et enlevez leur première peau. Faites-les cuire 10 minutes à grande eau bouillante salée. Égouttez.

4. Mettez-les sur un plat avec la morue et les tomates coupées en quartiers.

5. Mixez les jaunes d'œufs avec le vinaigre, l'huile, du sel, du poivre et la ciboulette.

6. Servez cette sauce avec la salade de morue. Parsemez de feuilles de persil plat.

Salade de moules

Préparation : 30 mn
Cuisson : 1 h 10

Pour 6 personnes
2 l de moules nettoyées
250 g de flageolets
3 tomates
3 cuillerées à soupe d'huile
1 cuillerée à soupe de vinaigre
3 cuillerées à soupe de crème fraîche
Sel, poivre

1. Cuisez les flageolets 1 heure à grande eau bouillante. Salez à mi-cuisson. Égouttez.

2. Faites ouvrir les moules dans une casserole que vous agitez sur feu vif. Décortiquez-les.

3. Préparez une vinaigrette en mélangeant huile, vinaigre, sel et poivre. Ajoutez la crème.

4. Mélangez moules et flageolets. Assaisonnez avec la vinaigrette. Décorez avec les rondelles de tomate.

Salade de moules à la crème aillée

Préparation : 30 mn
Cuisson : 20 mn

Pour 4 personnes
2 l de moules
150 g de riz
1 œuf
1 petit concombre
120 g de petits pois en conserve
80 g de maïs en grains en conserve
1 pamplemousse
80 g de crème fraîche
6 gousses d'ail
3 cuillerées à soupe d'huile
Le jus de 1/2 citron
Sel, poivre

1. Cuisez le riz 15 minutes à l'eau bouillante salée. Égouttez.

2. Nettoyez les moules. Faites-les ouvrir à feu vif.

3. Faites cuire l'œuf pendant 10 minutes à l'eau bouillante salée. Passez-le sous l'eau froide puis épluchez-le ; coupez-le en quatre.

4. Épluchez le pamplemousse. Détachez les tranches. Retirez la peau et les graines.

5. Pelez le concombre. Émincez-le en tranches. Coupez-le en deux.

6. Pelez les gousses d'ail. Détaillez-les en petits morceaux. Faites-les dorer 1 minute à la poêle dans 1 cuillerée à soupe d'huile.

7. Mélangez en battant la crème, le reste de l'huile, le jus de citron, l'ail, du sel et du poivre.

8. Disposez le riz, les moules, les légumes et le pamplemousse sur un plat. Servez froid ou tiède avec la sauce à la crème aillée.

Salade de moules et de pommes de terre

Préparation : 20 mn
Cuisson : 25 mn

Pour 4 personnes

1,5 l de moules nettoyées
4 pommes de terre
1/2 verre de vin blanc
3 cuillerées à soupe d'huile
1 cuillerée à soupe de vinaigre
1 cuillerée à dessert de moutarde
2 cuillerées à soupe de crème fraîche
1 cuillerée à soupe de fines herbes hachées
Sel, poivre

1. Faites cuire les pommes de terre 25 minutes à l'eau bouillante salée. Égouttez-les. Laissez-les tiédir.

2. Pendant ce temps, mettez les moules dans une casserole sur feu vif, avec du sel et du poivre. Faites-les sauter pour les faire ouvrir. Décoquillez-les.

3. Pelez les pommes de terre tièdes. Coupez-les en rondelles. Mettez-les dans un saladier avec les moules.

4. Préparez une sauce en mélangeant huile, vinaigre, moutarde, crème, fines herbes, sel et poivre. Assaisonnez les moules et les pommes de terre avec cette sauce.

Salade plein sud

Préparation : 15 mn

Pour 6 personnes

1 petite romaine
2 avocats
2 oranges
100 g de crevettes décortiquées
3 cuillerées de rhum vieux
4 cuillerées à soupe d'huile
Le jus de 1 citron
1/2 cuillerée à café de moutarde
Quelques olives noires
Sel, poivre

1. Dans un grand saladier, disposez les feuilles de romaine lavées et égouttées, les avocats et les oranges épluchées à vif et coupées en rondelles, ainsi que les crevettes décortiquées.

2. Préparez la sauce en mélangeant la moutarde, du sel, du poivre, le jus de citron, le rhum et l'huile.

3. Arrosez la salade avec cette sauce. Décorez avec des olives noires et servez aussitôt. Si cette salade doit attendre un peu, citronnez les avocats afin qu'ils ne noircissent pas.

Salade de poisson

Préparation : 20 mn
Cuisson : 15 mn

Pour 6 personnes
1 paquet de filets de poisson surgelés
6 tomates
4 œufs
3 poivrons verts
2 oignons
1 sachet de court-bouillon instantané
1 boîte de filets d'anchois
8 cuillerées à soupe d'huile
2 cuillerées à soupe de vinaigre de xérès
1 cuillerée à soupe de moutarde forte
Sel, poivre

1. Préparez le court-bouillon selon le mode d'emploi. Quand il commence à bouillir, plongez-y les filets de poisson encore gelés. Faites-les cuire pendant 5 minutes dans le bouillon à peine frémissant.

2. Faites durcir les œufs en les cuisant pendant 10 minutes dans l'eau bouillante salée. Laissez refroidir. Coupez les œufs en tranches.

3. Lavez et pelez les tomates après les avoir plongées 2 minutes dans l'eau bouillante. Coupez-les en rondelles.

4. Lavez et épépinez les poivrons. Coupez-les en lamelles.

5. Épluchez et lavez les oignons. Émincez-les.

6. Ouvrez la boîte de filets d'anchois.

7. Répartissez tous ces ingrédients dans de petites coupes individuelles.

8. Préparez la vinaigrette avec l'huile, le vinaigre et la moutarde. Salez et poivrez. Versez-la sur la salade.

Salade de printemps au thon

Préparation : 10 mn

Pour 6 personnes
400 g de thon au naturel
1 boîte de haricots verts en conserve
1/2 botte de radis
1 laitue
2 cuillerées à soupe de câpres
3 branches de ciboulette
1 tasse de vinaigrette

1. Épluchez, lavez et égouttez la laitue.

2. Lavez les radis et coupez-les en rondelles.

3. Lavez et hachez la ciboulette.

4. Ouvrez la boîte de thon. Égouttez et divisez-le en morceaux assez minces.

5. Dans un saladier, disposez les feuilles de laitue, les haricots verts égouttés et rincés, les morceaux de thon et les rondelles de radis. Saupoudrez de câpres et de ciboulette hachée. Arrosez de vinaigrette. Servez bien frais.

Salade de queues d'écrevisses

Préparation : 40 mn
Cuisson : 15 mn

Pour 4 personnes
20 écrevisses
2 jaunes d'œufs
1 sachet de court-bouillon
Paprika, muscade
1 petit verre de cognac
1 cuillerée à soupe de sauce anglaise
2 cuillerées à soupe de coulis de tomate
25 cl d'huile
100 g de crème fraîche
Pelures de truffes
Cerfeuil, estragon

1. Faites cuire les écrevisses pendant 15 minutes dans un court-bouillon assez relevé. Décortiquez et laissez-les mariner 30 minutes dans une sauce faite avec les jaunes d'œufs, 1 cuillerée à soupe de paprika, 1 pincée de muscade râpée, le cognac, la sauce anglaise et le coulis de tomate épicé. Battez avec l'huile et mettez la crème fraîche.

2. Mélangez les queues avec la sauce parsemée d'un hachis grossier de truffes, de cerfeuil et d'estragon hachés, et servez.

Salade de raie tiède à la mayonnaise tartare

Préparation : 20 mn
Cuisson : 10 mn

Pour 4 personnes
2 grosses ou 4 petites ailes de raie
1 bouquet garni
1 bol de mayonnaise
1 cuillerée à soupe de câpres
3 cornichons
1 cuillerée à soupe de fines herbes hachées
1 cuillerée à dessert de vinaigre
Sel, poivre
Feuilles de salade

1. Préparez la sauce : coupez les cornichons en petits dés. Incorporez-les à la mayonnaise ainsi que les câpres, le vinaigre et les fines herbes. Poivrez au moulin.

2. Lavez et essorez les feuilles de salade ; disposez-les sur un plat.

3. Coupez les « barbes » des ailes de raie avec des ciseaux. Passez les poissons sous l'eau froide.

4. Plongez-les dans 2 litres d'eau en ébullition contenant sel, poivre et bouquet garni. Arrêtez la cuisson au bout de 10 minutes. Laissez encore 5 minutes dans l'eau avant d'égoutter.

5. Posez les ailes de raie sur la salade. Servez tiède avec la mayonnaise tartare.

Salade de riz aux moules

Préparation : 30 mn
Cuisson : 30 mn

Pour 4 personnes
200 g de riz
12 crevettes
1 boîte de 250 g de petits pois
1 l de moules
1 verre 1/2 d'huile
1 œuf
50 g de beurre
Sel, poivre

1. Lavez et nettoyez soigneusement les moules.

2. Dans une casserole sur feu vif, faites chauffer le beurre et mettez-y les moules. Ne salez pas mais poivrez légèrement. Secouez la casserole pendant la cuisson (7 à 8 minutes). La chaleur fait ouvrir les coquilles.

3. Retirez les moules de leurs coquilles. Décortiquez les crevettes. Ouvrez la boîte de petits pois, égouttez-les.

4. Faites cuire le riz pendant 15 à 20 minutes à grande eau bouillante salée. Égouttez-le. Laissez-le refroidir.

5. Préparez une mayonnaise : séparez le blanc et le jaune de l'œuf. Mettez le jaune dans un bol avec du sel fin. Versez l'huile en très petit filet en tournant sans arrêt avec une cuiller en bois.

6. Mélangez riz, petits pois, moules. Assaisonnez avec la mayonnaise. Mélangez et décorez avec les crevettes. Servez froid.

Salade de thon aux champignons

Préparation : 20 mn

Pour 6 personnes
300 g de thon au naturel
250 g de champignons de Paris
3 carottes moyennes
Le jus de 1 citron
Persil, cerfeuil
1 petite tasse de vinaigrette

1. Épluchez, lavez, râpez les carottes. Arrosez-les d'un peu de jus de citron pour les empêcher de noircir.

2. Coupez le pied terreux des champignons. Lavez-les rapidement et séchez-les. Coupez-les en lamelles minces. Arrosez du restant de jus de citron.

3. Ouvrez la boîte de thon. Égouttez-le. Divisez-le en petits morceaux.

4. Mettez tous les ingrédients dans un saladier. Saupoudrez de persil et de cerfeuil hachés. Arrosez de vinaigrette. Mélangez et servez froid.

Salade de thon au curry

Préparation : 20 mn

Pour 6 personnes
400 g de thon au naturel
1 belle romaine
100 g de raisins secs
2 pommes reinettes moyennes
Le jus de 1 citron
1 cuillerée à café de curry
1 tasse de mayonnaise

1. Ouvrez la boîte de thon. Égouttez-le et divisez-le en gros morceaux.

2. Lavez et séchez les feuilles de salade.

3. Épluchez les pommes, coupez-les en minces lamelles. Arrosez-les de jus de citron pour éviter qu'elles ne noircissent.

4. Dans un saladier, disposez les feuilles de salade, les morceaux de thon, les raisins secs et les lamelles de pommes. Mélangez le tout.

5. Ajoutez le curry à la mayonnaise.

6. Mêlez la mayonnaise à la salade juste avant de servir.

Salade de thon au fromage

Préparation : 20 mn

Pour 6 personnes
400 g de thon au naturel
1 laitue moyenne
80 g de roquefort
1 ou 2 branches de céleri
4 cuillerées à soupe de crème fraîche
1 cuillerée à soupe de vinaigrette
Sel, poivre

1. Ouvrez la boîte de thon, égouttez-le et divisez-le en morceaux moyens.

2. Épluchez, lavez et séchez la salade.

3. Épluchez les branches de céleri. Lavez-les et coupez les parties tendres en lamelles.

4. Dans un bol, écrasez avec une fourchette le roquefort et la crème fraîche pour obtenir une pâte bien lisse. Poivrez et ajoutez le vinaigre. Mélangez. Salez si nécessaire.

5. Dans un saladier, disposez les feuilles de salade, les morceaux de thon et les lamelles de céleri. Ajoutez la sauce au roquefort. Mélangez et servez frais.

Salade tropicale

Préparation : 20 mn

Pour 6 personnes
1 boîte de maïs en grains
6 tranches d'ananas
1 poivron rouge
1 poivron vert
1 boîte de thon à l'huile
6 cuillerées à soupe d'huile
Le jus de 2 citrons
Sel, poivre

1. Égouttez les grains de maïs.

2. Coupez en six chaque tranche d'ananas.

3. Détaillez les poivrons en dés après avoir enlevé les queues et les graines.

4. Préparez un assaisonnement avec l'huile, le jus de citron, du sel et du poivre. Ajoutez l'huile du thon et mélangez le tout.

5. Mettez dans un saladier le maïs, l'ananas, les poivrons et le thon. Arrosez avec la sauce. Mélangez. Servez bien frais.

Sardines au barbecue

Préparation : 10 mn
Cuisson : 10 mn

Pour 6 personnes
12 belles sardines
2 cuillerées à soupe d'huile

1. Videz les sardines, lavez-les, épongez soigneusement. Badigeonnez d'huile sur les deux faces.

2. Placez les sardines sur le gril. Faites griller 5 minutes sur une face, retournez délicatement, laissez griller sur l'autre face 5 minutes.

3. Servez immédiatement avec une garniture de tomates provençales.

Sardines à la boulangère

Préparation : 25 mn
Cuisson : 35 mn

Pour 6 personnes
18 sardines
1,5 kg de pommes de terre
4 oignons
1 verre de vin blanc sec
1/2 verre d'huile
2 gousses d'ail
Persil
Thym
Sel, poivre

1. Nettoyez les sardines. Coupez les têtes. Essuyez les poissons.

2. Épluchez les pommes de terre et les oignons. Coupez-les en rondelles. Versez l'huile dans une cocotte et faites blondir les légumes. Lorsqu'ils ont pris une jolie couleur, ajoutez le thym effeuillé, le vin blanc sec. Salez et poivrez. Couvrez avec un peu d'eau de façon que les légumes soient juste recouverts.

3. Posez les sardines sur le lit de pommes de terre. Couvrez et faites cuire à feu doux pendant 20 minutes.

4. Au dernier moment, ajoutez l'ail émincé et le persil haché.

Sardines au chou

Préparation : 20 mn
Cuisson : 35 mn

Pour 6 personnes
1 chou vert moyen
200 g environ de sardines à l'huile
1 tasse de mie de pain rassis
1 oignon moyen
2 jaunes d'œufs
Lait
Sel

1. Nettoyez et lavez le chou. Réservez 6 belles feuilles. Faites-les cuire 10 minutes à l'eau bouillante salée. Égouttez-les, posez-les bien à plat et ôtez, si nécessaire, la côte centrale.

2. D'autre part, mettez le pain à tremper dans du lait.

3. Ouvrez la boîte de sardines. Égouttez-les et passez-les au mixer ou au moulin à légumes.

4. Épluchez, lavez et hachez l'oignon.

5. Égouttez et pressez le pain. Ajoutez-le au hachis de sardines. Ajoutez encore l'oignon haché et les jaunes d'œufs.

6. Disposez cette farce au milieu des feuilles de chou. Faites un petit paquet et ficelez-le.

7. Disposez les feuilles roulées dans une cocotte. Ajoutez un peu d'eau. Couvrez, faites cuire à feu moyen 35 minutes. Égouttez avant de servir chaud.

Sardines en escabèche

Préparation : 15 mn
Cuisson : 20 mn

Pour 4 personnes
1 kg de sardines
2 piments oiseaux
2 cuillerées à soupe de vinaigre de vin
2 cuillerées à café de paprika
1 cuillerée à soupe de cumin en poudre
2 verres d'huile d'arachide pour la friture
6 gousses d'ail
Sel, poivre

1. Nettoyez les sardines. Coupez la tête, videz les entrailles en incisant le ventre au couteau pointu. Lavez à l'eau fraîche, séchez avec du papier absorbant. Salez et poivrez.

2. Dans une poêle profonde, mettez l'huile, faites-la chauffer. Quand elle est bien chaude, faites frire les sardines sur les deux faces en retournant délicatement à la spatule. Dès que les sardines sont dorées, retirez-les de l'huile, placez-les dans un plat creux.

3. Maintenez l'huile de la poêle sur feu moyen, jetez-y l'ail écrasé, le paprika, le cumin, les piments et salez. Laissez chauffer 2 minutes. Retirez la poêle du feu. Ajoutez le vinaigre.

4. Nappez les sardines avec cette sauce. Laissez refroidir.

Sardines farcies à la sicilienne

Préparation : 20 mn
Cuisson : 30 mn

Pour 4 personnes
8 grosses sardines
1 verre 1/2 d'huile d'olive
1 jaune d'œuf
1 tube de crème d'anchois
25 g d'amandes en poudre
12 feuilles de laurier
1 petite poignée de mie de pain
Sel, poivre

1. Dans un bol, mettez la mie de pain avec 3 cuillerées à soupe d'huile d'olive.

2. Lavez les sardines et essuyez-les avec du papier absorbant, de façon à retirer les écailles. Coupez les queues et ouvrez-les sur toute leur longueur du côté du ventre. Enlevez la tête de chaque poisson en entraînant l'arête centrale.

3. Mélangez la mie de pain trempée d'huile avec les amandes en poudre et la crème d'anchois. Ajoutez le jaune d'œuf, du sel et du poivre. Mélangez pour obtenir une farce.

4. Mettez 1 cuillerée de cette farce sur chaque sardine bien ouverte et posée à plat. Roulez les sardines en enfermant la farce à la façon de paupiettes et mettez-les dans un plat allant au four ; placez entre chacune d'elles 1 feuille de laurier.

5. Arrosez avec le restant de l'huile d'olive et faites cuire à four très chaud (th. 9) pendant 30 minutes. Servez chaud ou froid.

Sardines gratinées

Préparation : 20 mn
Cuisson : 10 mn

Pour 6 personnes

1 kg de sardines
2 citrons
1 verre de vin blanc
Quelques cuillerées à soupe d'huile
Quelques brins de thym
Chapelure
Persil haché
Sel, poivre

1. Écaillez, videz et supprimez la tête des sardines. Rincez et égouttez-les.

2. Pressez le jus de 1/2 citron et coupez le reste du citron en tranches.

3. Dans un plat à gratin huilé, rangez les brins de thym et les tranches de citron ; disposez les sardines par-dessus et assaisonnez fortement de sel et de poivre. Mouillez avec le vin blanc et l'huile, saupoudrez de chapelure et de persil haché.

4. Mettez à cuire 10 minutes à four chaud (th. 7-8). Arrosez de temps en temps pendant la cuisson.

Sardines grillées au lard fumé

Préparation : 5 mn
Marinade : 1 h
Cuisson : 8 mn

Pour 6 personnes

800 g de sardines
1 verre d'huile d'olive
1 sachet de poitrine fumée en tranches fines
2 tomates moyennes
2 œufs
Thym, romarin
Sel, poivre

1. Faites durcir les œufs. Laissez-les refroidir.

2. Videz, lavez, essuyez les sardines. Faites-les mariner pendant 1 heure avec l'huile d'olive et les herbes. Égouttez-les bien.

3. Enroulez chaque sardine dans 1/2 tranche de lard fumé. Arrosez de marinade.

4. Faites griller au barbecue ou au four, 4 minutes de chaque côté. Salez et poivrez.

5. Disposez dans un plat. Garnissez avec les tomates et les œufs durs coupés en rondelles.

Sardines à la madrague

Préparation : 20 mn
Cuisson : 5 à 6 mn

Pour 6 personnes
1 kg de sardines
5 à 6 gousses d'ail hachées
2 cuillerées à soupe de persil haché
1 petite boîte de concentré de tomate
1 cuillerée à soupe bombée de sucre semoule
1 verre d'eau
1 cuillerée à soupe d'huile d'olive
Basilic (frais ou en poudre)
Sel, poivre

1. Écaillez les sardines, enlevez la tête et l'arête centrale.

2. Mélangez intimement les hachis d'ail et de persil.

3. Disposez un peu de hachis à l'intérieur de chaque sardine et refermez.

4. Posez les sardines sur un gril double, très chaud et huilé. Faites cuire rapidement sur les deux faces, 6 minutes en tout.

5. Préparez la sauce en mélangeant concentré de tomate, eau, sucre, basilic haché ou en poudre, sel, poivre, huile d'olive. Portez à ébullition.

6. Disposez les sardines grillées sur un plat chaud et arrosez avec la sauce brûlante.

Sardines en marinade

Préparation : 20 mn
Marinade : 2 h

Pour 4 personnes
8 grosses sardines
3 cuillerées à soupe d'huile d'olive
Le jus de 1 citron
2 feuilles de laurier
2 feuilles de basilic
8 tranches de baguette
1 gousse d'ail
Sel
Persil

1. Lavez les sardines sous le jet du robinet, en les faisant glisser entre vos doigts pour enlever la peau. Coupez les têtes et les queues. Ouvrez les poissons sur toute leur longueur côté ventre, videz-les en enlevant les arêtes centrales. Rincez les sardines et épongez-les.

2. Rangez-les côte à côte dans un plat creux. Salez-les.

3. Émiettez les feuilles de laurier et hachez grossièrement celles de basilic. Parsemez les sardines de ces herbes. Arrosez-les de l'huile et du jus de citron. Mettez dans le réfrigérateur pendant 2 heures. Retournez les sardines deux ou trois fois dans leur marinade. Servez froid décoré de persil, et accompagné de petites tranches de baguette passées au four et frottées d'ail.

Sardines au paprika

Préparation : 20 mn
Cuisson : 25 mn

Pour 6 personnes
1 kg de sardines
25 cl d'huile
1 verre de vin blanc sec
100 g de farine
1 oignon
4 gousses d'ail
1 cuillerée à soupe de ketchup
1 cuillerée à café de paprika
1 pointe de couteau de piment de Cayenne
Sel, poivre

1. Videz, lavez, essuyez les sardines. Passez-les dans la farine.

2. Faites-les frire à la poêle dans la moitié de l'huile, 5 minutes de chaque côté. Salez et poivrez.

3. Disposez les sardines frites dans un plat creux. Tenez au chaud.

4. Épluchez et hachez l'ail et l'oignon. Faites revenir dans le restant de l'huile. Ajoutez 1 bonne cuillerée à soupe de farine, le paprika, le piment de Cayenne et le ketchup. Mouillez avec le vin blanc et 1 verre d'eau. Laissez mijoter 10 minutes.

5. Nappez les sardines avec la sauce et servez bien chaud.

Sardines au romarin

Préparation : 20 mn
Cuisson : 10 mn

Pour 6 personnes
12 belles sardines
12 branchettes de romarin
3 citrons
Sel, poivre

1. Nettoyez et videz les sardines. Assaisonnez l'intérieur de sel et de poivre.

2. Mettez dans chaque poisson 1 branchette de romarin.

3. Faites cuire sur le gril pendant 5 minutes de chaque côté. Servez avec des quartiers de citron.

On peut aussi badigeonner les sardines d'un peu d'huile d'olive mais ce n'est pas indispensable pour la cuisson au barbecue, ce poisson ayant une chair très grasse.

Sardines à la russe

Préparation : 10 mn
Cuisson : 10 mn

Pour 4 personnes
12 sardines fraîches
1 verre de vin blanc
Le jus de 1 citron
1 cuillerée à soupe de moutarde forte
Sel, poivre

1. Nettoyez les sardines sans en enlever la tête ni la queue.

2. Mettez le vin blanc dans une casserole. Faites-le chauffer et, au moment où il va commencer à bouillir, mettez-y les sardines. Laissez-les cuire pendant 10 minutes dans le liquide à peine frémissant.

3. Enlevez la casserole du feu, prenez les sardines avec l'écumoire en faisant attention de ne pas les briser et rangez-les dans un plat.

4. Versez dans le bouillon de cuisson la moutarde, le jus de citron. Salez et poivrez. Mélangez bien le tout.

5. Versez cette sauce sur les sardines que vous pouvez servir tièdes ou froides.

Sardines à la savoyarde

Préparation : 20 mn
Cuisson : 40 mn

Pour 4 personnes
8 grosses sardines
4 grosses pommes de terre
150 g de beurre
2 cuillerées à soupe d'huile d'olive
50 g de parmesan râpé
50 g de fromage blanc
Sel, poivre

1. Étêtez, videz et désarêtez les sardines. Écaillez-les en les essuyant avec du papier absorbant. Mettez-les dans un plat à four. Salez et poivrez. Arrosez d'huile.

2. Faites cuire les pommes de terre, avec leur peau, 25 à 30 minutes. Épluchez-les et coupez-les en rondelles épaisses.

3. Faites cuire les sardines 10 minutes au four (th. 7) et mettez les pommes de terre à dorer à la poêle dans 70 grammes de beurre.

4. Mélangez les fromages. Faites chauffer avec le reste du beurre, à feu doux, en remuant, pendant 3 minutes.

5. Pour servir, disposez sardines et pommes de terre en couches alternées et arrosez avec la sauce au fromage.

Sardines à la valencienne

Préparation : 10 mn
Cuisson : 25 mn

Pour 4 personnes
8 sardines à l'huile
4 cuillerées à soupe de riz
2 tomates
1 gros oignon
250 g de petits pois fins
1 poivron
1 gousse d'ail
2 cuillerées à soupe d'huile
Quelques olives noires
Sel

1. Faites chauffer de l'eau dans une grande casserole, mettez-y 1 cuillerée à café de sel fin et jetez-y le riz. Laissez cuire 15 minutes et versez-le dans une passoire. Étalez-le dans un plat.

2. Pendant la cuisson du riz, coupez en rondelles les tomates, l'oignon et le poivron.

3. Faites chauffer l'huile dans une poêle et ajoutez-y le poivron, les tomates, l'oignon, les petits pois, les olives et la gousse d'ail. Laissez cuire à feu doux 10 à 15 minutes.

4. Sur le riz étalé dans le plat, disposez tous les légumes. Ouvrez la boîte de sardines, alignez-les sur le riz. Arrosez le tout avec l'huile des sardines et faites chauffer 6 minutes sous le gril du four. Servez dans le plat de cuisson.

Saumon en aumônière de chou

Préparation : 10 mn
Marinade : 4 h
Cuisson : 25 mn

Pour 4 personnes
4 filets de saumon de 140 g chacun
1 verre de vin blanc sec
4 grandes feuilles de chou
60 g de beurre
100 g de champignons
1 gros oignon
2 branchettes de thym
Sel, poivre

1. Faites mariner le saumon pendant 4 heures dans le vin blanc avec le thym, du sel et du poivre.

2. Nettoyez et hachez les champignons. Pelez et hachez l'oignon. Faites revenir ensemble 5 minutes, dans 25 grammes de beurre.

3. Plongez les feuilles de chou 5 minutes dans de l'eau salée en ébullition. Égouttez-les. Posez-les à plat. Répartissez sur les feuilles le hachis champignons-oignon. Posez dessus les filets de saumon égouttés de leur marinade. Refermez les feuilles sur le poisson. Rangez ces papillotes dans un plat allant au four. Parsemez avec le reste du beurre. Couvrez de papier aluminium. Faites cuire au four (th. 7) pendant 20 minutes.

Saumon au beurre rouge

Préparation : 15 mn
Cuisson : 20 mn

Pour 4 personnes
4 filets de saumon de 180 g avec la peau
200 g de champignons de Paris
180 g de beurre
6 échalotes
25 cl de bordeaux rouge
20 g de farine
Sel, poivre

1. Nettoyez les champignons et émincez-les finement. Faites-les sauter à la poêle, dans 30 grammes de beurre, pendant 10 minutes. Salez et poivrez.

2. Pelez et émincez les échalotes. Mettez-les dans une petite casserole avec le vin rouge. Chauffez et laissez bouillir à petit feu sans couvrir jusqu'à réduction des deux tiers du liquide. Salez et poivrez.

3. Écrasez ensemble à la fourchette la farine et 30 grammes de beurre. Incorporez ce beurre manié à la réduction de vin. Laissez bouillir 2 minutes, puis ajoutez le reste du beurre coupé en morceaux. Battez au fouet et tenez au bain-marie.

4. Faites cuire les filets de saumon dans une poêle antiadhésive, sur le côté peau, pendant 5 minutes. Salez. Servez avec le beurre rouge.

Saumon braisé

Préparation : 20 mn
Cuisson : 40 mn

Pour 4 personnes
1 saumon de 1,5 kg environ
1 carotte
4 échalotes
1 bouquet garni
1 barde de lard
20 cl de vin blanc
100 g de beurre
Sel, poivre

1. Videz, lavez et essuyez le poisson, assaisonnez-le, puis bardez-le de lard.

2. Dans une cocotte longue ou, mieux, une poissonnière, faites revenir les échalotes et la carotte coupée en rondelles dans 25 grammes de beurre ; mouillez avec le vin et ajoutez le bouquet garni. Disposez le saumon par-dessus et couvrez.

3. Laissez mijoter 30 minutes en arrosant fréquemment le poisson.

4. Disposez le saumon sur un plat de service, dépouillez-le de sa peau et de la barde ; maintenez au chaud.

5. Filtrez la sauce puis faites-la réduire à feu vif quelques minutes ; battez-la ensuite au fouet en lui incorporant au fur et à mesure les 75 grammes de beurre restants. Nappez le poisson avec la sauce et servez.

Saumon braisé au champagne

Préparation : 15 mn
Cuisson : 1 h

Pour 6 personnes

2 kg de saumon
1 oignon
1 carotte
1 bouquet garni
75 g de beurre
40 cl de crème fraîche
200 g de lard gras
1 bouteille de champagne

1. Enlevez la peau du saumon. Coupez le lard en bâtonnets et piquez le saumon comme un rôti. Mettez-le dans une cocotte avec le champagne, 5 verres d'eau, la carotte, l'oignon, le bouquet garni et 25 grammes de beurre. Couvrez d'un papier d'aluminium, portez à ébullition et laissez cuire au four pendant 40 à 45 minutes en arrosant de temps en temps.

2. Placez le saumon sur un plat et tenez-le au chaud à l'entrée du four.

3. Filtrez le jus de cuisson et faites-le réduire des quatre cinquièmes sur feu doux ; ajoutez la crème ; laissez encore réduire jusqu'à obtenir une sauce onctueuse et, hors du feu, incorporez-y le restant du beurre. Nappez légèrement le saumon de sauce et versez le restant en saucière.

Saumon cru aux oignons marinés

Préparation : 25 mn
Marinade : 24 h

Pour 4 personnes

800 g de filets de saumon
8 cuillerées à soupe d'huile d'olive
1 cuillerée à soupe de grains de poivre rose
3 citrons
100 g de caviar
6 gros oignons blancs
2 cuillerées à soupe de vinaigre
Persil haché
Gros sel

1. Salez le saumon au gros sel. Faites-le mariner avec 4 cuillerées d'huile, le jus de 1 citron et les grains de poivre, pendant 24 heures, au réfrigérateur.

2. Pelez et émincez les oignons en fines rondelles. Coupez de même 2 citrons. Mettez dans un saladier avec le reste de l'huile, le vinaigre et le sel. Remuez. Laissez macérer 24 heures à température ambiante.

3. Avant de servir, épongez les oignons avec du papier absorbant. Émincez le saumon en tranches fines. Disposez-les sur un plat. Parsemez de persil haché. Accompagnez du caviar et des oignons marinés.

Saumon aux épinards

Préparation : 15 mn
Marinade : 1 h
Cuisson : 10 mn

Pour 4 personnes

4 tranches de saumon de 200 g chacune
40 g de farine
80 g de beurre
Le jus de 1 citron
2 pincées d'origan séché
500 g d'épinards
4 petites tomates
Sel, poivre
80 g de crème aigre

1. Préparez une marinade avec 60 grammes de beurre fondu, le jus de citron, l'origan, du sel et du poivre. Versez-la sur les tranches de saumon et laissez reposer 1 heure à température ambiante.

2. Préparez la sauce 10 minutes environ avant de cuire le saumon : chauffez la crème aigre jusqu'à ébullition. Ajoutez 1 cuillerée à soupe de farine, maniée avec 20 grammes de beurre. Salez et poivrez. Laissez cuire à feu doux 3 minutes, en remuant.

3. Faites cuire les tranches de saumon au gril, à feu vif, 3 minutes de chaque côté. Servez avec la sauce. Accompagnez de petites tomates grillées et de feuilles d'épinards blanchies et sautées au beurre.

Saumon à la fondue de poireaux

Préparation : 15 mn
Cuisson : 25 mn

Pour 4 personnes

4 escalopes de saumon de 150 g chacune
4 blancs de poireaux
125 g de champignons de Paris
2 échalotes
70 g de beurre
1/2 verre de vin blanc sec
40 g de crème fraîche épaisse
Sel, poivre
Ciboulette

1. Nettoyez et émincez finement les poireaux, les champignons et les échalotes. Faites-les cuire ensemble à couvert et à feu très doux avec 30 grammes de beurre et le vin pendant 20 minutes. Salez et poivrez. En fin de cuisson, ajoutez la crème fraîche en battant légèrement avec une fourchette. Mélangez bien. Tenez au chaud.

2. Salez et poivrez les escalopes de saumon. Faites-les cuire à la poêle dans le reste du beurre, à feu vif, 4 minutes en les retournant à mi-cuisson.

3. Versez la fondue de poireaux dans un plat. Posez dessus les escalopes de saumon et décorez de brins de ciboulette.

Saumon fumé au caviar sauce raifort

Préparation : 15 mn
Marinade : 4 h

Pour 4 personnes

4 tranches épaisses de saumon fumé
60 g de caviar
2 petits oignons blancs
2 petits-suisses
2 citrons
1 cuillerée à dessert de raifort râpé
4 cuillerées à soupe de crème fraîche
1 petit concombre
Sel, poivre

1. Prélevez le zeste des citrons. Émincez-les en lamelles fines. Faites-les cuire 15 minutes dans de l'eau bouillante. Égouttez-les.

2. Pressez le jus des citrons.

3. Disposez les tranches de saumon dans un plat et arrosez-les de ce jus. Poivrez au moulin et laissez mariner pendant 4 heures.

4. Environ 15 minutes avant de servir, préparez la sauce d'accompagnement : pelez et hachez très finement les oignons blancs. Mélangez-les aux petits-suisses ; ajoutez le raifort, la crème fraîche et un peu de sel. Battez pour obtenir une sauce homogène.

5. Épluchez le concombre. Coupez-le en bâtonnets en retirant les graines.

6. Égouttez les tranches de saumon. Mettez-les dans un plat. Répartissez le caviar dessus. Garnissez avec le concombre et les zestes de citron. Servez avec la sauce au raifort.

Saumon fumé au jambon de Bayonne

Préparation : 15 mn
Marinade : 6 h

Pour 4 personnes

4 tranches très fines de saumon fumé
4 tranches très fines de jambon de Bayonne
3 cuillerées à soupe d'huile d'olive
Le jus de 1 citron
4 grains de genièvre
8 grains de poivre gris
6 oignons nouveaux
Feuilles de salade

1. Étalez les tranches de saumon dans un plat.

2. Concassez ensemble les grains de poivre et de genièvre. Saupoudrez-en les tranches de saumon. Arrosez avec l'huile et le jus de citron. Mettez dans le réfrigérateur pendant au moins 6 heures. Égouttez le poisson, mais gardez la marinade.

3. Disposez les feuilles de salade sur un plat de service. Posez dessus les tranches de saumon et de jambon de Bayonne. Arrosez avec la marinade.

4. Pelez et hachez très finement les petits oignons nouveaux. Mettez-les dans un ravier et servez en même temps que le poisson et le jambon.

Saumon en gelée

Préparation : 1 h
Réfrigération : 1 h 30
Cuisson : 50 mn

Pour 6 à 8 personnes
1 saumon de 2,5 kg

Pour le court-bouillon
800 g d'arêtes et de têtes de poissons blancs
1 l de vin blanc sec
3 oignons
2 carottes
2 clous de girofle
Le jus de 2 citrons
1 bouquet garni
6 brins de persil
Sel
10 grains de poivre

Pour la garniture
Quelques feuilles d'estragon
6 feuilles de gélatine
6 ou 8 grosses tomates
1 boîte de macédoine de légumes
6 œuf
1 grand bol de mayonnaise

1. Préparez le court-bouillon : pelez les oignons et piquez-les de clous de girofle. Nettoyez les carottes. Mettez ces légumes dans une grande poissonnière avec 1 litre d'eau froide, le vin blanc, le bouquet garni, le persil, le jus de citron, les têtes et arêtes de poissons, les grains de poivre et du sel. Faites cuire à petits bouillons 30 minutes à partir de l'ébullition. Filtrez et remettez-le dans la poissonnière rincée.

2. Attendez le refroidissement complet du court-bouillon, puis plongez-y le saumon. Chauffez doucement et faites cuire 20 minutes à tout petits frémissements. Retirez du feu et laissez le poisson dans le court-bouillon jusqu'à refroidissement complet.

3. Préparez la gelée : faites fondre les feuilles de gélatine dans un peu d'eau froide. Ajoutez 50 centilitres de court-bouillon. Placez au réfrigérateur pour que la gelée prenne, mais retirez-la quand elle est encore liquide. Mettez de côté 3 cuillerées de cette gelée. Ajoutez de la mayonnaise. Mélangez à la macédoine. Mettez au frais.

4. Égouttez le saumon. Enlevez la peau. Placez-le sur un plat de service. Décorez-le de feuilles d'estragon tout le long de l'arête. Avec un pinceau, recouvrez-le d'une couche de gelée. Mettez dans le réfrigérateur. Attendez que la gelée soit bien prise pour passer une seconde couche. Remettez au frais.

5. Préparez la garniture : faites durcir les œufs 10 minutes dans de l'eau bouillante salée. Épluchez-les. Évidez les tomates ; remplissez-les de macédoine.

6. Disposez les tomates et les œufs durs autour du saumon et conservez au froid jusqu'au moment de servir.

Saumon grillé

Préparation : 5 mn
Cuisson : 12 mn environ

Pour 6 personnes

6 tranches de saumon de 2 cm environ d'épaisseur
40 g de beurre
1 cuillerée à soupe d'huile
12 branches de persil
Le jus de 2 citrons
Sel, poivre

1. Salez et poivrez les tranches de saumon sur leurs deux faces.

2. Enduisez-les d'huile.

3. Lavez le persil et hachez les feuilles.

4. Posez les tranches de saumon sur le gril placé assez loin des braises, qui ne doivent pas être trop ardentes, et laissez cuire 12 minutes environ, en retournant à mi-cuisson. Pour servir, déposez sur chaque tranche 1 noisette de beurre, saupoudrez de persil et arrosez de jus de citron.

Saumon au jambon de Parme

Préparation : 10 mn
Cuisson : 25 mn

Pour 4 personnes

4 filets épais de saumon de 180 g chacun
4 tranches fines de jambon de Parme
4 lamelles de bacon
115 g de beurre
40 g de crème fraîche
1 cuillerée à soupe de fines herbes hachées
1 verre de sauternes
Sel, poivre

1. Salez légèrement et poivrez les filets de saumon. Enveloppez chacun dans une tranche de jambon de Parme. Rangez-les dans un plat allant au four. Arrosez avec le vin. Parsemez de 50 grammes de beurre coupé en petits morceaux. Faites cuire 20 minutes au four (th. 6) en arrosant en cours de cuisson.

2. Recueillez la sauce de cuisson. Laissez les filets au chaud dans le four éteint et entrouvert.

3. Ajoutez à la sauce de cuisson les fines herbes, 50 grammes de beurre et la crème. Chauffez sans laisser bouillir.

4. Faites dorer les lamelles de bacon à la poêle, dans 15 grammes de beurre.

5. Pour servir, posez les lamelles de bacon sur les filets de saumon et arrosez avec la sauce.

Saumon à la normande

Préparation : 20 mn
Cuisson : 40 mn

Pour 4 personnes
900 g de saumon
120 g de beurre
2 cuillerées à soupe de farine
1 tasse de crème fraîche
1 verre de lait
125 g de crevettes décortiquées
1 l de moules
150 g de champignons
1 rondelle de citron
Sel, poivre

1. Mettez les moules dans une casserole sur feu vif et faites-les cuire 7 à 8 minutes en agitant la casserole jusqu'à ce que toutes les moules soient ouvertes. Retirez-les du feu et décoquillez-les.

2. Nettoyez les champignons, coupez-les en fines lamelles et faites-les cuire 10 minutes environ dans 1 noix de beurre, avec un peu de sel et de poivre.

3. Mettez le saumon dans de l'eau froide, avec du sel et 1 rondelle de citron. Faites chauffer jusqu'à ébullition et laissez cuire à tout petits frémissements pendant 10 minutes à partir du début de l'ébullition. Laissez le saumon au chaud dans son eau de cuisson pendant que vous préparez la sauce.

4. Dans une casserole de taille moyenne, faites fondre 80 grammes de beurre. Quand il est fondu, ajoutez la farine, remuez vivement avec une cuiller en bois. Lorsque le beurre a absorbé toute la farine, ajoutez le lait et 1 verre d'eau de cuisson du poisson. Laissez bouillir pendant 7 à 8 minutes en tournant sans arrêt pour obtenir une sauce onctueuse à laquelle vous ajoutez la crème, un peu de sel et de poivre. Ajoutez les moules, les crevettes et les champignons. Remettez sur le feu de façon à réchauffer, mais ne laissez surtout pas bouillir.

5. Égouttez le saumon. Mettez-le sur un plat de service et nappez-le avec la sauce.

Saumon à l'oseille

Préparation : 25 mn
Marinade : 30 mn
Cuisson : 50 mn

Pour 6 personnes

1 saumon de 1,5 kg
1 verre d'huile
2 branchettes de thym
60 g de beurre
1 kg d'oseille
1 poignée de mie de pain frais
3 cuillerées à soupe de crème fraîche
2 cuillerées à soupe de lait
2 œufs
2 cuillerées à soupe de fines herbes hachées
1 verre de vin blanc sec
Sel, poivre

1. Équeutez et lavez l'oseille. Retirez les nervures centrales des feuilles. Coupez-les en lamelles.

2. Écaillez, videz et épongez le saumon. Mettez-le à mariner pendant 30 minutes, saupoudré de feuilles de thym, dans les trois quarts de l'huile.

3. Chauffez le beurre dans une grande casserole. Quand il est fondu, ajoutez l'oseille. Salez, couvrez et laissez cuire à feu doux environ 10 minutes. Découvrez en fin de cuisson pour faire évaporer l'eau.

4. Pendant ce temps, humectez la mie de pain avec le lait.

5. Préparez la farce : mélangez la mie de pain, l'oseille, les fines herbes, la crème fraîche, les œufs, du sel et du poivre.

6. Égouttez le saumon. Remplissez-le de farce. Mettez-le dans un plat allant au four. Salez et poivrez-le légèrement. Arrosez-le avec le vin blanc sec et le reste d'huile. Enfournez (th. 6-7) et laissez cuire pendant 40 minutes en arrosant fréquemment. Servez dans le plat de cuisson. Accompagnez de pâtes fraîches assaisonnées de crème et poivrées au moulin ou de pommes de terre cuites à la vapeur.

Les purées de légumes tels que céleri et carotte sont aussi excellentes avec ce plat.

Saumon à la purée de cèpes

Préparation : 10 mn
Cuisson : 10 mn

Pour 4 personnes
8 escalopes de saumon de 100 g chacune
200 g de cèpes
1 cuillerée à soupe d'huile
120 g de beurre
Le jus de 1/2 citron
1 tomate
1 carotte
1/2 courgette
Sel, poivre

1. Coupez la tomate en petits dés, ainsi que la carotte et la courgette. Faites-les cuire ensemble à petit feu avec 20 grammes de beurre, du sel et du poivre.

2. Nettoyez et émincez les cèpes. Faites-leur rendre leur eau à sec, dans une casserole sur feu vif. Terminez leur cuisson à l'huile, puis passez-les au mixer.

3. Chauffez 40 grammes de beurre dans une grande poêle. Faites cuire les escalopes de saumon 2 minutes de chaque côté. Salez et poivrez.

4. Disposez-en 4 sur un plat. Répartissez dessus les cèpes et les autres légumes. Couvrez avec les 4 autres escalopes. Tenez au chaud.

5. Faites fondre le beurre à feu doux avec le jus de citron, du sel et du poivre. Servez avec le poisson.

Saumon au raifort

Préparation : 15 mn

Pour 4 personnes
4 belles tranches de saumon fumé
4 petits-suisses double crème
4 cuillerées à soupe de crème fraîche
4 cuillerées à café de raifort râpé au vinaigre
1 oignon
2 citrons
Olives noires
Persil et feuilles de salade

1. Dans une terrine, mélangez bien les petits-suisses, la crème, le raifort et le jus de 1/2 citron.

2. Disposez les tranches de saumon bien à plat et, sur chacune, mettez 2 fortes cuillerées à soupe de la préparation précédente étalée en longueur, en forme de cordon.

3. Roulez la tranche de saumon sur elle-même en forme de cannelloni.

4. Prenez un grand plat. Couvrez le fond de branches de persil et de feuilles de salade. Disposez sur ce lit les « roulés » de saumon. Sur le dessus de chacun, placez 1 anneau d'oignon au centre duquel vous déposerez 1 olive noire qui ressortira joliment sur le rose du saumon. Décorez le plat avec des quartiers de citron.

Saumon sauce aux crevettes

Préparation : 10 mn
Cuisson : 15 mn

Pour 4 personnes
4 filets de saumon de 140 g chacun
3 jaunes d'œufs
150 g de beurre
75 g de crevettes décortiquées
3 pincées de paprika
Sel, poivre
Ciboulette

1. Salez et poivrez les filets de saumon. Faites-les cuire 10 minutes à la vapeur. Gardez-les au chaud dans le cuit-vapeur.

2. Préparez la sauce : délayez les jaunes d'œufs avec 5 cuillerées à soupe d'eau. Chauffez à feu très doux en fouettant sans arrêt, jusqu'à ce que les jaunes aient pris une consistance mousseuse. Ajoutez alors par petits morceaux le beurre un peu ramolli, sans cesser de fouetter. Salez et poivrez. Mélangez les crevettes à cette sauce.

3. Mettez les filets de saumon sur un plat. Saupoudrez-les de paprika et nappez-les de sauce aux crevettes. Parsemez de brins de ciboulette coupés aux ciseaux.

Saumon au vin blanc

Préparation : 10 mn
Cuisson : 10 mn

Pour 4 personnes
4 tranches de saumon de 130 g environ chacune (darnes ou escalopes)
4 échalotes
40 g de beurre
1 verre de vin blanc sec
50 g de crème fraîche
Sel, poivre

1. Pelez et hachez les échalotes. Saupoudrez-en le fond d'un plat allant au four. Parsemez de noisettes de beurre. Posez dessus les tranches de saumon. Salez, poivrez, puis mouillez avec le vin blanc. Faites cuire à four préchauffé (th. 7-8) 10 minutes, en retournant les tranches à mi-cuisson et en les arrosant.

2. Mettez les tranches sur un plat chaud. Mélangez la crème fraîche au jus de cuisson du poisson. Versez cette sauce sur les tranches de saumon et servez aussitôt avec des pointes d'asperges fraîches ou en conserve.

Soles bourrine

Préparation : 25 mn
Cuisson : 30 mn

Pour 6 personnes
6 soles
125 g de crevettes décortiquées
12 huîtres fines de claire
2 verres de vin blanc sec
40 g de beurre
30 g de farine
1 jaune d'œuf
Huile
2 citrons
Sel, poivre

1. Ouvrez les huîtres, décoquillez-les et faites-les pocher 5 minutes dans leur eau. Filtrez cette eau de cuisson.

2. Chauffez le beurre. Saupoudrez avec la farine. Ajoutez petit à petit, en tournant avec une spatule, le vin blanc puis l'eau des huîtres. Laissez épaissir. Ajoutez les huîtres, les crevettes et le jaune d'œuf. Poivrez et salez modérément. Tenez au chaud.

3. Entaillez légèrement les soles sur leurs deux faces. Huilez-les et faites-les griller 8 minutes de chaque côté en les arrosant de temps en temps avec un peu d'huile. Salez et poivrez.

4. Rangez-les ensuite dans le plat de service. Nappez avec la sauce et servez avec des quartiers de citron.

Soles au champagne

Préparation : 15 mn
Cuisson : 20 mn

Pour 6 personnes
6 soles
1 verre de champagne
50 g de beurre
2 oranges
Sel, poivre

1. Dans un plat à four, répartissez la moitié du beurre en plusieurs morceaux. Posez les poissons dessus. Parsemez du reste de beurre. Salez et poivrez et faites cuire 20 minutes à four moyen (th. 5).

2. A mi-cuisson, arrosez avec le jus des oranges et le champagne. Arrosez souvent pendant la cuisson.

3. Prélevez le zeste de 1 orange. Coupez-le en lamelles très fines. Plongez-les 5 minutes dans l'eau bouillante. Égouttez-les et parsemez-en les soles au moment de les servir, dans leur plat de cuisson.

Soles ciboulette

Préparation : 30 mn
Cuisson : 15 mn

Pour 4 personnes

4 soles de 300 g chacune (pelées, étêtées et vidées par le poissonnier)
75 g de beurre
250 g de mie de pain fraîche finement émiettée

Pour la sauce

2 verres 1/2 de vin blanc sec
1 verre 1/2 de vermouth (Noilly)
2 échalotes
50 cl de crème fraîche
1 bouquet de ciboulette
Sel, poivre

1. Faites fondre le beurre dans deux grandes poêles. Passez les soles dans ce beurre et recouvrez-les de mie de pain.

2. Allumez le gril du four. Rangez les soles dans un grand plat (la lèchefrite, par exemple), arrosez-les de 1 verre de vin blanc et de 1 verre de vermouth. Salez et poivrez. Mettez au four 15 minutes, assez près du gril.

3. Pendant ce temps, hachez les échalotes et, à part, la ciboulette. Mettez dans une casserole le reste du vin blanc et du vermouth et les échalotes. Faites réduire à feu moyen.

4. Levez les filets des soles cuites et tenez-les au chaud.

5. Versez la crème fraîche dans la casserole de sauce et laissez monter doucement à ébullition. Salez et poivrez.

6. Disposez les soles sur un plat chaud. Servez à part la sauce, additionnée au dernier moment de ciboulette hachée.

Soles aux courgettes

Préparation : 20 mn
Cuisson : 20 mn

Pour 4 personnes

4 soles de 300 g chacune, épluchées
6 courgettes
5 tomates
2 oignons blancs
1 gousse d'ail
1 cuillerée à soupe d'huile d'olive
6 feuilles de basilic
80 g de beurre
Sel, poivre

1. Pelez et hachez finement les oignons et l'ail.

2. Émincez les courgettes en fines rondelles. Cuisez-les 5 minutes à la vapeur.

3. Ébouillantez et pelez les tomates. Coupez-les en petits dés.

4. Disposez les soles dans la lèchefrite du four. Salez et poivrez-les. Couvrez-les de rondelles de courgettes. Arrosez de beurre fondu et faites cuire 15 minutes au four (th. 8) en arrosant en cours de cuisson.

5. Pendant ce temps, faites revenir 3 minutes l'ail, les oignons, les tomates et le basilic. Passer au mixer. Servez cette sauce avec les soles aux courgettes.

Soles à la dieppoise

Préparation : 30 mn
Cuisson : 25 mn

Pour 4 personnes
4 soles de 300 g environ chacune
1 l de moules nettoyées
150 g de crevettes décortiquées
250 g de champignons
1 oignon
1 branchette de thym
1 feuille de laurier
1 verre de vin blanc
2 jaunes d'œufs
Le jus de 1 citron
Sel, poivre

1. Mettez les moules dans une casserole sur feu vif pendant 8 à 10 minutes, en les faisant sauter. Quand elles sont ouvertes, décoquillez-les. Filtrez l'eau de cuisson qu'elles ont rendue.

2. Nettoyez les champignons ; coupez-les en lamelles minces. Pelez l'oignon ; émincez-le.

3. Mettez les soles dans un plat allant sur le feu avec le verre de vin blanc, les champignons, l'oignon, le thym, le laurier, le jus de citron, du sel et du poivre. Faites cuire 10 minutes à feu moyen : le liquide doit bouillonner doucement.

4. Retirez les soles, placez-les sur un plat de service que vous tenez au chaud.

5. Mélangez le jus de cuisson des soles avec celui des moules. Liez avec les jaunes d'œufs. Ajoutez les moules et les crevettes. Chauffez 2 minutes sans laisser bouillir et versez sur les soles.

Soles au gratin

Préparation : 15 mn
Cuisson : 30 mn

Pour 4 personnes
4 soles de 200 g chacune
1 verre de vin blanc sec
125 g de champignons de Paris
2 échalotes
1 cuillerée à soupe de persil haché
2 citrons
Sel, poivre

1. Nettoyez les champignons. Hachez-les grossièrement.

2. Pelez les échalotes. Hachez-les.

3. Mélangez les champignons, les échalotes et le persil.

4. Rangez les soles dans un plat allant au four. Salez et poivrez-les. Parsemez du hachis de champignons, échalotes et persil. Arrosez avec le vin blanc.

5. Mettez à four moyen pendant 30 minutes. Servez chaud, dans un plat de cuisson, avec des quartiers de citron.

Soles meunière aux pétoncles

Préparation : 20 mn
Cuisson : 15 mn

Pour 4 personnes
4 soles de 300 g chacune épluchées
24 pétoncles
40 g de farine
120 g de beurre
10 cl de crème fraîche
1 boîte de 250 g de tomates pelées
Sel, poivre
Ciboulette, aneth

1. Ouvrez les pétoncles. Détachez les noix des coquilles. Faites-les tremper dans l'eau froide.

2. Farinez les soles. Salez et poivrez-les. Cuisez-les à la poêle dans 80 grammes de beurre, à feu moyen, 5 minutes de chaque côté. Ouvrez-les ensuite sur le dessus, dans le sens de la longueur, ôtez l'arête centrale.

3. Égouttez les pétoncles. Faites-les cuire 3 minutes dans le reste du beurre. Garnissez-en les soles en écartant les filets du dessus.

4. Remettez dans le four pour tenir au chaud.

5. Égouttez et égrenez les tomates. Réduisez-les en purée au mixer avec sel et poivre. Ajoutez la crème. Mélangez et chauffez. Versez cette sauce sur les soles. Décorez de brins d'aneth et de ciboulette ciselée.

Soles au sauvignon

Préparation : 20 mn
Cuisson : 25 mn

Pour 6 personnes
6 soles pas trop grosses
1 verre 1/2 de sauvignon
80 g de beurre
3 échalotes
30 g de farine
1 petite boîte de purée de tomate
1 branche d'estragon
Sel, poivre

1. Faites parer les soles par votre poissonnier.

2. Dans une grande poêle, faites chauffer 30 grammes de beurre. Placez-y les poissons. Saupoudrez avec les échalotes finement hachées. Arrosez avec le vin blanc. Salez et poivrez. Couvrez et laissez cuire à tout petits bouillons 15 minutes. Retirez du feu.

3. Dans un bol, recueillez le jus de cuisson.

4. Dans une casserole, faites fondre et colorer légèrement 30 grammes de beurre. Incorporez la farine pour faire un roux brun. Délayez avec le jus de cuisson. Ajoutez la sauce tomate. Goûtez, salez, poivrez au besoin. Remuez à la cuiller de bois pour que la sauce soit bien liée.

5. Versez cette sauce sur les soles et réchauffez 2 ou 3 minutes.

6. Déposez les poissons dans un plat chaud. Couvrez avec la sauce. Parsemez du reste de beurre coupé en petits morceaux et saupoudrez d'estragon haché.

Soufflé de crabe

Préparation : 15 mn
Cuisson : 40 mn

Pour 4 personnes
250 g de chair de crabe
1 oignon
4 cuillerées à soupe de riz
25 cl de crème fraîche
3 cuillerées à soupe de chapelure
2 cuillerées à café de curry
4 œufs
250 g de tomates pelées et épépinées en boîte
60 g de beurre
Sel

1. Faites cuire le riz 20 minutes à l'eau bouillante salée. Égouttez-le bien.

2. Pelez et hachez l'oignon.

3. Séparez les blancs et les jaunes des œufs.

4. Faites dorer l'oignon haché dans 40 grammes de beurre.

5. Égouttez les tomates.

6. Ajoutez la crème, le riz, la chapelure, le curry et du sel. Tournez sur feu doux, puis mettez la pulpe de tomate bien égouttée et le crabe. Laissez cuire le tout ensemble 5 à 8 minutes. Laissez un peu refroidir.

7. Pendant ce temps, battez les blancs d'œufs en neige et beurrez un moule à soufflé avec le reste du beurre.

8. La première préparation ayant refroidi, ajoutez-lui d'abord les jaunes d'œufs puis, après avoir mélangé, les blancs en neige.

9. Versez dans le moule beurré et faites cuire à four assez chaud (th. 7), au bain-marie, pendant 40 minutes.

Soufflé de merlan

Préparation : 10 mn
Cuisson : 25 mn

Pour 4 personnes
500 g de filets de merlan
1 sachet de court-bouillon
100 g de beurre
60 g de farine
25 cl de lait
1 pincée de noix muscade
3 œufs
Sel, poivre

1. Préparez le court-bouillon selon le mode d'emploi. Plongez-y les filets de merlan. Laissez bouillir pendant 5 minutes. Égouttez et passez au mixer.

2. Faites fondre le beurre à feu doux. Ajoutez la farine. Mélangez, puis versez le lait et continuez à tourner pendant 2 à 3 minutes pour obtenir une préparation homogène. Ajoutez la purée de merlan. Salez, poivrez et muscadez.

3. Incorporez à la préparation d'abord les jaunes d'œufs, puis les blancs battus en neige ferme.

4. Versez dans des ramequins beurrés. Faites cuire au four (th. 6), au bain-marie, pendant 15 minutes.

Soupe à l'andalouse

Préparation : 20 mn
Cuisson : 40 mn

Pour 6 personnes

2 rougets grondins
50 cl de vin blanc sec
1/2 baguette de pain
3 tomates
1/2 concombre
2 têtes de poissons
4 carcasses de soles
2 carottes
1 gros oignon
3 branches de céleri
2 gousses d'ail
1 petit tube de safran
Coriandre
Sel, poivre

1. Épluchez les carottes, l'oignon et le céleri. Coupez-les en petits morceaux. Lavez les poissons.

2. Dans une grande casserole, mettez les poissons, les carcasses, les têtes, les légumes, les aromates. Couvrez avec 50 centilitres d'eau et le vin blanc. Salez et poivrez. Portez à ébullition, puis laissez frémir sans bouillir pendant 30 minutes.

3. Retirez les carcasses et les têtes de poissons. Passez le restant au moulin à légumes, puis au tamis pour éliminer toutes les arêtes.

4. Remettez sur le feu et servez très chaud, accompagné de rondelles de tomate et de concombre servies à part et de tranches de pain passées au four.

Soupe d'Armor

Préparation : 40 mn
Cuisson : 1 h

Pour 4 personnes

800 g d'étrilles
1 tourteau
1 oignon
3 tomates
2 cuillerées à soupe d'huile
2 gousses d'ail
25 cl de vin blanc
1 bouquet garni
1 cuillerée à dessert de grains de poivre vert
Sel

1. Plongez le tourteau dans de l'eau vinaigrée salée en ébullition. Égouttez-le au bout de 3 minutes. Décortiquez-le. Coupez la chair en morceaux.

2. Pelez et hachez l'oignon. Ébouillantez et épluchez les tomates. Coupez-les en petits morceaux. Pelez les gousses d'ail.

3. Chauffez l'huile dans une grande sauteuse. Faites revenir les étrilles 5 minutes en les remuant. Salez, ajoutez l'oignon, les tomates et l'ail. Laissez 5 minutes à feu vif, puis mouillez avec le vin blanc et 1 litre d'eau. Mettez le bouquet garni et le poivre vert. Couvrez. Faites cuire doucement pendant 40 minutes.

4. Filtrez ; réservez le bouillon et concassez grossièrement les étrilles avec un pilon. Passez le jus obtenu dans une passoire très fine. Ajoutez-le au bouillon ainsi que les morceaux de tourteau. Chauffez 3 minutes et servez aussitôt.

Soupe basquaise

Préparation : 30 mn
Cuisson : 1 h 15

Pour 6 personnes
1 kg de merlu en tranches
8 cuillerées à soupe d'huile
2 poivrons verts
4 tomates
2 oignons
2 gousses d'ail
Parmesan
Croûtes de pain
1 bouquet garni
Sel, poivre

1. Hachez les oignons. Lavez les poivrons et coupez-les en lanières. Lavez, pelez et coupez les tomates en quartiers. Épluchez et émincez l'ail.

2. Faites revenir oignons, poivrons, ail et tomates dans 4 cuillerées d'huile. Mouillez avec 2 litres d'eau froide. Ajoutez le bouquet garni, du sel et du poivre. Faites cuire à petits frémissements, casserole ouverte, pendant 20 minutes.

3. Plongez alors le poisson dans ce bouillon. Couvrez et laissez cuire doucement pendant 40 minutes.

4. Retirez le poisson et tenez-le au chaud.

5. Faites rissoler des croûtons dans le restant d'huile. Disposez-les dans la soupière et versez le bouillon. Saupoudrez de parmesan. Le poisson se mange avec le bouillon ou à part avec une sauce tomate.

Soupe du bassin d'Arcachon

Préparation : 15 mn
Cuisson : 1 h

Pour 6 personnes
1 kg d'orphies ou d'anguilles de mer
1 kg de poissons divers (loubins, mulets)
400 g de pommes de terre
2 oignons
2 poireaux
4 gousses d'ail
1 verre d'huile d'olive
Tranches de pain
1 bol de mayonnaise à l'huile d'olive
Sel, poivre

1. Nettoyez les orphies et les autres poissons. Mettez-les dans 2 litres d'eau froide avec les pommes de terre, les poireaux, les oignons et 2 gousses d'ail, le tout grossièrement coupé en morceaux. Salez et poivrez. Faites bouillir, laissez frémir 45 minutes à couvert.

2. Pilez les 2 autres gousses d'ail au mortier et faites une sauce en y versant lentement de l'huile d'olive. Versez ce mélange en fin de cuisson dans le bouillon d'où vous aurez retiré le poisson. Faites bouillir quelques secondes pour que l'huile s'amalgame bien au liquide.

3. Versez ce bouillon sur des tranches de pain. Servez à part le poisson, en l'accompagnant d'une mayonnaise à l'huile d'olive bien relevée.

Soupe Brasilia

Préparation : 15 mn
Marinade : 1 h
Cuisson : 2 h 30

Pour 6 personnes
1 petit merlu
3 maquereaux
250 g de haricots rouges
2 oignons
2 citrons
4 petits piments de Cayenne
3 feuilles de laurier
3 branchettes de sauge
1 verre d'huile d'olive
Clous de girofle
Sel, poivre

1. Faites cuire les haricots rouges pendant 1 heure dans 2 litres d'eau, avec les oignons piqués de clous de girofle, le laurier, la sauge et les petits piments. Salez à mi-cuisson.

2. Pendant ce temps, faites mariner les poissons tronçonnés dans de l'huile d'olive additionnée des citrons coupés en rondelles, de sel et de poivre. Laissez mariner pendant 1 heure.

3. Ajoutez alors le poisson et la marinade aux haricots rouges. Laissez cuire à feu doux pendant 1 h 30. Servez bien chaud.

Soupe aux clams

Préparation : 25 mn
Cuisson : 25 mn

Pour 4 personnes
36 clams
4 cuillerées à soupe d'huile
1 gousse d'ail
500 g de tomates
1/2 tasse de vin blanc sec
2 cuillerées à soupe de persil haché
4 tranches de pain grillé
1 cuillerée à café de sel

1. Lavez et grattez les clams sous l'eau courante froide ; mettez-les dans une poêle ; couvrez et placez-la sur feu assez vif pour faire ouvrir les coquillages. Retirez la poêle du feu, décoquillez les clams. Recueillez le jus de cuisson et filtrez-le.

2. Plongez les tomates pendant 30 secondes dans l'eau bouillante. Pelez et hachez-les grossièrement. Pelez la gousse d'ail, émincez-la en lamelles fines.

3. Chauffez l'huile dans une casserole, mettez-y à brunir l'ail pendant 1 minute puis retirez-le avec une écumoire et jetez-le. Ajoutez les tomates, le sel, le vin et 1 litre d'eau. Chauffez jusqu'à ébullition et faites cuire à feu très doux pendant 15 minutes. Ajoutez alors les clams et le jus des coquillages. Faites cuire encore 5 minutes.

4. Placez 1 tranche de pain grillé dans chaque assiette à soupe, versez la soupe dessus et saupoudrez de persil haché.

Soupe au colin

Préparation : 15 mn
Cuisson : 20 mn

Pour 4 personnes
400 g de colin
60 g de riz
250 g de tomates
3 gousses d'ail
2 cuillerées à soupe d'huile d'olive
Sel, poivre

1. Coupez le poisson en morceaux de 4 centimètres. Enlevez les arêtes.

2. Pelez les gousses d'ail et écrasez-les sous une lame de couteau pour qu'elles rendent tout leur parfum à la cuisson.

3. Lavez les tomates et, sans les peler, coupez-les en 6 ou 7 morceaux. Enlevez les pépins.

4. Dans une casserole, mettez les morceaux de poisson, par-dessus le riz cru, les gousses d'ail et les tomates. Couvrez avec 1 litre 1/2 d'eau froide et mettez sur le feu sans couvrir la casserole.

5. Quand l'eau commence à bouillir, ajoutez l'huile, du sel et du poivre. Couvrez alors la casserole. Baissez le feu et laissez cuire sur feu doux pendant 15 minutes. Goûtez le riz pour vous assurer qu'il est cuit à point et servez aussitôt, le tout ensemble, bien chaud.

Soupe de congre aux coquillages

Préparation : 30 mn
Cuisson : 40 mn

Pour 6 personnes
6 tranches assez fines de congre
1 l de coques
1 l de moules
150 g de lard fumé
2 blancs de poireaux
3 pommes de terre
1 oignon
2 cuillerées à soupe d'huile d'olive
1 sachet de parmesan râpé
Laurier
Sel, poivre

1. Nettoyez et lavez soigneusement les moules et les coques pour les débarrasser de leur sable.

2. Mettez les coquillages dans une casserole, à feu vif, pour les faire ouvrir. Dès qu'ils sont ouverts, décoquillez-les et filtrez le liquide rendu.

3. Coupez le lard fumé en dés ainsi que l'oignon et les blancs de poireaux. Faites revenir le tout dans l'huile d'olive, dans une cocotte.

4. Ajoutez ensuite les morceaux de congre, les pommes de terre épluchées et coupées en rondelles, le laurier, le jus des coquillages et 1 litre 1/2 d'eau. Salez et poivrez.

5. Laissez cuire 30 minutes. Ajoutez les coquillages et saupoudrez de parmesan râpé au moment de servir.

Soupe de coques au gingembre

Préparation : 25 mn
Trempage : 12 h
Cuisson : 20 mn

Pour 4 personnes

2 kg de coques
2 gousses d'ail
3 échalotes
20 g de beurre
1 l de lait
15 g de Maïzena
1 cuillerée à café de gingembre râpé
Ciboulette
Sel, poivre

1. Faites dégorger les coques dans l'eau salée, pendant 10 à 12 heures. Égouttez-les. Plongez-les 5 minutes dans de l'eau en ébullition et décortiquez-les.

2. Pelez et hachez l'ail et les échalotes. Faites-les blondir dans le beurre. Versez le lait froid. Chauffez jusqu'à ébullition. Ajoutez alors la Maïzena délayée dans un peu d'eau. Salez, poivrez et laissez bouillir à petits frémissements 10 minutes environ.

3. Ajoutez alors le gingembre râpé et les coques décortiquées. Parsemez de brins de ciboulette coupés aux ciseaux. Servez très chaud.

Soupe aux crabes

Préparation : 30 mn
Cuisson : 40 mn

Pour 6 personnes

24 petits crabes
1 oignon
2 poireaux
3 tomates
2 gousses d'ail
2 feuilles de laurier
1 cuillerée à café de grains d'anis
3 cuillerées à soupe d'olive
1 tasse de gros vermicelles
Sel

1. Lavez soigneusement les crabes.

2. Pelez l'oignon, émincez-le.

3. Émincez les blancs de poireaux.

4. Pelez les gousses d'ail. Écrasez-les sous une lame de couteau.

5. Dans un faitout, chauffez l'huile. Mettez-y à revenir l'oignon, les poireaux, les gousses d'ail, les tomates et les crabes.

6. Quand les crabes sont devenus rouges, ajoutez 2 litres d'eau, l'anis et le laurier. Salez. Couvrez et laissez cuire 20 minutes.

7. Filtrez le bouillon. Remettez-le sur le feu. Délayez-y le safran et quand il a pris son ébullition, jetez les vermicelles et laissez cuire 10 minutes. Servez cette soupe, accompagnée des crabes présentés dans un plat à part.

Soupe aux huîtres

Préparation : 20 mn
Cuisson : 35 mn

Pour 6 personnes
36 huîtres
500 g de carottes
50 cl de vin blanc
300 g d'oignons
80 g de céleri-rave
50 g d'huile
1 gousse d'ail
1 échalote
6 jaunes d'œufs
1 cuillerée à soupe de farine
5 cuillerées à soupe de crème fraîche
1 bouquet garni
Estragon
Persil
Croûtons de pain

1. Épluchez les légumes et lavez-les. Coupez les carottes en rondelles, émincez le céleri et les oignons. Hachez l'ail et l'échalote.

2. Faites dorer 5 minutes oignon, ail et échalote dans l'huile. Ajoutez carottes et céleri. Saupoudrez de farine. Remuez.

3. Mouillez avec le vin blanc et 1 litre 1/2 d'eau. Ajoutez le bouquet, le persil et l'estragon. Laissez cuire 30 minutes environ.

4. Pendant ce temps, ouvrez les huîtres. Sortez-les de leur coquille. Plongez-les 5 minutes dans de l'eau presque bouillante. Égouttez-les bien.

5. Filtrez le potage. Ajoutez les huîtres pochées. Liez avec les jaunes d'œufs et la crème.

Servez avec des croûtons de pain frottés d'ail.

Soupe à la mode de Bretagne

Préparation : 20 mn
Cuisson : 40 mn

Pour 4 personnes
350 g de filets de merlan
350 g de filets de grondin
12 praires
8 langoustines
2 tomates
2 oignons
2 gousses d'ail
1 branche de céleri
1 bouquet garni
2 cuillerées à soupe d'huile
40 cl de vin blanc
Sel, poivre
Persil

1. Coupez les filets de poissons en tronçons.

2. Pelez et hachez les oignons et l'ail. Effilez le céleri ; coupez-le en petits morceaux. Épluchez les tomates ; détaillez-les également en petits morceaux.

3. Faites revenir à l'huile ces légumes et les poissons. Mouillez ensuite avec le vin blanc et une quantité égale d'eau. Ajoutez le bouquet garni, le sel et le poivre. Laissez bouillir 30 minutes à petit feu sans couvrir. Ajoutez les langoustines et poursuivez la cuisson 5 minutes.

4. Pendant ce temps, faites ouvrir les praires à feu vif avec 1 cuillerée d'eau.

5. Servez la soupe très chaude, garnie de praires et de persil.

Soupe aux moules

Préparation : 30 mn
Cuisson : 40 mn

Pour 6 personnes

500 g de poissons mélangés (rougets grondins, petites dorades grises, lotte, etc.)
36 grosses moules
4 tomates
3 cuillerées à soupe d'huile
2 oignons
2 poireaux
1 bouquet garni
Persil
Sel, poivre

1. Émincez les oignons et les poireaux. Faites-les revenir à l'huile dans un grand faitout ou une cocotte en terre. Ajoutez les tomates pelées, épépinées et coupées en quartiers, le bouquet garni, du sel et du poivre. Mouillez avec 2 litres d'eau. Portez à ébullition. Ajoutez les poissons lavés et tronçonnés. Laissez cuire à feu doux pendant 30 minutes.

2. Pendant ce temps, nettoyez les moules et faites-les ouvrir à feu vif. Décoquillez-les, sauf quelques-unes auxquelles vous laissez 1/2 coquille pour la présentation.

3. Ajoutez le jus rendu par les moules à la soupe de poissons. Au moment de servir, ajoutez les moules et le persil haché.

Soupe aux moules du Calvados

Préparation : 20 mn
Cuisson : 2 h 15

Pour 4 personnes

2 l de moules nettoyées
1 jarret de veau
3 oignons
2 carottes
2 navets
1 poireau
1 branche de céleri
4 pommes de terre
2 tomates
1 échalote
1 tête d'ail
1 bouquet de persil
1 branchette de thym
1 verre de vin blanc
10 cl de crème fraîche
70 g de beurre
100 g de parmesan râpé
Petits croûtons de pain
1 bouquet garni
Sel, poivre

1. Mettez le jarret dans une casserole avec 1 litre 1/2 d'eau, le vin blanc, le bouquet garni, du sel et du poivre. Couvrez et faites cuire à petit feu pendant 1 h 30.

2. Pendant ce temps, nettoyez les oignons, les carottes, les navets, le poireau, le céleri et les pommes de terre. Coupez le tout en rondelles. Plongez les tomates 1 minute dans l'eau bouillante, pelez-les, coupez-les en quatre. Pelez l'échalote. Pelez les gousses d'ail. Réduisez-les en purée en les pilant dans un mortier.

3. Le jarret ayant cuit 1 h 30, faites revenir au beurre les légumes coupés en rondelles puis ajoutez-leur le bouillon du jarret. Couvrez et laissez cuire à petit feu 45 minutes.

4. Pendant ce temps, mettez les moules dans une casserole sur feu vif, avec l'échalote, les tomates, le persil et le thym. Agitez la casserole sur le feu pendant 10 minutes environ, jusqu'à ce que toutes les moules soient ouvertes. Décortiquez-les. Filtrez leur jus de cuisson.

5. Ajoutez les moules et le jus au potage de légumes. Filtrez-le, ajoutez la crème fraîche et servez avec des petits croûtons de pain frits tartinés de purée d'ail et du parmesan râpé.

Soupe aux moules à la crème

Préparation : 30 mn
Cuisson : 20 mn

Pour 6 personnes
2 l de moules
1 oignon
1 petit pot de crème fraîche (5 cuillerées à soupe)
120 g de beurre
1 jaune d'œuf
6 croûtons de pain frits au beurre
Sel, poivre

1. Grattez les moules, lavez-les à plusieurs eaux.

2. Mettez-les dans une casserole. Versez dessus 1 verre d'eau et faites-les ouvrir sur feu vif, 5 minutes environ.

3. Lorsque toutes les moules sont ouvertes, égouttez-les en conservant le jus de cuisson. Enlevez les coquilles. Tenez les moules au chaud.

4. Filtrez le jus de cuisson pour le débarrasser de tout le sable rejeté par les moules.

5. Dans une cocotte, faites chauffer 60 grammes de beurre et mettez-y l'oignon haché finement à revenir. Dès qu'il commence à se colorer, ajoutez le jus de cuisson des moules, 1 litre 1/2 d'eau chaude, le reste du beurre et les moules.

6. Laissez mijoter 10 minutes et rectifiez l'assaisonnement. Salez peu et poivrez généreusement.

7. Mélangez le jaune d'œuf et la crème dans une terrine. Versez peu à peu la soupe brûlante, en tournant vivement. Lorsque vous avez versé la moitié de la soupe, remettez dans la cocotte, mais ne rallumez pas le feu.

8. Disposez au fond de la soupière les croûtons de pain dorés dans du beurre et versez la soupe dessus.

Soupe de moules au curry

Préparation : 20 mn
Cuisson : 30 mn

Pour 4 personnes
1,5 l de moules
1 oignon
4 tomates
2 pommes de terre
2 gousses d'ail
100 g de petits lardons
1 cuillerée à soupe d'huile
1 cuillerée à café de curry en poudre
75 g de crème fraîche
Sel, poivre
Ciboulette

1. Pelez et émincez l'oignon. Ébouillantez et épluchez les tomates ; coupez-les en morceaux. Pelez les gousses d'ail ; écrasez-les. Pelez les pommes de terre ; détaillez-les en dés.

2. Chauffez l'huile dans une grande casserole. Faites blondir l'oignon et l'ail. Ajoutez tous les légumes et 1 litre 1/2 d'eau bouillante, du sel et du poivre. Couvrez. Laissez bouillir doucement 25 minutes.

3. Pendant ce temps, faites ouvrir les moules sur feu vif et décoquillez-les.

4. Plongez les lardons 3 minutes dans de l'eau à ébullition. Égouttez-les.

5. Passez la soupe au mixer. Ajoutez-lui le curry, les lardons et les moules. Mettez à tout petit feu pendant 5 minutes. Ajoutez enfin la crème fraîche. Chauffez 2 minutes, puis servez décoré de brins de ciboulette.

Soupe aux moules d'Étretat

Préparation : 20 mn
Cuisson : 1 h

Pour 4 personnes
2 l de moules nettoyées
6 cuillerées à soupe d'huile
2 tomates
2 poireaux
1 gousse d'ail
1 cuillerée à café de curry
6 cuillerées à soupe de vermicelles
100 g de fromage râpé
Sel, poivre

1. Nettoyez les poireaux ; coupez les blancs en fines rondelles. Pelez la gousse d'ail, hachez-la. Plongez les tomates 1 minute dans l'eau bouillante, pelez-les. Coupez-les en quartiers.

2. Faites ouvrir les moules dans une casserole, à feu vif, avec 1 verre d'eau. Décoquillez-les. Filtrez leur eau de cuisson.

3. Chauffez l'huile dans une casserole et faites-y revenir les blancs de poireaux et l'ail haché. Ajoutez les tomates, les moules et leur eau de cuisson, 75 centilitres d'eau, le curry, du sel et du poivre. Chauffez jusqu'à ébullition. Versez alors les vermicelles. Laissez-les cuire 8 à 10 minutes et servez avec du fromage râpé.

Soupe aux moules marinière

Préparation : 15 mn
Cuisson : 25 mn

Pour 4 personnes
2 l de moules
2 échalotes
1 blanc de poireau
1 verre de vin blanc
20 g de beurre
80 g de crème fraîche
Persil plat
Sel, poivre

1. Pelez et hachez les échalotes.

2. Nettoyez les moules. Mettez-les dans une grande casserole sur feu vif avec les échalotes, le vin blanc, 1 verre d'eau, du sel et du poivre. Quand elles sont ouvertes, retirez-les et filtrez le jus de cuisson.

3. Lavez et émincez le poireau. Faites-le revenir doucement dans le beurre. Ajoutez le jus de cuisson des moules et 75 centilitres d'eau, du sel et du poivre. Laissez cuire 15 minutes. Pendant ce temps, décoquillez les moules.

4. Mettez-les dans le bouillon ainsi que la crème. Chauffez 2 minutes et servez parsemé de persil.

Soupe aux moules et au riz

Préparation : 15 mn
Cuisson : 30 mn

Pour 4 personnes
2 l de moules
1 oignon
1 tomate
1 blanc de poireau
1 gousse d'ail
1 brin de fenouil
2 feuilles de laurier
1 petit paquet de safran
100 g de riz ou de gros vermicelles
2 cuillerées à soupe d'huile d'olive
Sel, poivre
Fromage râpé

1. Raclez et lavez bien les moules.

2. Épluchez l'oignon, émincez-le finement.

3. Mettez les moules dans une casserole avec 1 litre d'eau, l'oignon émincé et les feuilles de laurier. Couvrez la casserole et laissez cuire le temps de faire ouvrir les moules.

4. Versez ensuite le tout dans une passoire à pied reposant sur une terrine ; retirez les moules de leurs coquilles et réservez-les. Jetez les coquilles. Réservez le bouillon.

5. Émincez finement le blanc de poireau.

6. Ébouillantez et pelez la tomate ; épépinez-la et coupez-la en quartiers.

7. Faites chauffer l'huile dans un faitout ; mettez le poireau et la tomate à revenir. Versez ensuite le bouillon des moules ; ajoutez le safran, le fenouil et la gousse d'ail ; poivrez et salez. Portez à ébullition et jetez le riz dans le bouillon ; laissez cuire 20 minutes à feu moyen.

8. Trois minutes avant la fin de la cuisson, ajoutez les moules. Servez avec le fromage râpé.

Soupe de poisson marseillaise

Préparation : 30 mn
Cuisson : 1 h

Pour 6 personnes
1 kg de petits poissons (girelle, rascasse, serran)
1 gros oignon
1 poireau
2 tomates
2 ou 3 gousses d'ail
1 feuille de laurier
1 morceau d'écorce d'orange
1 brin de fenouil
2 ou 3 petits paquets de safran
1 cuillerée à soupe de pastis
150 g de gros vermicelles ou de spaghettis coupés
1/2 verre d'huile d'olive
Fromage de Hollande (édam étuvé)
Sel, poivre

1. Écaillez, videz et lavez les poissons.

2. Épluchez et émincez finement l'oignon et le poireau. Pelez, épépinez et coupez les tomates en quartiers. Épluchez les gousses d'ail, écrasez-les.

3. Faites chauffer l'huile dans une grande casserole. Mettez-y l'oignon et le poireau à revenir. Lorsqu'ils sont dorés, ajoutez les tomates. Laissez cuire quelques minutes en remuant, puis mettez les aromates (gousses d'ail, laurier, fenouil, écorce d'orange) et les poissons. Salez et poivrez.

4. Laissez cuire à feu moyen, en remuant de temps en temps jusqu'à ce que le poisson s'émiette.

5. Après 10 à 15 minutes de cuisson, jetez dans la casserole 2 litres d'eau bouillante et ajoutez le pastis. Laissez cuire à grand feu 30 à 35 minutes sans couvrir pour que le liquide réduise d'environ un quart.

6. Posez un tamis sur une grande terrine. Versez sur ce tamis tout le contenu de la casserole. Écrasez les poissons avec un pilon en bois pour en exprimer le liquide.

7. Remettez le bouillon ainsi passé dans la casserole et portez à ébullition. Ajoutez le safran puis jetez-y les pâtes dès le premier bouillon.

8. Versez toute la soupe dans une soupière lorsque les pâtes sont cuites à point. Servez bien chaud, accompagné du fromage râpé.

Soupe de poisson rustique

Préparation : 20 mn
Cuisson : 35 mn

Pour 6 personnes
1,8 kg de poissons de mer assortis (maquereaux, soles, anguilles, etc.)
1/3 de tasse d'huile
1 feuille de laurier
2 oignons
1 gousse d'ail
2 cuillerées à soupe de purée de tomate
1 tasse de vin blanc sec
2 tasses d'eau bouillante
Sel, poivre noir
Croûtons

1. Pelez les oignons, hachez-les. Coupez la gousse d'ail en lamelles fines. Broyez la feuille de laurier de façon à la réduire en poudre.

2. Coupez les poissons en morceaux de 7 à 8 centimètres environ. Lavez et séchez-les dans un papier absorbant.

3. Chauffez l'huile dans une casserole, mettez-y à revenir légèrement les morceaux de poisson, salez et poivrez-les ; saupoudrez-les avec le laurier en poudre. Faites cuire pendant 15 minutes à feu doux en retournant les poissons une fois en cours de cuisson.

4. Retirez avec précaution les poissons de la casserole et tenez-les au chaud. Dans le reste de l'huile, faites sauter les oignons 10 minutes, puis ajoutez l'ail, les tomates, le vin puis l'eau bouillante. Laissez cuire à feu doux pendant 10 minutes.

5. Remettez le poisson dans cette sauce et faites cuire 10 minutes encore. Servez dans des assiettes creuses avec des croûtons frits frottés d'ail.

Soupe aux poupards*

Préparation : 30 mn
Cuisson : 35 mn

Pour 4 personnes
24 poupards
2 oignons
4 branches de persil
4 carottes
Une petite boule de mie de pain frais
1 l de bouillon
Sel, poivre

* Petits crabes riches en laitance et en œufs.

1. Pelez les oignons, hachez-les grossièrement. Hachez également le persil ; nettoyez les carottes et coupez-les en rondelles.

2. Plongez oignons, persil et carottes dans 1 litre d'eau salée. Faites bouillir pendant 10 minutes environ puis jetez-y les crabes et faites cuire pendant 20 minutes. Laissez-les refroidir dans leur eau de cuisson.

3. Égouttez-les et pilez-les dans un mortier en y ajoutant la mie de pain frais. Mouillez la pâte avec un peu de bouillon et passez à l'étamine.

4. Délayez-la avec le bouillon refroidi puis chauffez au moment de servir et poivrez.

Soupe au saumon du Mont-Saint-Michel

Préparation : 15 mn
Cuisson : 40 mn

Pour 4 personnes
200 g de saumon
1 tête de saumon
6 tomates
2 carottes
2 oignons
2 gousses d'ail
8 cuillerées à soupe d'huile
50 g de beurre
1 bouquet garni
3 pointes de couteau de safran
Petits croûtons de pain
Sel, poivre

1. Pelez les oignons et gousses d'ail. Écrasez ces dernières sous la lame d'un couteau. Nettoyez les carottes, coupez-les en rondelles.

2. Chauffez 7 cuillerées d'huile dans un faitout. Mettez-y à revenir les oignons, les carottes, l'ail, le saumon et la tête, pendant 5 à 7 minutes, à feu vif. Puis ajoutez 1 litre 1/2 d'eau froide, le safran, le bouquet garni, du sel et du poivre. Laissez bouillir doucement, sans couvrir, pendant 30 minutes.

3. Pendant ce temps, préparez une purée de tomate : pelez les tomates après les avoir plongées 1 minute dans de l'eau bouillante et coupez-les en quartiers. Chauffez 1 cuillerée d'huile dans une petite casserole. Faites-y revenir les quartiers de tomates et ajoutez 1/2 verre d'eau. Salez et poivrez. Laissez cuire 20 minutes à feu doux, puis passez à la moulinette.

4. Retirez les morceaux de saumon du faitout. Pilez-les au mortier pour obtenir une purée que vous mêlez à la purée de tomate. Tenez au chaud sur feu très doux.

5. Filtrez le bouillon.

6. Délayez la purée de saumon et de tomate avec le bouillon filtré. Réchauffez si c'est nécessaire. Servez avec des croûtons frits au beurre.

Spaghettis aux anchois

Préparation : 5 mn
Cuisson : 20 mn

Pour 4 personnes
300 g de spaghettis très fins
10 filets d'anchois dessalés

1. Faites chauffer 1 litre 1/2 d'eau salée ; dès l'ébullition, jetez-y les pâtes.

2. Mettez l'huile dans une poêle. Quand elle commence à grésiller, ajoutez-y les filets d'anchois coupés en dés. Laissez cuire sur feu très doux, dans la poêle couverte, pendant 5 minutes.

1 cuillerée d'huile
1 petite boîte de concentré de tomate
50 g de gruyère râpé
Sel, poivre

3. Dans la poêle où cuisent les anchois, mettez le concentré de tomate, ajoutez 1 cuillerée à soupe d'eau, mélangez bien le tout, chauffez.

4. Égouttez les pâtes, versez-les dans un plat, ajoutez la sauce à la tomate et aux anchois, saupoudrez de gruyère râpé, poivrez, mélangez bien le tout, servez bien chaud.

Spaghettis aux fruits de mer

Préparation : 30 mn
Cuisson : 20 mn

Pour 4 personnes
300 g de spaghettis moyens
1 l de moules grattées
1/2 l de coques
12 palourdes
24 crevettes
Le jus de 1 citron
1 œuf
1 oignon
1 verre de vin blanc sec
8 brins de persil
50 g de beurre
4 cuillerées à soupe de gruyère râpé
Sel, poivre

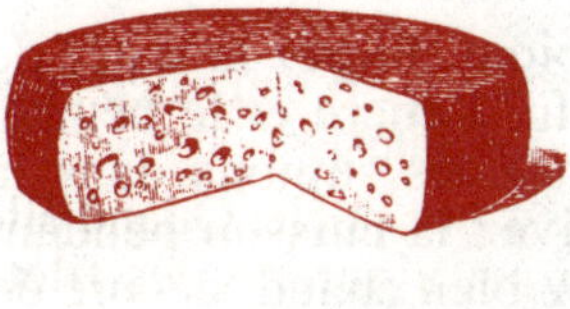

1. Lavez bien à fond les moules, les coques et les palourdes. Pelez l'oignon et hachez-le grossièrement.

2. Dans une grande casserole, sur feu vif, mettez le vin blanc, l'oignon haché, le persil, les coquillages, du sel et 6 pincées de poivre.

3. Laissez chauffer 2 minutes, secouez fortement la casserole. Couvrez et laissez cuire, toujours sur feu vif, pendant 10 minutes.

4. Sortez les coquillages de la casserole avec une écumoire et mettez-les dans un plat. Filtrez leur jus de cuisson à travers une passoire garnie d'un linge très fin.

5. Décortiquez les coquillages. Mettez les « chairs » dans une casserole moyenne, sur feu très doux. Ajoutez les crevettes décortiquées, le bouillon filtré et le jus de citron.

6. Jetez les spaghettis dans 2 litres d'eau bouillante salée. Laissez cuire à gros bouillons 10 minutes environ.

7. Cassez l'œuf, séparez le jaune du blanc, mettez le jaune dans un bol. Versez dessus petit à petit 1/2 louche de jus de cuisson des coquillages, tout en battant vivement.

8. Égouttez les pâtes. Mettez-les dans un plat creux chaud avec le beurre coupé en morceaux, le gruyère râpé et 6 pincées de poivre. Mélangez. Ajoutez alors les coquillages et le jaune d'œuf délayé. Mélangez et servez.

Spaghettis aux praires

Préparation : 20 mn
Cuisson : 20 mn

Pour 4 personnes

250 g de spaghettis
6 douzaines de praires (ou 4 douzaines de petits clams)
2 cuillerées à soupe d'huile
2 gousses d'ail
Basilic
Marjolaine (origan)
Persil
Sel, poivre

1. Faites cuire les spaghettis à l'eau salée pendant 10 minutes environ.

2. Pendant ce temps, grattez bien les praires, faites-les s'ouvrir dans une casserole sur feu vif et décoquillez-les.

3. Faites revenir l'ail haché à l'huile sans lui faire prendre couleur. Ajoutez praires et herbes finement hachées. Salez et poivrez. Laissez cuire à feu doux 10 minutes.

4. Laissez reposer, hors du feu, 5 minutes, et versez sur les spaghettis bien égouttés. Servez très chaud.

Supions en daube à l'encre*

Préparation : 20 mn
Cuisson : 45 mn

Pour 4 personnes

16 supions de 80 g environ
2 oignons
1 carotte
3 cuillerées à soupe d'huile
25 cl de vin rouge
1 bouquet garni
1 cuillerée à soupe de concentré de tomate
40 g de beurre
Sel, poivre
Persil

1. Séparez les têtes des corps des supions et prélevez les poches qui contiennent l'encre. Recueillez-la dans un bol.

2. Pelez et émincez les oignons. Nettoyez la carotte et coupez-la en rondelles.

3. Chauffez l'huile dans une cocotte. Faites revenir les supions. Ajoutez les légumes, le vin, le bouquet garni, le concentré délayé dans un peu d'eau, du sel et du poivre. Couvrez. Laissez cuire 30 minutes.

4. Égouttez les supions. Filtrez la sauce de cuisson. Ajoutez-lui l'encre et le beurre. Mélangez. Remettez les supions dans la cocotte et poursuivez la cuisson pendant 10 minutes. Servez bien chaud, décoré de persil.

* « Supion » est le nom provençal de la seiche.

Tartare de saint-jacques

Préparation : 15 mn
Cuisson : 12 mn

Pour 4 personnes

8 noix de coquilles Saint-Jacques et leur corail
3 cuillerées à soupe d'huile
Le jus de 1 citron
10 brins de fenouil frais
1 cuillerée à café de coulis de tomate
Feuilles de trévise et de laitue
Sel, poivre

1. Détachez les coraux des noix de saint-jacques. Hachez ces dernières. Mettez-les dans une assiette creuse. Arrosez avec 1 cuillerée d'huile et le jus de citron. Poivrez. Tenez au frais.

2. Plongez les coraux 5 minutes dans de l'eau salée en ébullition ; égouttez-les.

3. Préparez la sauce : hachez finement les brins de fenouil. Faites revenir doucement ce hachis dans le reste de l'huile pendant 3 minutes. Ajoutez le coulis de tomate, 1 cuillerée d'eau. Salez et poivrez. Chauffez 2 minutes.

4. Disposez les saint-jacques sur un lit de salades. Décorez avec les coraux. Servez accompagné de la sauce au fenouil tiède.

Tartare de saumon

Préparation : 15 mn

Pour 4 personnes

500 g de chair de saumon
1 tasse de mayonnaise
4 cornichons
2 cuillerées à soupe de câpres
1 cuillerée à soupe de fines herbes hachées
2 échalotes
1 petit verre de vodka
Quelques feuilles de salade

1. Préparez la sauce tartare : pelez et hachez finement les échalotes. Coupez les cornichons en petits dés. Mélangez-les à la mayonnaise, ainsi que les câpres et les fines herbes.

2. Hachez grossièrement la chair du saumon avec un couteau. Ajoutez-lui la vodka et mélangez.

3. Incorporez la sauce tartare au saumon haché en utilisant deux fourchettes.

4. Répartissez la préparation sur 4 assiettes. Décorez de feuilles de salade et servez très frais. Vous pouvez accompagner de pommes de terre cuites à la vapeur, arrosées de crème fraîche additionnée d'oignons blancs hachés.

Tartares de thon et de cabillaud sur lit de choucroute

Préparation: 25 mn
Cuisson : 10 mn

Pour 4 personnes

400 g de chair de thon épluchée et désarêtée
400 g de filets de cabillaud
500 g de choucroute crue
8 grains de genièvre
1 cuillerée à soupe de crème d'anchois
5 cuillerées à soupe d'huile d'olive
1 citron
2 échalotes
50 g d'œufs de saumon
Sel, poivre

1. Lavez la choucroute à grande eau et égouttez-la bien en la pressant entre vos mains. Mélangez-lui les grains de genièvre et faites-la chauffer 10 minutes environ à la vapeur. Retirez du feu et étalez sur un plat.

2. Hachez séparément les poissons, en utilisant un couteau bien aiguisé, ou un hachoir à main. Mettez les chairs hachées dans des saladiers différents.

3. Pelez et hachez finement les échalotes. Pressez le citron.

4. Mettez dans un bol la crème d'anchois, les échalotes hachées, le jus de citron, très peu de sel et du poivre. Ajoutez l'huile en la versant en filet et en tournant comme pour une mayonnaise.

5. Mélangez cette sauce aux hachis de poissons. Avec deux cuillers, formez des croquettes de forme ronde ou allongée. Disposez-les sur le lit de choucroute. Décorez d'œufs de saumon.

Tarte à la morue

Préparation : 25 mn
Cuisson : 1 h

Pour 6 personnes

500 g de filets de morue dessalés
250 g de champignons
60 g de beurre
Le jus de 1/2 citron
1 tasse de crème
2 cuillerées à soupe de fromage râpé
350 g de pâte feuilletée
Sel, poivre

1. Nettoyez les champigons. coupez-les en lamelles. Cuisez-les 15 minutes à petit feu dans le beurre avec du sel, du poivre et le jus de citron.

2. Mettez les filets de morue dans une casserole avec de l'eau froide. Placez sur le feu. Éteignez dès que l'ébullition commence à se produire. Attendez 10 minutes. Égouttez les filets de morue et effeuillez-les.

3. Préparez la béchamel. Dans une casserole moyenne, faites fondre le beurre à feu doux. Avant qu'il ne mousse, saupoudrez-le de farine. Mélangez bien sur le feu pendant

Pour la béchamel
20 g de beurre
20 g de farine
25 cl de lait
Sel, poivre

2 ou 3 minutes. Versez le lait froid en une seule fois. Salez, poivrez et laissez chauffer en tournant régulièrement. Au point d'ébullition, laissez épaissir quelques secondes, sans cesser de tourner, pour que la béchamel soit bien homogène. Laissez tiédir.

4. Étalez la pâte feuilletée. Garnissez-en un moule à tarte beurré.

5. Mélangez la morue, les champignons, la sauce Béchamel, la crème et le fromage râpé. Garnissez la tarte avec cette préparation. Cuisez à four chaud (th. 7) 30 minutes.

Tartes aux fruits de mer et aux champignons

Préparation : 30 mn
Cuisson : 50 mn

Pour 4 personnes

4 œufs
200 g de pâte feuilletée
125 g de crevettes
12 moules
125 g de champignons
1 tasse de sauce normande (voir recette p. 12)
4 huîtres
40 g de beurre
2 cuillerées à soupe de vinaigre
Sel, poivre

1. Dans une casserole sur feu vif, faites ouvrir les moules pendant 10 minutes environ et décoquillez-les.

2. Nettoyez les champignons, coupez-les en lamelles très fines, faites-les cuire dans le beurre pendant 10 minutes avec du sel et du poivre.

3. Ouvrez les huîtres et faites-les cuire pendant 5 minutes dans de l'eau salée et poivrée. Égouttez-les soigneusement.

4. Mélangez les crevettes et les huîtres coupées en petits morceaux avec les moules et les champignons, liez avec la sauce normande.

5. Étalez la pâte feuilletée ; garnissez-en 4 petits moules à barquettes beurrés, faites cuire à four chaud pendant 20 minutes. Démoulez.

6. Garnissez chaque barquette avec la préparation de moules, crevettes et champignons.

7. Chauffez une casserole d'eau contenant le vinaigre. Faites-y pocher les œufs.

8. Dans chaque barquette, disposez 1 œuf, nappez de sauce, chauffez et servez.

Tarte mousseline au thon

Préparation : 25 mn
Cuisson : 35 mn

Pour 6 personnes

Pour la pâte brisée
250 g de farine
1/2 verre d'eau
1 pincée de sel
125 g de beurre

Pour la garniture
50 cl de lait
300 g environ de thon au naturel
3 œufs
1 cuillerée à soupe de Maïzena
Sel, poivre

1. Faites une pâte brisée en mélangeant la farine, le beurre, l'eau et le sel. Étalez la pâte sur 0,5 cm d'épaisseur. Garnissez-en une tourtière.

2. Ouvrez la boîte de thon. Égouttez. Passez à la moulinette pour obtenir une purée assez fine.

3. Battez les œufs en omelette. Salez et poivrez. Ajoutez la Maïzena. Délayez peu à peu avec le lait. Ajoutez la purée de thon. Versez ce mélange dans la tourtière.

4. Faites cuire à four chaud (th. 7) pendant 35 minutes.

Tartelettes froides à la normande

Préparation : 30 mn
Cuisson : 30 mn

Pour 4 personnes
200 g de pâte feuilletée
1 noix de beurre
24 crevettes roses décortiquées
16 champignons
4 huîtres
4 grosses moules
1 truffe
1/2 tasse de mayonnaise
Sel, poivre

1. Nettoyez les champignons, coupez-les en lamelles très minces, faites-les cuire pendant 15 minutes dans le beurre avec du sel et du poivre.

2. Étalez la pâte feuilletée, garnissez-en 4 petits moules en forme de barquettes, beurrés. Mettez à cuire à four chaud (th. 7-8) pendant 20 minutes.

3. Coupez les crevettes en petits morceaux ; coupez également la truffe en petits dés. Ajoutez-leur les lamelles de champignons ; liez le tout avec la mayonnaise.

4. Ouvrez les huîtres, décoquillez-les, faites-les pocher pendant 7 à 8 minutes dans très peu d'eau salée et poivrée. Égouttez-les soigneusement.

5. Dans une casserole sur feu vif, faites ouvrir les moules, décoquillez-les.

6. Garnissez chaque barquette avec la préparation de crevettes, champignons et truffe à la mayonnaise et posez dessus 1 huître et 1 moule. Servez froid.

Tartelettes d'huîtres

Préparation : 40 mn
Cuisson : 40 mn

Pour 4 personnes

200 g de pâte feuilletée
1 noix de beurre
24 moules
24 crevettes décortiquées
16 champignons
8 huîtres
1 truffe
1 tasse de sauce normande (voir recette p. 12)
Sel, poivre

1. Dans une casserole sur feu vif, faites ouvrir les moules pendant 10 minutes environ et décoquillez-les.

2. Ouvrez les huîtres, décoquillez-les, mettez-les à pocher pendant 10 minutes dans un peu d'eau salée et poivrée.

3. Nettoyez les champignons, coupez-les en lamelles très minces, faites-les cuire 10 minutes dans la noix de beurre avec du sel et du poivre.

4. Mélangez les moules, les crevettes, les champignons et liez avec la sauce normande.

5. Étalez la pâte feuilletée, garnissez-en 4 barquettes beurrées et faites cuire 20 minutes à four chaud (th. 7-8). Démoulez.

6. Disposez dans chaque barquette 2 huîtres, des petits morceaux de truffe, nappez avec la sauce normande et faites dorer légèrement au four chaud pendant 7 à 8 minutes.

Tartelettes au merlan

Préparation : 20 mn + 30 mn de repos pour la pâte
Cuisson : 20 mn

Pour 6 personnes

Pour la pâte brisée
250 g de farine
125 g de beurre
1/2 verre d'eau
1/2 cuillerée à café de sel

Pour la garniture
500 g de filets de merlan
3 œufs
3 cuillerées à soupe de crème fraîche
1 sachet de court-bouillon instantané
Sel, poivre

1. Préparez la pâte brisée : mettez la farine dans une terrine, déposez-y le morceau de beurre et, avec la pointe d'un couteau, divisez-le en morceaux de la taille d'une noisette. Faites un trou au centre de la farine, mettez-y le sel et l'eau, tout en tournant avec une spatule en bois. Formez une boule avec vos mains ; la pâte doit être collante mais pas trop molle. Roulez-la dans la farine et laissez-la reposer 30 minutes.

2. Pendant ce temps, préparez le court-bouillon selon le mode d'emploi. Plongez les filets de merlan dans ce court-bouillon froid. Chauffez et arrêtez la cuisson quand le court-bouillon commence à frémir. Attendez 5 minutes avant d'égoutter les filets.

3. Passez-les à la moulinette ou au mixer pour obtenir une purée fine à laquelle vous ajouterez la crème fraîche, un peu de sel et du poivre. Mélangez bien.

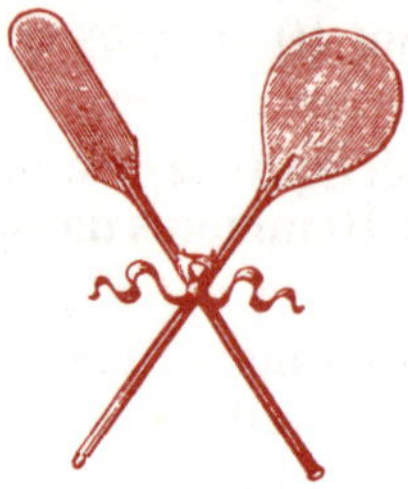

4. Séparez les blancs et les jaunes des œufs. Battez les blancs en neige très ferme.

5. Ajoutez les jaunes à la purée de poisson.

6. Étalez la pâte brisée. Tapissez-en de petits moules à tarte individuels, beurrés.

7. Incorporez délicatement les blancs en neige à la préparation de poisson.

8. Remplissez les tartelettes de ce mélange. Cuisez 20 minutes à four chaud (th. 7-8).

Tartelettes aux saint-jacques

Préparation : 20 mn + 30 mn de repos pour la pâte
Cuisson : 20 mn

Pour 6 personnes

Pour la pâte brisée
250 g de farine
125 g de beurre
1/2 verre d'eau
1/2 cuillerée à café de sel

Pour la garniture
12 coquilles Saint-Jacques décoquillées et ébarbées
4 carrés de fromage frais demi-sel
12 branchettes de cresson
1 sachet de court-bouillon instantané
1/2 tasse de lait
Poivre

1. Préparez la pâte brisée : mettez la farine dans une terrine, déposez-y le morceau de beurre et, avec la pointe d'un couteau, divisez-le en morceaux de la taille d'une noisette. Faites un trou au centre de la farine, mettez-y le sel et l'eau, tout en tournant avec une spatule en bois. Formez une boule avec vos mains ; la pâte doit être collante mais pas trop molle. Roulez-la dans la farine et laissez-la reposer 30 minutes.

2. Pendant ce temps, épluchez et lavez le cresson ; lavez également les saint-jacques.

3. Préparez le court-bouillon selon le mode d'emploi. Plongez les saint-jacques dans ce court-bouillon froid. Chauffez jusqu'à ébullition. Laissez bouillir 5 minutes. Égouttez.

4. Dans un bol, écrasez le fromage à la fourchette. Ajoutez le lait, poivrez généreusement et mélangez bien le tout.

5. Étalez la pâte. Tapissez-en des petits moules à tarte individuels, beurrés. Piquez le fond avec les dents d'une fourchette et cuisez 15 minutes à four chaud (th. 7-8).

6. Laissez refroidir les tartelettes avant de les garnir : au fond 1 couche de fromage, pardessus les saint-jacques et 1 petit bouquet de cresson.

Tartelettes de sardines

Préparation : 20 mn

Pour 6 personnes
12 sardines à l'huile sans peau ni arêtes
12 tartelettes en pâte brisée non salée cuites
Le jus de 1 citron
80 g de beurre
12 olives noires
Poivre

1. Écrasez ensemble à la fourchette les sardines et le beurre, pour obtenir une pâte onctueuse. Ajoutez-lui le jus de citron et du poivre. Mélangez.

2. Remplissez les tartelettes avec cette préparation. Garnissez chacune de 1 olive noire. Servez froid.

Terrine dieppoise

Préparation : 20 mn
Réfrigération : 12 h
Cuisson : 10 mn

Pour 4 personnes
350 g de filets de saumon
300 g de filets de saint-pierre
250 g d'épinards
1 sachet de gelée en poudre
1/2 verre de vin blanc
Coulis de tomate
2 œufs durs
Sel, poivre

1. Équeutez les épinards. Ébouillantez les feuilles 3 minutes. Égouttez.

2. Mettez les filets de saint-pierre à plat. Couvrez-les de feuilles d'épinards. Roulez-les et maintenez avec des piques.

3. Chauffez 50 centilitres d'eau avec le vin, du sel et du poivre. Faites pocher les 2 poissons 5 minutes. Égouttez-les.

4. Préparez la gelée selon le mode d'emploi. Versez-en un peu dans le fond d'un moule rectangulaire. Tapissez-le de feuilles d'épinards. Remplissez avec le saumon coupé en morceaux, les roulades de saint-pierre et les œufs durs coupé en huit. Couvrez d'épinards. Versez le reste de gelée et faites prendre au réfrigérateur au moins 12 heures. Servez avec un coulis de tomate.

Terrine de saumon et de brochet

Préparation : 25 mn
Cuisson : 1 h

Pour 4 personnes
500 g de filets de saumon
500 g de chair de brochet
3 blancs d'œufs
80 g de crème fraîche
1 bol de mayonnaise
1 poignée d'oseille
Sel, poivre

1. Mixez la chair du brochet avec du sel et du poivre.

2. Battez les blancs d'œufs en neige et incorporez-les délicatement au brochet mixé.

3. Ajoutez alors la crème fraîche. Mélangez délicatement.

4. D'autre part, coupez les filets de saumon en longues languettes. Garnissez un moule avec du papier sulfurisé ou du papier aluminium et remplissez ce moule avec les filets de saumon et la farce du brochet en alternant les couches. Cuisez au four au bain-marie pendant environ 1 heure à four moyen (th. 6). Laissez complètement refroidir avant de démouler.

5. Ajoutez à la mayonnaise l'oseille finement hachée. Servez cette sauce avec la terrine froide.

Terrine de truite

Préparation : 15 mn
Cuisson : 25 mn

Pour 4 personnes
500 g de filets de truite
100 g de mie de pain frais
1/2 tasse de lait
2 œufs
1 cuillerée à soupe de ciboulette hachée
40 g de crème fraîche
30 g de beurre
Sel, poivre

1. Humectez la mie de pain avec le lait.

2. Hachez les filets de truite. Ajoutez-leur la mie de pain essorée, les œufs, la crème fraîche, la ciboulette hachée, du sel et du poivre. Travaillez la préparation avec une cuiller en bois.

3. Beurrez 4 ramequins ou 4 petits moules ronds. Tassez-y la préparation.

4. Faites cuire au four (th. 6), au bain-marie, pendant 25 minutes.

5. Démoulez pour servir. Vous pouvez accompagner de blancs de poireaux émincés et cuits à feu doux dans du beurre et un peu de jus de citron.

Thon ou espadon basquaise

Préparation : 15 mn
Cuisson : 25 mn

Pour 4 personnes

4 tranches de thon ou d'espadon de 140 g chacune
2 poivrons verts
5 tomates
1 oignon
2 gousses d'ail
1 tranche de jambon de Bayonne
1 bouquet garni
3 cuillerées à soupe d'huile d'olive
1 cuillerée à soupe de fines herbes hachées
Sel, poivre

1. Ouvrez et égrenez les poivrons ; coupez-les en lanières. Coupez également le jambon. Émincez l'oignon et l'ail. Détaillez les tomates en dés.

2. Chauffez l'huile dans une grande sauteuse. Faites revenir les légumes et le jambon en remuant. Salez et poivrez. Mettez le bouquet garni. Couvrez. Laissez cuire à petit feu pendant 20 minutes.

3. Ajoutez dans la sauteuse les tranches de poisson. Salez et poivrez. Couvrez. Laissez cuire 4 minutes, puis retournez les tranches et poursuivez la cuisson pendant 3 minutes. Pour servir, retirez le bouquet garni et parsemez poisson et légumes de fines herbes hachées.

Thon des Chartreux

Préparation : 15 mn
Cuisson : 40 mn

Pour 4 personnes

1 tranche de thon de 800 g
8 cœurs de laitue
3 oignons
3 tomates
2 citrons
4 filets d'anchois roulés
1 verre de vin blanc sec
2 cuillerées à soupe d'huile d'olive
20 olives noires
Laurier
Sel, poivre

1. Parez la tranche de thon, piquez-la avec les anchois bien répartis.

2. Versez l'huile dans une grande sauteuse. Disposez au fond 4 cœurs de laitue bien lavés, la moitié des tomates coupées en rondelles, 1 citron en rondelles. Salez, poivrez légèrement.

3. Placez la tranche de thon sur les légumes, couvrez avec le restant des laitues, tomates, oignons, olives, citrons. Salez, poivrez à nouveau. Arrosez avec 1/2 verre d'eau, le vin blanc, 1 filet d'huile.

4. Portez à feu vif. Quand le liquide atteint l'ébullition, baissez le feu, couvrez la sauteuse, laissez cuire doucement 30 à 40 minutes. Servez dans la sauteuse.

Thon en cocotte

Préparation : 30 mn
Cuisson : 45 mn

Pour 6 personnes
1 kg de thon frais
1 barde de lard
100 g de beurre
1 oignon
1 carotte
1 bouquet garni
1/2 verre de vin blanc sec
Sel, poivre
500 g d'oignons blancs
500 g de carottes nouvelles
500 g de petits pois extra-fins

1. Débarrassez le thon de sa peau, bardez-le et ficelez-le comme un rôti. Faites dorer de tous les côtés en cocotte avec 50 grammes de beurre. Faites dorer également l'oignon et la carotte coupés en rondelles.

2. Salez, poivrez, ajoutez le bouquet garni, arrosez de vin blanc. Laissez cuire à couvert, à feu doux, 45 minutes.

3. Pendant ce temps, faites blanchir les carottes nouvelles coupées en deux et les oignons blancs 5 minutes à l'eau bouillante salée. Égouttez les légumes, terminez la cuisson sur feu doux dans le reste du beurre.

4. Réchauffez doucement les petits pois.

5. Dressez le poisson au milieu d'un plat, entourez-le des légumes. Passez le jus de cuisson au mixer et versez-le sur le poisson.

Thon en cocotte aux olives

Préparation : 10 mn
Cuisson : 30 mn

Pour 4 personnes
4 tranches de thon de 125 g chacune
3 carottes
2 oignons
10 tiges de persil
1 feuille de laurier
2 cuillerées à soupe d'huile
1 verre de vin blanc sec
100 g d'olives vertes dénoyautées
Sel, poivre

1. Pelez les carottes et les oignons. Coupez-les en rondelles fines et faites-les légèrement revenir à l'huile dans une cocotte, puis ajoutez le persil, le laurier et le vin blanc. Salez, poivrez, couvrez et laissez cuire à petit feu pendant 10 minutes.

2. Ajoutez les tranches de thon. Faites cuire à feu doux pendant 20 minutes.

3. Sortez le poisson de la cocotte. Passez au mixer les légumes et le jus de cuisson. Ajoutez les olives à la sauce obtenue et nappez-en les tranches de thon.

Thon à la crème

Préparation : 15 mn
Cuisson : 30 mn

Pour 6 personnes
2 boîtes de thon au naturel de 300 g environ chacune
600 g de carottes
1 verre de vin blanc sec
100 g d'oignons
50 g de beurre
5 cuillerées à soupe de crème fraîche
Thym, laurier
Poivre

1. Ouvrez les boîtes de thon. Égouttez-le. Saupoudrez-le de poivre.

2. Émincez les oignons. Coupez les carottes en rondelles minces.

3. Faites dorer les oignons émincés dans une sauteuse avec le beurre. Ajoutez le thon, les carottes, du thym et du laurier. Laissez mijoter 5 minutes.

4. Retirez le thon et laissez mijoter doucement les légumes pendant 20 minutes environ. Remettez le thon 5 minutes.

5. Retirez le thon et les carottes. Versez le vin blanc dans la sauteuse. Ajoutez la crème. Remuez. Versez sur le thon. Servez avec du riz pilaf ou des spaghettis.

Thon au foie gras sauce au vin

Préparation : 10 mn
Cuisson : 30 mn

Pour 4 personnes
4 tranches épaisses de thon de 120 g chacune
4 tranches de foie gras de canard cru de 75 g chacune
2 carottes
1 oignon
1 branche de céleri
1 gousse d'ail
3 champignons
60 cl de vin rouge
2 cuillerées à soupe d'huile
185 g de beurre
20 g de farine
1 cuillerée à café de grains de poivre rose
Sel, poivre

1. Préparez la sauce : coupez tous les légumes en petits dés. Faites-les revenir avec oignon, ail et céleri dans 25 grammes de beurre et l'huile, puis égouttez la graisse et mouillez avec le vin rouge. Salez, poivrez et laissez bouillir 20 minutes. Filtrez. Ajoutez 30 grammes de beurre écrasé avec la farine. Chauffez en remuant et en ajoutant 60 grammes de beurre en petits morceaux. Tenez cette sauce au bain-marie.

2. Faites cuire les tranches de thon à la poêle dans 40 grammes de beurre, 2 minutes de chaque côté. Cuisez également le foie gras dans une poêle avec 30 grammes de beurre. Salez et poivrez.

3. Mettez le thon sur un plat chaud. Posez dessus le foie gras. Nappez de sauce. Parsemez de grains de poivre.

Thon frais à la génoise

Préparation : 15 mn
Cuisson : 20 à 25 mn

Pour 4 personnes

4 tranches de thon
250 g de champignons frais (ou 20 g de champignons secs ayant trempé quelques minutes dans l'eau)
3 anchois salés
Quelques branches de persil
1 gousse d'ail
1 verre d'huile d'olive
2 verres de vin blanc sec
Sel, poivre
Thym, laurier
Le jus de 1 citron
50 g de beurre

1. Allumez le four (th. 8).

2. Mettez les anchois à dessaler quelques minutes sous l'eau, puis levez-en les filets avec un couteau bien tranchant, et essuyez-les dans du papier absorbant. Si vous utilisez des champignons frais, lavez-les et essuyez-les.

3. Pilez ensemble les anchois, les champignons, le persil et l'ail. Si vous n'avez pas de mortier, écrasez-les longuement à l'aide d'une fourchette solide.

4. Sur feu doux, dans l'huile, faites revenir doucement le mélange anchois-champignons dans une cocotte.

5. Ajoutez le vin et, dès que la préparation bout, répartissez les tranches de thon sans qu'elles se chevauchent. Ajoutez un peu de sel, du poivre, du thym, du laurier, couvrez et laissez cuire à feu moyen 5 minutes.

6. Retournez alors les tranches de thon et mettez la cocotte à four chaud (th. 7-8) 20 à 25 minutes. Vérifiez la cuisson ; soulevez et disposez délicatement les tranches dans le plat de service maintenu au chaud.

7. Dans la cocotte, ajoutez le beurre et le citron au jus de cuisson. Versez sur le poisson et servez aussitôt.

Thon frais en tournedos

Préparation : 5 mn
Cuisson : 20 mn

Pour 6 personnes

1 tranche épaisse de thon de 900 g à 1 kg
1 sachet de tranches très fines de lard fumé
1 cuillerée à soupe d'huile
Sel, poivre

1. Entourez la tranche de thon avec le lard fumé. Ficelez comme un tournedos.

2. Badigeonnez d'huile chaque face. Salez et poivrez.

3. Faites cuire sur le gril bien chaud, 10 minutes de chaque côté.

Thon ou espadon grillé

Préparation : 5 mn
Cuisson : 20 mn

Pour 4 personnes
700 g de thon ou espadon en un seul morceau
2 cuillerées à soupe d'huile d'olive
Le jus de 1 citron
Chapelure
Sel, poivre

1. Installez le poisson dans un plat à gratin ; arrosez-le d'huile, assaisonnez-le des deux côtés de sel et de poivre.

2. Saupoudrez-le de chapelure et mettez à cuire au four préalablement chauffé (th. 9).

3. Faites cuire pendant 15 à 20 minutes, selon l'épaisseur de la tranche, et arrosez-la plusieurs fois pendant la cuisson.

4. Dressez le poisson sur un plat lorsqu'il est bien cuit et doré et accompagnez d'une sauce composée d'huile d'olive, du jus de citron, de sel et de poivre.

Thon aux herbes

Préparation : 15 mn
Cuisson : 7 à 8 mn

Pour 6 personnes
2 boîtes de thon au naturel d'environ 300 g chacune
500 g d'épinards en conserve
Le jus de 1 citron
1 petit verre de vodka
2 cuillerées à soupe de crème fraîche
15 g de beurre
Chapelure
Sel, poivre

1. Ouvrez les boîtes de thon. Égouttez-le. Écrasez-le avec une fourchette.

2. Ouvrez la boîte d'épinards. Rincez-les. Égouttez-les soigneusement.

3. Graissez un plat à gratin. Déposez-y 1 mince couche d'épinards, puis faites alterner épinards et thon écrasé.

4. Mélangez la crème fraîche, le jus de citron et la vodka. Versez sur la préparation. Assaisonnez.

5. Saupoudrez de chapelure et faites dorer sous un gril chaud pendant 7 à 8 minutes.

Thon à l'italienne au gratin

Préparation : 30 mn
Cuisson : 15 mn

Pour 6 personnes
250 g de spaghettis coupés ou de coquillettes
5 tomates
200 g de thon au naturel en boîte
2 cuillerées à soupe d'huile
1 petite tasse de chapelure
Thym, romarin
Sel, poivre

1. Faites cuire les pâtes à l'eau bouillante salée pendant 10 minutes.

2. Pendant ce temps, lavez les tomates et coupez-les en deux. Ouvrez la boîte de thon. Égouttez-le et émiettez-le.

3. Lorsque les pâtes sont cuites, égouttez-les soigneusement. Ajoutez-leur le thon émietté. Mélangez bien.

4. Graissez à l'huile un plat allant au four. Versez le mélange pâtes-thon. Disposez les tomates tout autour. Salez et poivrez légèrement. Assaisonnez de thym et de romarin effeuillés. Saupoudrez tout le plat de chapelure et arrosez avec le reste d'huile.

5. Faites gratiner 15 minutes à four chaud.

Thon aux oignons

Préparation : 15 mn
Marinade : 1 h
Cuisson : 50 mn

Pour 6 personnes
1 kg de thon frais
4 cuillerées à soupe d'huile d'olive
1 botte d'oignons nouveaux
4 cuillerées à soupe de concentré de tomate
1 bouquet garni
50 g de raisins secs
Sel, poivre

1. Faites mariner les raisins secs pendant 1 heure environ dans une tasse d'eau tiède ou, mieux, de thé.

2. Pendant ce temps, versez l'huile dans une cocotte. Dès qu'elle commence à fumer, faites revenir le morceau de thon. Ajoutez les oignons, le bouquet garni, le concentré de tomate et 1 tasse d'eau. Salez et poivrez. Couvrez et laissez cuire à feu doux pendant 45 minutes.

3. Ajoutez les raisins égouttés 10 minutes avant la fin de la cuisson et servez avec du riz créole.

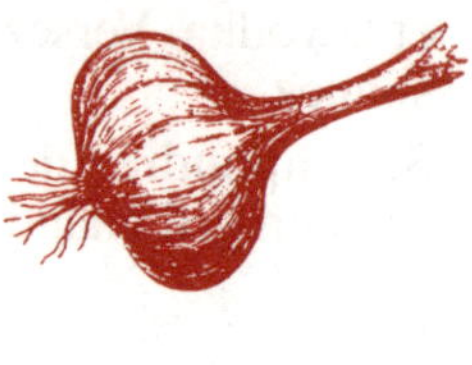

Thon à la provençale

Préparation : 15 mn
Marinade : 2 h
Cuisson : 1 h 10

Pour 6 personnes
1 kg de thon frais
1 verre d'huile d'olive
Le jus de 3 citrons
1 petit piment
8 à 10 petits oignons blancs
4 tomates
2 petites courgettes
150 g de lard fumé
1 branche de basilic
Sel, poivre

1. Faites mariner pendant 2 heures le thon dans le jus de citron, avec le petit piment écrasé et pilé.

2. Versez la moitié de l'huile d'olive dans une cocotte et, dès qu'elle commence à fumer, faites revenir le thon avec les petits oignons épluchés et le lard fumé coupé en dés.

3. Lorsque le tout est bien doré, ajoutez les tomates pelées, épépinées et coupées en morceaux, les courgettes non pelées et coupées en rondelles. Arrosez avec la marinade et le restant de l'huile d'olive. Salez et poivrez. Couvrez et laissez mijoter pendant 1 heure. Au moment de servir, ajoutez le basilic haché.

Thon sauce fromagère

Préparation : 5 mn
Cuisson : 8 mn

Pour 6 personnes
600 g environ de thon au naturel
50 g de gruyère rapé
30 g de beurre ou de margarine
3 cuillerées à soupe de crème fraîche
Sel, poivre

1. Ouvrez la boîte de thon. Égouttez-le. Divisez-le en gros morceaux.

2. Faites fondre le beurre ou la margarine. Faites revenir les morceaux de thon.

3. Mélangez la crème fraîche et le gruyère râpé. Salez et poivrez.

4. Versez ce mélange sur le thon. Laissez chauffer quelques minutes. Servez chaud.

Thon à la strasbourgeoise

Préparation : 20 mn
Réfrigération : 2 h
Cuisson : 25 mn

Pour 4 personnes
1 boîte de 180 g de miettes de thon
4 pommes de terre
3 œufs
1 bol d'huile
2 citrons
8 branches de persil
Sel, poivre

1. Faites cuire les pommes de terre à l'eau salée, sans les peler, pendant 25 minutes environ. Puis pelez-les ; passez-les au moulin pour obtenir une purée aussi sèche que possible.

2. Ajoutez à cette purée les miettes de thon avec leur huile. Poivrez et salez ; laissez refroidir. Faites cuire les 2 œufs restants 10 minutes à l'eau bouillante salée.

3. Préparez une mayonnaise avec 1 œuf, l'huile, du sel et du poivre. Quand la mayonnaise est terminée, ajoutez-lui le jus de 1/2 citron.

4. Ajoutez au mélange pommes de terre et thon 3 grosses cuillerées à soupe de mayonnaise, gardez le reste pour la décoration.

5. Tassez la préparation dans un moule à bords lisses que vous aurez huilé du bout des doigts.

6. Laissez reposer dans le réfrigérateur pendant au moins 2 heures avant de démouler. Au moment de servir, décorez le dessus du gâteau de thon avec de la mayonnaise, des rondelles d'œufs durs, des quartiers de citron et des branches de persil.

Tomates à l'antillaise

Préparation : 20 mn

Pour 4 personnes
180 g de thon au naturel
4 grosses tomates
Le jus de 1/2 citron
2 cuillerées à soupe d'huile
1 cuillerée à soupe de rhum
2 cuillerées à soupe de crème fraîche
1 cuillerée à soupe de moutarde
Sel

1. Lavez les tomates. Otez un chapeau assez large. Creusez les tomates et mettez la chair de côté. Salez l'intérieur. Retournez les tomates et laissez-les égoutter.

2. Ouvrez la boîte de thon. Égouttez-le. Écrasez-le finement. Arrosez de jus de citron.

3. Mélangez la moutarde, la crème fraîche, l'huile et le rhum. Ajoutez le thon, puis la chair des tomates. Garnissez les tomates avec cette farce. Servez frais.

Tomates aux crevettes

Préparation : 20 mn

Pour 4 personnes

4 tomates
1 sachet de 100 g de crevettes décortiquées
4 œufs durs
1 pot de yaourt
1/2 cuillerée à café de moutarde forte
Le jus de 1/2 citron
Sel, poivre

1. Coupez les tomates en deux. Évidez-les partiellement avec une petite cuiller. Salez-les. Retournez-les pour qu'elles dégorgent.

2. Passez à la moulinette les œufs durs.

3. Mettez les crevettes dans un bol ; ajoutez-leur le hachis d'œufs durs.

4. Mélangez la moutarde avec le jus de citron : délayez avec le yaourt. Salez et poivrez.

5. Versez cette sauce sur les crevettes et le hachis d'œufs durs. Mêlez bien le tout.

6. Garnissez les tomates avec cette préparation. Servez froid.

Tomates farcies aux anchois

Préparation : 20 mn
Cuisson : 10 mn

Pour 6 personnes

6 tomates bien fermes
1 boîte de filets d'anchois à l'huile
80 g de câpres
1 gousse d'ail
1 cuillerée à soupe d'huile
2 œufs
1 cuillerée à soupe de jus de citron
Sel, poivre noir

1. Faites cuire les œufs, pendant 10 minutes, à l'eau bouillante salée. Épluchez-les, hachez-les grossièrement.

2. Hachez les anchois dans leur huile.

3. Hachez les câpres.

4. Découpez sur chaque tomate un chapeau, creusez la tomate, retirez la pulpe et hachez-la.

5. Pelez la gousse d'ail, coupez-la en lamelles fines.

6. Mélangez les anchois, la pulpe de tomate, les câpres, l'ail, l'huile, les œufs, le poivre et le jus de citron. Remplissez les tomates avec cette préparation. Servez froid.

Tomates farcies aux sardines

Préparation : 10 mn

Pour 4 personnes

4 tomates bien fermes
1 boîte de sardines à la tomate
1 gros petit-suisse (60 % de matière grasse)
8 grosses olives noires
Sel, poivre

1. Coupez le chapeau des tomates, creusez-les avec une petite cuiller et mettez 1 pincée de sel à l'intérieur de chacune d'elle. Retournez-les pour les débarrasser de leur eau.

2. Otez l'arête centrale des sardines, écrasez-les finement avec le petit-suisse et du poivre, sans oublier d'ajouter la sauce tomate qui est dans la boîte de sardines. Le mélange doit être homogène.

3. Dénoyautez et coupez en petits morceaux 4 olives, ajoutez-les au mélange aux sardines. Farcissez-en chaque tomate.

4. Pour servir, décorez les tomates avec 1 olive noire dénoyautée.

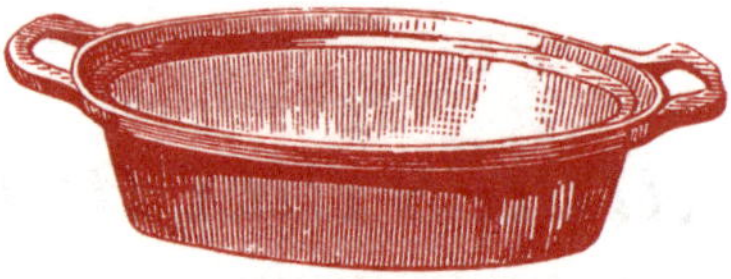

Tomates à la macédoine de saumon

Préparation : 20 mn
Cuisson : 5 mn

Pour 4 personnes

4 grosses tomates
250 g de filets de saumon
1/2 sachet de court-bouillon
250 g de macédoine de légumes
1 cuillerée à soupe de fines herbes hachées
1 petit concombre
1 tasse de mayonnaise
Cresson, brocoli, chou-fleur
Sel, poivre

1. Préparez le court-bouillon selon le mode d'emploi ; plongez-y le saumon et faites cuire 5 minutes à petits frémissements. Égouttez-le. Coupez-le en petits morceaux.

2. Pelez le concombre. Détaillez-le en petits dés.

3. Égouttez la macédoine. Ajoutez-lui le concombre, les morceaux de saumon, les fines herbes, un peu de sel, du poivre du moulin et la mayonnaise. Mélangez délicatement.

4. Pratiquez 5 fentes parallèles dans chaque tomate, sans les séparer à la base. Avec une petite cuiller, retirez la chair et remplissez-les avec la macédoine de saumon. Garnissez le plat de feuilles de cresson, de bouquets de brocoli et de chou-fleur cuits à la vapeur.

Tourte aux moules

Préparation : 30 mn
Cuisson : 1 h

Pour 4 personnes
250 g de pâte brisée
2 l de moules nettoyées
3 tomates
3 oignons
75 g de fromage râpé
1 cuillerée à soupe de moutarde
80 g de beurre
1 bol de sauce normande (voir recette p. 12)
Sel

1. Beurrez un moule à tarte. Tapissez-le de pâte brisée. Faites cuire à four chaud (th. 7) pendant 25 minutes.

2. Pendant ce temps, pelez les oignons, coupez-les en minces rondelles. Faites-les légèrement dorer 7 à 8 minutes dans la poêle avec la moitié du beurre. Salez.

3. Coupez les tomates en rondelles. Cuisez-les 6 à 7 minutes à la poêle dans le restant du beurre. Salez.

4. Mettez les moules dans une casserole sur feu vif pendant 10 minutes environ, pour les faire ouvrir. Décoquillez-les.

5. La pâte à tarte étant cuite, tartinez le fond de moutarde. Posez dessus les oignons, les tomates et les moules. Nappez de sauce normande. Saupoudrez de fromage râpé. Passez 10 minutes à four vif (th. 8) pour gratiner.

Tourte au saumon

Préparation : 25 mn
Cuisson : 45 mn

Pour 6 personnes
1 paquet de pâte feuilletée
600 g de saumon en boîte
3 œufs
2 oignons
50 g de beurre ou de margarine
2 cuillerées à soupe de persil haché
Sel, poivre

1. Faites durcir les œufs 10 minutes à l'eau bouillante salée.

2. Épluchez et hachez finement les oignons. Égouttez le saumon. Détaillez-le en fines lamelles.

3. Faites chauffer la moitié du beurre dans une poêle. Mettez à revenir les oignons et le saumon, sans les laisser roussir. Salez, poivrez, ajoutez le persil haché. Mélangez bien le tout.

4. Épluchez les œufs durs.

5. Graissez un moule à cake ou à pâté avec le restant du beurre.

6. Étendez la pâte feuilletée en forme de rectangle. Prélevez un morceau qui servira à faire des croisillons.

7. Sur le milieu de la pâte, étalez en longueur la moitié du saumon. Posez par-dessus les œufs durs épluchés et coupés en deux dans le sens de la longueur. Recouvrez avec le restant du saumon.

8. Repliez la pâte de façon à couvrir le tout. Soudez les bords avec les doigts humectés d'eau.

9. Placez dans le moule. Décorez le dessus avec des croisillons faits de lanières taillées dans la pâte réservée.

10. Faites un trou au centre du pâté. Glissez-y une carte de visite roulée. Mettez à four chaud pendant 30 minutes. Servez chaud ou froid avec une salade verte.

Tourteau à l'andalouse

Préparation : 30 mn
Cuisson : 20 mn

Pour 4 personnes

2 gros tourteaux
3 tomates
1 petit poivron
2 gousses d'ail
1 tasse de mayonnaise
10 brins de ciboulette
Sel, poivre

1. Faites cuire les tourteaux à l'eau bouillante salée pendant 20 minutes. Égouttez-les, laissez-les refroidir, puis ouvrez-les et décortiquez-les. Mettez la chair dans un saladier.

2. Préparez une purée de tomate : ébouillantez et pelez les tomates ; coupez-les en morceaux et passez-les au mixer. Salez et poivrez.

3. Coupez le poivron en petits dés.

4. Pelez et émincez les gousses d'ail.

5. Mélangez la purée de tomate à la mayonnaise. Versez cette sauce sur la chair des tourteaux. Ajoutez le poivron, l'ail et la ciboulette coupée aux ciseaux. Remuez et répartissez dans les carapaces. Servez très frais, accompagné de tranches d'avocat citronnées.

Tourteau farci

Préparation : 45 mn
Cuisson : 1 h

Pour 4 personnes
1 gros tourteau
2 oignons
2 carottes
1 bouquet garni
1/2 verre de vinaigre de vin
2 échalotes
1/2 verre de vin blanc
1 petit verre de calvados
1 cuillerée à soupe de chapelure
70 g de beurre
Sel, poivre

1. Préparez un court-bouillon en faisant bouillir pendant 30 minutes 2 litres d'eau contenant 1 oignon, les carottes, le bouquet garni, le vinaigre, du sel et du poivre. Laissez refroidir ce court-bouillon.

2. Plongez-y le tourteau. Chauffez et laissez cuire 30 minutes à partir de l'ébullition.

3. Pendant ce temps, pelez les échalotes et hachez-les. Hachez également l'oignon restant.

4. Le tourteau étant cuit, ouvrez-le par le ventre. Retirez-en toutes les chairs, le corail et les parties crémeuses. Décortiquez les pattes et les pinces.

5. Dans une cocotte, chauffez 40 grammes de beurre. Mettez-y à revenir les oignons et échalotes hachés ainsi que les chairs du tourteau. Mouillez avec le vin blanc. Laissez cuire à petit feu 15 minutes. En fin de cuisson, ajoutez le calvados.

6. Remplissez la carapace du tourteau avec cette préparation. Saupoudrez de chapelure. Parsemez de noisettes de beurre et passez à four vif (th. 8) 10 minutes environ.

Tourteau froid à la mayonnaise

Préparation : 25 mn
Cuisson : 20 mn

Pour 4 personnes
1 gros tourteau vivant
1 sachet de court-bouillon instantané
1 bol de mayonnaise
Feuilles de laitue
2 tomates
2 œufs durs

1. Lavez soigneusement le tourteau à plusieurs eaux.

2. Préparez le court-bouillon selon le mode d'emploi.

3. Plongez le tourteau dans le court-bouillon en ébullition et laissez-le cuire 20 minutes. Laissez-le refroidir dans le court-bouillon.

4. Ouvrez-le par la partie ventrale et videz-le de toute sa chair et des parties crémeuses. Hachez-les grossièrement. Mêlez-les à la mayonnaise. Remplissez le tourteau avec cette préparation. Présentez-le sur des feuilles de laitue avec une garniture de quartiers de tomates et d'œufs durs.

Tourteau à l'indienne

Préparation : 30 mn
Cuisson : 45 mn

Pour 4 personnes

4 tourteaux de taille moyenne
3 échalotes
120 g de champignons de Paris
2 tomates
80 g de riz
40 g de crème fraîche
30 g de beurre
2 pincées de curry en poudre
1 cuillerée à soupe de chapelure
Sel

1. Faites cuire les tourteaux à l'eau bouillante salée pendant 20 minutes. Égouttez-les et décortiquez-les.

2. Cuisez le riz à l'eau bouillante salée, 15 minutes environ. Égouttez-le.

3. Pelez les échalotes. Nettoyez les champignons. Ébouillantez et pelez les tomates. Passez le tout au mixer.

4. Mélangez les légumes mixés, le riz, la chair des tourteaux, la crème fraîche et le curry.

5. Remplissez les carapaces de cette préparation. Saupoudrez de chapelure et garnissez d'une lamelle de beurre.

6. Faites dorer au four 10 minutes environ. Servez très chaud.

Tourteau sauce diable

Préparation : 20 mn
Cuisson : 1 h

Pour 4 personnes

2 gros tourteaux
60 g de beurre
30 g de farine
25 cl de lait
1 cuillerée à dessert de moutarde de Dijon
1 cuillerée à soupe de cognac
1 oignon
1 échalote
Sel, poivre

1. Faites cuire les tourteaux au four (th. 6), en les protégeant de papier aluminium, pendant 40 minutes.

2. Pelez l'oignon et l'échalote. Hachez-les et faites-les blondir dans 20 grammes de beurre. Arrosez avec le cognac. Réservez.

3. Chauffez le reste du beurre. Quand il est fondu, ajoutez la farine et remuez vivement. Versez le lait, puis 1 verre d'eau, et laissez épaissir, à feu doux, en tournant. Salez et poivrez.

4. Incorporez la moutarde, puis le mélange oignon-échalote au cognac. Tenez cette sauce au chaud, au bain-marie.

5. Laissez refroidir un peu les tourteaux puis détachez le dessous du coffre du haut de la carapace. Cassez les pinces et les pattes.

6. Disposez les tourteaux sur un plat de service et servez-les encore chauds, accompagnés de la sauce.

Tourteau à la sauce rose

Préparation : 30 mn
Cuisson : 1 h

Pour 4 personnes
2 tourteaux
260 g de riz
200 g de crevettes roses décortiquées
1 carotte
1 oignon
1 branche de céleri
2 cuillerées à soupe d'huile
3 tomates
25 cl de vin blanc
50 g de beurre
Sel, poivre

1. Faites cuire les tourteaux à l'eau bouillante salée pendant 15 minutes. Égouttez-les et laissez-les refroidir.

2. Passez les crevettes au mixer.

3. Nettoyez et coupez la carotte en rondelles. Pelez et émincez l'oignon. Effilez le céleri et détaillez-le en lamelles. Coupez les tomates en quartiers.

4. Faites revenir ces légumes dans l'huile, puis ajoutez les crevettes mixées, le vin blanc, du sel et du poivre. Couvrez et laissez cuire à feu doux, 30 minutes.

5. Cuisez le riz à l'eau bouillante salée pendant 15 à 20 minutes.

6. Décortiquez les tourteaux et coupez la chair en morceaux.

7. Filtrez la sauce, puis ajoutez-lui le beurre.

8. Disposez le riz sur un plat. Garnissez de morceaux de tourteaux et entourez d'un cordon de sauce. Servez bien chaud.

Truite à la crème double

Préparation : 15 mn
Cuisson : 25 mn

Pour 4 personnes
1 truite de 1 kg
1 blanc de poireau
2 carottes
2 oignons
Le jus de 1 citron
10 brins de ciboulette
1 cuillerée à soupe de persil haché
60 g de beurre
75 g de crème double
Sel, poivre

1. Videz et dépouillez la truite.

2. Nettoyez les légumes. Émincez-les en rondelles. Coupez la ciboulette aux ciseaux. Mettez le tout dans le fond d'un plat allant au four. Ajoutez le persil haché, les oignons, le jus de citron, 3 cuillerées à soupe d'eau et le beurre coupé en morceaux.

3. Posez la truite au-dessus. Salez et poivrez. Couvrez le plat d'un papier aluminium et mettez au four (th. 7) pendant 25 minutes.

4. Environ 4 minutes avant la fin de cette cuisson, faites bouillir la crème double.

5. Servez la truite avec les légumes et le jus de cuisson mélangé à la crème double réduite.

Truites aux amandes

Préparation : 15 mn
Cuisson : 15 mn

Pour 4 personnes

4 truites de 200 g chacune
80 g d'amandes effilées
1 tasse de lait
1 tasse de farine
1 citron
60 g de beurre
1 cuillerée à soupe d'huile
Sel, poivre

1. Videz les truites, lavez-les, essuyez-les dans du papier absorbant.

2. Plongez chaque truite dans le lait salé et poivré, puis roulez-la dans la farine à plusieurs reprises. Le lait fait adhérer la farine.

3. Mettez une grande poêle sur feu vif, dans laquelle vous mettez le beurre. Dès qu'il commence à grésiller, jetez les truites dans la poêle et laissez-les dorer. Retournez-les pour les dorer sur l'autre face. Baissez le feu et terminez la cuisson des truites à feu moyen, pendant 6 minutes.

4. Placez une petite casserole contenant l'huile à feu moyen. Dès que l'huile est chaude, jetez les amandes dans la casserole et laissez-les blondir 4 minutes.

5. Les truites cuites, prenez-les délicatement pour les ranger sur un plat chaud. Arrosez-les vite avec le beurre de cuisson puis avec l'huile et les amandes de la petite casserole. Décorez avec des rondelles de citron et servez sans attendre.

Truites aux anchois

Préparation : 15 mn
Cuisson : 10 mn

Pour 4 personnes

4 truites
1 œuf
4 cuillerées à soupe de chapelure
1/2 verre d'huile
2 cuillerées à soupe de pâte d'anchois en tube
Le jus de 1 citron
1 tasse de crème fraîche
Sel, poivre

1. Écaillez, videz, lavez les truites. Séchez-les.

2. Battez l'œuf. Salez et poivrez.

3. Passez chaque truite d'abord dans l'œuf battu, puis dans la chapelure, de façon à bien l'enrober.

4. Dans une grande poêle, faites chauffer l'huile. Quand elle commence à fumer, cuisez les truites pendant 3 ou 4 minutes sur chaque face.

5. Pendant ce temps, faites chauffer sur feu très doux, sans laisser bouillir, la pâte d'anchois délayée dans la crème. Servez les truites très chaudes, dès leur sortie de la poêle, accompagnées de cette sauce à laquelle vous ajoutez le jus de citron.

Truites au bleu

Préparation : 10 mn
Repos : 2 h 30
Cuisson : 40 mn

Pour 6 personnes
6 truites de rivière vivantes
50 cl de vin blanc sec d'Alsace
1 verre de vinaigre
2 carottes
3 oignons
1 bouquet de persil
50 g de sel gris (sel marin)
120 g de beurre
1/2 citron

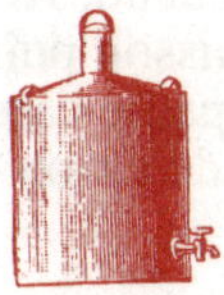

1. 2 h 30 avant le repas, préparez le court-bouillon : mettez dans un faitout 50 centilitres d'eau, le vin, les carottes coupées en rondelles, les oignons émincés, le persil et la moitié du sel. Faites bouillir 30 minutes, filtrez et laissez reposer.

2. Dans une petite casserole, faites dissoudre le reste du sel dans le vinaigre et portez à ébullition.

3. Assommez les truites d'un coup sur la tête. Videz-les sans les écailler ni les essuyer. Mettez-les côte à côte dans une casserole qui les contient juste et arrosez-les avec le vinaigre bouillant. Ajoutez le court-bouillon refroidi et faites cuire à feu doux, sans jamais laisser bouillir, durant 10 minutes. faites fondre le beurre dans un bol placé au-dessus du court-bouillon.

4. Retirez les poissons à l'aide d'une écumoire, égouttez-les et placez-les sur le plat de service. Versez le beurre fondu dans une saucière, ajoutez-lui 1 filet de citron et servez aussitôt.

Truites farcies

Préparation : 30 mn
Cuisson : 20 mn

Pour 4 personnes
4 truites
4 quenelles de brochet
2 tomates
2 oignons
1 bouquet de fines herbes
1 verre de crème fraîche
1 verre de vin blanc
40 g de beurre
Sel, poivre

1. Pelez les oignons, hachez-les. Plongez les tomates dans de l'eau bouillante pendant quelques instants, pelez-les, hachez-les grossièrement. Hachez les fines herbes.

2. Videz les truites, lavez-les et essuyez-les. Fendez-les tout le long du dos de façon à retirer l'arête. Mettez à l'intérieur de chaque truite 1 quenelle de brochet.

3. Mettez les truites dans un plat beurré allant au four, parsemez dessus le hachis d'oignons, de tomates et de fines herbes, salez et poivrez.

4. Faites cuire pendant 20 minutes à four chaud (th. 7).

5. A mi-cuisson, ajoutez le vin blanc et la crème. Servez avec la sauce de cuisson.

Truites à la fermière

Préparation : 10 mn
Cuisson : 14 mn

Pour 6 personnes

6 truites
3 cuillerées à soupe d'huile d'olive
1 bol de crème fraîche
2 cuillerées à soupe de fines herbes hachées
Sel, poivre

1. Videz et nettoyez les truites. Essuyez-les. Salez et poivrez l'intérieur et l'extérieur. Badigeonnez-les d'huile. Mettez sur le gril au-dessus des braises, pendant 7 minutes de chaque côté.

2. Servez brûlant, arrosé de la crème fraîche additionnée de fines herbes, de sel et de poivre.

Truites en gelée

Préparation : 10 mn
Réfrigération : 2 h
Cuisson : 1 h

Pour 4 personnes

4 truites de 180 g chacune
2 carottes
2 verres de vin blanc sec
1 verre de vinaigre
1 branchette de thym
1 feuille de laurier
2 branches de persil
1 sachet de gelée
Sel
Poivre en grains

1. Préparez un court-bouillon avec 2 litres d'eau additionnée du vin blanc et du vinaigre ; ajoutez le thym, le laurier, le persil, les carottes coupées en rondelles, du sel et du poivre en grains. Faites bouillir 30 minutes.

2. Mettez les truites dans le court-bouillon froid. Lorsqu'il commence à frémir, réglez le feu et laissez cuire les poissons 10 minutes, sans bouillir.

3. Retirez les truites et laissez-les refroidir, placées bien à plat.

4. Retirez délicatement la peau des truites sans toucher ni à la tête ni à la queue. Rangez-les côte à côte dans le plat de service.

5. Préparez la gelée en suivant les indications portées sur le sachet.

6. Nappez les poissons avec cette gelée, en couche fine. Mettez au réfrigérateur pendant au moins 2 heures.

Truites en gelée aux champignons

Préparation : 5 mn
Réfrigération : 12 h
Cuisson : 15 mn

Pour 6 personnes
6 truites
1 l de vin blanc sec
1/2 boîte de champignons de Paris
1 verre à moutarde de vinaigre blanc
1 citron
1 sachet de court-bouillon instantané
Thym, laurier
Sel
Poivre en grains

1. Nettoyez, videz et lavez les truites.

2. Préparez le court-bouillon instantané selon le mode d'emploi, en remplaçant l'eau par le vin blanc et le vinaigre.

3. Ajoutez 2 verres d'eau, le citron coupé en rondelles, un peu de sel, 1 bonne cuillerée à soupe de poivre en grains, le thym et le laurier. Chauffez jusqu'à ébullition.

4. Filtrez le court-bouillon encore bouillant au-dessus des truites rangées dans le plat de cuisson. Ajoutez les champignons égouttés. Posez le plat sur le feu et laissez bouillir pendant 2 à 3 minutes.

5. Laissez refroidir. Mettez au réfrigérateur. Le court-bouillon se prend alors en gelée.

Truites maître d'hôtel

Préparation : 20 mn
Cuisson : 40 mn

Pour 4 personnes
4 truites vivantes de 300 g chacune
50 cl de vin rouge
1 bouquet garni
3 grains de poivre
2 carottes
1 poireau
2 verres de vinaigre de vin
125 g de beurre
Le jus de 1/2 citron
1 cuillerée à soupe de fines herbes hachées
Sel, poivre

1. Préparez un court-bouillon en faisant bouillir 30 minutes 50 centilitres d'eau, le vin, le bouquet garni, les légumes, du sel et le poivre en grains. Laissez refroidir.

2. Assommez les truites. Videz-les, lavez et épongez-les. Mettez-les dans un plat creux et arrosez-les de vinaigre bouillant.

3. Placez les truites dans une sauteuse avec le vinaigre et le court-bouillon froid. Chauffez jusqu'à ébullition et laissez frémir pendant 10 minutes.

4. Égouttez-les et servez-les avec un beurre maître d'hôtel : pilez les fines herbes, ajoutez le beurre ramolli, le jus de citron, du sel et du poivre. Travaillez à la fourchette pour former une pâte homogène.

Truites meunière

Préparation : 15 mn
Cuisson : 15 mn

Pour 6 personnes

6 belles truites
100 g de beurre
40 g de farine
Persil
Sel

1. Videz, nettoyez, épongez les poissons. Salez l'intérieur. Roulez chaque truite dans la farine.

2. Faites fondre 60 grammes de beurre dans une grande poêle. Placez les poissons, faites dorer sur les deux faces. Dressez sur un plat maintenu au chaud.

3. Chauffez 40 grammes de beurre dans une petite casserole, jusqu'à ce qu'il se colore (beurre noisette). Ajoutez alors le beurre de cuisson.

4. Arrosez les truites avec ce beurre, saupoudrez de persil haché.

Truites à la normande

Préparation : 10 mn
Cuisson : 15 mn

Pour 4 personnes

4 truites
60 g de beurre
2 cuillerées à soupe de farine
25 cl de lait
1 petit verre de calvados
Le jus de 1 citron
1 petit pot de crème fraîche
1 pincée de muscade râpée
Sel, poivre

1. Nettoyez les truites, épongez-les dans un papier absorbant, puis trempez-les dans le lait et roulez-les dans la farine.

2. Faites-les cuire à la poêle pendant 10 minutes dans le beurre bien chaud, à feu assez vif, en les retournant à mi-cuisson ; salez-les et poivrez-les, puis arrosez-les avec le calvados et flambez.

3. Ajoutez dans la poêle la crème, chauffez-la pendant 2 minutes, parfumez avec la muscade râpée, arrosez avec le jus de citron. Servez les truites avec leur sauce de cuisson.

Truites à l'orange

Préparation : 15 mn
Cuisson : 20 mn

Pour 6 personnes
6 truites
1 sachet de court-bouillon instantané
5 oranges
50 g de beurre ou de margarine
50 g de farine
1 petit pot de crème fraîche
50 cl de bouillon de volaille instantané
1 verre à porto de Grand Marnier ou de curaçao
Sel, poivre

1. Nettoyez, videz et lavez les truites. Préparez le court-bouillon selon le mode d'emploi.

2. Faites-les cuire pendant 5 minutes dans le court-bouillon frémissant additionné du jus de 1 orange.

3. Pendant ce temps, préparez la sauce : faites fondre le beurre. Ajoutez la farine, mélangez. Mouillez avec le bouillon. Laissez épaissir. Ajoutez le jus de 1 orange, la liqueur et la crème fraîche. Salez et poivrez. Mélangez doucement.

4. Râpez le zeste de 2 oranges. Coupez leur chair en petits morceaux. Ajoutez zeste et chair à la sauce.

5. Laissez la sauce au chaud.

6. Servez les truites égouttées sur un plat décoré de quartiers d'orange, accompagnées de la sauce, à part, en saucière.

Truites à la sauce vinaigrée

Préparation : 10 mn
Cuisson : 30 mn

Pour 4 personnes
4 truites de 140 g chacune
50 g de farine
60 g de beurre
1/2 verre de vinaigre de vin
1 carotte
1 branche de céleri
2 gousses d'ail
1 feuille de laurier
3 branches de persil
Sel, poivre

1. Pelez l'ail et coupez-le en lamelles. Nettoyez et coupez la carotte en rondelles. Nettoyez le céleri et détaillez-le en dés.

2. Lavez, videz et séchez les truites. Passez-les dans la farine, salez et poivrez-les.

3. Faites chauffer 40 grammes de beurre jusqu'à ce qu'il frémisse, puis mettez-y les truites à dorer, 5 minutes de chaque côté. Égouttez-les.

4. Faites cuire le vinaigre avec la carotte, le céleri, l'ail, le laurier et le persil pendant 15 minutes. Filtrez ce liquide et versez-le dans un plat creux allant au four.

5. Disposez les truites dans le plat, parsemez-les de noisettes de beurre et faites cuire au four (th. 7) pendant 10 minutes environ. Servez chaud ou froid.

Turbot en gelée

Préparation : 15 mn
Réfrigération : 2 h
Cuisson : 30 mn

Pour 6 personnes

1 turbot de 1,6 kg environ
2 oignons
2 gousses d'ail
1 fenouil
6 tomates
4 citrons
1 verre d'huile
1 sachet de gelée instantanée
Sel, poivre

1. Pelez et hachez les oignons. Pelez les gousses d'ail. Coupez le bulbe du fenouil en fines lamelles et les tomates en tranches. Pressez le jus des citrons.

2. Mettez le turbot. Coupez-le en 6 tronçons.

3. Mettez dans le fond d'une cocotte la moitié des oignons, l'ail, le fenouil et les tomates. Posez dessus les morceaux de turbot. Couvrez avec le restant des légumes. Salez, poivrez, arrosez avec le jus des citrons et l'huile. Couvrez et faites cuire sur feu moyen pendant 30 minutes.

4. Pendant ce temps, préparez la gelée suivant le mode d'emploi indiqué sur le sachet.

5. Le poisson étant cuit, disposez-le sur un plat de service. Laissez les légumes et la sauce de cuisson dans la cocotte. Ajoutez-leur la gelée et versez le tout sur les morceaux de turbot. Faites prendre au moins 2 heures au réfrigérateur.

Turbot gratiné

Préparation : 35 mn
Cuisson : 1 h

Pour 4 personnes

1 turbot de 1,2 kg
50 cl de vin blanc
1/2 tasse de crème fraîche
3 jaunes d'œufs
1/2 l de moules
40 g de beurre
Laurier
Sel, poivre

1. Mettez les moules dans une casserole sur feu vif et faites-les cuire en agitant la casserole pendant 7 à 8 minutes pour les faire ouvrir. Sortez-les de leurs coquilles.

2. Mettez le turbot dans un plat allant au four avec du sel, du poivre, le beurre, le laurier et le vin blanc. Mettez à cuire à four moyen (th. 6) pendant 30 minutes.

3. Le turbot étant cuit, retirez-le du plat de cuisson et mettez-le sur un plat de service que vous tenez au chaud. Filtrez le jus de cuisson du poisson, mettez-le dans une petite casserole, sur feu moyen, de façon à faire réduire de moitié. A cette réduction ajoutez, hors du feu, les jaunes d'œufs et travaillez avec un fouet pour faire une sauce crémeuse à laquelle vous ajouterez la crème. Mélangez bien le tout.

4. Nappez le turbot avec cette sauce et servez bien chaud.

Turbotin grand-mère

Préparation : 15 mn
Cuisson : 35 mn

Pour 4 personnes
2 turbotins de 1 kg chacun
6 petits oignons blancs
8 champignons de Paris
50 cl de crème fraîche
2 jaunes d'œufs
Le jus de 1 citron
40 g de farine
100 g de beurre
Sel, poivre
Estragon

1. Pelez les oignons, nettoyez les champignons ; émincez-les. Faites-les cuire 10 minutes à feu très doux dans 40 grammes de beurre. Ajoutez la crème, quelques feuilles d'estragon, du sel et du poivre. Laissez cuire 15 minutes.

2. Pendant ce temps, farinez les turbotins et badigeonnez-les avec 60 grammes de beurre fondu. Cuisez-les sur le gril très chaud 15 minutes, en retournant à mi-cuisson.

3. Terminez la sauce : filtrez-la et, hors du feu, en fouettant vivement, ajoutez-lui les jaunes d'œufs battus avec 2 cuillerées d'eau et le jus de citron.

4. Versez la sauce dans un plat et posez les turbotins dessus.

Turbotin grillé sauce lyonnaise

Préparation : 10 mn
Cuisson : 40 mn

Pour 4 personnes
1 turbotin de 1,5 kg
2 oignons
30 g de farine
100 g de beurre
1 cube de consommé de volaille
1 verre de vin blanc
2 citrons
Sel, poivre
Persil

1. Préparez avec le cube 50 centilitres de consommé. Faites brunir la farine dans 30 grammes de beurre, ajoutez le consommé chaud et laissez épaissir 6 à 7 minutes en remuant souvent. Pendant ce temps, pelez et émincez les oignons. Faites-les sauter dans 30 grammes de beurre, puis mouillez-les avec le vin blanc et laissez cuire, à petit feu, 10 minutes. Mélangez les deux préparations. Tenez cette sauce au chaud.

2. Salez et poivrez le turbotin. Arrosez-le avec le reste du beurre fondu et mettez-le sur le gril bien chauffé. Faites cuire 20 minutes en retournant à mi-cuisson.

3. Servez le turbotin décoré de quartiers de citron et de persil, et la sauce à part.

Velouté de crabe aux courgettes

Préparation : 15 mn
Cuisson : 40 mn

Pour 4 personnes

500 g de petites courgettes
200 g de pommes de terre
1 oignon
1 gousse d'ail
40 g de beurre
1 boîte de crabe de 250 g
80 g de crème fraîche
6 baies roses
Sel, poivre
Feuilles de menthe ou de persil

1. Lavez les courgettes. Ne les pelez pas ; coupez-les en dés. Épluchez les pommes de terre ; coupez-les également en dés. Pelez et émincez l'ail et l'oignon.

2. Chauffez le beurre. Faites revenir l'oignon et l'ail. Ajoutez les courgettes et les pommes de terre. Remuez et mouillez avec 1 litre 1/2 d'eau bouillante. Salez, poivrez et laissez cuire 25 minutes.

3. Passez au mixer. Ajoutez le crabe effeuillé et son jus ainsi que la crème fraîche et les baies roses. Servez très chaud, décoré de feuilles de menthe ou de persil.

Velouté Saint-Germain aux crevettes

Préparation : 10 mn
Cuisson : 30 mn

Pour 4 personnes

500 g de petits pois écossés
1 carotte
1 oignon
250 g de crevettes roses décortiquées
40 g de beurre
80 g de crème fraîche
Sel, poivre
Persil

1. Nettoyez la carotte. Pelez l'oignon. Faites-les cuire avec les petits pois pendant 20 minutes dans 1 litre 1/2 d'eau salée.

2. Passez la soupe au mixer. Laissez-la à petit feu.

3. Chauffez le beurre dans une poêle. Faites revenir légèrement les crevettes sans les faire dorer. Salez et poivrez.

4. Mettez les crevettes dans la soupe. Ajoutez la crème fraîche et mélangez. Chauffez quelques minutes sans laisser bouillir. Servez bien chaud, parsemé de feuilles de persil.

Velouté de saumon au curry

Préparation : 15 mn
Cuisson : 25 mn

Pour 4 personnes

1 boîte de saumon rose de 250 g
60 g de beurre
1 cuillerée 1/2 à soupe de farine
1 bol de crème fraîche
1 cuillerée à café de curry
1 l de lait
Persil haché
Sel
Croûtons de pain

1. Faites fondre le beurre dans une casserole sur feu doux. Quand il est fondu, ajoutez la farine et tournez vivement jusqu'à ce que le beurre ait absorbé toute la farine.

2. Versez le lait, petit à petit, en tournant. Ajoutez le saumon effeuillé. Salez, saupoudrez de curry.

3. Laissez cuire doucement pendant 10 minutes.

4. Ajoutez la crème fraîche au velouté et mélangez bien. Servez bien chaud, saupoudré de persil haché et avec des croûtons de pain dorés au beurre.

Velouté de saumon au fenouil

Préparation : 10 mn
Cuisson : 35 mn

Pour 4 personnes

250 g de saumon
2 bulbes de fenouil
1 blanc de poireau
2 pommes de terre
40 g de crème fraîche
Sel, poivre
Persil haché

1. Pelez les pommes de terre ; coupez-les en dés. Émincez le blanc de poireau. Enlevez les parties dures du fenouil. Coupez les cœurs en fines lamelles.

2. Faites cuire tous ces légumes pendant 30 minutes dans 1 litre 1/2 d'eau bouillante, avec du sel et du poivre.

3. Passez la soupe au mixer.

4. Coupez le saumon en dés.

5. Remettez la soupe sur le feu. A ébullition, ajoutez le saumon et la crème fraîche. Laissez bouillir doucement pendant 3 minutes. Servez très chaud, parsemé de persil haché.

Vermicelles aux sardines

Préparation : 10 mn
Cuisson : 25 mn

Pour 4 personnes

300 g de gros vermicelles
4 sardines fraîches
4 tomates
2 cuillerées à soupe d'huile
1 noix de beurre
Sel, poivre

1. Plongez les tomates 1 minute dans l'eau bouillante. Pelez-les. Coupez-les en morceaux. Faites-les cuire 15 minutes sur feu doux, avec le beurre, pour obtenir une sauce épaisse. Salez et poivrez.

2. Nettoyez les sardines. Ouvrez-les en deux ; enlevez les têtes, les queues et les arêtes. Faites cuire les poissons 10 minutes à la poêle, dans l'huile. Salez.

3. Pendant ce temps, cuisez les vermicelles 7 minutes à grande eau bouillante salée. Égouttez-les. Assaisonnez-les avec la sauce tomate. Posez les sardines dessus et servez bien chaud.

Vol-au-vent aux coquilles Saint-Jacques

Préparation : 10 mn
Cuisson : 20 mn

Pour 6 personnes

6 coquilles Saint-Jacques
1 croûte de vol-au-vent pour 6 personnes
3 tranches épaisses de jambon de Paris
1 boîte de pointes d'asperges
2 jaunes d'œufs
1/2 verre de madère
2 cuillerées à soupe de crème fraîche
40 g de beurre
Sel, poivre

1. Commandez la croûte de vol-au-vent chez le pâtissier.

2. Faites préparer les saint-jacques par le poissonnier. Lavez-les, essuyez-les, faites-les revenir 5 minutes à la poêle dans le beurre chaud. Salez et poivrez.

3. Égouttez les pointes d'asperges et coupez-les en morceaux. Coupez le jambon en dés.

4. Battez les jaunes d'œufs avec la crème fraîche, au bain-marie. Laissez épaissir. Ajoutez le madère, du sel et du poivre.

5. Versez dans la sauce les coquilles Saint-Jacques, les asperges et le jambon. Laissez mijoter quelques minutes.

6. Pendant ce temps, faites réchauffer la croûte de vol-au-vent à four doux. Garnissez avec la préparation et servez très chaud.

Vol-au-vent aux fruits de mer

Préparation : 10 mn
Cuisson : 45 mn

Pour 6 personnes

1 sachet de moules surgelées décortiquées
1 sachet de langoustines crues surgelées
1 sachet de coquilles Saint-Jacques surgelées
200 g de champignons de Paris
50 g de farine
125 g de beurre
2 verres 1/2 de lait
1 jaune d'œuf
100 g de crème fraîche
1 croûte de vol-au-vent
Sel, poivre

1. Laissez dégeler les fruits de mer et égouttez-les bien. Épongez-les.

2. Lavez et coupez en morceaux les champignons de Paris. Faites-les cuire dans 25 grammes de beurre pendant 10 minutes, casserole couverte. Salez et poivrez.

3. Préparez une béchamel : faites fondre dans une casserole 50 grammes de beurre, saupoudrez avec la farine, tournez jusqu'à ce que le beurre ait absorbé toute la farine, ajoutez le lait froid, mélangez vivement et continuez de tourner jusqu'à ce que la sauce épaississe. Salez et poivrez.

4. Les fruits de mer étant dégelés et égouttés, coupez les coquilles Saint-Jacques en deux ou trois. Mettez 50 grammes de beurre dans une cocotte à fond épais et faites cuire les coquilles Saint-Jacques et les langoustines pendant 8 minutes, les moules pendant 5 minutes.

5. Allumez le four (th. 4-5), mettez la croûte feuilletée à chauffer 10 minutes.

6. Versez dans la béchamel les fruits de mer et les champignons avec leurs jus de cuisson. Mélangez, laissez chauffer le tout pendant 3 minutes. Battez le jaune d'œuf avec la crème fraîche et ajoutez ce mélange à la sauce qui ne doit pas bouillir.

7. Versez la préparation dans la croûte de vol-au-vent chaude. Servez aussitôt.

INDEX DES RECETTES